领导干部金融知识读本

第三版

戴相龙　主编

中国金融出版社

责任编辑：张　驰
责任校对：潘　洁
责任印制：陈晓川

图书在版编目（CIP）数据

领导干部金融知识读本/戴相龙主编．—3 版．—北京：中国金融
出版社，2014.12
　ISBN 978 – 7 – 5049 – 7731 – 1

　Ⅰ.①领…　Ⅱ.①戴…　Ⅲ.①金融学—干部教育—自学参考资料
Ⅳ.①F830

　中国版本图书馆 CIP 数据核字（2014）第 273866 号

领导干部金融知识读本（第三版）
LINGDAO GANBU JINRONG ZHISHI DUBEN（DI-SAN BAN）
出版
发行　**中国金融出版社**
社址　北京市丰台区益泽路 2 号
市场开发部　（010）66024766，63805472，63439533（传真）
网 上 书 店　www.cfph.cn
　　　　　　（010）66024766，63372837（传真）
读者服务部　（010）66070833，62568380
邮编　100071
经销　新华书店
印刷　北京七彩京通数码快印有限公司
尺寸　169 毫米 ×239 毫米
印张　28
字数　360 千
版次　2014 年 12 月第 3 版
印次　2025 年 10 月第 14 次印刷
定价　59.00 元
ISBN 978 – 7 – 5049 – 7731 – 1

简　介

编写领导干部金融知识学习培训教材，是 1997 年 2 月江泽民同志下达给中国人民银行的任务。《领导干部金融知识读本》（以下简称《读本》）由江泽民同志题写书名并作批语，由时任中国人民银行行长戴相龙组织中国人民银行有关司局长和专业人员编写。《读本》于 1997 年 11 月发行第一版，2001 年 9 月发行第二版，被国务院有关部门列为全国干部培训重点教材。《读本》第一、第二版先后印刷 30 次，发行 72 万册。

《读本》第二版发行至今已有 13 年。13 年来，中国金融业的改革和发展发生了巨大变化，中国金融业正在世界逐步崛起。根据中共十八届三中全会通过的《中共中央关于全面深化改革若干重大问题的决定》提出的中国金融改革的方向、重点和习近平同志系列重要讲话精神，我们对《读本》第二版进行了全面修订，形成了《读本》第三版。《读本》第三版对我国金融体系的各个组成部分，包括金融机构、金融服务、金融市场、金融调控、金融监管与稳定、外汇管理与国际收支和金融全球化的历史、现状、前景及其专业知识进行了系统的最新介绍，解读了有关人民币利率市场化、汇率市场化形成机制改革和人民币国际化等金融发展热点问题，附录介绍了我国香港、我国澳门、我国台湾的金融情况，是《读本》第一、第二版的全面升级版。《读本》第三版不仅可作为党政机关、企事业单位和金融行业领导管理干部学习、培训教材，也可供大专院校师生和所有关心金融业发展的人员参阅。

编者
2014 年 12 月

完善金融市场体系

（12）完善金融市场体系。扩大金融业对内对外开放，在加强监管前提下，允许具备条件的民间资本依法发起设立中小型银行等金融机构。推进政策性金融机构改革。健全多层次资本市场体系，推进股票发行注册制改革，多渠道推动股权融资，发展并规范债券市场，提高直接融资比重。完善保险经济补偿机制，建立巨灾保险制度。发展普惠金融。鼓励金融创新，丰富金融市场层次和产品。

完善人民币汇率市场化形成机制，加快推进利率市场化，健全反映市场供求关系的国债收益率曲线。推动资本市场双向开放，有序提高跨境资本和金融交易可兑换程度，建立健全宏观审慎管理框架下的外债和资本流动管理体系，加快实现人民币资本项目可兑换。

落实金融监管改革措施和稳健标准，完善监管协调机制，界定中央和地方金融监管职责和风险处置责任。建立存款保险制度，完善金融机构市场化退出机制。加强金融基础设施建设，保障金融市场安全高效运行和整体稳定。

——摘自中国共产党十八届三中全会通过的《中共中央关于全面深化改革若干重大问题的决定》

关于《领导干部金融知识读本》的批语

你们编写这个读本很好，对帮助领导干部学习金融知识很有益处。

邓小平同志在 1991 年视察上海时指出："金融很重要，是现代经济的核心。金融搞好了，一着棋活，全盘皆活。"深刻说明了金融业在现代经济生活中的重要地位。

改革开放以来，我国金融业得到了长足发展，掌握着巨大的经济资源，在支持经济发展、调整经济结构、维护社会稳定等方面，发挥着越来越重要的作用。

如何运用金融这个经济杠杆，是一门很大的学问。运用得好，就会对实现宏观经济调控目标，抑制通货膨胀，优化资源配置，起到积极作用，有效地促进经济和社会发展。如果运用不当，就可能产生金融风险和经济风险，甚至会危及经济全局。近几年国外连续出现的金融危机，我们应引以为戒。总之，我们对金融杠杆，要善于掌握，巧于运用。

我希望各级党政领导干部和广大企业领导干部，都要学一些金融基本知识。通过学习，加深对金融工作、金融法规和金融政策的了解，提高运用和驾驭金融手段的本领，增强维护金融秩序的自觉性和防范金融风险的能力。金融系统干部也要了解经济全局和掌握企业生产经营知识。我相信，懂得金融的领导干部和企业领导干部多了，我们对经济工作的领导水平就会有新的提高。

江泽民

一九九七年十月二十日

前　言

戴相龙

（2014 年 11 月 30 日）

一

　　1996 年 8 月上旬，中央领导听取国务院有关部门关于各类风险及风险防范的工作汇报，其中我汇报了中国金融业的风险及其防范工作。1997 年 2 月 19 日，中央财经领导小组召开专题会议，研究防范和化解中国金融业风险的重大措施，决定召开一次中央金融工作会议。江泽民同志在这次会议上说，有些领导干部干预金融业务导致重大损失的原因是多方面的，其中一个重要原因是不懂金融业务基本知识。人民银行要编写一本通俗易懂的金融知识教材，我们要对领导干部进行培训。会后，我立即组织人民银行有关同志编写《领导干部金融知识读本》（以下简称《读本》）。6 月 19 日，中央领导听取有关部门对广东省恩平市两次发生存款挤提事件的汇报，研究处置措施。泽民同志在会上再一次提出编写金融基本知识培训教材，并说他要亲自审阅。1997 年 9 月 8 日，泽民同志参加中共十四届七中全会的一个小组讨论会，他在会上说，人民银行即将出版金融基础知识培训教材，希望大家组织培训。当晚，泽民同志直接

　　戴相龙，江苏省扬州市人，博士生导师，曾任中国农业银行副行长、交通银行行长、中国人民银行行长、天津市市长和全国社会保障基金会理事长，中共第十四届中央候补委员，十五届、十六届、十七届中央委员。

打电话给我，催促我们尽快出版这本教材。应我们的恳求，他为此书题写了书名和批语。泽民同志不但关心对领导干部金融知识的培训，也很关心财政、贸易等知识的培训，在《读本》发行后，我国有关部门编写出版了一系列领导干部有关专业知识读本。

邓小平同志 1991 年视察上海讲话中指出"金融很重要，是现代经济的核心。金融搞好了，一着棋活，全盘皆活"，深刻揭示了金融在现代化经济建设和社会生活中的重要地位。我理解，小平同志在这个讲话中所说的"金融"，不只是指货币信贷和金融机构，而是指由货币、经营和管理货币的金融企业、金融市场、金融调控、金融监管等各个金融环节组成的一个完整的金融体系。金融体系的不断完善和有效运行，对社会资源的市场配置起决定作用，对经济发展和技术创新起杠杆作用，对经济和社会长远发展起保障作用。按照这样的理解，我们把《读本》划分为六章，分别概述截至 1997 年 6 月我国金融机构、金融市场、金融调控、银行结算和信贷服务、国际金融与外汇管理、金融风险和金融监管的基本情况和相应基本知识。《读本》为 32 开本，共 22 万字。《读本》于 1997 年 11 月出版发行后，受到广大领导干部欢迎，并多次印刷。2000 年初，国家行政学院暨全国干部培训教材编审委员会决定将《读本》列为全国干部培训重点教材，并嘱作者进行修订。

二

根据朱镕基同志的建议，经过认真准备，1997 年 11 月中共中央、国务院在京召开中央金融工作会议。这次中央金融工作会议，针对我国存在的金融风险，特别是应对亚洲金融危机的形势和任务，讨论和决定了整顿金融秩序、促进我国金融健康发展的一系列重要议题。各省（自治区、直辖市）省长、国务院各部门主要领导、金融部门及重要金融机构主要负责人参加会议。江泽民、李鹏、朱镕基同志作重要讲话。国家发展改革委、中国人民银行、中国证监会有关部门主要领导作专题汇报。会议讨论和同意《中共中央、国务院关于整顿金融秩序、促进金融业健康发展的若干意见》。其中包括撤销 31 个人民银行省级分行，成立 9 个跨省（自治区、直辖市）分行，成立大型国有金融机构系统党委；通过发行特别国债和成立 4 家资产管理公司收购有关银行不良贷款，降低国有商业银行不良贷款率；实行银行业与所办其他金融机构脱钩，关闭资不抵债又不能支付到期债务的地方金融机构。会后成立了 15 个整顿工作小组，推进金融领导体制改革，重点整顿金融秩序。这是党和国家领导金融业发展所召开的历史上最为重要的一次会议。经过 3 年多的努力，我国金融秩序基本好转，历史聚集的风险逐步化解，党和国家对全国金融业的领导进一步加强，我国金融体系的各个重要环节发生了许多重大变化，为后来进行的重大金融改革和发展打下了较为坚实的基础。为了全面和准确地反映这些变化，我于 2001 年夏天，组织时任中国人民银行副行长肖钢同志具体负责，对 1997 年 11 月出版的《读本》进行第一次修订，形成《读本》第二版。第二版与第一版相比，素材更新，内容更全，理论更深。修订本增设第七章"金融全球化"，同时增设"附录"，简要介绍我国香港、澳门和台湾地区金融概况。第二版于 2001 年 9 月发行。《读本》第一版、第二版先后共印刷 30 次，发行 72 万册。

三

《读本》第二版从 2001 年 9 月发行至今已有 13 年。13 年来，国内外经济形势发生了巨大变化，中国金融业正在世界逐步崛起。

欧美发达国家经济发展缓慢，新兴经济体和发展中国家经济快速发展，其经济总量占全球经济总量的比例已超过 50%。2008 年美国发生自 1929 年以来最大的金融风暴，紧接着又发生欧洲主权债务危机，导致美欧经济几年的衰退。2008 年 11 月召开的 20 国集团峰会在协调和处置全球金融事务中的作用越来越大。2012 年，中国超过日本成为仅次于美国的第二大经济实体。2013 年，中国经济总量达到 9.18 万亿美元，占全球的 12.4%；货物进出口总额为 4.16 万亿美元，为全球第一；非金融领域外商直接投资 1176 亿美元，对外直接投资 902 亿美元，近 10 年年均增长超过 40%。

13 年来，党中央、国务院切实加强对金融改革和开放工作的领导。1997 年到 2012 年的 15 年中，中共中央、国务院召开两次中央金融工作会议，国务院两次召开全国金融工作会议，推动我国金融业的改革和发展登上了历史新台阶。

一是货币发行不断增加，币值相对稳定，金融服务实体经济的水平不断提高。到 2013 年底，货币供应量 M2 总量为 110.7 万亿元；全国银行业总资产 151.4 万亿元，负债 141.2 万亿元，净资产 8 万亿元，加权平均资本充足率为 12.19%。金融业在支持转变经济增长方式、调整经济结构方面有效地发挥了杠杆作用。截至 2013 年底，全国银行业对小微企业贷款 17.8 万亿元，占全部贷款的 23.2%。

二是大型金融企业成为上市公司，进入世界前列。2005 年到 2010 年，交通银行、中国银行、中国工商银行、中国建设银行、中国农业银行先后在上海、香港上市。英国《银行家》杂志，2013 年按核心资本排名，中国工商银行、中国建设银行、中国银行、中国农业银行分别名列世界第一、第五、第九、第十位。

三是人民币的利率市场化和汇率形成机制改革有了重大突破。2013 年人民银行取消对商业银行贷款利率下浮幅度的限制；2014 年 11 月 22 日起，将金融机构存款利率浮动区间的上限由存款基准利率的 1.1 倍调整为 1.2 倍。2005 年 7 月，中央银行公布人民币汇率一次性升值 2%，开始实行以市场供求为基础，参考一篮子货币进行调节、有管理的浮动汇率制度，人民币汇率不再盯住美元。2007 年 5 月 21 日、2012 年 4 月 14 日、2014 年 3 月，中央银行先后三次逐步把人民币汇率中间价单日浮动幅度提高到 2%。从 2005 年至今，人民币对美元累计升值35%。人民币汇率进入合理空间上下浮动已成常态。

四是金融市场更为活跃，在资产配置中发挥了更好作用。2002年10月，我国成立了上海黄金交易所，启动了黄金市场。2006年，我国完成了上市公司的流通股和非流通股的股权分置改革，股票市场进一步完善。股票发行制度正在从审批制向注册制过渡。2013年，全年累计发行各类债券（含中央银行票据）8.9万亿元，年底滚存约30万亿元。

五是宏观调控进一步完善和加强。中国人民银行采用审慎管理货币政策，适时监测社会融资量，促进经济发展方式转变和经济结构调整。从2003年到2013年，国民经济年均增长10.2%，居民消费物价年均增长2.9%。

六是金融监管不断加强，金融业抗风险能力空前提高。2003年设立中国银监会，加上此前设立的中国证监会、中国保监会，形成分业经营、分业监管的监管体制。2013年国务院制定金融监管协调部际联席会议制度，加强管理部门的协调合作。2013年底，中国银行业贷存比为67%，不良贷款占全部贷款的比例为1%，贷款损失准备金余额为1.6万亿元，拨备覆盖率为283%。与欧美发达国家和其他"金砖国家"相比，中国现在可以说是抗金融风险能力最强的国家。

七是外汇储备充足，外汇管理水平提高。截至2014年6月末，我国外汇储备高达近4万亿美元，超过全球外汇储备的三分之一。巨额外汇储备，彰显国力，为其他重大改革创造了条件，但也给国际收支平衡和人民币币值的稳定带来了巨大的挑战。人民币资本项目可兑换步伐加快。根据国际货币基金组织的分类，在资本项目收支的所有七大类40个子项中，目前我国已实现可兑换、部分可兑换的项目共计34项，已占全部交易项目的85%。如果考虑不断扩大境内外合格机构投资者（QDII、QFII）的数量和投资限额，加上股票市场"沪港通"顺利推进，实际比例将高于85%。

八是中国金融对外开放不断扩大，人民币国际化步伐加快。2010年开展人民币跨境结算试点，2013年跨境贸易人民币结算4.63万亿元，比上年增长57.6%，占当年跨境贸易的16%，2014年第一季度达到25%；以香港为中心，包括新加坡、伦敦、法兰克福等人民币离岸中心或离岸市场不断扩大；截至2014年11月，中国人民银行已与28个国家和地区的货币当局签订双边货币互换协议，总金额3万亿元。

2013年11月12日，中共十八届三中全会通过《中共中央关于全面深化改革若干重大问题的决定》，对我国今后金融改革开放提出一系列战略措施。预测再过十多年，我国金融业的国际化水平空前提高，新兴大国的金融体系基本建立。主要标志：一是人民币国际化。人民币成为币值长期稳定、利率和汇率由市场形成、全面可兑换的国际货币。二是中国大型金融企业国际化。现有的大型金融企业将逐步发展为综合经营的国际金融集团。三是金融市场国际化。借助中国（上海）自由贸易试验区的发展，上海将成为一个国际金融中心。四是金融交易法规和金融业管理人才国际化。五是中国在国际重大金融事务协调和处置中发挥重大作用。中国在国际金融机构的份额增加，人民币成为特别提款权（SDR）货币篮子中的一个重要币种。

针对我国金融业历史性变化和广阔发展前景，我们决定对时隔13年的《读本》第二版进行全面修订。修订工作的指导思想是：根据中共十八届三中全会提出的金融改革方向、重点和习近平同志系列重要讲话精神，面对国际金融发展的新格局，对中国金融业各个组成部分13年来的改革发展成果、现状和前景及相关专业知识进行概括性介绍，解读一系列金融热点问题，力争使《读本》第三版成为党政机关、企事业单位和金融行业领导管理干部学习和培训的教材，并供院校师生和所有关心金融业改革发展的人员参阅。争取让

《读本》第三版在提高国民金融素质和领导干部金融理论、政策水平，促进我国金融业国际化，实现"两个一百年"奋斗目标和振兴中华民族伟大复兴的中国梦中发挥积极作用。

《读本》第三版和第二版一样，仍分为七章，但各章内容作了许多调整和充实。第一章"金融机构"，按 2010 年中国人民银行发布的《金融机构编码规范》对各类金融机构的职能、历史、现状和前景作了系统介绍。第二章"金融服务"，对各类金融机构的服务范围、品种作了最新归纳，补充了"互联网金融服务"和"普惠金融与金融消费者权益保护"。第三章"金融市场"，对当前我国货币、股票、债券、保险、期货、黄金、金融衍生品市场作了全新的介绍。第四章"金融调控"，除介绍货币政策、各种货币政策工具和人民币利率市场化外，还特别总结了 1992 年至今各个阶段的宏观调控实践和经验，介绍了如何客观评估我国货币化比率（M2/GDP）。第五章"金融监管与金融稳定"，介绍了对各类金融监管的法律、主要内容、最新动态。补充了我国历年对金融危机或风险的处置实践。第六章"外汇管理与国际收支"，重点介绍了我国现在资本项目可兑换、人民币汇率市场化形成机制的改革和如何评估我国外汇储备规模等热点问题。第七章"金融全球化"，本章全面介绍了由国际货币体系、国际金融企业、国际金融市场与国际金融中心、国际金融机构及监管等环节组成的当今国际金融体系，特别介绍了受到国内外普遍关注的人民币国际化等一系列问题。

《读本》第三版由我组织基本上是原写作人员进行修订。我吸收了各方面的意见，确定了《读本》第三版的结构，包括各个章节及主要内容，对《读本》第三版清样进行了两次审核修改，对有关金融热点反复斟酌。同时，将样书送请中国人民银行、国家外汇管理局、中国银监会、中国证监会、中国保监会等国务院有关部门领导同志，大型金融企业主要负责人和有关专家，征求他们的意见。根据反馈意见，我又和各章节写作人员对清样进行了多次修改。在此，我对潘功胜、尚福林、肖钢、项俊波、张云等同志和各章节写作人员的热情支持和辛勤劳动表示衷心感谢！本书数易其稿，反复修改，力求将金融全球化和中国金融业改革发展的最新理论、政策、法规、业务、数据、动态介绍给读者。但由于时间仓促，错误遗漏在所难免，请广大读者指正。

目　　录

第一章　金融机构

金融是指货币流通和信用活动以及与之相联系的经济活动的总称。金融有广义、狭义之分。广义的金融泛指一切与信用货币的发行、保管、兑换、结算、融通有关的经济活动；狭义的金融专指信用货币的流通。金融分为直接金融和间接金融。前者是指没有金融机构介入的资金融通方式；后者是指通过金融机构进行的资金融通方式。

金融体系由货币、经营和管理货币的金融企业、金融市场、金融监管、金融调控和金融开放等环节所组成。金融体系的正常运行，对社会资金的聚集和配置发挥核心作用，对宏观经济调控发挥杠杆作用，是国家经济安全的基础。

金融机构泛指专门从事货币、信用活动及其管理活动的各种组织，主要包括金融行政监督机构、经营和管理货币的企业以及为金融企业服务的各类中介机构。银行是金融体系的主体。以银行为主体的金融机构体系是商品经济发展的必然产物。最早的信用中介组织是货币兑换业，主要办理货币代保管、代收、代付一类的业务，这些信用中介机构逐步演化为银行业。"银行"一词最早出现在欧洲，是意大利语"长凳"的意思，当时由于条件简陋，货币商的办事处只有一条长凳，说明最初的银行业务非常简单。

金融机构（组织）体系的设立、改进和变革决定于国家经济管理体制、服务实体经济的需要和金融市场的竞争状况。1978 年以前，与高度集中的计划经济体制相适应，我国长期实行单一的中国人民银行体制，在国民经济活动中主要发挥会计、出纳作用。改革开放后，我国金融组织体系在不断改革和发展。

经过三十多年的改革开放，我国已基本建立了以国有控股金融机构为主体、各类金融机构分工合作的金融组织体系，管理较为规范、业务发展较为迅速的金融市场体系，银行业、证券业、保险业分业经营、分业监管的金融调控和金融监管体系。中国金融业发生巨大变化，并在世界逐步崛起。到 2013 年末，中国货币供应量 M2 已达到 110.7 万亿元；银行业总资产达到 151.4 万亿元，保险业总资产达到 8 万多亿元，境内上市公司（A 股、B 股）达到 2489 家，总市值达到 23.1 万亿元；外汇储备高达近 4 万亿美元，超过全球外汇储备的三分之一；对外净债权达到 1.97 万亿美元，为全球第二大净债权国；中国 4 家国有大型商业银行上市市值位居世界前列；人民币国际化步伐正在加快。

目前中国金融机构众多，并处于不断发展变化中。由于研究和管理目的的不同，对金融机构有不同的分类。2010 年，中国人民银行发布《金融机构编码规范》，从宏观层面统一了中国金融机构分类标准，界定了各类金融机构具体组成。

一是货币当局，即金融行政机关，包括中国人民银行、国家外汇管理局。

二是监管当局，包括中国银行业监督管理委员会、中国证券监督管理委员会、中国保险监督管理委员会。

三是银行类金融机构，主要包括政策性银行、国有商业银行、股份制商业银行、城市商业银行、农村商业银行、农村合作银行、农村信用合作社和外资银行等。

四是证券类金融机构，主要包括证券公司、证券交易所、证券投资基金管理公司、期货公司和证券投资咨询公司等。

五是保险类金融机构，主要包括财产保险公司、人身保险公司、再保险公司、保险资产管理公司、保险经纪公司等。

六是其他金融机构，主要包括金融资产管理公司、企业集团财务公司、信托投资公司、金融租赁公司、汽车金融服务公司、货币经纪公司、贷款公司、第三方支付公司和小额贷款公司等。

第一节　中国人民银行

一、历史沿革

1948 年 12 月 1 日，中国人民银行在合并华北银行、北海银行和西北农民银行的基础上在石家庄成立。1949 年 2 月，中国人民银行由石家庄迁入北平。同年 10 月，中央人民政府成立，任命南汉宸为中国人民银行行长、胡景沄为副行长。1949 年 12 月，中国人民银行按照总行、区行、分行、支行四级制组织体系的原则，建立华东、中南、西北和西南 4 个区行（东北方面仍由东北银行管辖），40 个省、市分行，1200 多个县（市）支行及办事处。加上接管改组后的中国银行、交通银行和新成立的中国人民保险公司，共在全国设有金融机构 1308 个，职工 8 万多人。我国计划经济时期，借鉴苏联经验并参照其经济发展模式，形成了高度集中统一的国家银行体制，全国实际上只有一家银行即中国人民银行，中国人民银行具有中央银行和商业银行的双重职能。这种高度集中的银行体制，随着社会和经济的发展，曾经有过局部变化，但基本模式一直延续到 20 世纪 80 年代初。

1983 年 9 月，国务院决定中国人民银行专门行使中央银行职能。1984 年 1 月 1 日，成立中国工商银行，经营原由中国人民银行承担的储蓄和工商信贷等商业银行业务。至此，基本上实现"政企分开"，初步确定中央银行制度的基本框架。1993 年 12 月，《国务院关于金融体制改革的决定》进一步明确中国人民银行的主要职能是制定和实施货币政策、保持货币币值的稳定；对金融机构实行严格的监管，维护金融体系安全、有效地运行。1995 年 3 月 18 日，第八届全国人民代表大会第三次会议通过了《中华人民共和国中国人民银行法》（以下简称《中国人民银行法》），至此，中国人民银行作为我国的中央银行以法律形式被确定下来。为了完善分业经营和分业监管体制，2003 年 4 月设立中国银行业监督管理委员会，把对银行业金融机构的监管职能从中央银行独立出来。加上已经成立的中国证券监督管理委员会、中国保险监督管理委员会和国家外汇管理局，最终形成了"一行三会一局"的金融监管框架。

二、性质和地位

中国人民银行是我国的中央银行。中央银行享有货币发行的垄断权，是发行的银行。中央银行代表政府管理全国的金融机构和金融活动，经理国库，是政府的银行。中央银行作为最后贷款人，在商业银行资金不足时，向其发放贷款，是银行的银行。

中国人民银行的性质决定了它的特殊地位。《中国人民银行法》规定，中国人民银行在国务院领导下依法独立执行货币政策，履行职责，开展业务，不受地方政府、各级政府部门、社会团体和个人的干涉。

中国人民银行相对于国务院其他部委和地方政府具有明显的独立性。财政不得向中国人民银行透支；中国人民银行不得直接认购政府债券，不得向各级政府贷款，不得包销政府债券。中国人民银行就年度货币供应量、利率、汇率和国务院规定的其他重要事项作出的决定，报国务院批准后执行；中国人民银行就上述规定以外的其他有关货币政策事项在作出决定后，即予执行，并报国务院备案。

中国人民银行分支机构是中国人民银行总行的派出机构，它执行全国统一的货币政策，维护本辖区的金融稳定，承办有关业务，其职责的履行也不受地方政府的干预。

三、主要职责

2003 年修订的《中国人民银行法》对中国人民银行的职责进行了进一步明确；2008 年 7 月 10 日，国务院通过《中国人民银行主要职责内设机构和人员编制规定》，明确中国人民银行为国务院组成部门。中国人民银行现有主要职责有 14 项，概括如下：

1. 统筹推动金融业整体发展。主要包括：拟订金融业改革和发展规划，承担综合研究并协调解决金融运行中的重点问题、促进金融业协调健康发展的责任，参与评估重大金融并购对国家金融安全的影响并提出政策建议，促进金融业有序开放。

2. 制定和实施货币政策、宏观信贷指导政策。主要包括：依法制定和执行货币政策；制定和实施宏观信贷指导政策。货币政策主要属于总量政策，包括货币供应量、利率、公开市场操作等，由人民银行总行统一制定，并在全国范围内组织实施。作为货币政策重要组成部分，宏观信贷指导政策属于结构性政策，由人民银行及其分支行依据经济运行状况和国家产业政策，制定并组织实施。

3. 维护金融稳定。主要包括：完善金融宏观调控体系，防范和化解系统性金融风险，维护国家金融稳定与安全。负责会同金融监管部门制定金融控股公司的监管规则和交叉性金融业务的标准、规范，负责金融控股公司和交叉性金融工具的监测；承担最后贷款人的责任，负责对因化解金融风险而使用中央银行资金机构的行为进行检查监督。国际金融危机后，针对危机中暴露出来的缺陷，世界主要经济体相继启动金融监管改革，旨在进一步强化中央银行在维护金融稳定、加强金融监管中的职责。

4. 制定和实施外汇管理及人民币汇率政策。主要包括：负责制定和实施人民币汇率政策，不断完善汇率形成机制，维护国际收支平衡，实施外汇管理，负责对国际金融市场的跟踪监测和风险预警，监测和管理跨境资本流动，持有、管理和经营国家外汇储备和黄金储备。近年来，随着我国经济实力不断增强，国外政策对我国的资本流出和流入、国际收支、人民币汇率、人民币跨境使用等将产生较大影响，同时人民币汇率政策也对国际金融市场产生很大影响，因此，做好外汇管理及汇率调控至关重要。

5. 监督管理金融市场。主要包括：监督管理银行间同业拆借市场、银行间债券市场、银行间票据市场、银行间外汇市场和黄金市场及上述市场的有关衍生产品交易。

6. 监督管理全国支付清算系统。主要包括：制定全国支付体系发展规划，统筹协调全国支付体系建设，会同有关部门制定支付结算规则，负责全国支付、清算系统的正常运行。

7. 承担其他方面的职责。主要包括：经理国库、金融业统计、制定金融业信息化发展规划、发行人民币和管理人民币流通、组织反洗钱和征信管理。

四、组织机构和管理体制

中国人民银行总行设在北京，过去在全国按行政区划设有众多分支机构。根据中共十四届三中全会通过的《中共中央关于建立社会主义市场经济体制若干问题的决定》，为了有效实施货币政策，尽快改变中国人民银行分支机构按行政区划设置的现状，1998年，国务院决定，撤销中国人民银行省级分行，根据地域相关性、经济金融总量和金融监管的需要，在全国设立9个跨省（区）分行，作为中国人民银行的派出机构。这9个分行分别是：天津分行（管辖天津、河北、山西、内蒙古），沈阳分行（管辖辽宁、吉林、黑龙江），上海分行（管辖上海、浙江、福建），南京分行（管辖江苏、安徽），济南分行（管辖山东、河南），武汉分行（管辖湖北、湖南、江西），广州分行（管辖广东、广西、海南），成都分行（管辖四川、贵州、云南、西藏），西安分行（管辖陕西、甘肃、青海、宁夏、新疆）。撤销北京市分行和重庆市分行后，分别设立总行营业管理部和重庆营业管理部。2005 年 8 月，为了更好地发挥中央银行宏观调控职能，完善中央银行决策和操作体系，进一步发挥中央银行维护金融稳定的作用，加强金融服务，中国人民银行在上海分行的基础上成立上海总部。上海总部作为人民银行总行的有机组成部分，在人民银行总行的领导和授权下开展工作，主要承担部分中央银行业务的具体操作职责，同时履行一定的管理职能。一方面，上海总部继续履行对上海分行辖区内人民银行分支机构的管理；另一方面，承担人民银行部分驻沪企事业单位的管理和协调工作。

根据履行职责的需要，中国人民银行总行设立 19 个内设机构，另外还设立一些直属企事业单位，如中国印钞造币总公司、清算总中心、中国外汇交易中心等，它们主要为中央银行履行职责服务。

五、国家外汇管理局

（一）历史沿革

国家外汇管理局成立于 1979 年 3 月 13 日，当时和中国银行为一个机构、两块牌子，直属国务院领导，由中国人民银行代管。1982 年 12 月，根据全国人大常委会会议和国务院的决定，与中国银行分开，划归中国人民银行领导，改称中国人民银行外汇管理局；其后，改称国家外汇管理局。1983 年 9 月，国务院决定，中国人民银行专门行使中央银行职能，国家外汇管理局及其分局在中国人民银行的领导下，统一管理国家外汇。1990 年 1 月，国务院决定，国家外汇管理局为国务院直属、归口中国人民银行管理的副部级国家局，是实施国家外汇管理的职能机构。1993 年 4 月，根据八届人大一次会议批准的国务院机构改革方案和国务院《关于部委管理的国家局设置及其有关问题的通知》，国家外汇管理局为中国人民银行管理的国家局，是依法进行外汇管理的行政机构。

（二）主要职责

根据国务院及中国人民银行授权，国家外汇管理局现有主要职责 10 项，概括如下：

1. 负责国际收支、对外债权债务的统计和监测，按规定发布相关信息，承担跨境资金流动监测的有关工作。

2. 负责全国外汇市场的监督管理；承担结售汇业务监督管理的责任；培育和发展外汇市场。

3. 负责依法监督检查经常项目外汇收支的真实性、合法性；负责依法实施资本项目外汇管理，并根据人民币资本项目可兑换进程不断完善管理工作；规范境内外外汇账户管理。

4. 负责依法实施外汇监督检查，对违反外汇管理的行为进行处罚。

5. 承担国家外汇储备、黄金储备和其他外汇资产经营管理的责任。

（三）组织机构

国家外汇管理局设若干职能司和直属单位。在省（自治区、直辖市）和副省级城市设立了分局（外汇管理部），在外汇业务量较大的市（地）、县（市）分别设立中心支局和支局。国家外汇管理局分支机构与当地人民银行分支机构合署办公。

第二节　金融监督管理机构

1984 年，中国人民银行开始专门行使中央银行职能，统一监管银行、证券和保险机构，随后我国金融监管体制经历了几次重大调整。1992 年，国务院证券委员会和中国证券监督管理委员会成立，与中国人民银行共同管理证券业。1997 年 11 月，原来由中国人民银行监管的证券经营机构划归中国证券监督管理委员会监管。1998 年 11 月，中国保险监督管理委员会成立，将人民银行承担的保险监管职能划转出去，由中国保险监督管理委员会监管全国商业保险市场。2003 年 4 月，中国银行业监督管理委员会成立，统一监管银行、金融资产管理公司、信托投资公司等。从统一监管到成立"三会"，实行分业监管，一是为了适应金融机构分业经营的需要，成立专门监管机构，化解混业经营可能产生的风险；二是为了加强垂直专业分工，提高监管的专业化水平；此外，也是为了提高监管地位，"三会"均为国务院直属事业单位（正部级）。

一、中国银行业监督管理委员会

（一）历史沿革

为了完善分业经营和分业监管体制，2003年第十届全国人大常委会第六次会议审议通过《中华人民共和国银行业监督管理法》，批准成立中国银行业监督管理委员会（以下简称中国银监会）。中国银监会履行原由中国人民银行承担的银行监管职能。2003年4月28日，中国银监会对外挂牌并统一监督管理银行、金融资产管理公司、信托投资公司及其他存款类金融机构，维护银行业的合法、稳健运行。中国银监会的成立，实现了货币政策与银行监管职能的分离，使货币政策的视野不再局限于商业银行，更加专注于宏观经济环境的长期稳定；也使银行监管更多地依靠自身监管水平的提高，有助于维护金融安全。

（二）主要职责

中国银监会是全国银行业金融机构的主要监管部门之一，是国务院直属事业单位。根据国务院授权，现有主要职责16项，概括如下：

1. 承担拟订职责范围内的法律法规草案，制定并发布对银行业金融机构及其业务活动监督管理规章制度。

2. 承担审定银行业金融机构市场准入。主要包括：依法审查批准银行业金融机构的设立、变更、终止及其业务范围；对银行业金融机构的董事和高级管理人员实行任职资格管理。

3. 承担对银行业金融机构业务经营的监管。主要包括：依法制定银行业金融机构的审慎经营规则；对银行业金融机构的业务活动

及其风险状况进行非现场监管;对银行业金融机构的业务活动及其
风险状况进行现场检查;对银行业金融机构实行并表监督管理。

4. 承担对银行业金融机构风险处置。主要包括:会同有关部门
建立银行业突发事件处置制度,制定银行业突发事件处置预案,明
确处置机构和人员及其职责、处置措施和处置程序,及时、有效地
处置银行业突发事件;对已经或者可能发生信用危机,严重影响存
款人和其他客户合法权益的银行业金融机构实行接管或者促成机构
重组。

5. 承担其他方面的职责。主要包括:编制银行业金融机构的统
计数据、报表,对非法金融活动予以取缔等。

（三）组织机构和管理体制

中国银监会总部设在北京,总部现内设 24 个职能部门、3 个中
心（信息中心、培训中心和服务中心）。中国银监会在全国 4 个直
辖市、22 个省、5 个自治区、5 个计划单列市下设 36 个派出机构,
在其他城市下设 300 个银监分局,1735 个监管办事处。中国银监会
对各派出机构实行垂直领导。

二、中国证券监督管理委员会

（一）历史沿革

改革开放以来很长一段时期,我国证券机构和证券市场主要由
中国人民银行负责监管。为适应证券市场发展的需要,1992 年 10
月,国务院证券委员会和中国证监会成立。国务院证券委员会是国
家对证券市场进行统一宏观管理的主管机构。1995 年 3 月,国务院
正式批准《中国证券监督管理委员会机构编制方案》,确定中国证
监会为国务院直属事业单位,是国务院证券委员会的监管执行机
构,依法对证券、期货市场进行监管。1997 年 8 月,上海、深圳证
券交易所统一划归中国证监会管理,在上海、深圳证券交易所设立
中国证监会监管专员办事处。同年 11 月,国家决定对全国证券管理

体制进行改革，对地方证券监管部门实行垂直领导，将原来由中国人民银行监管的证券经营机构划归中国证监会统一监管。1998 年，国务院决定将国务院证券委员会与中国证监会合并，成立中国证券监督管理委员会（以下简称中国证监会），并于同年批准中国证监会的职能配置、内设机构和人员编制，进一步明确中国证监会为国务院直属事业单位（正部级），专司全国证券、期货市场的监管职能。1998 年 12 月 29 日，《中华人民共和国证券法》（以下简称《证券法》）作为我国第一部证券法正式颁布，并于 1999 年 7 月 1 日开始实施。同时中国证监会派出机构正式挂牌，标志着我国集中统一的证券、期货监管管理体制的正式建立。

（二）主要职责

中国证监会是全国证券和期货业的主要监管部门之一，是国务院直属事业单位。根据国务院授权，现有主要职责 13 项，概括如下：

1. 承担对证券期货市场的监管。主要包括：研究和拟定证券期货市场的方针政策、发展规划；制定证券期货市场的有关规章；统一管理证券期货市场，对证券期货监督机构实行垂直领导。

2. 承担对证券期货市场产品的监管。主要包括：监督股票、可转换债券、证券投资基金的发行、交易、托管和清算；批准企业债券的上市；监管上市国债和企业债券的交易活动；监管境内期货合约上市、交易和清算；按规定监督境内机构从事境外期货业务。

3. 承担对上市公司、证券交易所以及有关中介机构的监管。主要包括：监管上市公司及其有信息披露义务股东的证券市场行为；监管证券期货经营机构、证券投资基金管理公司、证券登记清算公司、期货清算机构、证券期货投资咨询机构；管理证券期货交易所，按规定管理证券期货交易所的高级管理人员；负责证券期货机构高级管理人员以及证券期货从业人员的任职资格管理。

4. 承担对证券期货业对外开放中的监管。主要包括：监管境内企业直接或间接到境外发行股票、上市；监管境内机构到境外设立证券机构；监督境外机构到境内设立证券机构、从事证券业务。

5. 承担其他方面的职责。主要包括：证券期货市场的统计与信息资源管理、依法对证券期货违法违规行为进行调查、处罚等。

（三）组织机构和管理体制

中国证监会总部设在北京，总部现内设 21 个职能部门、4 个直属事业单位以及股票发行审核委员会和行政处罚委员会两个专门委员会。中国证监会在省、自治区、直辖市和计划单列市设立了 36 个证券监管局，以及上海、深圳证券监管专员办事处。中国证监会对各派出机构实行垂直领导。

三、中国保险监督管理委员会

（一）历史沿革

我国保险业经历了一个曲折发展的过程。中国人民银行、财政部等曾在不同的历史时期行使过对保险业监管的职能。1949 年 10 月新中国成立后，中国人民保险公司成立，受中国人民银行领导。从 20 世纪 50 年代后半期起，我国保险业进入长时间的低谷状态，对保险业的监管也就停滞不前。1979 年 4 月，国务院批准逐步恢复国内保险业务，保险业仍由中国人民银行监督管理。1985 年 3 月 3 日，国务院颁布的《保险企业管理暂行条例》规定"国家保险管理机关是中国人民银行"。之后，中国人民银行逐步建立了监管保险业的内设机构。1995 年 7 月，中国人民银行成立保险司，专司对中资保险公司的监管。同时，中国人民银行加强了系统保险监管机构建设，要求在省级分行设立保险监管部门，省以下分支行配备专职保险监管人员。

随着银行业、证券业、保险业分业经营的发展，为了更好地对保险业进行监督管理，国务院于 1998 年 11 月 18 日批准设立中国保险监督管理委员会（以下简称中国保监会），中国保监会专司全国商业保险市场的监管职能。

（二）主要职责

中国保监会是全国保险业的主要监管部门之一，是国务院直属事业单位。根据国务院授权，现有主要职责10项，概括如下：

1. 负责审批保险机构的市场准入、退出等。主要包括：审批保险公司及其分支机构、保险集团公司、保险控股公司的设立；审批境外保险机构代表处的设立；审批保险代理公司、保险经纪公司、保险公估公司及其分支机构的设立；审批保险机构的合并、分立、变更、解散，决定接管和指定接受；参与、组织保险公司的破产、清算。

2. 负责保险品种的监管。主要包括：审批关系社会公众利益的保险险种、依法实行强制保险的险种和新开发的人寿保险险种等的保险条款和保险费率，对其他保险险种的保险条款和保险费率实施备案管理；对政策性保险和强制保险进行业务监管；对专属自保、相互保险等组织形式和业务活动进行监管。

3. 负责保险业务及行为的监管。主要包括：依法监管保险公司的偿付能力和市场行为；负责保险保障基金的管理，监管保险保证金；依法对保险机构和保险从业人员的不正当竞争等违法、违规行为以及对非保险机构经营或变相经营保险业务进行调查、处罚。

4. 负责保险从业人员的资格管理。主要包括：审查、认定各类保险机构高级管理人员的任职资格；制定保险从业人员的基本资格标准。

5. 承担其他方面的职责。主要包括：依法对境内保险及非保险机构在境外设立的保险机构进行监管；制定保险行业信息化标准；统一编制全国保险业数据、报表等。

（三）组织机构和管理体制

中国保监会总部设在北京，总部现内设16个职能部门和3个事业单位，并在全国各省、自治区、直辖市、计划单列市设有36个保

监局，在苏州、烟台、汕头、温州、唐山设有 5 个保监分局。中国
保监会对各派出机构实行垂直领导。

第三节　银行类金融机构

1983 年 9 月，国务院决定中国人民银行专门行使中央银行职
能。在此前后，我国恢复或重建了中国工商银行、中国农业银行、
中国银行、中国人民建设银行。1995 年 5 月《中华人民共和国商业
银行法》（以下简称《商业银行法》）颁布后，国家将以上 4 家专业
银行的政策性业务划分出去，成立了 3 家政策性银行和 4 家国有独
资商业银行。2002 年中央决定对 4 家国有独资商业银行进行股份制
改造。与此同时，发展一批全国性股份制商业银行和一批中小型商
业银行。

截至 2013 年末，全国银行业金融机构本外币总资产为 151.4 万
亿元，负债 141.2 万亿元，净资产 10.2 万亿元。在全国银行业总资
产中，政策性银行占 7.2%，商业银行占 92.8%。在商业银行总资
产中，大型商业银行资产总额 65.6 万亿元，占 43.3%；股份制商
业银行资产总额 26.9 万亿元，占 17.8%。

一、政策性银行

（一）性质和特征

政策性银行，主要是指由政府创立或担保、以贯彻国家产业政
策和区域发展政策为目的、具有特殊的融资原则、坚持经济效益而
不以盈利为目的的金融机构。

在经济发展过程中，常常存在一些商业银行从盈利角度考虑不
愿意融资的领域，或者其资金实力难以达到的领域。这些领域通常
包括那些对国民经济发展、社会稳定具有重要意义，投资规模大、
周期长、经济效益见效慢、资金回收时间长的项目，如农业开发项

目、重要基础设施建设项目和服从国家战略发展需要的对境外的重大投资项目等。为了扶持这些项目，政府往往实行各种鼓励措施，各国通常采用的办法是设立政策性银行，专门对这些项目融资。这样做，不仅是从财务角度考虑，而且有利于集中资金，支持重大项目的建设。

政策性银行和商业银行有共性的一面，都属于经营和管理货币的银行，要对贷款进行严格审查，贷款要还本付息、周转使用等，同时，要对银行经营成果进行考核。但作为政策性金融机构，也有其特征：一是政策性银行的资本金多由政府财政拨付；二是政策性银行经营时主要考虑国家的整体利益、社会效益，不以盈利为目的，但政策性银行的资金并不是财政资金，政策性银行也必须考虑盈亏，坚持银行管理的基本原则，力争保本并获取适度利润；三是政策性银行有其特定的资金来源，主要依靠发行金融债券或向中央银行举债，一般不面向公众吸收存款；四是政策性银行有特定的业务领域，不与商业银行竞争。

1994年，我国组建了3家政策性银行，即国家开发银行、中国进出口银行、中国农业发展银行，这3家政策性银行均直属国务院领导。

（二）国家开发银行及其改革

国家开发银行于1994年3月批准设立，同年7月1日正式开业，是政策性银行中资产规模最大的一家。2008年2月，国家开发银行改革方案获得国务院批准。2008年12月11日，国家开发银行整体改制为国家开发银行股份有限公司，持股股东分别为财政部、中央汇金投资有限责任公司（以下简称汇金公司）和全国社会保障基金理事会。国家开发银行以银行业务为主体，同时附设以经营证券业务为主的"国开证券"和以开展股权直接投资为主的"国开金融"子公司。现在，为适应我国经济发展和对外开放的战略需要，国家开发银行正在向服从国家战略发展需要、以长期信贷为主并争取在国际上发挥重大影响力的开发性金融集团发展。

国家开发银行贯彻国家宏观经济政策，筹集和引导社会资金，缓解经济社会发展的"瓶颈"制约和加强薄弱环节，支持国家基础设施、基础产业、支柱产业以及战略性新兴产业等领域发展和国家重点项目建设，促进区域协调发展和城镇化建设。国家开发银行最主要的资金来源是在国内外金融市场上发行债券，另外还通过筹借国际商业借款、办理有关外国政府和国际金融组织贷款的转贷业务、人民币同业拆借和向中国人民银行申请再贷款等方式筹措资金。国务院于 2014 年 4 月决定，国家开发银行成立事业部，实行单独核算，采取市场化方式，通过发行住宅金融专项债券和向邮储等金融机构和其他投资者融资等方式筹集资金，重点用于支持棚户区改造及城市基础设施等相关工程建设。

截至 2013 年末，国家开发银行总资产突破 8.2 万亿元，其中，贷款余额为 7.15 万亿元。

（三）中国进出口银行

中国进出口银行成立于 1994 年，是直属国务院领导的、政府全资拥有的政策性银行，其国际信用评级与国家主权评级一致。目前，中国进出口银行在全国设有 21 家营业性分支机构，在境外设有巴黎分行、东南非代表处和圣彼得堡代表处，与 1250 多家银行的总分支机构建立了代理行关系。

中国进出口银行的主要职责是为扩大中国机电产品、成套设备和高新技术产品进出口，推动有比较优势的企业开展对外承包工程和境外投资，促进对外关系发展和国际经贸合作等，提供金融服务。

截至 2013 年末，中国进出口银行资产总额达到 2 万亿元，其中，表内贷款余额为 1.48 万亿元。

（四）中国农业发展银行

中国农业发展银行是直属国务院领导的、我国唯一的一家农业政策性银行，1994 年 11 月挂牌成立。全系统共有 31 个省级分行、300 多个二级分行和 1800 多个营业机构。

中国农业发展银行的主要职责是以国家信用为基础，通过向中国人民银行借款和向境内金融机构发债等方式筹措农业政策性借贷资金，承担国家规定的农业政策性金融服务，代理财政性支农资金的拨付，形成以支持国家粮棉购销储业务为主体、以支持农业产业化经营和农业农村基础设施建设为两翼的业务发展格局，初步建立现代银行框架，经营业绩实现较大提升，较好地发挥了在农村金融的骨干和支柱作用。

截至 2013 年末，中国农业发展银行贷款余额为 2.5 万亿元，其中，政策性贷款余额为 2.3 万亿元。

二、商业银行

（一）性质和特征

商业银行是以办理存贷款和转账结算为主要业务，以盈利为主要经营目标，经营货币的金融企业。

与其他金融机构相比，能够吸收活期存款，创造货币，是商业银行最明显的特征。正是这一点，使商业银行具有特殊的职能，它们的活期存款是构成货币供给或交换媒介的重要组成部分，也是信用扩张的重要源泉。因此，通常人们又称商业银行为存款货币银行。

在经济活动中，商业银行承担了信用中介、支付中介、信息中介、政策传导等方面的职能。因此，商业银行的重要性和审慎要求高于一般工商企业。《商业银行法》规定，商业银行以"安全性、流动性、效益性"为经营原则。安全性是指商业银行的资产业务要以控制风险为基本前提，商业银行必须通过相应的资本管理、风险管理、内部控制等手段保证自身和客户资产的安全，避免由于商业银行经营不善累积不良资产，进而影响到整个经济系统出现风险；流动性是指商业银行以可控制的成本获取资金，满足保证支付的要求；效益性是指商业银行作为企业以获取利润为经营目标。

《商业银行法》明确要求，商业银行实行"自主经营，自担风险，自负盈亏，自我约束"的原则。

（二）历史沿革和业务发展

我国商业银行经历了一个较长时期的历史演变过程。新中国成立初期，当时接管的各家银行陆续并入中国人民银行或划归中国人民银行管辖。中国人民银行既对外办理日常储蓄、工商信贷和结算转账等业务，也承担银行管理职能。改革开放以后，随着金融改革的不断深入，农业银行、建设银行、中国银行和工商银行或陆续恢复或从中国人民银行分设出来，专门办理商业银行业务。其间，工商银行、农业银行、中国银行、建设银行经历了专业银行、国有独资商业银行和股份制改造等阶段。为了推进国有独资商业银行的股份制改造，我国于2003年12月设立了汇金公司，代表国家行使对重点金融企业的出资人的权利和义务，支持其落实各项改革措施，完善公司治理结构，保证国家注资的安全。2007年9月中国投资有限责任公司成立后，汇金公司变为后者的全资子公司。目前，汇金公司控股参股机构包括国家开发银行、工商银行、农业银行、中国银行、建设银行、中投证券等金融机构。

20世纪八九十年代，各地创办、设立一些城市信用社，随后，根据形势变化，陆续改制为城市商业银行或中小商业银行。其间，相继成立了一些股份制银行，如中信银行、招商银行、民生银行等。随着我国加入世界贸易组织（WTO），我国金融业对外开放逐步加快，外资金融机构开始在国内设立分支机构，有的成立法人金融机构，从事外币及人民币业务。

根据《商业银行法》，我国商业银行可以经营下列业务：吸收公众存款，发放贷款；办理国内外结算、票据贴现、发行金融债券；代理发行、兑付、承销政府债券，买卖政府债券；从事同业拆借；买卖、代理买卖外汇；提供信用证服务及担保；代理收付款及代理保险业务等。按照规定，商业银行不得从事政府债券以外的证券业务和非银行金融业务。

截至 2013 年末，我国的商业银行主要包括：5 家国有控股大型商业银行、12 家全国性股份制商业银行、145 家城市商业银行和468 家农村商业银行。另外，全国共组建村镇银行超过 1000 家。

（三）国有控股大型商业银行

我国的国有控股大型商业银行主要包括中国工商银行股份有限公司、中国农业银行股份有限公司、中国银行股份有限公司、中国建设银行股份有限公司、交通银行股份有限公司。截至 2013 年末，上述 5 家商业银行总资产占我国银行业总资产的 43.3%，占全国商业银行总资产的 46.7%。

1. 中国工商银行股份有限公司。1983 年 9 月，国务院决定中国人民银行专门行使中央银行职能，另组建中国工商银行，承接原由人民银行办理的工商信贷和储蓄业务。1984 年 1 月 1 日，中国工商银行正式成立，这标志着我国专业银行体系的最终确立。随后，中国工商银行经历了专业银行、国有独资商业银行和股份制改造等阶段，并于 2006 年 10 月在沪、港两地同时公开上市，开创了 A + H 股同步上市的先河，A + H 股总市值达到 1419 亿美元，成为当时全球排名第五位的上市银行。截至 2013 年末，中国工商银行总资产18.9 万亿元，总负债 17.6 万亿元，净资产 1.3 万亿元，全年实现净利润 2600 多亿元。

2. 中国农业银行股份有限公司。中国农业银行的前身最早可追溯至 1951 年成立的农业合作银行。20 世纪 70 年代末以来，中国农业银行相继经历国家专业银行、国有独资商业银行和国有控股商业银行等不同阶段。2009 年 1 月，中国农业银行整体改制为股份有限公司，并于 2010 年 7 月分别在上海证券交易所和香港联合交易所挂牌上市。多年来，中国农业银行致力于建设面向"三农"、城乡联动、融入国际、服务多元的一流现代商业银行。截至 2013 年末，中国农业银行总资产 14.56 万亿元，总负债 13.7 万亿元，净资产 0.86 万亿元，全年实现净利润 1662 亿元。

3. 中国银行股份有限公司。新中国成立后，中国银行成为国家外汇外贸专业银行，为国家对外经贸发展和国内经济建设作出较大贡献。1994 年，中国银行改组为国有独资商业银行。2004 年 8 月，中国银行股份有限公司挂牌成立；2006 年 6 月、7 月，先后在香港联合交易所和上海证券交易所成功挂牌上市。中国银行在中国内地、香港、澳门、台湾及 37 个国家为客户提供全面的金融服务。截至 2013 年末，中国银行资产总额 13.87 万亿元，负债总额 12.9 万亿元，净资产 0.97 万亿元，全年实现税后利润 1637 亿元。

4. 中国建设银行股份有限公司。其前身中国人民建设银行成立于 1954 年 10 月 1 日，从 20 世纪 50 年代起一直隶属于财政部领导，1983 年 1 月改为相当于国务院直属局的金融组织。1994 年，中国人民建设银行不再履行财政管理和政策性业务职能，1996 年 3 月，中国人民建设银行更名为中国建设银行。2004 年 9 月，中国建设银行完成股份制改造，并于 2005 年 10 月和 2007 年 9 月分别在香港和上海完成上市工作。截至 2013 年末，中国建设银行总资产 15.4 万亿元，总负债 14.3 万亿元，净资产 1.1 万亿元，全年实现净利润 2151 亿元。

5. 交通银行股份有限公司。交通银行始建于 1908 年，是中国近代以来历史最悠久的银行，也是近代中国的发钞行之一。1949 年以后，交通银行国内业务分别并入当地中国人民银行和中国人民建设银行。1986 年交通银行作为改革试点，经国务院批准重新组建。1987 年重新组建后的交通银行正式开业，成为中国第一家全国性的国有股份制商业银行。2005 年 6 月，交通银行在香港成功上市，成为首家在境外上市的中国内地商业银行。2007 年 5 月 15 日，交通银行 A 股正式上市交易。截至 2013 年末，交通银行总资产 5.96 万亿元，总负债 5.54 万亿元，净资产 0.42 万亿元，全年实现净利润 623 亿元。

（四）股份制商业银行

股份制商业银行可分为全国性股份制商业银行和城市商业银行。全国性股份制商业银行包括 12 家：中信银行、招商银行、中国光大银行、华夏银行、中国民生银行、上海浦东发展银行（简称浦发银行）、兴业银行、广发银行、平安银行、渤海银行、恒丰银行、浙商银行。多年来，股份制商业银行采取股份制形式的现代企业组织架构，按照商业银行的运营原则，高效决策、灵活经营，逐步建立了科学的管理机制和市场化的管理模式。股份制商业银行已经成为我国商业银行体系中一支富有活力的生力军，成为银行业乃至国民经济发展不可缺少的重要组成部分。城市商业银行包括全国各地的 145 家商业银行。目前，我国已经初步形成多层次、多类型的商业银行机构体系。

在 12 家全国性股份制商业银行中，到 2013 年末，已有 6 家商业银行的总资产超过 2 万亿元。其中，招商银行 4 万亿元，中信银行、浦发银行、兴业银行超过 3.6 万亿元，民生银行 3.23 万亿元，光大银行 2.4 万亿元。

20 世纪 90 年代中期，以城市信用社为基础，我国开始陆续组建城市合作银行，后改称城市商业银行。1998 年，上海商业银行因与另一家银行同名，故改称为上海银行，以后类似的银行都改称为以所在城市命名的商业银行。城市商业银行是在中国特殊历史条件下形成的，是中央金融主管部门整顿城市信用社、化解地方金融风险的产物。经过十几年的发展，城市商业银行已经逐渐发展成熟，相当多的城市商业银行已经完成了股份制改革，并通过各种途径逐步消化历史上的不良资产，转变经营模式，在当地占有相当大的市场份额。截至 2013 年末，我国共有城市商业银行 145 家，规模较大的银行资产达到数千亿元，其中，北京银行资产规模最大，达到 1.34 万亿元。

（五）农村金融机构

我国农村金融机构体系主要包括中国农业发展银行、中国农业银行、农村商业银行、农村信用社和村镇银行。本部分主要介绍农村信用社、农村商业银行、农村合作银行和村镇银行。

20 世纪 50 年代，在农村合作化过程中，我国在广大农村组建了数量众多的乡村农村信用合作社（站）。此后直到 1996 年，农村信用社在农业银行领导下，努力恢复组织上的合作性、管理上的民主性、经营上的灵活性。

1996 年 8 月，农村信用社与中国农业银行脱钩，农村信用社由中国人民银行托管，继续按合作金融改革。2003 年 6 月，国务院关于《深化农村信用社改革试点方案》，明确要把农村信用社办成为"三农"服务的社区和地方金融机构，对东部沿海和大中城市郊区、粮棉主产区和经济较为落后地区等不同地区，实行不同的股权制度和组织形式。在股权制度选择上，分别实行股份制、股份合作制、合作制等几种制度。在组织形式上，分别成立农村商业银行、农村合作银行、县（市）农村信用合作联社等几种方式。实际改革结果是，农村信用社已经或正在准备改革为农村商业银行和农村合作银行。截至 2013 年末，全国共有 468 家农村商业银行，122 家农村合作银行，1803 家农村信用社。截至 2014 年 3 月底，农村金融机构总资产达到 20.4 万亿元，占全部银行类金融机构总资产的 13.1%。

2006 年末，中国银监会放宽农村银行业金融机构准入政策，颁布《村镇银行管理暂行规定》，允许金融机构在农村设立村镇银行。村镇银行是指由境内外金融机构、境内非金融企业法人、境内自然人出资，在农村地区设立的主要为当地农民、农业和农村经济发展提供金融服务的银行业金融机构。截至 2013 年末，全国共组建村镇银行 1071 家，平均每家总资产规模不超过 10 亿元。

（六）中国邮政储蓄银行

中国邮政储蓄银行的前身是隶属于国家邮政局的邮政储汇局。1950 年，由于历史原因，撤销了当时的邮政储汇局。改革开放以来，随着国民经济的蓬勃发展，邮政部门于 1986 年恢复办理储蓄业务，并相应组建邮政储汇机构。为了理顺邮政部门与邮政储汇部门的关系，国家决定于 2007 年成立中国邮政储蓄银行有限责任公司，并于 2012 年 1 月整体变更为中国邮政储蓄银行股份有限公司，依法继承原中国邮政储蓄银行全部资产、负债、业务和人员。

中国邮政储蓄银行自开办以来，充分依托覆盖城乡的网络优势，重点服务"三农"、服务社区、服务中小企业。截至 2013 年末，中国邮政储蓄银行拥有营业网点 3.9 万个，客户超过 4 亿人，资产总规模突破 5.58 万亿元，成为中国营业网点和客户最多的商业银行。

（七）外资银行

外资银行是指在我国境内由外国独资创办的银行。1979 年，日本输出入银行在北京设立第一家外资银行代表处。1981 年，香港南洋商业银行在深圳设立第一家外资银行营业性机构。经过三十多年的发展，外资银行已经成为我国银行体系的重要组成部分。截至 2013 年末，51 个国家和地区的银行在华设立了 42 家外资法人机构、92 家外资银行分行和 187 家代表处。外资银行总资产 2.56 万亿元，占我国银行业总资产的比例为 1.73%。

第四节 证券期货类金融机构

长期以来，我国社会融资以商业银行间接融资为主，造成融资企业资产负债率过高，扩大了金融风险。二十多年来，国家多次提出，要提高直接融资比例，大力发展股票融资、债券融资和基金融资。证券期货类金融机构在提高直接融资比例方面具有特别重要的地位。

一、性质和特征

证券是指经政府有关部门批准发行和流通的股票、债券、投资基金、存托凭证等有价凭证。

证券期货类金融机构是指从事证券业务的机构，是我国资本市场的重要组成部分。证券期货类金融机构包括证券公司、证券交易所和证券登记结算公司、证券投资咨询公司、投资基金管理公司、证券评估公司、期货公司等。这些机构在资本市场上扮演不同的角色，从事不同的业务，起着不同的作用。

二、历史沿革和业务发展

我国第一家证券公司于 1987 年在深圳经济特区成立，随后各省市相继成立证券公司。当时成立证券公司的初衷，一是配合、支持企业股份制改造，二是解决国库券发行和流通的问题。经过 20 多年的发展，我国证券期货类金融机构取得了举世瞩目的成绩，主要体现为：证券期货类金融机构数量和种类不断增加，股票和债券市场快速成长，作为机构投资者代表的证券投资基金发展壮大，证券中介机构及自律组织作用不断增强，证券期货行业法律体系不断完善，证券期货业对外开放稳步推进。

截至 2013 年末，全国共有证券公司 115 家，有上海和深圳 2 家证券交易所，上海、大连、郑州 3 家商品期货交易所，1 家金融期货交易所即中国金融期货交易所，158 家期货公司，89 家基金管理公司，86 家证券投资咨询机构，6 家证券评级机构。

三、证券公司

证券公司是指依照《中华人民共和国公司法》（以下简称《公司法》）和《证券法》规定并经国务院证券监督管理机构批准成立的经营证券业务，具有独立法人地位的有限责任公司或者股份有限公司。证券公司具有证券交易所的会员资格,是可以承销发行、自营买卖或自营兼代理买卖证券的证券类金融机构。证券公司业务包括证券经纪,证券投资咨询,与证券交易、证券投资活动有关的财务顾问,证券承销与保荐,证券自营,证券资产管理,融资融券等。

一大批证券公司在迅速发展壮大的同时,我国证券业经历了一段曲折发展历程。2003 年底至 2004 年上半年,由于市场持续低迷和结构性调整,一批证券公司的问题急剧暴露。2005 年 7 月,中国证监会出台《证券公司综合治理工作方案》,开展专项整治和规范治理。经过一段时间的努力,近年来,我国证券公司蓬勃健康发展。截至 2013 年末,全国 115 家证券公司,总资产 2.1 万亿元,净资产 7539 亿元,全年营业收入 1592 亿元,实现净利润 440 亿元。通过综合治理和市场培育,一大批经营规范的证券公司脱颖而出,成为业界佼佼者。按照总资产排名,截至 2013 年底我国前 10 位证券公司分别是中信证券、海通证券、国泰君安证券、广发证券、华泰证券、招商证券、银河证券、国信证券、光大证券和申银万国证券股份有限公司。

中信证券股份有限公司于 1995 年 10 月成立,2003 年 1 月、2011 年 10 月分别在上海证券交易所和香港联合交易所挂牌上市交易,中国中信集团公司为其第一大股东。截至 2013 年末,公司资产总额达到 2714 亿元,净资产 877 亿元。

海通证券股份有限公司成立于 1988 年,2001 年改制为股份有限公司。海通证券 A 股于 2007 年在上海证券交易所挂牌上市并完成定向增发,H 股于 2012 年 4 月在香港联合交易所挂牌上市。截至 2013 年末,公司总资产 1691 亿元,净资产 615 亿元。

国泰君安证券股份有限公司前身为国泰证券和君安证券,1999 年 8 月 18 日,两家公司合并新设为国泰君安证券股份有限公司。

广发证券股份有限公司前身是 1991 年 9 月 8 日成立的广东发展银行证券部,2001 年整体变更为股份有限公司,是国内首批综合类证券公司，2010 年在深圳证券交易所上市。

华泰证券股份有限公司前身是成立于 1991 年 5 月的江苏省证券公司，是中国证监会首批批准的综合类券商，是全国最早获得创新试点资格的券商之一，于 2010 年 2 月在上海证券交易所上市。

四、证券交易场所和证券登记结算公司

证券交易所是指依法设立的，为证券的集中和有组织的交易提供场所、设施，并履行相关职责，实行自律性管理的法人。我国内地有两家证券交易所：上海证券交易所和深圳证券交易所。证券交易所的主要职能包括：提供证券交易的场所和设施；制定证券交易所的业务规则；接受上市申请，安排证券上市；组织、监督证券交易；对会员、上市公司进行监管；管理和公布市场信息；等等。

上海证券交易所成立于 1990 年 11 月 26 日，于当年 12 月 19 日开业。经过多年的持续发展，上海证券市场已成为我国乃至亚洲首屈一指的证券市场，上市公司数、上市股票数、市价总值、流通市值、证券成交总额、股票成交金额等指标均居首位。深圳证券交易所成立于 1990 年 12 月 1 日，1991 年 7 月 3 日正式营业。作为中国内地两大证券交易所之一，深圳证券交易所成功地在一座新兴城市建成了辐射全国的证券市场。截至 2013 年末，两家证券交易所共有上市公司 2489 家。两市股价总市值达到 23.91 万亿元，相当于当年国内生产总值的 42%。我国股市总市值位居世界前列。2013 年 1 月，经国务院批准设立的第三家证券交易场所——全国中小企业股份转让系统正式揭牌运营，为非上市股份公司融资并购等相关业务提供服务。截至 2014 年 9 月末，已挂牌中小企业达 1153 家。

证券登记结算公司是为证券交易提供集中登记、存管与结算服务，不以盈利为目的的法人机构。设立证券登记结算公司必须经证券监督管理机构批准。证券登记结算采取全国集中统一的运营方式。证券登记结算公司的主要职能包括：证券账户、结算账户的设

立和管理；证券的存管和过户；证券持有人名册登记及权益登记；证券交易场所上市证券及挂牌交易的清算、交收及相关管理；受发行人委托派发证券权益；办理与上述业务有关的查询、信息、咨询和培训服务。

2001 年以前，中国的证券登记结算是由上海证券交易所成立的上海证券中央登记结算公司和深圳证券交易所成立的深圳证券登记结算公司以及各自的地方证券登记结算公司完成的。上海证券登记结算公司和深圳证券登记结算公司建立了遍及全国的证券账户登记和存管体系，为投资者提供有关的证券登记、存管服务。2001 年 3 月 30 日，中国证券登记结算有限责任公司成立，原上海证券交易所和深圳证券交易所所属的证券登记结算公司分别重组为其上海分公司和深圳分公司，这标志着全国集中、统一的证券登记结算体制的组织构架基本形成。

五、基金管理公司

基金管理公司是指经中国证监会批准、在中国境内设立、从事证券投资基金管理业务的企业法人。基金管理公司将众多投资者的资金集中起来，形成独立财产，由基金托管人托管，基金管理人管理，按照利益共享、风险共担的方式，以投资组合的方法进行证券投资或其他项目投资。按照面向发行者的不同，可将基金管理公司分为公募基金和私募基金。公募基金是指面向非特定投资者公开发行受益凭证的基金。私募基金是指面向特定投资者募集资金而设立的基金。我国基金管理公司的业务主要包括证券投资基金业务、特定客户资产管理业务和投资咨询业务。

1997 年《证券投资基金管理暂行办法》出台后，中国基金业开始步入规范化的发展轨道。2003 年《中华人民共和国证券投资基金法》颁布后，我国基金业进入快速发展阶段，基金产品设计与开发的进度明显加快，基金产品无论是在数量、规模还是在品种创新上都迈上了新台阶，证券投资基金对市场的影响力也在不断增强。截至 2013 年末，我国境内共有基金管理公司 89 家，其中合资 47 家，内资 42 家；管理证券投资基金 1552 只，份额 3.1 万亿份，管理资产 4.2 万亿元，其中，公募基金规模 3 万亿元，非公开募集资产规模 1.2 万亿元。截至 2013 年末，管理资产规模前 5 名的基金管理公司分别是华夏基金管理有限公司、天弘基金管理有限公司、嘉实基金管理有限公司、易方达基金管理有限公司、南方基金管理有限公司。

六、期货公司

期货公司是依照《公司法》、《期货交易管理条例》的规定设立的经营期货业务的金融机构。期货公司可以依法从事商品期货经纪、金融期货经纪、境外期货经纪、期货投资咨询、资产管理业务。

1990 年 10 月 12 日，郑州粮食批发市场开业，引入期货交易机制，标志着我国期货市场诞生。1993～1995 年，由于期货市场相关规则不完善，期货市场出现较大风波，我国期货市场进行了较大规模整顿。1998 年 8 月，中国证监会对全国期货交易所进行了重大调整，在撤并、调整原来的 14 家期货交易所的基础上组建了上海期货交易所、郑州商品交易所和大连商品交易所。2006 年 9 月 8 日，中国金融期货交易所在上海成立。截至 2013 年末，全国期货市场共有 40 个期货品种，其中，商品期货品种 38 个，金融期货品种两个（沪深 300 指数、5 年期国债期货），期货市场品种体系更加完善。

第五节　保险类金融机构

保险是分摊事故损失的一种财务安排。保险包括社会保险和商业保险。本《读本》介绍的商业保险包括财产保险、人身保险、责任保险和信用保证保险。发展商业保险，可提高企事业单位和个人的经济保障能力，维护社会生产和社会生活的稳定。保险公司通过其专业机构聚集巨额资金，并将其投资于各类金融资产，成为金融业的重要组成部分。截至 2013 年末，我国保险公司总资产达到 8.3 万亿元。

一、性质和作用

"天有不测风云，人有旦夕祸福。"人们在生活中，面临着种种难以预料的风险，从"茅屋为秋风所破"到"洪水滔天千里汪洋"，都可能对个人、家庭、单位造成损失。如何规避这些风险呢？最合理的方法是运用互助共济的原理，将个体面临的风险由群体来分担，这就是保险。保险的核心是风险转移，主要运用风险汇聚机制，集合具有风险厌恶偏好的投保人，收取保费并建立保险基金，对少数发生保险事故的被保险人进行经济补偿和给付，实现风险在投保人之间的分散。

以经营保险业务为主的经济组织就是保险公司。保险公司具有其他金融机构不可替代的重要作用。除了对某些个人、家庭和单位有分散风险、削减损失的职能之外，保险公司在宏观上还有四大功能：一是承担国家财政后备范围以外的损失补偿；二是聚集资金，支持国民经济发展；三是增强对人们生命财产安全的保障；四是为社会再生产的各个环节提供经济保障，防止因某个环节的突然断裂而破坏整个社会经济的平稳运行。

二、历史沿革和业务发展

现代保险业起源于西方，发展至今已有 600 多年的历史。1347年，意大利的一位商人签发了第一张海运保险单，这标志着保险作为一个行业开始运营，同时，这也说明保险最初起始于风险最大的海洋运输。1805 年，英国人在广州开设的广州保险会社是在中国最早出现的保险公司。1865 年，上海义和保险行成立，这是中国人自己最早开办的保险公司。为了抵抗不断进入的外国保险商，中国轮船招商局于 1885 年在上海创办具有相当实力的仁济和保险公司。民国时期，官僚资本金融机构相继投资保险业，促进了民族保险业发展。抗日战争爆发后，大批工商企业内迁，重庆一度成为大后方保险业中心。抗战结束后，集中于上海的大量游资再度投资于保险业。到新中国成立前夕，上海保险机构已达 241 家，其中民族保险机构 178 家。

新中国成立以来，我国保险业经历了一段不平凡的发展历程。1949 年 10 月 20 日，中国人民保险公司宣告成立。新中国成立初期，登记复业的华商保险公司有 63 家，外商保险公司有 41 家。1958 年以后，由于受"左"倾思想影响，保险业陷入停顿状态，全国保险系统职工人数锐减至不足 500 人。直到 1980 年，中国人民保险公司恢复办理国内保险业务，大力开展涉外保险，以后中国保险事业才得以恢复，并进入新的发展阶段。1993 年以来，保险业改革步伐进一步加快。中国人民保险公司完成财产险、人寿险和再保险业务的分离，改组设立中国人民保险（集团）公司，包括中保财产保险公司、中保人寿保险公司和中保再保险公司 3 家子公司；太平洋保险公司与交通银行脱钩，改制为独立的股份制商业保险公司；平安保险公司将 6 家子公司的独立法人地位取消，将其改为直属分公司；太平洋保险公司与平安保险公司还完成了财险与寿险的分账核算。与此同时，中国人民银行有计划地批准设立了一批新的股份制保险公司，如大众、天安、华泰、永安、华安、泰康、新华等保险公司。2003 年，中国人保、中国人寿和中国再保险 3 家国有保险公司成功完成股份制改革。

当前，我国保险公司业务险种达数百种，按照保障范围划分，主要分为财产保险、人身保险、责任保险和信用保证保险四大类。

财产保险是以财产及其相关利益为保险标的的保险，补偿因自然灾害或意外事故所造成的经济损失。人身保险包括人寿保险、健康保险和意外伤害保险等。责任保险是以被保险人的民事损害赔偿责任为保险标的的保险，比如担心本公司生产的热水器对用户造成损害可以投保。保证保险是指由保险人承保在信用借贷或销售合同关系中因一方违约而造成的经济损失，比如出口一批工艺品，顾虑对方不及时付款可以进行投保。还有一种保险机构之间的保险业务，也称为分保，它分为自愿再保险和法定再保险。

2013 年末，我国保险公司总资产近 8.3 万亿元，其中：产险公司总资产近 1.1 万亿元，占 13.2%；寿险公司总资产 6.83 万亿元，占 82.3%。

三、保险公司

保险公司，是指经中国保险监督管理机构批准设立，并依法登记注册的商业保险公司。保险公司是采用公司组织形式的保险人，经营保险业务。保险关系中的保险人，享有收取保险费、建立保险费基金的权利；当保险事故发生时，有义务赔偿被保险人的经济损失。保险公司按照经营方式分类，可以分为直接保险公司和再保险公司；按照经营产品分类，可以分为财产保险公司和人寿保险公司；按照出资人分类，可以分为中资保险公司和中外合资保险公司。

1984 年，中国人民保险公司从中国人民银行分设出来，在国内保险市场上实行独家垄断经营。1985 年 3 月，国务院颁布《保险企业管理暂行条例》，允许经过批准设立保险机构、经营保险业务，国内保险公司正式进入商业化运作阶段。截至 2013 年末，我国共有保险类金融机构 174 家，其中：保险集团和控股公司 10 家，人身险公司 71 家，财产险公司 63 家，再保险公司 8 家，保险资产管理公司 18 家。

1. 中国人民保险集团股份有限公司。它是在原中国人民保险公司基础上分设出来的主要从事财产保险的保险集团。该公司是一家综合性保险公司，目前下设人保财产、人保健康、人保寿险、人保投资、人保香港等 10 余家子公司。其中最大子公司是中国人民财产保险股份有限公司，2003 年 11 月该公司在香港联合交易所挂牌上市，成为中国内地第一家在海外上市的金融企业。截至 2013 年末，中国人民保险集团股份有限公司总资产约 7600 亿元，保费总收入约 3100 亿元。

2. 中国人寿保险（集团）公司。它是从原中国人民保险公司分设出来的主要从事寿险的中国最大的商业保险集团。该保险集团控股中国人寿保险，下设中国人寿资产管理、中国人寿财产、中国人寿养老、中国人寿（海外）、国寿投资等子公司。中国人寿保险公司于 2003 年 6 月 30 日在北京注册成立，并于 2003 年 12 月 17 日、18 日及 2007 年 1 月 9 日分别在纽约、香港和上海三地上市。截至 2013 年末，中国人寿保险（集团）公司合并总资产约为 2.4 万亿元，所有者权益约 1100 亿元，营业收入约 4000 亿元。

3. 中国平安保险（集团）股份有限公司。该公司 1988 年诞生于深圳，是中国第一家股份制保险企业，至今已发展成为融保险、银行、投资等金融业务于一体的综合金融服务集团，该公司分别在香港联合交易所和上海证券交易所上市。中国平安旗下保险系列的公司有平安寿险、平安产险、平安养老险、平安健康险等。从保费收入来衡量，目前平安寿险、产险公司均为国内排名前三的保险公司。2013 年，中国平安保险（集团）公司总资产约 3.4 万亿元，净资产 0.18 万亿元，营业收入 3.65 万亿元。

4. 中国太平洋保险（集团）股份有限公司。它是在 1991 年 5 月成立的中国太平洋保险公司基础上组建的保险集团公司，总部设在上海。2007 年、2009 年，该公司分别在上海、香港上市。公司旗下拥有寿险、产险、资产管理和养老保险等专业子公司，为客户提供保险理赔、投资理财等服务。截至 2013 年末，该公司总资产为 0.72 万亿元，净资产为 0.1 万亿元，全年营业收入 0.19 万亿元。

四、保险专业中介机构

保险专业中介机构是指依据《公司法》、《中华人民共和国保险法》（以下简称《保险法》）、《保险专业代理机构监管规定》、《保险经纪机构监管规定》、《保险公估机构监管规定》设立的保险专业代理机构、保险经纪机构、保险公估机构。保险专业代理机构是指根据保险公司的委托，向保险公司收取佣金，在保险公司授权的范围内专门代为办理保险业务的机构，包括保险专业代理公司及其分支机构。保险经纪机构是指基于投保人的利益，为投保人与保险公司订立保险合同提供中介服务，并按约定收取佣金的机构，包括保险经纪公司及其分支机构。保险公估机构是指接受委托，专门从事保险标的或者保险事故评估、勘验、鉴定、估损理算等业务，并按约定收取报酬的机构。截至 2013 年末，全国共有保险专业中介机构 2560 家，注册资本 251.98 亿元。

五、保险资产管理公司

保险资产管理公司是指经中国保监会会同有关部门批准，依法登记注册、受托管理保险资金的金融机构。保险资金是指保险公司的各项保险准备金、资本金、营运资金、公积金、未分配利润和其他负债，以及由上述资金形成的各种资产。

保险资金，尤其是寿险资金，通常期限长，规模大，要求合理收益，在服务经济社会发展方面具有一些独特的优势：一是可以促进社会长期资本形成。保险资金可以为社会经济发展提供长期资本，以股权、优先股、长期债权等形式长期停留并作用于实体经济领域，发挥资本聚集效应。二是可以缓解实体经济融资成本过高。保险资金更加注重稳健投资和安全审慎，以确保投资收益的长期性和稳定性，对于投资收益的要求也比较合理。三是可以促进经济提质增效。保险资金可以有效对接资金需求大、投资回收期长的国家重大建设项目和民生项目，如基础设施、交通、能源等领域，促进新型城镇化建设和经济转型升级。

第六节　其他金融机构

其他金融机构是金融体系的重要组成部分。本节重点讲述金融控股公司、金融资产管理公司、企业集团财务公司、信托投资公司、金融租赁公司、汽车金融公司、货币经纪公司、贷款公司等非银行金融机构以及小额贷款公司、第三方支付公司、融资性担保公司等准金融机构。

一、金融控股公司

金融控股公司是金融企业实现综合经营的一种组织形式。在金融控股集团中，控股公司可视为集团公司，其他金融企业可视为成员企业，各成员企业虽受集团公司的控制和影响，但要承担独立的民事责任。金融控股公司一词最早起源于美国，在美国《金融服务法》中首次提出"金融控股公司"这一法律用语，但并没有明确定义。1999 年 2 月，国际三大金融监管部门联合发布的《对金融控股公司的监管原则》中，把金融控股公司表述为：在同一控制权下，所属受监管实体至少明显地在从事两种以上的银行、证券和保险业务，同时，对每个成员的资本要求不同。多元化经营的金融控股公司实行集团控股、联合经营，法人分业、规避风险，财务并表、各负盈亏。金融企业综合经营采用金融控股公司组织形式，有利于资本投资最优化和资本利润最大化，也有利于金融企业改进对企业的服务，提高在金融市场上的竞争能力。但是，也存在财务杠杆率过高，可能出现内部交易潜在风险和系统风险。

现在，我国金融企业综合经营发展较快，金融控股公司也正在成长和发展。目前，我国金融控股公司有下列三种形式：

一是国有或国有控股的大型银行通过设立附属子公司从事非银行业务。国家开发银行成立了全资附属的"国开证券"、"国开金融"子公司，分别从事证券和直接股本投资业务。5家大型商业银行也在香港设立全资投资银行。

二是以信托公司为主体，成立附属或控股公司，从事信托、证券、银行和实业投资业务。这种形式主要以中信集团、光大集团为代表。中信集团于1979年设立，2002年改为中信控股公司，控股中信实业银行、中信证券、信诚保险等子公司。2013年末，总资产4.3万亿元，净资产2700多亿元。2014年8月，中信集团通过旗下中信泰富以发行和配售新股加现金方式，以2270亿元人民币收购母公司全部股份，将中信泰富更名为中国中信集团股份有限公司（简称中信股份），于9月1日在香港整体上市，创香港最大规模交易。中国光大集团于1983年设立，2013年末总资产2.54万亿元。2014年7月改为中国光大集团股份公司，由财政部和汇金公司发起设立。

三是以保险公司为主体，设立附属保险、证券、信托、银行业子公司。这种金融控股公司的主要代表是中国平安保险股份有限公司。

二、金融资产管理公司

国际上广义理解的金融资产管理公司（AMC），是指由国家出面专门设立的以处理银行不良资产为使命的金融机构，具有特定使命以及较为宽泛的业务范围。

美国在20世纪80年代直到90年代初，曾经发生过一场影响很大的银行业危机，约有1600家银行、1300家储蓄和贷款机构陷入困境。为化解危机，美国政府设立重组信托公司，对储贷机构不良资产进行处置，被公认为是世界上处置金融机构不良资产的成功典范。从此，组建金融资产管理公司成了各国化解金融风险，处置不良资产的通行做法。

1997 年亚洲金融危机后，作为中国金融业根基的国有银行业，存在大量不良贷款，如处置不当，可能对银行自身稳健与安全产生直接损害。为处置这些不良资产，我国借鉴国外成功经验，于 1999 年成立了中国华融资产管理公司、中国长城资产管理公司、中国东方资产管理公司和中国信达资产管理公司，分别收购、管理和处置工行、农行、中行、建行四大国有商业银行和国家开发银行的部分不良资产。2005 年 8 月，汇达资产托管有限责任公司成立，接受委托管理和处置中国人民银行历史遗留的不良资产。经过十多年运作，我国金融资产管理公司的政策性处置任务基本完成，目前已开始逐步向商业性机构转型，形成了以资产管理业务为主、投资银行和其他金融服务并举的业务格局。

2010 年，我国试点启动以上四大资产管理公司转型改制。中国信达资产管理公司正式挂牌成立股份公司，成为首家完成股改的资产管理公司，并于 2013 年在港交所上市。除了中国信达资产管理公司外，其他三家资产管理公司相继开始转型改制。2012 年 9 月，中国华融资产管理股份有限公司创立，成为我国第二家转型改制的资产管理公司。目前，中国长城资产管理公司和中国东方资产管理公司也已启动股改准备工作。到 2013 年末，这四家资产管理公司的资产总规模分别达到 4009 亿元、1544 亿元、2296 亿元和 3838 亿元。

三、企业集团财务公司

企业集团财务公司，习惯上简称为财务公司，是指以加强企业集团资金集中管理和提高企业集团资金使用效率为目的，为企业集团成员单位提供财务管理服务，经中国银监会批准成立的非银行金融机构。财务公司主要是为集团内部成员单位提供财务管理服务。

一类是基础类业务，涵盖了商业银行可以办理的全部资产业务、负债业务及中间业务，只是服务对象被限定在集团成员单位；另一类是满足一定条件的财务公司可以办理的业务，包括发行财务公司债券、承销成员单位企业债、对金融机构的股权投资、有价证券投资、成员单位产品的消费信贷、买方信贷及融资租赁等业务。

1987 年，我国第一家财务公司——东风汽车工业集团财务公司成立。20 多年来，财务公司的职能定位和业务范围一直在不断调整和规范，监管机构对财务公司的监管也在逐步完善。我国财务公司服务的集团单位主要集中在能源电力、石油化工、机械制造、交通运输、汽车等国民经济重点行业。截至 2013 年 10 月末，全国企业集团财务公司共 174 家，表内外资产规模 4.14 万亿元。

四、信托投资公司

信托投资公司，习惯上简称为信托公司，是指依法设立的、主要经营信托业务的金融机构。信托公司以信任委托为基础，以货币资金和实物财产的经营管理为形式，是融资和融物相结合的信用机构。信托本质是"受人之托，代人理财"，是一种多边信用关系。现代信托业已成为一种以财产为核心，以信用为基础，以委托、受托为主要方式的财产运用和管理制度。信托财产不属于信托公司的固有财产，也不属于信托公司对受益人的负债。信托公司终止时，信托财产不属于其清算财产。信托公司的主要业务包括经营资金和财产委托、代理资产保管、金融租赁、经济咨询、证券发行及投资等。信托业务一律采取委托人和受托人签订信托契约的方式进行，信托公司受托管理和运用信托资金、财产，只能收取手续费。

我国信托业始于 20 世纪初。1921 年，第一家专业信托投资机构——中国通商信托公司成立。新中国成立后，信托行业一度消失。1979 年，中国国际信托投资公司作为新中国第一家信托公司，在北京成立。之后，信托行业经历多次大规模整顿、规范，信托公司数量也始终存在较大波动。2007 年，中国银监会出台《信托公司管理办法》和《信托公司集合资金信托计划管理办法》，信托行业进入了新的发展阶段。截至 2013 年末，我国共有中信信托、平安信托、英大信托、建信信托等 68 家信托投资公司，信托资产总规模为10.9 万亿元。从信托财产来源来看，单一资金信托占比为 69.6%，集合资金信托占比为 24.9%，管理财产信托占比为 5.5%。2013年，信托公司全行业经营收入总额 833 亿元，实现利润总额 569 亿元。截至 2013 年末，全行业实收资本总额为 1117 亿元。

五、金融租赁公司

金融租赁公司是以资金融通为目的，以租赁业务为载体的非银行金融机构。与之相对的是实物租赁公司，主要从事的业务是经营性租赁业务。在我国，金融租赁公司特指由中国银监会批准设立的、以经营融资租赁业务为主的非银行金融机构。主要业务范围包括融资租赁业务；吸收股东 1 年期以上（含）定期存款；接受承租人的租赁保证金；向商业银行转让应收租赁款；经批准发行金融债券；同业拆借；向金融机构借款；境外外汇借款；租赁物品残值变卖及处理业务；经济咨询等。

金融租赁基本业务模式为金融租赁公司协助承租人选购设备并购买设备，然后出租给承租人。租赁期间，金融租赁公司享有设备所有权，承租人享有设备的使用权，并承担维护及相关费用和设备使用风险。租赁期满，设备一般按照残值出售给承租人。

我国融资租赁业务始于 20 世纪 80 年代，中国国际信托投资公司试办了我国第一笔融资租赁业务，并与日本东方租赁公司合资成立了我国第一家现代租赁公司——中国东方租赁公司。之后，一大批中资租赁公司、合资租赁公司成立，但由于在业务发展过程中盲目扩张，国家多次对该行业进行整顿、收缩和调整。2004 年，商务部、国家税务总局联合开展中资租赁企业从事融资租赁业务试点。

2007 年，中国银监会出台《金融租赁公司管理办法》，并于 2014 年进行修订，允许商业银行设立金融租赁公司，我国融资租赁行业得到快速发展。目前，全国共有工银租赁、国银租赁、民生租赁等 23 家金融租赁公司，主要股东类型包括国有银行、股份制银行、四大资产管理公司、地方政府投资平台及国有企业等。截至 2013 年末，全国金融租赁公司共有注册资本 769 亿元，租赁合同余额 8600 亿元，金融租赁业务量约占租赁行业的 41%。

六、汽车金融公司

汽车金融公司，是指经中国银监会批准设立的、为中国境内的汽车购买者及销售者提供金融服务的非银行金融机构。汽车金融是指消费者在购买汽车需要贷款时，可以直接向汽车金融公司申请优惠的支付方式，按照自身个性化需求来选择不同的车型和不同的支付方法。与其他金融机构相比，汽车金融公司的优势在于对车辆和品牌经销商足够了解，回收车辆处置更便利。汽车金融公司业务主要包括：接受境外股东及其所在集团在华全资子公司和境内股东 3 个月（含）以上定期存款；接受汽车经销商采购车辆贷款保证金和承租人汽车租赁保证金；经批准，发行金融债券；从事同业拆借；向金融机构借款；提供购车贷款业务；提供汽车经销商采购车辆贷款和营运设备贷款，包括展示厅建设贷款和零配件贷款以及维修设备贷款等；提供汽车融资租赁业务（售后回租业务除外）；向金融机构出售或回购汽车贷款应收款和汽车融资租赁应收款业务；办理租赁汽车残值变卖及处理业务；从事与购车融资活动相关的咨询、代理业务等。

我国第一家汽车金融公司——上海通用汽车金融有限责任公司于 2004 年成立，由通用汽车金融、上汽通用、上汽财务三方合资组建。目前，我国共有上汽通用、丰田汽车等 18 家汽车金融公司，大部分由外资主导。

七、货币经纪公司

货币经纪公司是指经中国银监会批准在中国境内设立的、通过电子技术或其他手段专门从事促进金融机构之间资金融通和外汇交易等经纪服务，并从中收取佣金的非银行金融机构。通过货币经纪公司，金融机构可以与国际金融市场紧密联系。货币经纪公司不仅大大提高了货币市场的流动性，而且使金融机构可以在短时间内以低成本获得资金。货币经纪公司可以从事的业务包括境内外外汇市场交易、境内外货币市场交易、境内外债券市场交易、境内外衍生产品交易等。

20 世纪 80 年代，我国就有一批货币经纪商活跃于国内各地。经过 1994 年的清理整顿，中国外汇交易中心成为国内唯一的货币经纪平台。2005 年，中国银监会出台《货币经纪公司试点管理办法》和《货币经纪公司试点实施细则》。之后，我国陆续成立了货币经纪公司，在外汇市场和银行间市场开展经纪业务。目前，我国共有货币经纪公司 5 家，从业人员超过 400 人。

八、贷款公司和小额贷款公司

贷款公司这种称谓仅限于我国境内，与国内商业银行、财务公司、汽车金融公司等可以办理贷款业务的金融机构在定义和经营范围上都有所不同。

贷款公司是指经中国银监会依据有关法律、法规批准，由境内商业银行或农村合作银行投资在农村地区设立，专门为县域农民、农业和农村经济发展提供贷款服务的非银行金融机构。贷款公司不得吸收公众存款，向金融机构融资不超过实收资本的一半，主要办理贷款、票据贴现、资产转让和贷款项下结算等业务。目前，我国共有 14 家贷款公司。

小额贷款公司是由自然人、企业法人与其他社会组织投资设立，不吸收公众存款，经营小额贷款业务的有限责任公司或股份有限公司。目前，小额贷款公司的设立由省级人民政府金融办公室负责审批。小额贷款公司从性质上来说是企业法人，有独立的法人财产，享有法人财产权，以全部财产对其负债承担民事责任。小额贷款公司的设立主要是为了引导民间资金流向农村和欠发达地区，改善农村地区和中小企业金融服务。从 2005 年开始，我国第一批小额贷款公司在山西、四川、贵州、陕西和内蒙古等地试点，主要由地方政府审批，民营资本投资。之后，小额贷款公司在各地快速增长。截至 2013 年末，全国共有小额贷款公司 7839 家，从业人数 9.5 万人，实收资本 7100 亿元，贷款余额近 8200 亿元。

九、第三方支付公司

所谓第三方支付平台，就是一些和产品所在国家以及国外各大银行签约，并具备一定实力和信誉保障的第三方独立机构提供的交易支持平台，拥有这类交易支持平台的公司即第三方支付公司。与传统支付服务的提供者不同，第三方支付平台通常借助互联网、手机等信息技术，运用电子化手段为市场交易者提供前台支付或后台服务操作。第三方支付平台丰富了金融服务方式，有效缓解了因金融机构网点不足而产生的时间和交易成本过高的问题。第三方支付平台的服务对象主要是网络用户、手机用户、银行卡和预付卡持卡人等。目前，我国第三方支付公司主要可分为三类：一是互联网型支付公司，以支付宝为主要代表，以在线支付为主；二是金融型支付公司，以银联电子支付为主要代表，侧重行业需求和开拓行业应用；三是作为信用中介的第三方支付公司，如拉卡拉，是在银行的监管下保证交易双方利益的独立机构，在消费者与银行之间建立一个某种形式的数据交换和信息确认的支付流程。

为规范第三方支付公司的发展，中国人民银行出台《非金融机构支付服务管理办法》，明确第三方支付公司的业务范围：一是网络支付业务，指非金融机构依托公共网络或专用网络在收付款人之间转移货币资金的行为，包括货币汇兑、互联网支付、移动电话支付、固定电话支付、数字电视支付等；二是预付卡发行与受理业务，指以盈利为目的发行的、在发行机构之外购买商品或服务的预付价值，包括采取磁条、芯片等技术以卡片、密码等形式发行的预付卡；三是银行卡收单业务，指通过销售点（POS）终端等为银行卡特约商户代收货币资金的行为；等等。

十、融资性担保公司

根据中国银监会等七部委发布实施的《融资性担保公司管理暂行办法》，融资性担保公司是指依法设立的、经营融资性担保业务的有限责任公司和股份有限公司。融资性担保是指担保人与银行业金融机构等债权人约定，当被担保人不履行对债权人负有的融资性债务时，由担保人依法承担合同约定的担保责任的行为。融资性担保公司的主要业务范围包括：贷款担保；票据承兑担保；贸易融资担保；项目融资担保；信用证担保；其他融资性担保业务。经监管部门批准，融资性担保公司可以兼营以下部分或全部业务：诉讼保全担保；投标担保、预付款担保、工程履约担保、尾付款如约偿付担保等其他履约担保业务；与担保业务有关的融资咨询、财务顾问等中介服务；以自有资金进行投资等。

我国融资性担保公司出现于 20 世纪 90 年代末，2007 年以前，一批融资性担保公司相继成立并探索开展业务。2007～2009 年，融资性担保公司迅速发展，各省都有近千家融资性担保公司成立。但是，这段时期由于业务发展良莠不齐，一批融资性担保公司因资不抵债而倒闭。2010 年，《融资性担保公司管理暂行办法》出台，为融资性担保公司的规范发展提供了依据，融资性担保公司进入新的发展阶段。截至 2013 年末，全国融资性担保行业共有法人机构约 8185 家，从业人员近 13 万人，实收资本 8500 亿元，在保余额 2.5

万亿元，其中，中小企业融资性担保贷款余额超过 1.1 万亿元，为 23 万户中小企业提供各项贷款担保服务。

第七节　我国金融机构对外开放和跨境发展

为适应经济对外开放的需要，我国以加入世界贸易组织为契机，加快金融业对外开放和跨境发展。

一、金融业开放是我国经济开放和参与经济全球化的客观需要

金融业开放是指中国与相关国家获准互设金融机构，按所在国有关法律、法规经营各种金融业务，促进双方、多边和国际间经济、金融交流与合作，实现双方互利共赢。

推进金融业开放是我国经济开放和参与经济全球化的客观需要。首先，有利于我国企业"走出去"。我国的进出口贸易总额排名世界第一，是 120 多个国家及地区的第一大贸易国；我国对外投资迅速增长，境外投资企业日益增多；我国与境外人员往来迅速增加。所有这些开放都需要中国金融企业跟踪服务。其次，引进境外机构，有利于借鉴境外金融机构的管理经验，促进国内金融业的竞争，推动我国金融体制的改革，逐步实现中国金融业的国际化。最后，有利于建立和发展中国和有关国家战略互惠关系。从事金融业要获得相关国家的许可，可以获得金融服务利润。贸易促进投资，贸易和投资发展促进金融合作，这些合作又能促进和维系我国与有关国家及地区建立长远的战略互惠关系，促进世界和平和繁荣。

中国金融业的开放坚持"循序渐进、趋利避害"的方针，呈现出不同的发展阶段。

初步开放阶段。这个阶段是从 20 世纪 80 年代初到 2001 年加入世界贸易组织之前。在这个阶段，中国金融业对外开放，只是批准

外国金融企业在中国设立代表处，允许其开设营业性分支机构，再扩大到少数外国金融企业在中国办理人民币业务。1992 年批准美国国际保险集团设立上海分公司。1995 年批准由美国摩根士丹利公司等与中国建设银行合资设立中国国际金融公司，此为第一家中外合资投资银行。

加入世界贸易组织阶段。这个阶段从 2001 年 12 月加入世界贸易组织到今天。根据与美国等欧美经济发达国家的谈判，中国加入世界贸易组织后，承诺扩大金融业对外开放。在银行业方面，取消外资银行办理外汇业务的地域限制和客户限制，外资银行可对中资企业和中国居民开办外汇业务。同时，承诺逐步取消外资银行经营人民币业务的限制。在证券业方面，主要是允许设立中外合资的基金管理公司，从事国内证券投资基金管理业务，外资比例在加入世界贸易组织时不超过 33%，加入世界贸易组织 3 年内不超过 49%；加入世界贸易组织后 3 年，允许设立中外合资证券公司，但外资比例不超过三分之一。在保险业方面，承诺加入世界贸易组织后 2 年内，外资可设非寿险公司的独资公司；允许外资寿险公司在华设立合资公司，但外资比例不超过 50%。

13 年来，中国政府不但按照加入世界贸易组织的承诺，扩大金融业对外开放，与此同时，还促进人民币资本项目可兑换和人民币汇率市场化形成的改革，积极稳妥地开展人民币跨境贸易结算，扩大我国金融机构的境外营业机构，金融业开放有力地提高了我国参与经济全球化的竞争力。

中共十八届三中全会后，中国金融业正在进入更高水平的开放新阶段。中共十八届三中全会决定"扩大金融业对内对外开放"、"建立中国（上海）自由贸易试验区"、"加快自由贸易区建设"。第六轮中美战略和经济对话商定，2014 年末完成中美投资协定文本，2015 年开始讨论双边投资协定清单，对双方投资实行准入前国民待遇和负面清单管理。这个协定的签订和执行，必将把金融业开放和管理推入新阶段。我们应认真总结加入世界贸易组织、扩大金融开放的经验，加大国内金融改革，提高国际竞争力，迎接金融开放准入前国民待遇和准入后实行负面清单管理的新阶段。

二、中国金融业对外开放

（一）银行业对外开放

外资金融机构法人化趋势明显，已成为在华主要经营形式。为实现本地化发展，31 家外国银行将其在华分行改制为本地注册法人银行。截至 2011 年 9 月末，外资法人银行数已是加入世界贸易组织前的 3 倍，法人营业网点数量占外资银行营业网点总数的 87%。

来源国众多，成为中国银行体系的有益补充。目前，中国已吸引来自 47 个国家和地区的银行来华设立机构，其中俄罗斯、瑞典、挪威、西班牙、埃及、印度、印度尼西亚等国家和地区的银行在加入世界贸易组织后首次来华设立营业性机构。

网点布局范围广阔，外资银行逐步深入内陆省份及二、三线城市。

外资银行业务经营持续发展，促进了银行服务的多样化。一方面，资产规模稳步增加，整体经营稳健有序；另一方面，产品日益丰富，综合服务和品牌效应逐步显现。在衍生品交易市场中，外资法人银行交易份额已占 34.6%，仅次于 5 家大型中资商业银行，部分外资银行自营和做市交易量位居市场前列。

中资银行、外资银行在竞争与合作中相互促进、共同发展。中资银行、外资银行在互利共赢的基础上展开多层次合作，不仅在跨境结算、资金清算、信贷融资、金融市场业务等方面进行广泛合作，而且通过战略协作，共同开拓市场，联手推出金融服务。在母行层面，中资银行、外资银行相互为了解和进入对方市场提供网络、资金和技术支持。与加入世界贸易组织前相比，中外资银行在长三角、珠三角和环渤海等地区，在贸易融资、中小企业融资、房地产金融、消费信贷和理财等领域，在优质高端客户方面初步形成竞争格局，为客户提供了更多产品选择和优质服务体验。

截至 2013 年末，我国外资银行资产总额为 2.6 万亿元，占全国银行业金融机构总资产的比例为 1.73%。全部外资银行各项存款余额 1.49 万亿元，各项贷款余额 1.1 万亿元，实现税后利润 140 亿元，资本充足率达到 19% 左右。

（二）证券期货业对外开放

近年来，外资金融机构对我国证券期货行业的参与度不断增强。截至 2013 年末，境外证券公司、境外资产管理公司在我国分别设立代表处 126 家、40 家，设有 13 家合资证券公司、48 家合资基金管理公司、3 家合资期货公司。作为在资本项目尚未完全开放背景下资本市场部分对外开放的一项安排，2002 年 11 月，我国推出境外合格机构投资者（QFII）制度，允许符合条件的境外机构从事境内证券投资。在此基础上，为促进离岸人民币市场发展和进一步扩大资本市场对外开放，2011 年 12 月我国又推出人民币合格境外机构投资者（RQFII）制度，允许符合条件的境外机构以境外人民币进行境内证券投资。251 家外资机构获得 QFII 资格，获批额度 500 亿美元；61 家机构获得 RQFII 资格，获批金额约 1600 亿元。截至 2013 年末，全国共有 13 家中外合资证券公司，营业收入 90 亿元，占全国证券公司的 6%；按外资入股比例计算，约占 3%。

（三）保险业对外开放

截至 2013 年末，已有超过 16 个国家和地区的保险机构在我国设立了 49 家外资保险公司，实现保费收入 680 亿元，占全国保费收入的 4%。其中，21 家外资财产保险公司原保险保费收入 83 亿元，占所有财险公司保费收入的 1.28%；28 家外资寿险公司原保险保费收入约 600 亿元，占所有寿险公司保费收入的 5.6%。

三、中国金融业跨境发展

（一）近几年中资金融机构"走出去"概况

银行业是我国最早"走出去"的金融行业，主要方式是在国（境）外设立代表处和分支机构。1994 年，中国银行成为香港地区的发钞银行；2001 年，中国银行成功重组香港中银集团，将 10 家成员银行合并成立当地注册的中国银行（香港）有限公司；2002 年 7 月，重组后的中国银行（香港）有限公司在香港联合交易所上市，成为境内首家在境外上市的国有商业银行；2006 年，中国建设银行收购美国银行（亚洲）股份有限公司 100% 的股权，工商银行收购印度尼西亚哈里姆银行 90% 的股份；2007 年，中国工商银行莫斯科分行开业，中国银行在英国设立子行，交通银行设立法兰克福分行、澳门分行，中国建设银行悉尼代表处开业；2008 年，招商银行纽约分行正式开业；2009 年，中国工商银行马来西亚有限公司和阿布扎比分行相继获得所在国监管机构批准成立，这均为几十年来首家获得同类牌照的外国银行；2010 年，中国银行、交通银行和招商银行在中国台湾设立代表处；2011 年，中国工商银行、中国银行分别在海外新设 12 家和 11 家分支机构。截至 2013 年末，我国 18 家银行业金融机构在海外 51 个国家和地区设立了 1127 家分支机构。

近年来，我国证券业金融机构积极实施"走出去"战略，支持境内企业利用国际金融市场开拓融资渠道。截至 2013 年末，共有 185 家境内股份有限公司到境外上市，筹资总额近 2000 亿元人民币。截至 2013 年末，共有 24 家证券公司经批准设立境外子公司，其中 23 家境外子公司注册地在香港。2008 年以来，中国证监会批准设立的 77 家基金管理公司中，有 20 家在香港设立了子公司。截至 2013 年末，共有 14 家证券公司、32 家基金管理公司获得 QDII 资格。另有 6 家期货公司经批准在香港设立子公司。

保险业金融机构开始尝试"走出去"。截至 2013 年末，已有 12 家中资保险公司在境外设立 29 家保险机构。

（二）中国金融业跨境发展趋势

我国金融机构"走出去"将成为不可逆转的潮流。一是我国企业"走出去"需要我国金融机构"走出去"。2013 年中国货物进出口达到 4.16 万亿美元，成为世界第一大货物贸易大国，成为世界 120 多个国家和地区的最大贸易伙伴。今后 10 年，中国对外直接投资将为 1 万亿～2 万亿美元。所有这些，迫切需要我国金融机构"走出去"，更好地为工商企业"走出去"提供高效、优质、全面的跨境金融服务。二是我国金融机构有条件"走出去"。中国外汇储备世界第一，对外净债权世界第二。中国金融机构，特别是四大国有商业银行的核心资本已列世界前 10 位，而且已积累了参与国际竞争的经验，并在境外设有较多营业机构。三是中国金融机构"走出去"获得了难得的机会。人民币国际化给我国金融机构带来了新的机遇。国际金融危机以后，人民币跨境使用进程进一步加快，在周边国家、地区乃至国际金融市场的流通和使用范围不断扩大，境外结算、投资业务量加速增长。我国中资金融机构及其境外机构有望在人民币结算、清算、金融市场和海外融资领域确立领先地位。国际金融危机后，欧美国家主要金融机构受损严重，不得不经历一轮去杠杆化的过程，为我国金融机构"走出去"也带来了难得的历史机遇。

我国金融机构"走出去"过程中还存在诸多风险和挑战。一是监管法律风险。国际金融危机后，西方国家更加强调审慎监管。中资金融机构在"走出去"过程中，必须深入了解监管规则、监管法律对机构准入、业务开展的影响，特别要熟悉当地特殊的法规框架，以便得到监管当局的认可和支持。二是地区政治风险。国际金融危机后，地区政治危机此起彼伏，我国金融机构海外经营环境更加复杂多变，增加了中资金融机构国际化的政治风险。三是资产估值风险。在海外并购过程中，中资金融机构往往难以对并购对象的财务状况、资产负债情况等作出准确评估。而且海外并购大多以现金交易，容易使我国金融机构面临较大的支付风险。四是文化融合风险。中资金融机构在"走出去"过程中，与当地企业、居民、政府和监管机构的沟通，包括遵守当地的商务惯例和历史传统等方面，往往需要很长时间的融合。同时，熟悉国际金融事务人才的短缺也是制约我国金融机构"走出去"的重要原因。

我国金融机构"走出去"需要趋利避害，稳妥推进。一是我国金融机构"走出去"的步伐要与其国际化经验积累相适应，与自身核心竞争力相匹配，既要把握机遇，主动作为，又要量力而行，防范风险，积极稳妥地推进金融机构"走出去"进程。二是我国金融机构要进一步总结"走出去"的经验教训，明确目标定位，优化布局，细分市场，以客户为中心，加强产品研发，有针对性地为中外企业和居民提供高品质的金融服务。三是因地制宜，精心选择金融机构"走出去"模式。在准入和监管条件限制、经营风险较大的地区，可以通过设立子行的方式进入。在监管限制严格、收购机会较多的地区，可以通过并购方式进入。而在欧美成熟市场，可以通过参股方式进入，以减少风险。四是借鉴国外金融机构的先进管理经验，建立专业化经营、集约化发展、一体化管理的模式。金融机构"走出去"，人才是条件、是根本。金融机构海外业务的发展和全球化的管理，需要具备国际化视野和专业化能力的人才。中资金融机构要建立科学的人力资源管理制度，大力选拔人才、培养人才、使用人才。

第二章　金融服务

金融服务是对中央银行提供的基础金融服务和各类金融企业为客户提供的储蓄、信贷、结算、融资投资、证券买卖、商业保险和金融信息咨询等多方面的服务的总称。金融是一个不断创新且迅速发展的产业，随着客户需求和金融监管的变化，金融服务产品的类型不断扩展，种类也日益丰富。进入21世纪以来，中国的金融服务得到迅速发展，已经形成了一个以银行、证券、保险、信托等服务为主体，其他相关金融服务为补充，相对比较完整的金融服务体系。近年来，随着信息通讯技术的发展和互联网在金融领域的应用，第三方支付、手机银行、P2P等新型金融服务异军突起，深刻影响着现代金融的运营模式和服务方式。

本章将分别介绍中国人民银行的基础金融服务，银行类、证券类和保险类金融机构的金融服务。鉴于重要性和特殊性，对农村金融服务予以单列。最后重点介绍了互联网金融以及金融消费者权益保护的相关内容。

第一节　中国人民银行的基础金融服务

中国人民银行作为中央银行，除了负责制定和执行国家货币政策、维护金融稳定以外，还肩负着极其重要的金融服务职责，包括对金融机构的服务和直接为社会公众提供的服务。与普通金融企业相比，中央银行的金融服务有以下特点：一是法定性，即由法律赋予的服务职能，如货币发行、经理国库都是法律赋予的专有服务职能；二是公益性，即不以盈利为目的；三是基础性，即侧重于基础性服务，以及通过服务为金融运行乃至社会经济运行提供基础环境；四是引导性，中央银行除了由自身直接提供金融服务外，还要规范推动引导商业银行金融服务的开展。金融服务工作是法律赋予人民银行的神圣使命，也是引导、促进商业银行和其他金融机构做好金融服务工作的重要基础。搞好中央银行的金融服务工作，对改进全社会金融服务水平、提高金融机构竞争力、更好地服务于社会主义市场经济发展，具有非常重要的意义。

一、货币发行管理

货币发行是中央银行最基本的职能，直接关系到国民经济的正常运转和人民群众日常生活中的现金支付。《中国人民银行法》规定，中国人民银行承担发行人民币、管理人民币流通的职能。中国人民银行下属的印钞造币总公司负责人民币的设计和印制，其产品调入人民银行设置的发行库后便成为发行基金。发行基金是尚未发行的人民币，它不是流通中的货币。所以，现在社会上一些人把印钞数量与货币供应量混为一谈，实际上是一种误解。

发行库是人民银行为国家保管发行基金的金库，依次分为总库、分库、中心支库、支库四级。发行库直接服务于商业银行的相关现金业务，将发行基金调入商业银行业务库，就是货币发行。商业银行设有办理日常现金收付的业务库，它核定现金库存限额；现金超过库存限额的部分，应交存人民银行发行库；当业务库存现金不足以满足需要时，就得从人民银行发行库调入现金。现行规定，商业银行对客户提取现金实行严格控制，对个人提取现金实行限额管理。

人民币被誉为我们国家的"名片"，为了确保流通中人民币的整洁度，人民银行还对银行业机构回笼到发行库的残损人民币进行复点，确认无误后销毁，从而形成了"印制→投放→回笼→处理→

再投放"的服务链。与此同时，人民银行分支机构还依法承担对银行业机构人民币收付业务的监管职责，督促其提高现金服务水平；依法对相关企业的人民币图样使用等业务活动进行审批和检查，严肃查处损害人民币形象的违法行为，切实维护人民币的流通秩序和信誉。

反假货币是人民银行金融服务的重要内容。假币是指伪造、变造的货币。伪造的货币是指仿照真币的图案、形状、色彩等，采用各种手段制作的假币；变造的货币是指在真币的基础上，利用挖补、揭层、涂改、拼凑、移位、重印等多种方法制作，改变真币原形态的假币。为了保障人民群众财产安全，人民银行在广泛开展反假货币宣传和培训的同时，不断提高人民币印制质量、改进人民币防伪技术，努力做到"群众易识别，犯罪分子难伪造"。此外，人民银行还与公安机关等部门联合行动，严厉打击人民币制假贩假犯罪活动，取得了显著成效。人民银行还设有专门岗位，向社会无偿提供人民币真伪鉴定服务。对于发现的假币，人民银行将予以没收，同时接收银行业机构和公安机关等执法部门收缴、没收的假币，并予以统一销毁。

二、支付清算

支付清算是中国人民银行金融服务职能的重要组成部分。多年来，中国人民银行通过建设以大额实时支付系统（简称大额支付系统）、小额批量支付系统（简称小额支付系统）为主要应用系统的现代化支付系统，逐步形成了以中国现代化支付系统为核心、以商业银行行内系统为基础、票据交换系统和卡基支付系统并存、支撑多种支付工具的应用并满足社会各种经济活动支付需要的中国支付清算体系。中国人民银行现代化支付系统主要由大额支付系统、小额支付系统、全国支票影像交换系统、全国电子商业汇票系统、网上支付跨行清算系统和境内外币支付系统六大业务系统构成，成为各银行间和货币市场的公共支付清算平台，它利用现代计算机技术和通信网络，可以高效、安全地处理银行间支付业务以及货币市场交易的资金清算。

大额支付系统于 2005 年 6 月 27 日完成全国推广，在全国 32 个省（自治区、直辖市）运行，并逐步接入港澳地区人民币清算业务。大额支付系统主要处理同城和异地跨行之间和行内的大额贷记和紧急小额贷记支付业务、人民银行系统的贷记支付业务以及即时转账业务等，为各机构和金融市场提供高效、安全的跨行结算服务。大额支付系统业务范围包括一般大额支付业务、即时转账业务和城市商业银行银行汇票业务。

小额支付系统是继大额支付系统之后中国人民银行建设运行的又一重要应用系统，旨在为社会提供低成本、大业务量、安全高效的支付清算服务。小额支付系统实现了不同银行营业网点之间的互联互通和业务指令的电子化处理，可为广大企事业单位和居民个人提供全天候不间断的支付服务，缩短资金到账时间，为社会公众的居家生活带来实实在在的方便。小额支付系统提供的常见服务包括：商业银行跨行网银支付业务；水、电、煤气、电话等公用事业收费；养老保险、失业保险、生育保险、工伤保险和医疗统筹等公益性收费；工资、津贴和社保资金的发放。利用小额支付系统，跨行收付从此变得简便易行。

随着我国经济金融对外开放的推进，中国现代化支付系统在银行业金融机构开展国际结算业务中发挥着越来越重要的作用，在风险可控和经济可行的前提下，推动业务、机构不断向境外延伸；畅通人民币跨境支付渠道，完善人民币跨境清算体系；推动境内及跨境外币支付系统协调发展，提高外币支付效率。如今，中国人民银行的跨行支付清算系统已经成为国内覆盖面最广、渗透度最高、业务量最大的金融基础设施，这条"高速公路"有效地支持、推动和促进了我国金融体系的安全高效运行，极大地便利了企事业单位的生产经营活动和人民群众的日常生活。

三、经理国库

国库是国家金库的简称，是负责办理国家预算资金收纳、支出的机关。国家的一切预算收入必须全部缴入国库。新中国成立以来，我国的国库业务一直由中国人民银行办理。中央人民政府设中央总金库，各大行政区设中央区金库，各省（自治区、直辖市）设中央分金库，各县（市）设中央支金库。各级金库均由中国人民银行代理，国家的一切财政收入全部缴入同级金库，任何单位不得截留、坐支或自行保管，国家的一切预算支出均由国库统一办理拨付。1985 年，国务院颁布了《中华人民共和国国家金库条例》，确定由"中国人民银行具体经理国库"，将"代理"改为"经理"，其服务功能主要包括：为财政部门开设国库单一账户，办理预算资金的收纳、划分、留解和支拨业务；对国库资金收支进行统计分析；定期向同级财政部门提供国库单一账户的收支和现金情况，核对库存余额；按规定承担国库现金管理有关工作；按规定履行监督管理职责，维护国库资金的安全与完整；代理国务院财政部门向金融机构发行、兑付国债和其他政府债券。

国库是财政政策和货币政策的结合点，能够及时了解最新的财政政策信息和货币政策信息；服务对象遍及各行各业，可以及时了解微观经济运行信息；国库与政府及相关部门联系密切，能够及时掌握各类经济发展政策和信息。近年来，中国人民银行国库部门积极运用信息化技术，与相关部门密切配合，先后建成了国库会计数据集中系统（TCBS）和财税库银横向联网系统（TIPS），极大地拓宽了国库系统的金融服务功能。随着各级财政收支量的迅猛增长，国库在经济发展中的地位和作用也越来越重要。2013 年，国库资金每月平均为 3.5 万亿元，成为中央银行的一项重要资金来源。目前，中央银行按年利率 0.35% 向财政部支付利息。

四、征信服务

征信是指依法收集、整理、保存、加工自然人、法人及其他组织的信用信息，并对外提供信用报告、信用评估、信用信息咨询等服务，帮助客户判断、控制信用风险，进行信用管理的活动。征信体系是重要的金融基础设施，是获得便利金融服务的必要条件。2013 年 3 月正式实施的《征信业管理条例》，明确中国人民银行为征信业监督管理部门。

我国金融领域内的征信体系建设是随着金融体制改革的深化、金融市场的逐步完善而产生和发展的。1996 年，中国人民银行在全国推行企业贷款证制度。1999 年底，银行信贷登记咨询系统上线运行。2003 年，国务院赋予中国人民银行"管理信贷征信业，推动建立社会信用体系"职责，批准设立征信管理局。2004 年中国人民银行建成全国集中统一的个人信用信息基础数据库，2005 年银行信贷登记咨询系统升级为全国集中统一的企业信用信息基础数据库，二者合称金融信用信息基础数据库。自 2006 年以来，金融信用信息基础数据库接入机构不断扩充，收录信息数量快速增长，数据质量稳步提升，数据查询量大幅提升。截至 2012 年 12 月底，金融信用信息基础数据库已累计接入各类金融机构 1251 家，为 8.2 亿自然人和 1859.6 万户企业建立了信用档案，收录的自然人信息数量居世界各征信机构之首。

个人信用信息基础数据库的信息主要来源于银行业金融机构，收录的信息包括个人基本信息（主要包括客户的基本身份信息、教育背景、婚姻信息、居住信息、职业信息）、银行信贷、信用卡、担保和个人住房公积金信息，今后将陆续采集个人电信缴费，水、电、燃气等公用事业缴费，以及法院民事判决等公共信息。个人信用信息基础数据库采集到上述信息后，按数据主体对数据进行匹配、整理和保存，将属于同一个个人的所有信息整合在其名下，形成该个人的信用档案，并在金融机构查询时生成信用报告。个人征信系统对采集到的数据只是进行客观展示，不作任何修改。

企业信用信息基础数据库，也叫企业征信系统，是在中国人民银行信贷登记咨询系统基础上逐步升级而成的，主要从商业银行等金融机构采集企业的基本信息，在金融机构的借款、担保等信贷信息，以及企业主要的财务指标。目前已实现了与主要商业银行和农村信用社全国联网运行。该系统实行全国集中建库，各金融机构一口接入，从而实现了所有金融机构在全国范围内的信息共享。

目前，金融信用信息基础数据库提供的信用信息产品不仅为各类金融机构广泛应用于信用风险管理中，而且渗透到经济社会的其他方面。一方面，它促进金融机构提高信用风险管理水平，使金融机构实现了信贷决策从简单的定性分析向定量分析转化，提升了信贷审批效率；另一方面，它支持了社会信用体系建设，有效地促进了失信联防惩戒机制发挥作用。

五、反洗钱

所谓洗钱，就是通过隐瞒、掩饰非法资金的来源和性质，通过某种手法把它变成看似合法资金的行为和过程，主要包括提供资金账户、协助转换财产形式、协助转移资金或汇往境外等。形形色色的洗钱犯罪活动，不仅破坏市场经济活动的公平公正，妨碍有序竞争，损害金融机构声誉和正常经营，威胁金融体系的安全稳定，而且已经成为腐败滋生的温床，侵蚀着社会的基本制度。不仅如此，洗钱活动还与恐怖融资、贩毒、走私、人口贩卖、贪污腐败等严重犯罪密切相关，危及全球安全，对当今世界的可持续发展构成严重威胁和破坏。

所谓反洗钱，就是指依法预防和打击上述各类洗钱活动的工作。2003 年，国务院明确了中国人民银行是中国反洗钱工作的主管部门，依法对金融机构的反洗钱工作进行监督管理和指导部署，负责反洗钱资金监测，汇总和跟踪分析相关部门提供的人民币、外币等可疑支付交易信息，协助司法部门调查涉嫌洗钱犯罪案件。2003年9月，中国人民银行专门成立反洗钱局，具体承办国家反洗钱行政管理工作，执行反洗钱相关法律规定。2004年4月，中国人民银行组建中国反洗钱监测分析中心，专门负责本、外币反洗钱情报的接收和分析工作。随后，国内各商业银行全部成立了反洗钱工作领导小组和相关办事机构。在反洗钱协作机制方面，中国人民银行牵头建立了由最高人民法院、最高人民检察院、国务院办公厅、公安部等23个部门参加的反洗钱工作部际联席会议制度，旨在协调各部门、动员全社会开展反洗钱工作。许多省、自治区、直辖市以及计划单列市政府也陆续建立了反洗钱工作协调机制。为了加强反洗钱国际合作，2007年6月28日，中国正式成为金融行动特别工作组（FATF）成员，按照平等互惠的原则，在多边和双边框架内与有关国家和地区执法部门以及金融情报机构依法开展反洗钱信息交流、情报互换、协助调查、追缴财产并引渡外逃犯罪嫌疑人等工作。

2007年1月1日开始实施的《中华人民共和国反洗钱法》明确规定：金融机构应承担建立反洗钱内部控制制度、客户身份识别制度、客户身份资料和交易记录保存制度、大额交易和可疑交易报告制度四大反洗钱义务；反洗钱内控制度方案不符合规定的，不允许批准新设金融机构或不允许批准金融机构增设分支机构；中国人民银行及其省级以上派出机构针对可疑交易活动可以行使调查权，中国人民银行总行可对调查所涉及的要求转往境外账户的资金采取临时冻结措施；鼓励社会大众参与反洗钱，任何单位和个人发现洗钱活动，有权向中国人民银行或公安机关举报。中国人民银行也制定了专门的反洗钱规章，比如，单笔或当日累计20万元以上的现金存取、现金兑换、现金汇款等，或者银行账户资金短期内分散转入、集中转出且与客户身份或经营业务明显不符，金融机构应向中国反洗钱监测分析中心提交大额和可疑交易报告。

第二节 银行类金融机构的金融服务

银行类金融机构是我国金融体系的主体，在支持经济发展、服务社会民生中担当着主力军角色。银行类金融机构主要分为政策性银行、商业银行和非银行金融机构。政策性银行和商业银行具有银行共同属性，但在管理上有不同的侧重点。政策性银行以贯彻国家产业政策、区域发展政策为宗旨，讲究资金使用效益，但不以追求盈利为目标；商业银行是经营货币的金融企业，坚持依法经营，追求盈利目标，具有调节经济、信用创造、信用中介、支付中介等职能，主要为个人、企业、政府及其他机构提供传统存贷服务、中间业务服务及新兴金融服务；非银行金融机构为企业和居民管理货币，以发行股票和债券、接受信用委托、提供保险等形式筹集资金，并将所筹资金运用于长期性投资，服务经济发展。多年来，银行类金融机构在自身改革发展的进程中，牢牢把握服务实体经济的主线，根据国民经济建设和转变发展方式的需要，完善管理制度，改进服务渠道，优化服务流程，创新服务手段，服务水平和服务质量不断提升。

一、商业银行的金融服务

根据《商业银行法》，我国商业银行可以经营下列部分或者全部业务：吸收公众存款；发放短期、中期和长期贷款；办理国内外结算；办理票据承兑与贴现；发行金融债券；代理发行、代理兑付、承销政府债券；买卖政府债券、金融债券；从事同业拆借；买卖、代理买卖外汇；从事银行卡业务；提供信用证服务及担保；代理收付款项及代理保险业务；提供保管箱服务；经国务院银行业监督管理机构批准的其他业务。近年来，随着我国经济的快速发展，商业银行为满足客户日益增长的金融服务需求，依托现代信息技术，不断加大业务发展创新力度。商业银行的产品体系日益丰富，服务渠道逐步拓宽，为客户提供的金融服务更加安全、便捷、高效。按照业务属性进行分类，商业银行提供的服务主要包括负债业务、资产业务和中间业务。

（一）负债业务

商业银行的负债业务主要指存款和借款活动。负债业务形成商业银行的资金来源，是商业银行发展资产业务和中间业务的基础，负债的规模和结构决定着商业银行的资产规模和结构。随着利率市场化改革的推进，银行业不断优化负债结构，降低资金来源成本，防范流动性风险。

1. 存款。存款业务是银行的传统业务，是商业银行最主要的资金来源。吸收存款是商业银行赖以生存和发展的基础。根据中国人民银行公布的数据，2013 年末，全部金融机构本外币存款余额107.06 万亿元。人民币存款余额 104.38 万亿元，其中，企业单位存款 52 万亿元，居民储蓄 46.7 万亿元。

存款一般分为人民币存款和外币存款两大类。人民币存款又分为个人存款、单位存款和同业存款。其中，个人存款包括活期存款、定期存款、定活两便存款、个人通知存款、教育储蓄存款、保证金存款等；单位存款一般分为单位活期存款、单位定期存款、单位通知存款、单位协定存款和保证金存款等；同业存款也称为同业存放，是指因支付清算和业务合作等的需要，由其他金融机构存放于商业银行的款项。

商业银行按照中国人民银行规定的存款利率的上下限，确定存款利率，并予以公告。从 2012 年 6 月 8 日起，中国人民银行调整金融机构存贷款利率浮动区间，规定金融机构存款利率较基准利率浮动区间上限提高到 1.1 倍；从 2014 年 11 月 22 日开始，又提高到1.2 倍。各家商业银行根据资金充裕情况、市场地位及客户结构，进行了差异化定价。此外，中国人民银行发布《同业存单管理暂行办法》之后，商业银行纷纷启动同业存单的发行试点工作，探索建立市场化的大额主动负债定价机制。

2. 借款。商业银行的借款包括短期借款和长期借款。短期借款主要包括同业拆借、债券回购和向中央银行借款等。

同业拆借以金融机构信用为基础，期限短、手续简便，可以反映金融市场的资金供求状况。2007 年 1 月 4 日，上海银行间同业拆放利率（Shibor）正式开始运行，成为我国货币市场最重要的基准利率之一。而同业业务在快速发展过程中出现规避监管、期限错配增大和信息不透明等问题，为此，2014 年 5 月，中国人民银行、中国银监会、中国证监会、中国保监会联合发布《关于规范金融机构同业业务的通知》，建立了同业业务监管框架。

债券回购也是银行的重要短期借款方式，它包括质押式回购与买断式回购两种。与同业拆借相比，债券回购风险较低。商业银行向中央银行的借款包括再贴现和再贷款两种途径，是银行融资的最后选择，一般较少使用。商业银行的长期借款一般采用发行金融债券的形式，具体包括发行普通金融债券、次级金融债券、混合资本债券、可转换债券等。金融债券在全国银行间债券市场发行和交易，由中国人民银行监管。金融债券对于商业银行补充资本意义重大，未来创新空间广阔。

（二）资产业务

资产业务是指商业银行运用资金的相关活动，一般包括贷款业务、债券投资业务以及现金资产业务。贷款是银行最主要的资产，是银行最主要的资金运用形式。债券投资业务也是商业银行的一种重要资产形式，近年来发展很快，目前在商业银行总资产中的占比已经接近贷款。现金资产是商业银行的库存现金以及与现金等同的可随时用于支付的资产，包括库存现金、存放中央银行款项、存放同业及其他金融机构款项。

1. 贷款。贷款是商业银行最主要的资产业务。长期以来，我国商业银行以存贷利差为主要收入来源，贷款规模快速增长。2013 年末，全部金融机构本外币贷款余额 76.63 万亿元。其中，人民币贷款余额为 71.90 万亿元，外币贷款余额为 7769 亿美元。人民币贷款占人民币存款的比例为 68%。

贷款业务有多种分类标准：按照客户类型，可以划分为个人贷款和公司贷款；按照贷款期限，可以划分为短期贷款和中长期贷款；按照有无担保，可以划分为信用贷款和担保贷款。衡量贷款质量的主要依据是贷款五级分类方法。依据 1998 年中国人民银行发布的《贷款分类指导原则》，贷款划分为五类——正常、关注、次级、可疑、损失，后三种为不良贷款。不良贷款余额和不良贷款率是衡量银行资产质量最重要的指标。

随着利率市场化改革的推进，商业银行利率定价逐渐被赋予更大的自主权。自 2013 年 7 月 20 日起，中国人民银行全面放开金融机构贷款利率管制，由金融机构根据商业原则自主确定贷款利率水平。2013 年 10 月 25 日，贷款基础利率（Loan Prime Rate，LPR）集中报价和发布机制正式运行。贷款基础利率是商业银行对其最优质客户执行的贷款利率，其他贷款利率可在此基础上加减点生成。商业银行正在探索建立适合自身特点的贷款定价机制，涉及内部资金转移定价、风险定价、经济资本定价及其他市场化定价机制等。

2009 年以来，中国银监会先后发布《固定资产贷款管理暂行办法》、《项目融资业务指引》、《流动资金贷款管理暂行办法》、《个人贷款管理暂行办法》（并称"三个办法一个指引"，以下统称贷款新规），初步构建和完善了我国银行业金融机构的贷款业务法规框架，成为我国银行业贷款风险监管的长期制度安排。根据贷款新规，贷款流程不能简单地分为贷前、贷中、贷后，而应细分为受理、调查、风险评估、审批、签约、发放、支付、贷后管理、处置九个环节。贷款新规将实贷实存改为实贷实付，即贷款获批后，需要按合同约定由贷款人通过借款人账户直接及时将款项支付给借款人的交易对手。

在宏观政策的引领下，商业银行不断加大信贷对实体经济的支持力度，按照市场化原则配置金融资源，满足经济社会多样化金融需求，加大对重点领域、"三农"、小微企业及区域经济发展的支持力度，积极推进绿色信贷，鼎力支持战略性新兴产业和文化产业发展，不断提高消费金融服务水平。

2. 债券投资。债券投资是商业银行的一项重要资产业务，不仅为其带来了可观的收益，也增加了资产的流动性，并通过资产分散化提高其规避风险能力。商业银行资产配置的途径主要为贷款和债券投资，两者各有优势：债券有完善的二级市场，流动性大大优于贷款；贷款中风险分散受到极大限制，而债券市场的多样化品种可为银行提供多种选择；从风险和收益的角度来看，贷款比债券投资的风险和收益都要高。

当前，商业银行是债券市场的主力，投资对象包括国债、地方政府债券、金融债券、中央银行票据、资产支持证券、企业债券和公司债券等。商业银行投资债券同样面临很多风险，包括信用风险、价格风险、购买力风险、流动性风险等。

3. 信贷资产证券化。信贷资产证券化是指银行业金融机构作为发起机构，将信贷资产信托给受托机构，由受托机构以资产支持证券的形式向投资机构发行受益证券，以该财产所产生的现金支付证券收益的结构性融资活动。开展信贷资产证券化，有利于银行分散和转移信用风险，改进资产负债结构，增加银行资产流动性，提高资金配置效率。

2005 年 3 月，我国正式启动了信贷资产证券化试点。2005 ~ 2008 年，共有 11 家境内金融机构在银行间债券市场成功发行了 17 单信贷资产支持证券。2009 ~ 2011 年，在国际金融危机的背景下，我国金融管理部门放缓了推进信贷资产证券化试点的节奏。2012 年 5 月，中国人民银行、中国银监会、财政部联合印发《关于进一步扩大信贷资产证券化试点有关事项的通知》，就基础资产选择、机构准入、风险自留、信用评级、资本计提、会计处理、信息披露等方面作了原则性规定。2013 年 8 月 28 日，国务院召开常务会议，决定在严格控制风险的基础上，进一步扩大信贷资产证券化试点。信贷资产证券化在盘活存量资产、支持经济结构调整和转型升级等领域将发挥更大的作用。

在信贷资产证券化试点的推进过程中，基础资产种类稳步扩大，目前已经涵盖普通中长期贷款、个人住房抵押贷款、汽车抵押贷款、中小企业贷款等。发起机构和投资者日益多元化，包括政策性银行、国有商业银行、股份制商业银行、资产管理公司、汽车金融公司和财务公司等；投资者范围涵盖政策性银行、国有商业银行、股份制商业银行、城市商业银行、信用社、财务公司、证券公司、外资银行、证券投资基金、社保基金、保险机构等。

（三）中间业务

国内商业银行的中间业务一般分为九类，包括支付结算类业务、银行卡业务、代理类业务、担保类业务、承诺类业务、交易类业务、基金托管类业务、咨询顾问类业务以及其他类业务。随着我国市场经济和金融体制改革的深入推进，商业银行不断调整主要依赖存贷利差的盈利模式，纷纷加快向综合化转型，大力开展中间业务创新。

1. 支付结算类业务。传统的支付结算方式是指"三票一汇"，即汇票、本票、支票和汇款。在国际贸易支付结算中，银行通常采用汇款、信用证、托收的方式。信用证和托收又派生出许多带有融资功能的服务，如打包贷款、出口押汇、出口托收融资、出口票据贴现、进口押汇、提货担保等。近年来，电子支付、网上支付日益兴起，对公众的结算方式产生巨大影响。特别是第三方支付的出现，对银行传统的支付结算功能带来了新的挑战。

2. 银行卡业务。从 1985 年第一张银行卡发行至今，我国银行卡业务实现了飞速发展，发卡量稳步增长。截至 2013 年末，全国累计发行银行卡 42.14 亿张，其中借记卡累计发卡 38.23 亿张，信用卡累计发卡 3.91 亿张。与此同时，市场受理环境稳步改善。截至 2013 年末，银行卡跨行支付系统联网商户 763.47 万户，联网 POS 机具 1063.21 万台，自动柜员机（ATM）52.00 万台。

银行卡芯片化迁移是推动我国银行卡产业升级的一项重要战略举措。金融 IC 卡兼具银行卡、保障卡、管理卡等多重功能，其安全性、便利性、标准性和可扩展性等特点决定了更广阔的应用发展空间。在中国人民银行等有关部门的推动下，金融 IC 卡呈现良好的发展势头，扩大了金融服务受众的覆盖范围，提升了金融服务民生的水平。

3. 理财和私人银行业务。近年来，银行理财产品业务规模增长迅速，已经成为商业银行吸引高端客户的工具和新的利润增长点，是银行经营转型的重要方向。对公理财方面，商业银行利用技术、信息、服务网络、资金、信用等方面的优势，为机构客户提供财务分析、财务规划、投资顾问、资产管理等专业化服务。个人理财业务方面，商业银行向客户提供财务分析与规划、投资建议、个人投资产品推介等专业化服务，并按照与客户事先约定的投资计划和方式进行投资和资产管理。截至 2013 年末，银行理财产品账面余额已达 10.24 万亿元，全年实现利润 4500 亿元，加权平均年化收益率为 4.51%。

私人银行服务是银行综合理财服务的一种，是专门面向大额个人客户提供的财产投资与管理服务。私人银行业务囊括法律、财务、税务、收藏、子女教育、遗产继承等多个领域，为客户提供终身的金融服务。

4. 电子银行。商业银行在加快产品和服务内容创新的同时，也在不断开拓提供服务的新渠道。作为信息技术创新和银行业务创新相结合的产物，电子银行正在逐步替代传统物理网点的功能，未来将成为银行交易、银行服务和银行销售的主渠道。当前的电子银行主要包括网上银行、电话银行、手机银行、自助银行以及其他离柜业务。

互联网金融等新兴金融业态和商业模式的出现，对商业银行的传统业务造成了较大冲击。推动电子银行由单纯的交易平台向综合金融营销服务平台升级，由渠道建设向在线经营模式建设升级，已经成为商业银行提升竞争力的关键所在。近期，依托电子银行的新型理财工具、电子商务平台陆续出现，成为银行业务发展的新亮点。

二、政策性银行的金融服务

政策性银行经营讲究资金使用效益，但不以追求盈利性为目的，其主要功能是为国家重点建设和按照国家产业政策重点扶持的行业及区域的发展提供资金融通。从业务范围上看，政策性银行不能吸收活期存款和公众存款，主要资金来源是政府提供的资本金、各种借入资金和发行政策性金融债券筹措的资金，其资金运用多为长期贷款和资本贷款。我国的政策性银行包括国家开发银行、中国进出口银行、中国农业发展银行。其中，国家开发银行已经率先进行了商业化改革。

（一）国家开发银行的金融服务

国家开发银行的资金来源以国内外债券市场筹资为主。该行从1998年9月开始进行市场化筹资，至2000年实现了完全市场化发行债券。国家开发银行以国家信用和市场业绩为依托，不断创新债券品种、发行机制，成为第一家在香港发行人民币债券的内地金融机构，是我国最大的债券银行。2013年，国家开发银行人民币债券发行量达12400.8亿元，其中独家试点发行交易所债券120亿元，实现了"开行债"直通个人投资者和债市的互联互通。在外币及境外融资方面，国家开发银行已形成了包括外汇注资、外币债券发行、外汇借款、外汇存款等渠道的一揽子外汇筹资模式,为其国际业务提供资金保障。

2008 年国家开发银行市场化改革后,其国家主权债信级别由监管部门逐年审批。2013 年,中国银监会一次性批复了国家开发银行2014 年和 2015 年两年的国家主权债信政策,明确国家开发银行2015 年底之前发行的金融债券风险权重为零,直至债券到期,并视同政策性金融债处理。

国家开发银行以资金运用保本微利为原则,以市场化为基本运作方式,以银政合作为主要抓手,以规划先行为切入点,充分发挥中长期投融资优势和作用,服务国家发展战略,缓解经济社会发展的瓶颈制约和加强薄弱环节。该行主要有三大业务板块,包括“两基一支”业务(基础设施、基础产业和支柱产业)、民生业务和国际业务。国家开发银行在三峡工程建设初期,率先向三峡集团贷款300 亿元,累计 9 年向南水北调东中线工程贷款 250 亿元,累计向铁路贷款 6850 亿元,贷款余额 4420 亿元。2013 年,国家开发银行以支持棚户区改造为重点,全面支持保障性安居工程建设,推进建立可持续的住房保障体系,帮助解决中低收入家庭住房问题,全年新增人民币贷款 1600 多亿元,支持了多项重大棚户区改造项目。随着我国金融实力提高,我国与有关国家经济战略合作关系加强,国家开发银行涉外业务迅速增加,在国际金融市场上的作用正在不断提高。2009 年该行与俄罗斯石油公司及俄罗斯石油运输公司签订了总额为 250 亿美元的贷款协议,与巴西石油公司签订 100 亿美元贷款协议。

(二)中国进出口银行的金融服务

中国进出口银行资金运用的原则为保本微利,政策性业务和自营性业务准备实行分账经营。主要业务范围是办理出口信贷和进口信贷、对外承包工程和境外投资贷款以及中国政府对外优惠贷款。中国进出口银行通过援外优惠贷款、优惠出口买方信贷,以及其他优惠性质贷款，支持了大批具有重大经济、政治、外交意义的项目。例如，为巴基斯坦恰希玛核电站项目和卡拉奇核电站项目提供支持，实现了我国首个百千万级核电设备出口；支持土耳其伊安高铁，是中国企业在海外承揽实施的第一个高铁项目，对推动中国高铁"走出去"发挥了重要作用。截至 2013 年末，中国进出口银行累计发行人民币债券 2.36 万亿元，资产总额达 2 万亿元，表内贷款余额 1.48 万亿元。

（三）中国农业发展银行的金融服务

中国农业发展银行 2004 年通过银行间市场发行债券以来，逐步建立了以中央银行再贷款为依托，市场化发债融资为主体、组织存款为补充的多元化资金筹措机制，多次赴香港地区发行离岸人民币债券，为中国农业发展银行信贷支农提供了强有力的保障。截至 2013 年末，各项存款余额约 4500 亿元，债券发行余额约 1.77 万亿元，中国人民银行贷款约 3000 亿元。

中国农业发展银行经营原则为保本微利，业务发展以支持国家粮棉购销储业务为主体，以支持农业产业化经营和农业农村基础设施建设为两翼，有效地发挥了在农村金融中的骨干和支柱作用。截至 2013 年末，贷款余额约 2.5 万亿元，其中，粮棉油收储贷款 1300 亿元，农业开发和农村基础设施建设贷款约 1.03 万亿元，其他贷款约 2000 亿元。近年来，中国农业发展银行重点支持水利和新农村建设，2013 年累计发放农业农村基础设施建设贷款 2700 亿元。

三、非银行金融机构的金融服务

非银行金融机构以发行股票和债券、接受信用委托、提供保险等形式筹集资金，并将所筹资金运用于长期性投资，服务经济发展。近年来，非银行金融机构发展质量不断提升，持续发展的内生动力不断增强，积极围绕实体经济开展服务创新。以下是我国主要的几类非银行金融机构所提供的金融服务。

（一）金融资产管理公司的金融服务

亚洲金融危机之后，为防范金融风险，我国于1999年先后成立了中国信达、中国华融、中国东方、中国长城4家金融资产管理公司，分别负责接收和处置建设银行、工商银行、中国银行、农业银行的不良贷款。经过10多年的努力，4家金融资产管理公司历经了政策性资产处置、商业化探索和市场化转型的发展阶段，完成了国有银行不良资产处置任务，并通过债转股等手段有效帮助国有企业改革脱困，成功托管危机企业。在完成政策性任务的同时，金融资产管理公司加快经营转型，不断创新以不良资产管理为核心的金融服务功能，实现了快速发展。

目前，4家资产管理公司依托不良资产经营管理主业优势，统筹子公司牌照业务，经营范围涵盖资产经营管理、直接投资、股权管理等，涉及投行、信托、租赁等领域，已初步形成金融控股集团的架构。未来，资产管理公司将凭借多牌照的独特综合金融服务优势，不断创新资产经营模式，更好地服务地方经济。

（二）信托公司的金融服务

我国信托业1979年正式恢复以来，已经历经6次整顿。随着《中华人民共和国信托法》、《信托公司管理办法》、《信托公司集合资金信托计划管理办法》、《信托公司净资本管理办法》相继实施，信托公司进入快速发展轨道。

根据中国银监会发布的《信托公司管理办法》，信托公司可以发行资金信托、动产信托、不动产信托、有价证券信托、其他财产或财产权信托等，还可以作为投资基金或者基金管理公司的发起人从事投资基金业务，经营企业资产的重组、并购及项目融资、公司理财、财务顾问业务，受托经营国务院有关部门批准的证券承销业务，办理居间、咨询、资信调查业务以及代保管和保管箱业务等。

信托公司的高速发展也暴露出了较大的问题和风险，特别是融资与通道类产品市场空间不断缩小，因此，信托业正在加快转型步代。信托公司将逐步转向投资类产品、并购信托、土地流转信托、财富管理等领域。

（三）企业集团财务公司的金融服务

企业集团财务公司同样是中国经济体制改革的产物。20 世纪 80 年代，中国人民银行为支持企业集团的组建，批准设立以服务企业集团为目的的非银行类金融机构。作为加强企业集团资金管理的制度安排，财务公司能够节约融资成本、防控资金风险，还可以运用消费信贷、买方信贷、融资租赁等工具，促进企业集团的产品销售，并为企业集团进入金融业创造条件。

根据 2006 年 12 月修订后的《企业集团财务公司管理办法》，财务公司可以经营下列部分或者全部业务：对成员单位办理财务和融资顾问、信用鉴证及相关的咨询、代理业务；协助成员单位实现交易款项的收付；经批准的保险代理业务；对成员单位提供担保；办理成员单位之间的委托贷款及委托投资；对成员单位办理票据承兑与贴现；办理成员单位之间的内部转账结算及相应的结算、清算方案设计；吸收成员单位的存款；对成员单位办理贷款及融资租赁；从事同业拆借；中国银监会批准的其他业务。

（四）金融租赁公司的金融服务

我国租赁公司出现于 20 世纪 80 年代。2007 年《金融租赁公司管理办法》实施后，新的金融租赁公司陆续设立，成为实体经济与金融业之间的重要渠道。金融租赁公司在服务实体经济方面的特殊作用体现为拉动有效投资需求，促进贸易增长和产业转型，为中小企业提供更好的金融支持。

根据 2014 年 3 月 1 日修订后的《金融租赁公司管理办法》，经中国银监会批准，金融租赁公司可经营下列部分或全部本外币业务：融资租赁业务；转让和受让融资租赁资产；接受承租人的租赁保证金；吸收非银行股东 3 个月（含）以上定期存款；同业拆借；向金融机构借款；境外借款；租赁物变卖及处理业务；经济咨询。

（五）消费金融公司的金融服务

2010 年，我国首批 4 家消费金融公司获批成立。消费金融公司不吸收公众存款，设立初期的资金来源主要为资本金，在规模扩大后可以申请发债或向银行借款。与银行相比，此类专业公司具有单笔授信额度小、审批速度快、无须抵押担保、服务方式灵活、贷款期限短等独特优势。

根据 2014 年 1 月 1 日起施行的《消费金融公司试点管理办法》，经中国银监会批准，消费金融公司可以经营下列部分或者全部人民币业务：发放个人消费贷款；接受股东境内子公司及境内股东的存款；向境内金融机构借款；经批准发行金融债券；境内同业拆借；与消费金融相关的咨询、代理业务；代理销售与消费贷款相关的保险产品；固定收益类证券投资业务；经中国银监会批准的其他业务。目前，消费金融公司的主要业务是个人耐用消费品贷款和一般用途个人消费贷款，其经营状况良好，均已经实现盈利。

第三节　证券期货类经营机构的金融服务

证券市场是股票、债券、基金等有价证券及其衍生品的发行和交易场所，通过这些有价证券及其衍生品的发行和交易，实现筹资与投资的对接。证券市场内在功能的充分发挥，正是以资本市场中各证券类金融机构所提供的金融服务为载体。在我国，证券期货类经营机构主要包括证券公司、基金管理公司和期货公司，它们是我国金融市场重要的组成部分。

一、证券公司的金融服务

证券公司是证券市场重要的中介机构。一方面，证券公司是证券市场投融资服务的提供者，为证券发行人和投资者提供专业化的中介服务；另一方面，证券公司也是证券市场重要的机构投资者。

此外，证券公司还通过资产管理方式，为投资者提供证券及其他金融产品的投资管理服务。

按照《证券法》的规定，证券公司可以经营下列部分或者全部业务：证券经纪；证券投资咨询；与证券交易、证券投资活动有关的财务顾问；证券保荐与承销；证券自营；证券资产管理和其他证券业务。2012 年以来，证券公司业务范围、投资方式限制进一步放宽，证券公司传统服务能力不断强化，新产品、新业务也不断创新和发展。

2013 年度，我国 115 家证券公司实现证券经纪业务净收入 759.21 亿元，证券承销与保荐业务净收入 128.62 亿元，财务顾问业务净收入 44.75 亿元，投资咨询业务净收入 25.87 亿元，客户资产管理业务净收入 70.30 亿元，融资融券业务利息收入 184.62 亿元，全年实现净利润 440.21 亿元。

（一）证券经纪业务

证券经纪业务又称代理买卖证券业务，是指证券公司接受客户委托，按照客户要求代理客户买卖证券并提供相关服务，证券公司收取佣金作为报酬的证券中介业务。

证券经纪业务是随着证券交易集中交易制度的实行而产生和发展起来的。由于集中交易方式的特殊性、交易规则的严密性和操作程序的复杂性，一般投资者不能直接进入证券交易所进行交易，因此只能委托经批准并具备一定条件的证券公司代理买卖以完成证券交易。

证券经纪业务本质上是一种代理活动，证券公司不以自己的资金进行证券买卖，也不承担交易中证券价格涨跌的风险，而是充当证券买方和卖方的代理人。

在证券经纪业务中，经纪委托关系的建立表现为开户和委托两个环节。按照相关法规的规定，投资者应首先在登记结算公司或者其代理点开立证券账户，其次，投资者与证券公司签订《证券交易

委托代理协议》，开立客户交易结算资金第三方存管协议中的资金
台账等。

（二）保荐与承销业务

1. 保荐业务。保荐人制度起源于英国的二板市场（Alternative
Investment Market，AIM），随后，美国纳斯达克市场、中国香港的
创业板等也相继引入保荐人制度。保荐人制度的建立源于二板市场
存在的高度信息不对称和高风险特征，目的在于保证上市公司信息
披露的质量，增强上市公司信用，保障市场稳健运行。

我国于 2004 年起正式实施保荐人制度。《证券法》第十一条规
定：发行人申请公开发行股票、可转换为股票的公司债券，依法采
取承销方式的，或者公开发行法律、行政法规规定实行保荐制度的
其他证券的，应当聘请具有保荐资格的机构担任保荐人。中国证监
会或者证券交易所只接受由保荐机构推荐的发行或上市申请文件。

获得保荐机构资格的证券公司即成为保荐人，其既是证券发行
上市的推荐人，又是担保人，既为上市公司的上市申请承担推荐职
责，又为上市公司的信息披露行为向投资者承担担保职责，因此被
称为证券发行上市的"第一看门人"。

承担保荐人的证券公司提供的金融服务主要包括：

发行上市前辅导。保荐机构在推荐发行人首次公开发行股票并
上市前，对发行人进行辅导，对发行人的董事、监事和高级管理人
员，持有 5% 以上股份的股东和实际控制人（或者其法定代表人）
进行系统的法规知识、证券市场知识培训，使其全面掌握发行上
市、规范运作等方面的有关法律法规和规则，知悉信息披露和履行
承诺等方面的责任和义务，树立进入证券市场的诚信意识、自律意
识和法制意识。

推荐发行上市。保荐机构确信发行人符合法律、行政法规和中
国证监会的有关规定，推荐其证券发行上市。保荐机构决定推荐发
行人证券发行上市的，根据发行人的委托，组织编制申请文件并出

具推荐文件。

监督信息披露。对发行人申请文件、证券发行募集文件中有证券服务机构及其签字人员出具专业意见的内容，保荐机构应当结合尽职调查过程中获得的信息对其进行审慎核查，对发行人提供的资料和披露的内容进行独立判断。对发行人申请文件、证券发行募集文件中无证券服务机构及其签字人员专业意见支持的内容，保荐机构应当获得充分的尽职调查证据，在对各种证据进行综合分析的基础上对发行人提供的资料和披露的内容进行独立判断，并有充分理由确信所作的判断与发行人申请文件、证券发行募集文件的内容不存在实质性差异。

发行上市后督导。保荐机构应当针对发行人的具体情况，确定证券发行上市后持续督导的内容，督导发行人履行有关上市公司规范运作、信守承诺和信息披露等义务。

2. 承销业务。《证券法》规定，发行人向不特定对象公开发行的证券，法律、行政法规规定应当由证券公司承销的，发行人应当同证券公司签订承销协议，因此，承销成为证券公司的法定业务。

证券承销业务可以采取代销或者包销的方式。

证券代销是证券公司代发行人发售证券，在承销期结束时，将未售出的证券全部退还给发行人。

证券包销是证券公司将发行人的证券按照协议全部购入或者在承销期结束时将售后剩余证券全部自行购入。

包销又分为全额包销和余额包销。全额包销是证券公司作为承销商先全额买断发行人发行的证券，再向投资者发售，由证券公司承担全部风险。余额包销是证券公司作为承销商，按照约定的发行额和发行条件，在约定的期限内向投资者发售证券，到销售截止日，如投资者实际认购总额低于预定发行总额，未售出的证券由证券公司负责认购，并按约定的时间向发行人支付全部发行价款。

（三）投资咨询业务

证券公司投资咨询业务主要包括证券投资顾问业务和发布研究报告两种基本的服务形式。证券投资顾问业务是指证券公司接受客户委托，按照约定，向客户提供涉及证券及证券相关产品的投资建议服务，辅助客户作出投资决策，并直接或者间接获取经济利益的经营活动。投资建议服务内容包括投资的品种选择、投资组合以及理财规划建议等。

近年来，证券公司投资顾问业务发展迅速，越来越多的证券公司设立了专门从事及管理投资顾问业务的独立部门，所生产的投资顾问产品类型主要有标准化产品、个性化产品和高端产品。标准化产品包括基础资讯产品和工具类产品；个性化产品包括投资咨询、投资组合、策略指南等；高端产品包括投资沙龙、差别佣金产品、现金收费类产品等。

从证券研究的广度看，证券公司研究报告主要包括宏观研究、策略研究、行业与公司研究、基金研究、债券及固定收益研究、理财产品研究等。研究产品的推广形式主要有联合调研、高端论坛、新媒体互动、"一对一"调研、专题研讨会、委托定制等。

此外，近年来，证券公司证券研究还体现出国际化的趋势，从市场策略、金融工程等角度对海外市场进行跟踪和研究，及时收集海外市场信息，进行海外市场和大宗商品的研究。

（四）资产管理业务

资产管理业务是指证券公司作为资产管理人，接受客户的委托或信托，根据有关法律、法规和与投资者签订的资产管理合同，按照资产管理合同约定的方式、条件、要求和限制，为投资者提供证券及其他金融产品的投资管理服务，客户取得投资收益并承担投资风险的证券中介业务。

证券公司资产管理业务具体分为两种形式：定向资产管理业务、集合资产管理业务。

定向资产管理业务是"一对一"的业务形式，证券公司办理定向资产管理业务，与客户签订定向资产管理合同，将客户资产交由负责客户交易结算资金存管的指定商业银行、中国证券登记结算有限公司或者中国证监会认可的证券公司等其他资产托管机构进行托管，通过专门账户为客户提供资产管理服务。总体而言，定向资产管理业务的特点是："一对一"的投资管理服务；具体投资方向在资产管理合同中约定；在单一客户的专业证券账户中封闭运行。

集合资产管理业务是"一对多"的业务形式，证券公司办理集合资产管理业务，需将集合资产管理计划资产交由取得基金托管业务资格的资产托管机构托管。证券公司的集合资产管理业务，只能接受货币资金形式的资产。总体而言，集合资产管理业务的特点是：集合性，即"一对多"的投资管理服务；投资范围有限定性和非限定性之分；客户资产需托管；专门账户运作；严格的信息披露。

（五）财务顾问业务

证券公司从事的与证券交易、证券投资活动有关的财务顾问活动，具体可以包括：为企业申请证券发行和上市提供改制改组、资产重组、前期辅导等方面的咨询服务；为上市公司重大投资、收购兼并、关联交易等业务提供咨询服务；为法人、自然人及其他组织收购上市公司及相关的资产重组、债务重组等提供咨询服务；为上市公司完善法人治理结构、设计经理层股票期权、职工持股计划、投资者关系管理等提供咨询服务；为上市公司再融资、资产重组、债务重组等资本营运提供融资策划、方案设计、推介路演等方面的咨询服务；为上市公司的债权人、债务人对上市公司进行债务重组、资产重组、相关的股权重组等提供咨询服务等。

《上市公司收购管理办法》规定，收购人进行上市公司的收购，应当聘请在中国注册的具有从事财务顾问业务资格的专业机构担任财务顾问；收购人未按规定聘请财务顾问的，不得收购上市公司。

《上市公司重大资产重组管理办法》规定，上市公司应当聘请独立财务顾问、律师事务所以及具有相关证券业务资格的会计师事务所等证券服务机构就重大资产重组出具意见。

（六）创新业务

融资融券业务。证券公司的融资融券业务自 2010 年推出，是指在证券交易所或者国务院批准的其他证券交易场所进行的证券交易中，证券公司向客户出借资金供其买入证券（融资）或者出借证券供其卖出（融券），并由客户交存相应担保物的经营活动。2012 年 8 月，中国证券金融公司转融资业务的开展，进一步推动了融资融券业务的发展。

柜台交易业务。2012 年，中国证券业协会发布《证券公司柜台交易业务规范》，正式启动证券公司柜台业务试点。柜台业务初期主要是销售和转让证券公司理财产品、代销金融产品，且多为证券公司自己创设、开发和管理的金融产品，主要针对机构客户，交易方式以协议交易为主，并逐步尝试开展报价交易或做市商交易机制。

股票约定式回购交易业务。这是指符合条件的投资者以约定价格向证券公司卖出特定股票，并约定在未来某一日期按照另一约定价格从证券公司购回的交易行为。2011 年，中信证券、银河证券、海通证券获准第一批约定回购式证券交易试点，作为一种融资手段，约定式回购业务可以让急需资金的机构投资者从证券公司借到钱，但与融资业务不同的是，融资业务获取的资金只能用于购买股票，而股票回购的融资没有用途限制。

债券质押式报价回购业务。这是指证券公司将符合一定条件的自有资产作为质押券，以质押券折算后的标准券总额为融资额度，向其指定交易客户以证券公司报价、客户接受报价的方式融入资金，在约定的购回日客户收回融出资金并获得相应收益的交易。

二、基金管理公司及私募基金的金融服务

基金管理人是基金的组织者和管理者，在整个基金的运作过程中发挥核心作用。基金管理人负责基金的投资管理，同时还承担产品设计、基金营销、基金注册登记、基金估值、会计核算以及客户服务等职责。根据《中华人民共和国证券投资基金法》（以下简称《证券投资基金法》）的规定，基金管理人只能由依法设立的基金管理公司担任。

目前，我国的基金管理公司所提供的金融服务已经不再局限于最初的证券投资基金业务相关的服务，随着市场的发展，基金管理公司还可以提供特定客户资产管理服务、投资咨询服务，此外，符合条件的基金管理公司也可以申请境内机构投资者资格，开展境外证券投资服务。特别是随着修改后的《证券投资基金法》对基金管理公司的发展"松绑"，以及《证券投资基金管理公司子公司管理暂行规定》和修订后的《证券投资基金管理公司管理办法》、《基金管理公司特定客户资产管理业务试点办法》正式实施，基金管理公司正在向现代财富管理机构转型。

截至 2013 年末，我国境内共有基金管理公司 89 家，共管理证券投资基金产品 1552 只，管理资产合计 4.2 万亿元，其中管理的公募基金规模 3 万亿元，非公开募集资产规模 1.2 万亿元。

（一）证券投资基金业务

证券投资基金业务是基金管理公司的传统业务，也是最主要的业务。

证券投资基金业务包括基金募集与销售、基金的投资管理，以及以基金注册登记、核算与估值、基金清算和信息披露为主要内容的基金运营服务。

在证券投资基金服务中，基金管理人要接受基金投资者的委托，以其专业知识和经验，根据法律、法规及基金合同或基金章程

的规定，运用所管理基金的资产，按照科学的投资组合原理进行投资决策，以使所管理资产不断增值，并使基金份额持有人获得最大收益。

（二）特定客户资产管理业务

《基金管理公司特定客户资产管理业务试点办法》规定，符合条件的基金管理公司可以为单一客户办理特定客户资产管理业务，也可以为特定的多个客户办理特定客户资产管理业务。

基金管理公司特定客户资产管理业务也即专户理财业务，是基金管理公司向特定客户募集资金或者接受特定客户财产委托担任资产管理人，由商业银行担任资产托管人，为资产委托人的利益，运用委托财产进行的证券投资活动。目前，基金管理公司主要为社保基金、企业年金等开展特定客户资产管理服务。在保证基金资产安全性、流动性的前提下，帮助特定客户实现基金资产的增值。

（三）投资咨询业务

2006年2月，中国证监会基金监管部发出《关于基金管理公司向特定对象提供投资咨询服务有关问题的通知》，规定基金管理公司不需报经中国证监会审批，可以直接向合格境外机构投资者、境内保险公司及其他依法设立运作的机构等特定对象提供投资咨询服务。同时也明确规定，基金管理公司需要将投资咨询业务与基金投资管理等业务相分离，在投资咨询业务中不能承诺投资收益，不能与投资咨询客户约定分享投资收益或者分担投资损失，不能通过广告等公开方式招揽投资咨询客户，也不能代理投资咨询客户从事证券投资。

（四）QDII 业务

所谓 QDII（Qualified Domestic Institutional Investor，合格的境内机构投资者），是指在人民币资本项目不完全可兑换、资本市场未充分开放的条件下，在一国境内设立、经有关部门批准，可以有控制地投资境外资本市场的境内机构。通过基金公司的 QDII 业务，国内投资者得以直接参与国外资本市场，开展股票、债券等有价证券投资业务，从而获取全球市场收益。

获得 QDII 资格的基金公司开展 QDII 业务，可以在境内募集资金，投向境外证券市场。与银行系 QDII 不同的是，基金系 QDII 可以直接投资境外证券市场不同风险层次的产品，产品投向更加广泛，而银行系 QDII 只能投资于境外固定收益类产品和境外股票；此外，基金系 QDII 的投资门槛相对银行系 QDII 也更低。

加快培育私募基金。私募基金，一般是指以非公开募集方式向社会合格投资者募集资金而设立的投资基金。根据投资方向，私募基金主要包括私募证券投资基金、私募股权投资基金、创业投资基金等。2014 年《国务院关于进一步促进资本市场健康发展的若干意见》明确了我国资本市场发展的重点，其中单列一条明确提出培育私募市场。随后，中国证监会发布了《私募投资基金监督管理暂行办法》，确立了私募基金的法律地位。私募基金的基本运作程序是：由具有私募基金管理实际经验的人，通过合伙制、公司制组建管理团队，向合格投资者私下募集资金，通过协议明确投资数量、投资期限、管理费支出等双方权益和责任。私募基金管理人自主选择投资项目，努力改善所投股权公司的法人治理结构和技术水平，通过公司上市、股权出售等方式退出投资，将募集的资金和收益归还投资人，并按合同获得管理费和一部分投资收益。对私募基金的监管实行自律原则。设立私募基金不需要监管机关审批，仅采取备案方式。行业自律组织制定自律规则和标准，对私募基金管理和从业人员进行自律管理。为促进社会资本的多元聚集和市场化配置，要大力发展创业投资基金、并购基金，推进发展对冲基金。与此同时，要拓宽私募基金资金来源渠道，完善私募基金退出政策。经过 20 多年的培育和发展，我国私募市场规模逐步扩大。截至 2014 年 9 月末，完成登记的私募基金管理机构有 4250 家，管理私募基金 6292 只，管理基金规模约有 2.2 万亿元。其中，主要包括私募证券投资基金0.34万亿元，股权投资基金1.7万亿元，创业投资基金0.2万亿元。

三、期货公司的金融服务

期货公司业务实行许可制度，由国务院期货监督管理机构按照其商品期货、金融期货业务种类颁发许可证。期货经纪业务是期货公司的主营业务。2011年5月《期货公司期货投资咨询业务试行办法》和2012年9月《期货公司资产管理业务试点办法》正式实施后，期货公司正式告别单一的期货经纪业务模式，投资咨询业务和资产管理业务开始起步。

（一）经纪业务

由于期货交易的高风险性，期货交易所执行严格的会员交易制度，非会员不得入场交易，一般投资者只能委托期货公司进行期货交易，期货公司接受客户委托，以自己的名义为客户进行期货交易。期货经纪业务本质上是一种代理活动，期货公司遵照客户指令代理买卖期货合约，并办理结算和交割手续。一个完整的期货交易流程包括开户与下单、竞价、结算和交割等。通过合约的买卖，期货公司帮助客户实现规避风险或套利目的，期货公司从中收取交易手续费，交易结果由客户承担。

期货公司通过经纪业务，可以为客户代理商品期货和金融期货的交易。同时，随着未来我国期权产品的上市，期货公司还有可能为客户代理期权交易。期货公司除了申请境内期货经纪业务外，还可以申请境外期货经纪业务，即获得资格的期货公司，可以接受客户的委托，参与境外期货交易所的期货交易。2011年，中国证监会批准3家期货公司参与境外期货经纪业务试点筹备，境外期货交易开放进一步扩大。

（二）投资咨询业务

期货公司可以从事风险管理顾问、期货研究分析、期货交易咨询等盈利性服务。其中，风险管理顾问包括协助客户建立风险管理制度、操作流程，提供风险管理咨询、专项培训等；期货研究分析包括收集整理期货市场及各类经济信息，研究分析期货市场及相关现货市场的价格及其相关影响因素，制作提供研究分析报告和资讯信息；期货交易咨询包括为客户设计套期保值、套利等投资方案，拟定期货交易操作策略等。

（三）资产管理业务

根据 2012 年 9 月开始实施的《期货公司资产管理业务试点办法》，获得资产管理业务试点资格的期货公司，可以接受单一客户或者特定多个客户的书面委托，运用客户委托资产进行投资，并按照合同约定收取费用或者报酬。期货公司发挥在衍生品市场领域的专业特长和比较优势，提供以期货对冲和套利为主的资产管理服务，有利于满足投资者的多元化投资需求。

期货公司资产管理业务实施投资者适当性制度，单一客户的起始委托资产不得低于 100 万元人民币，客户应当对市场及产品风险具有适当的认识，主动了解资产管理投资策略的风险收益特征，结合自身风险承受能力进行自我评估，期货公司同时应对客户适当性进行审慎评估。期货公司可以将委托资产投资于期货、期权及其他金融衍生品，股票、债券、证券投资基金、集合资产管理计划、央行票据、短期融资券、资产支持证券等。2014 年 8 月 21 日，中国证监会发布了《私募投资基金监督管理暂行办法》，明确期货公司及其子公司从事私募基金业务适用该办法。此外，随着未来期权产品的上市，期货公司可以利用期权产品进一步拓宽产品设计的途径、方法和策略，进一步推动期货公司资产管理业务的发展。

（四）期现结合业务

根据 2013 年实施的《期货公司设立子公司开展以风险管理服务为主的业务试点工作指引》，期货公司可以通过设立子公司的方式，为实体企业提供丰富多样的期现结合产品及服务，内容涵盖仓单服务、合作套保、基差交易、定价服务等。为适应期权等做市业务的需要，2014年8月中国期货业协会对相关指引进行了修订，子公司的业务范围增加了做市业务。做市业务，是指风险管理子公司为特定的期货、期权等衍生品合约提供连续报价或回应询价，并利用自有资金作为交易对手方提供市场流动性服务的业务行为。

仓单服务，即现货业务子公司为实体企业客户提供仓单串换、仓单回购、仓单收购、仓单销售等业务，以此提高仓单市场的流动性。此外，基于期货公司在套期保值上的经验优势，现货业务子公司还可以将买卖仓单与套期保值相结合。

合作套保，相比传统的套期保值，合作套保更侧重在与企业结成利益关联方的基础上，通过更深入地了解客户的经营环节，共同参与套保流程的制定和操作，为企业量身定做更个性化的套保服务，提升企业套保的实际效果和风险管理水平。

基差交易，即以某月份的期货价格为计价基础，以期货价格加上或减去双方协商同意的基差，来确定双方买卖现货商品的价格的一种交易方式。基差交易在海外期货市场中的运用极为广泛，主要是与套期保值联合运用。

定价服务，即期货公司子公司可以在基差贸易的基础上，为现货企业提供点价交易、均价交易、远期和互换等个性化的定价和风险管理工具。

第四节　保险类金融机构的金融服务

作为一种重要的风险转移机制，保险在经济生活中扮演着越来越重要的角色。一般认为，现代保险具有经济补偿、资金融通和社会管理三大功能。本节按照经营保险业务的不同，将保险机构分为财产保险公司、寿险公司、保险中介机构、再保险公司以及政策性保险公司，并介绍了近年来保险资金运用的情况。

一、财产保险公司的金融服务

财产保险是以财产及其有关的利益为保险标的的一类保险。财产保险业务包括财产损失保险、责任保险、信用保证保险等业务。以物质形态的财产及其相关利益作为保险标的的，通常称为财产损失保险，也称为普通财产保险，包括家庭财产保险、企业财产保险、机动车辆保险、工程保险和农业保险等。

（一）普通财产保险业务

机动车辆保险，即车险，是大众最为熟悉的一种财产险，其是以机动车辆本身及其第三者责任等为保险标的的一种运输工具保险。随着我国汽车工业的迅猛发展，全国机动车数量激增，车险市场呈现快速发展的态势，机动车辆保险已成为我国财产保险业务中第一大险种，占财产险市场的份额高达七成。机动车辆保险一般包括基本险和附加险两种。基本险主要包括车辆损失保险、交通事故责任强制保险（简称交强险）和第三者责任保险。附加险包括盗抢险、玻璃单独破碎险等一系列险种。《机动车交通事故责任强制保险条例》于 2006 年 7 月 1 日开始实施，交强险成为我国第一个通过国家立法的形式予以强制实施的保险险种。2012 年，交强险市场正式向外资保险公司开放，中国保险业进入全面开放阶段。为治理车险市场，2012 年以来，中国保监会连续出台《机动车辆保险理赔管理指引》等规范性文件。同时，新一轮的车险费率市场化开始启动，这将有利于引导车险市场的竞争从价格竞争向产品和服务竞争转移，改变目前车险市场品种单一、理赔困难的局面。

农业保险是指由保险公司专门为农业生产者在从事种植业和养殖业生产过程中，因遭受自然灾害和意外事故所造成的经济损失提供经济保障的一种保险。农业保险是财产保险的重要组成部分，已成为财险业第三大险种。我国农业保险有广阔的发展前景，自 2007 年中央财政在吉林、江苏等 6 省区进行政策性农险保费补贴试点以来，我国农业保险在稳定农业生产、促进农民增收等方面发挥了积极作用。截至 2012 年末，中央财政保费补贴的省份已扩大到全国所有省市，补贴品种从 6 种扩大到 15 种。2013 年 3 月 1 日，《农业保险条例》开始实施，标志着我国农业保险发展进入有法可依的新阶段。截至 2012 年末，全国经营农业保险的机构共有 25 家，除去人保财险和中华保险两家全国性主体外，还包括 4 家专业性农险公司（安信农险、安华农险、阳光相互和国元农险）和 1 家合资保险公司（中航安盟）。可以预见，农业保险将成为各市场主体积极拓展的新业务领域，农业保险服务体系建设将加快推进，农业保障体系将更加完善。

中共十八届三中全会明确提出"完善保险补偿机制，建立巨灾保险制度"。面对日益严峻的巨灾风险形势，巨灾保险制度建设已经刻不容缓。巨灾保险是指对因发生地震、飓风、海啸、洪水等自然灾害或人为灾难，可能造成巨大财产损失和严重人员伤亡的风险，通过巨灾保险制度，进行风险分散和损失分摊。发展巨灾保险的总体思路是，以制度建设为基础，以商业保险为平台，以多层级分级分担风险为保障，发挥政府和市场的作用，在总结试点经验的基础上逐步推广，建立符合我国国情的巨灾保险制度。目前，深圳市的综合巨灾保险试点已开始实施，云南的地震保险也在积极推进中。

（二）责任保险业务

责任保险是指以保险客户的法律赔偿风险为承保对象的一类保险。按业务内容，它可以分为公众责任保险、产品责任保险、雇主责任保险、职业责任保险和第三者责任保险五类业务。近年来，责任保险得到了长足发展，已成为我国财产保险领域的第四大险种。责任保险作为一种调节社会矛盾的有效制度安排，具有显著的独特功能，可以在我国政府创新社会管理体制中发挥重要的作用。尤其在一些高危行业和社会公共领域，保险公司与保险中介机构通过直接介入责任风险事故的事前防范、事中控制和事后处理，合理解决责任赔偿纠纷，辅助政府进行社会管理，提高财政资金的使用效率。

医疗责任保险、环境污染责任保险和食品安全责任保险因与社会、民生及大众利益关系密切，正受到越来越多的关注。医疗责任保险在我国还处于初级发展阶段，需要在完善相关法律制度、提高医疗机构投保积极性以及丰富险种供给等方面下功夫。环境污染责任保险已于 2007 年 12 月在湖南、江苏、湖北、宁波、沈阳、上海、重庆、深圳、昆明等省市开展了试点工作。2013 年，环境保护部与中国保监会联合印发了《关于开展环境污染强制责任保险试点工作的指导意见》，指导各地在涉重金属企业和石油化工等高风险行业推进环境污染强制责任保险试点。此外，食品安全责任保险、承运人责任保险、校方责任保险、治安保险、安全生产责任保险等也都有着广阔的市场发展前景。

二、人身保险公司的金融服务

人身保险是以人的寿命或身体为保险标的的一类保险。按照保险责任的不同，人身保险可以分为人寿保险、人身意外伤害保险和健康保险三类。人寿保险是人身保险中最重要的部分。

（一）人寿保险业务

人寿保险可以被划分为风险保障型人寿保险和投资理财型人寿保险。广为大众熟知的分红保险、投资连结保险和万能保险就属于投资理财型人寿保险。借助保险代理人、电话营销以及银邮渠道的创新，分红保险、投资连结保险和万能保险等投资理财型寿险发展迅速，为寿险业过去十年保费高速增长作出了贡献。近年来，投资理财型寿险产品在发展过程中出现了增速下降和退保率高的问题，影响到了寿险企业经营的稳定。2013 年 8 月，中国保监会正式启动普通型人身保险费率政策改革，取消了传统寿险产品 2.5% 的预定利率上限，将定价权交给公司和市场，明确准备金评估利率，降低保障型产品的资本要求，在风险可控的前提下为提升寿险产品竞争力创造了条件。改单以来，人身险新业务结束近两年的负增长，退保风险得到有效防范。

（二）商业养老保险

养老保险是由生存保险和死亡保险结合而成，是生死两全保险的特殊形式。被保险人不论在保险期内死亡或生存到保险期满，均可领取保险金。当前，中国已迈入老龄化社会，而滞后的社保制度成为未来发展的一大隐患。作为我国养老保险制度"三支柱"（社会基本养老保险、企业年金和商业养老保险）之一的商业养老保险发展缓慢。在多项政策利好下，商业养老保险积极参与我国多层次社会保障体系构建具有良好前景。其中，2013 年 9 月，国务院发布的《关于加快发展养老服务业的若干意见》鼓励保险公司参与养老服务业建设，支持保险资金投资养老服务领域，开展老年人住房反向抵押养老保险试点。

税收优惠是补充养老保险计划建立的第一推动力，而个人税收递延型养老保险是有效解决养老金不足以及养老金替代率低等问题的途径之一。个人税收递延型养老保险，即指投保人在税前列支保费，在领取保险金时再缴纳个人所得税。由于在购买保险和领取保险金的时候，投保人处于不同的生命阶段，其边际税率有很大的区别，对投保人有一定的税收优惠，从而拉动个人购买商业养老险的需求。

企业年金是我国养老保险制度的"第二支柱"。自 2004 年企业年金市场化格局确立以来，政策框架不断调整完善，参保企业不断增加壮大，推动了企业年金市场的平稳发展。截至 2013 年末，企业年金市场的资金规模已突破 5000 亿元。年金管理机构涉及专业养老保险公司、基金、银行、信托、证券等金融行业各种类别。2013年，人力资源和社会保障部会同中国银监会、中国证监会、中国保监会下发了《关于扩大企业年金基金投资范围的通知》和《关于企业年金养老金产品有关问题的通知》，这些尊重制度创新、解决实际问题的新政，给企业年金市场带来新的发展机遇。从 2014 年 1 月 1 日起，企业年金、职业年金个人所得税递延纳税优惠政策开始实施。这无疑将进一步撬动企业年金市场的发展。

（三）健康保险

健康保险是以被保险人的身体为保险标的，使被保险人在疾病或意外事故所致伤害时发生的费用或损失获得补偿的一种人身保险。按照保险责任，健康保险分为疾病保险、医疗保险收入保障保险和长期护理保险等。当前，商业健康保险发展相对滞后，共有近百家保险公司经营健康险业务，包括人保健康、平安健康、昆仑健康等四家专业健康险公司。2013 年 10 月，国务院发布的《关于促进健康服务业发展的若干意见》明确指出，加快发展商业健康保险，建立多层次的医疗保障体系。税收优惠政策能拉动商业健康保险需求，将极大地刺激健康保险的购买。

城乡居民大病保险是在基本医疗保障的基础上，对大病患者发生的高额医疗费用给予进一步保障的制度安排。城乡居民大病保险制度是我国的首创，是我国全民医疗制度的重要组成部分，与基本医保、其他补充医疗保险、商业健康保险等共同组成了我国覆盖城乡居民的多层次医疗保障体系。该制度主要采取向商业保险机构购买大病保险的方式，由商业保险机构负责具体承办。城乡居民大病保险于 2012 年在我国部分省份开始试点，2014 年在全国推开试点工作。

三、再保险公司的金融服务

再保险是指保险人将其承担的保险业务，以承保形式，部分转移给其他保险人。再保险是保险人的保险，也称做分保。再保险的作用主要是分散承保风险、扩大原保险公司承保能力、增强保险公司参与巨灾保险的能力以及促进保险公司加强企业管理。再保险按国际惯例可分为财产险再保险和人身险再保险。为了保护本国保险业、维护保险持有人利益，政府推行法定再保险。目前，我国只有中国再保险（集团）公司经营再保险业务，具体经办法定再保险业务。中国再保险（集团）公司旗下的中国财产再保险股份有限公司经营的业务主要包括比例合同分保业务、非比例合同分保业务、临时分保业务和农业再保险业务；而中国人寿再保险股份有限公司业务经营范围涵盖各类险种，主要业务为寿险再保险业务（核心业务）、健康险再保险业务、意外伤害险再保险业务和年金再保险业务。中国再保险（集团）公司的国际再保险业务来源于中国境外注册的保险和再保险公司的分入业务，经营范围涉及所有的非寿险合同和临分业务。

四、政策性保险公司的金融服务

政策性保险是政府为了某种政策上的目的，运用商业保险的原理并给予扶持政策而开办的保险。出口信用保险是世贸组织框架下通行的政府促进对外贸易和对外投资的政策性金融工具，是许多国家推动本国出口和对外投资的重要手段。出口信用保险承保的对象是出口企业的应收账款，承保的风险主要是人为原因造成的商业信用风险和政治风险。当前，中国出口信用保险公司是中国唯一承办出口信用保险业务的政策性保险公司，业务主要有短期出口信用保险、中长期出口信用保险、投资/租赁保险以及国内贸易信用保险。自2001年12月成立以来，中国出口信用保险公司发展迅速，已形成覆盖全国的服务网络，对我国外经贸的支持作用日益显现。

五、保险中介机构的金融服务

保险中介是指介于保险经营机构之间或保险经营机构与投保人之间，专门从事保险业务咨询与招揽、风险管理与安排、价值衡量与评估、损失鉴定与理算等中介服务活动，并从中依法获取佣金或手续费的单位或个人。保险中介人的主体形式多样，主要包括保险代理人、保险经纪人和保险公估人等。近年来，我国保险中介市场一直保持强劲增长态势，保险中介机构在服务"三农"、支持众多国家重点基础设施建设、促进保险创新发展方面发挥了积极作用。当前，全国共有保险专业中介机构2500多家，处于多、小、散、乱状态，竞争激烈。未来，保险销售队伍职业化、兼业代理专业化、专业中介规模化以及中介业务规范化将是保险中介行业转型发展的方向。

六、保险资金运用

保险资金运用是指保险企业在组织经济补偿过程中，将积聚的保险基金的暂时闲置部分，用于融资或投资，使资金增值的活动。保险资金运用必须坚持稳健、安全原则。保险资金运用是一个动态的过程，从最初集中于银行存款、买卖国债，到买卖债券、股票、证券投资基金，再到投资不动产、未上市公司股权等，保险资金运用的渠道已基本全面放开。2012年7月，中国保监会相继颁布了13项保险资金运用管理新法规。截至2013年底，保险资金运用余额超过7万亿元，全行业投资收益率达到5.04%，是近4年来的最好水平。

第五节　农村金融服务

农村金融是对农村货币流通和信用活动的总称。随着我国农村农工商综合经营、城乡一体化发展，农村金融已从过去主要服务农户和农业集体经济组织，扩大到县（市）和县（市）以下的以农民、农业、农村经济为主的城乡一体化的经济活动。现在，我国已经形成银行金融机构、非银行金融机构和其他组织共同组成的多层次、广覆盖，功能互补、相互协作、适度竞争的农村金融服务体系。农村金融服务从中华人民共和国成立初期只能提供基本的存贷汇服务，发展为包括本外币汇兑、网上银行、农业保险等在内的丰富多样的产品和服务体系，在金融资源配置、分散农业风险、调整产业结构、便利农民生活等方面发挥了重要作用。

一、农村经济的发展和农村金融主要服务对象

2013 年末，全国[①]总人口约 13.6 亿人，其中农村人口按常住口径统计是 6.29 亿人；有 2 亿多农户、3.3 万个乡镇；共有 98.2 万个各种合作社，12.2 万家农业产业化龙头企业。农村金融改革和发展，必须针对农村经济发展的特点，更好地服务于上列经济实体的改革和发展。

（一）家庭经营为主的农业经营模式

从 2003 年开始，中央一号文件连续 11 年聚焦"三农"发展，明确以家庭联产承包责任制为基础的农业经营管理体制长期稳定。2014 年中央一号文件再次重申要进一步发展现代农业，鼓励和支持承包土地向专业大户、家庭农场、农民合作社流转。其中，"家庭农场"的概念首次在中央一号文件中出现。在我国，家庭农场是指以家庭成员为主要劳动力，从事农业规模化、集约化、商品化生产经营，并以农业收入为家庭主要收入来源的新型农业经营主体。现在的农村，种养大户越来越多，家庭农牧场迅速发展。以上生产经营主体是农村金融首要服务对象，对这些生产经营主体能否及时、方便、有效地提供金融服务，是衡量农村金融改革成效的主要标志。

（二）农民专业合作社的兴起

农民专业合作社是农民在技术、资金、采购、销售、储运等环节开展互助合作的经济组织，依据加入自愿、民主管理、盈余返回的原则，共同举办生产、经营、服务事业。改革开放以来，我国政

---

① 不含港澳台地区。

府对农民专业合作社一直持鼓励和扶持态度，为农民专业合作社的发展创造了良好的条件。2007 年 7 月 1 日开始实施的《中华人民共和国农民专业合作社法》为我国农民加入农民专业合作社提供了法律支持。2008 年 10 月，中共十七届三中全会又着重提出，要"按照服务农民、进退自由、权利平等、管理民主的要求，扶持农民专业合作社加快发展，使之成为引领农民参与国内外市场竞争的现代农业经营组织"。2014 年中央一号文件提出："扶持发展新型农业经营主体，鼓励发展专业合作、股份合作等多种形式的农民合作社，引导规范运行，着力加强能力建设。"农民专业合作社是我国市场经济发展的必然产物，是家庭经营发展的内在要求，是农业产业化和国际化程度不断提高的必然要求。农村金融要积极支持各类农民专业合作社的发展。

（三）农村小城镇的发展

城镇化是我国现代化的必由之路。2013 年 12 月，中央城镇化工作会议举行，这是改革开放以来中央召开的第一次城镇化工作会议。在推进新型城镇化过程中，如何发展农村小城镇是我国农村经济社会发展乃至整个国家经济社会发展的一个重大战略问题。中共十六大报告指出："农村富余劳动力向非农产业和城镇转移，是工业化和现代化的必然趋势。要逐步提高城镇化水平，坚持大中小城市和小城镇协调发展，走中国特色的城镇化道路。"中共十八届三中全会明确指出"坚持走中国特色新型城镇化道路"，"促进城镇化和新农村建设协调推进"，为农村小城镇发展指明了方向。规划和建设农村小城镇，需要发展支柱产业，特别需要发展各种服务业，搞好基础设施建设。所有这些都需要有农村金融的大力支持。

二、农村金融改革的指导思想和组织体系

（一）农村金融改革的指导思想

农村经济发展的多层次，不断出现的新型农业经营主体，农村小城镇的发展，都对我国农村金融服务提出了新的要求。既要有以工商企业为主要服务对象的商业性金融机构，也要有主要为农户服务的合作金融机构，还要有支持整个农业开发和农业技术进步、保证国家农副产品收购的政策性金融机构。

1996年国务院对农村金融体制改革作出决定，明确农村金融体制改革的指导思想是，"根据农业和农村经济发展的客观需要，围绕'九五'计划和2010年农业发展远景目标，建立和完善以合作金融为基础，商业性金融、政策性金融分工协作的农村金融体系；进一步提高农村金融服务水平，增加对农业的投入，促进贸、工、农综合经营，促进城乡一体化发展，促进农业和农村经济的发展和对外开放。"此后，党中央、国务院多次强调这个指导思想。至今，这个指导思想依然符合当今农业和农村经济发展对农村金融服务的实际需要。

2014年中央一号文件提出要加快农村金融制度创新。要求强化金融机构服务"三农"职责，稳定大中型商业银行的县域网点，扩展乡镇服务网络，根据自身业务结构和特点，建立适应"三农"需要的专门机构和独立运营机制。稳步扩大农业银行"三农"金融事业部改革试点。鼓励邮政储蓄银行拓展农村金融业务。支持中国农业发展银行开展农业开发和农村基础设施建设中长期贷款业务，建立差别监管体制。增强农村信用社支农服务功能，保持县域法人地位长期稳定。在管理民主、运行规范、带动力强的农民专业合作社和供销合作社的基础上，培育、发展新型农村合作金融组织。积极发展村镇银行、县域中小型银行、金融租赁公司和小额贷款公司。支持符合条件的农业企业在主板、创业板发行上市，推动证券期货经营机构开发适合"三农"的个性化产品。通过多种方式，提供简易便民的金融服务。

（二）农村金融组织体系及多元化服务

农村金融是我国金融体系的重要组成部分，是支持服务"三农"

发展的重要力量。当前，我国已经基本形成了合作性金融、商业性金融、政策性金融和其他金融组织组成的功能互补、相互协作的农村金融组织体系。其中，合作性金融主要是农村信用社、农村合作银行；商业性金融主要有中国农业银行、中国邮政储蓄银行、农村商业银行；政策性金融主要是中国农业发展银行；新型农村金融主要有村镇银行、贷款公司等组织；其他形式主要有小额贷款公司、民间金融、政策性保险公司、商业性保险公司、期货公司、典当行等。但总体上看，农村金融仍是整个金融体系中最为薄弱的环节。

农村信用社是新形势下农村金融的主力军，是联系农民的金融纽带，处于农村金融的最基层。截至2013年末，全国农村信用社已经有经营网点7.7万个，占银行业的36.9%；县域员工63.2万人，是全国唯一一类服务范围覆盖所有乡镇的银行业金融机构。同时，农村信用合作社承担了98.4%的乡镇金融服务空白和67.7%的机构空白覆盖任务，代理发放了绝大部分种粮直补、农资综合补贴、良种补贴等政策补助。截至2013年末，全国农村信用社涉农贷款余额6.2万亿元，其中农村贷款5.5万亿元，分别比2007年末增长2.97倍和2.91倍。其中，农户贷款3万亿元，比2007年末增长2.57倍，占银行业农户贷款总额的66.7%，是"三农"尤其是广大农民获得贷款的主渠道。

中国农业银行是当前唯一一家以服务"三农"为特色的大型商业银行，在农村金融体系中发挥着骨干和支柱作用。近年来，中国农业银行已经逐步探索出一条以县域规模化融资为基础，以缓解农民"贷款难"为突破口，以惠农卡为载体，以农户小额信贷为推手，以"三农"金融事业部为组织保障的服务"三农"的新路子。中国农业银行的支农服务包括：提供农户贷款；开展农村支付结算服务；为县域小微企业发展提供资金支持；支持大型水利项目、江河治理、小型农田水利和新型节水高效农业；支持重点农产品生产与流通；为产业化龙头企业提供金融服务等。截至2013年末，中国农业银行贷款余额7.2万亿元，其中用于县（市）及以下的贷款2.35万亿元，占贷款的32.5%。

中国邮政储蓄银行于2007年正式成立，结束了只存不贷的历史，定期存单小额质押贷款等服务农村的业务全面铺开。其借助在县域乡镇最发达的网点优势，向广大农村居民提供储蓄，汇兑，代理保险，代收农村电费、电话费和有线电视费，代发粮食直补款、良种补贴资金、退耕还林款、最低保障金和计划生育奖励金等基本金融服务。

中国农业发展银行作为政策性银行，在贯彻国家宏观调控和产业政策、促进农业和农村经济发展等方面发挥了重要作用，特别是在支持大宗农副产品收购和加工中发挥了独特作用。2007年初，中国银监会批准中国农业发展银行逐步扩大业务范围，按照市场原则开展农业产业化龙头企业、种子、农业科技贷款和农业基础设施贷款等新业务。

国家开发银行主要发挥开发性金融支农方面的作用，支持新农村基础设施建设，支持产业化龙头企业、农村中小企业、农村住房、应急贷款及医疗卫生事业的发展，促进农村和县域社会建设。

在国家政策引导下，为支持农村经济的发展，各金融机构发放的涉农贷款逐年增加。截至2013年末，主要金融机构及小型农村金融机构、村镇银行、财务公司本外币农村（县级及县以下）贷款余额17.29万亿元，同比增长18.9%；农户贷款余额4.5万亿元，同比增长24.4%；农业贷款余额3.04万亿元，同比增长11.6%。

农村保险服务。目前，有关保险公司积极开展农村种植业、养殖业保险，发挥保险的经济补偿功能；积极开展企业财产保险和农房等家庭财产保险，以保障众多小企业和农户财产的安全；同时，开拓人寿保险、医疗保险、养老保险等多种险种，以保证农户生活的稳定，缓解农户因病致贫、因灾致贫等问题，增强农民抵御各种风险的能力。农业保险的准公共物品性决定了它的运行具有明显的政策性，使其与一般的商业保险相区别，只有政府参与并提供强有力的支持才能唤起农业保险的蓬勃发展。我国自 2007 年开始进行政策性农业保险试点，中央及地方财政都安排了大量资金以健全政策性农业保险保费补贴制度。

农村融资担保服务。信贷担保是一种确保银行信贷资金安全的保障措施，在加速资金循环融通、促进企业和银行良性互动、推动中小企业发展等方面都有着积极的意义。为充分发挥融资性担保业务在支持"三农"和中小企业发展方面的积极作用，国家成立了融资性担保业务监管部际联席会议，采取一系列措施促进融资性担保体系建设。部分地方专门成立了农业担保机构，专门为涉农贷款提供担保。在上述政策的支持和推动下，融资性担保行业实现了较快发展。

农村支付服务。2009 年，中国人民银行制定了《关于改善农村地区支付服务环境的指导意见》，从账户管理、工具使用、支付系统、服务组织、监督管理、宣传培训等方面提出了系统性的明确要求，加快推进农村地区支付服务基础设施建设，逐步扩展和延伸支付清算网络在农村地区的辐射范围，大力推广非现金支付工具，减少农村地区现金使用。

三、农村信用合作社

（一）历史沿革

三十多年来，我国农村信用社管理体制改革经历了四个阶段。

第一阶段（1980～1996 年），农村信用社在农业银行领导下恢复"三性"。1984 年国务院批转农业银行《关于改革信用合作社管理体制的报告》。在农业银行领导下，农村信用社进行了恢复组织上的合作性、管理上的民主性、经营上的灵活性的改革，在促进农业经营管理体制改革和农村综合经营方面发挥了重大作用。

第二阶段（1996 年 8 月至 2003 年 6 月），在中国人民银行托管下继续把农村信用社办成合作金融组织。1996 年 8 月 22 日，国务院卜发《国务院关于农村金融体制改革的决定》，明确农村信用社与农业银行脱离行政隶属关系，将农村信用社交由中国人民银行托管。提出"农村金融体制改革的重点是恢复农村信用社的合作性质"，农村信用社改革的核心是"把农村信用社逐步改为由农民入股、由社员民主管理、主要为入股社员服务的合作性金融组织"。1997 年 11 月，中央金融工作会议继续提出把农村信用社"真正办成合作金融组织"。从 2001 年 5 月开始，中国人民银行在全国推广江西省婺源县开办农户小额信用贷款的经验，取得了明显成效，受到了农民、地方政府和农村信用社的广泛欢迎。

第三阶段（2003 年 6 月至 2013 年），中国人民银行和中国银监会继续组织农村信用社改革。2002 年 2 月，中央金融工作会议重申要把农村信用社办成真正的合作金融组织，同时提出农村信用社改革要实行"因地制宜、分类指导"的方针。根据这个方针，中国人民银行于 2002 年第四季度向国务院上报了《深化农村信用社改革方案》。2003 年 6 月 27 日，国务院印发《深化农村信用社改革试点方案》的通知，提出"把农村信用社逐步办成由农民、农村工商户和各类经济组织入股，为农民、农业和农村经济服务的社区性地方金融机构"。同时提出："按照股权结构多样化、投资主体多元化的原则，分别进行不同产权形式的试点。有条件的地区可以进行股份制改造；暂不具备条件的地区，可以比照股份制和合作制原则，实行股份合作制；股份制改造有困难的而又适合搞合作制的，也可以进一步完善合作制。"

第四阶段（从 2014 年 1 月开始至今），农村信用社改革和创建新型农村合作金融同步进行。2014 年 1 月，中共中央发布《关于全面深化农村改革、加快推进农业现代化的若干意见》，提出"加快农村金融制度创新"，要在有条件的农民合作社和供销合作社基础上，培育发展新型农村合作金融组织。

（二）改革成果及存在的问题

从 2003 年到 2013 年，国务院及有关部门在加强对农村信用社的支持和监督管理、推进农村信用社管理体制改革方面做了大量的工作。实际工作重点是，推进产权制度改革，支持县（市）农村信用社联社吸收社会资本，逐步将好的和比较好的县（市）农村信用社联社改革为农村合作银行和农村商业银行。

通过上述改革，农村信用社的历史包袱得到了较好的化解，经营状况明显改善，资金实力和支农服务能力明显增强。截至 2013 年末，全国共组建农村商业银行 468 家，发放贷款 4.35 万亿元，资产 8.52 万亿元；农村合作银行 122 家，发放贷款 0.71 万亿元，资产 1.2 万亿元；县域农村信用社法人机构 1803 家，发放贷款 4.11 万亿元，资产 8.6 万亿元。

但是，农村信用社改革也涉及一项重大政策问题。2003 年 6 月国务院批准《深化农村信用社改革试点方案》，该方案针对农村经济发展的不同水平，对改革后农村信用社采取三种组织形式，即少数改为股份制银行机构，人口相对稠密或粮棉商品基地县（市）改为单一法人的县联社，其他地区县、乡农村信用社各为法人。但是实际改革结果是，大部分农村信用社已改革为农村商业银行和农村合作银行，尚未改为商业性银行的县联社已吸收大量社会资本，正在准备改为商业银行。小型商业银行也可更好地为有条件的各类经济体服务。但是，社会资本主导农村商业银行、农村合作银行和农村信用社县联社，追求盈利倾向必然加强，必然会削弱对一般农户和农民专业合作社的金融服务。农村信用社整体商业化步伐较快，而新型农村合作金融建立尚属起步阶段，其结果有可能导致农村合作金融体系的实际缺失。

解决"三农"和农村微小企业"融资难"、"融资贵"，需要政府及有关部门进一步引导、扶持和监督有关金融企业加强对农村经济发展的金融服务，也需要建立和壮大合作金融机构，用合作金融制度保障"三农"和农村微小企业获取金融服务的权益。中国长期处于社会主义初级阶段，需要有合作金融体系。合作金融股东和服务范围可以不断扩大，但是，只要称之为农村信用合作社，就应保持农户和农村微小企业股东对农村信用合作社的控股权，坚持主要为农户和农村微小企业服务的方向。

（三）发展新型农村合作金融组织

2014年中央一号文件明确提出，要"发展新型农村合作金融组织"，即在管理民主、运行规范、带动力强的农村合作社和供销合作基础上，培育发展农村合作金融，不断丰富农村地区金融机构类型。坚持社员制、封闭性原则，在不对外吸储放贷、不支持固定回报的前提下，推动社区性农村资金互助组织发展。完善地方农村金融管理体制，明确地方政府对新型农村合作金融的监管职责，鼓励地方建立风险补偿基金，有效防范金融风险，适时制定农村合作金融管理办法。但是，推进以上改革，是一项十分艰巨的任务。在农村信用社基本上商业化后，大力发展新型农村合作金融是必要的，也是可行的。

新型农村合作金融组织要在有条件的农民专业合作社和供销合作社的基础上成立，培育这样的合作社要有一个过程。新型农村合作社不可以吸收公众存款，也会限制新型农村合作金融组织的金融服务能力。建立新型农村合作金融组织，要经过试点，并坚持稳步发展的原则。建立新型合作金融，目前难以消除农村信用社整体过快商业化带来的一些负面影响。为了加强对农村经济发展的金融服务，应统筹协调农村信用社商业化改革和创建新型农村合作金融组织的节奏，保持农村信用社县（市）联社法人地位长期稳定，加快创建新型农村合作金融，维护农村合作金融体系稳定发展。

四、其他新型农村金融机构

2006 年 12 月，为解决农村地区银行业金融机构网点覆盖率低、金融供给不足、竞争不充分等问题，中国银监会制定发布了《关于调整放宽农村地区银行业金融机构准入政策 更好支持社会主义新农村建设的若干意见》，支持发展其他新型农村金融机构。

（一）小额贷款公司

小额贷款公司是指由自然人、企业法人与其他社会组织投资设立，不吸收公众存款，经营小额贷款业务，自主经营、自负盈亏、自我约束、自担风险的有限责任公司或股份有限公司。根据经营原则，小额贷款公司发放贷款坚持"小额、分散"的原则，面向农户和微型企业提供信贷服务，着力扩大客户数量和服务覆盖面。截至 2013 年末，全国共有小额贷款公司 7839 家，贷款余额 8191 亿元，全年新增贷款 2268 亿元。其中，江苏省小额贷款余额最多，达1142.90 亿元。

（二）村镇银行

根据《村镇银行管理暂行规定》，村镇银行是由境内外金融机构、境内非金融企业法人、境内自然人出资，在农村地区设立的主要为当地农民、农业和农村经济发展提供金融服务的银行业金融机构。服务"三农"是村镇银行的根本宗旨。村镇银行可经营吸收公众存款，发放短期、中期和长期贷款，办理国内结算，办理票据承兑与贴现，从事同业拆借，从事银行卡业务，代理发行、代理兑付、承销政府债券，代理收付款项及代理保险业务以及经银行业监督管理机构批准的其他业务。按照国家的有关规定，村镇银行还可代理政策性银行、商业银行和保险公司、证券公司等金融机构的业务。截至 2013 年末，全国成立村镇银行共有 1071 家。

（三）农村担保机构

农村担保机构以服务"三农"和乡镇小企业为宗旨，适时发挥对农户和乡镇小企业发展的助推器作用，切实提高了农村工商企业、农户的融资能力。农村担保机构使一些资产较少或者是房产、设备不符合规范抵押而又有贷款需求的农村中小企业能够获得生产所需的资金，有利于规避企业间无序担保带来的风险，为规范企业担保行为做了有益探索。另外，农村担保机构的发展一定程度上也遏制了农村非法民间借贷的发展势头。

除批准成立上述金融机构从事特定金融服务外，国务院还决定设立温州市金融综合改革试验区，在引导民间借贷、发挥民间借贷的补充作用方面进行了试验。

第六节　互联网金融服务

进入 21 世纪，信息科技发展迅猛，以互联化、数字化、智能化为标志的信息技术创新呈现出深度融合、广泛应用和快速变化的特征，物联网、社交网络、移动互联、云计算等新技术的应用，构建起了全新的虚拟客户信息体系，将根本改变现代金融运营模式。所有基于互联网的应用都具有了接入的随时随地、全天候、跨区域等特性，使得以互联网金融为代表的新型金融服务充分体现出了不同于传统服务的低成本、跨区域、高效率和充分个性化的优势。

一、互联网金融的概念和特征

互联网金融是互联网和金融的结合，是借助互联网技术和移动通讯技术实现资金融通、支付和信息中介功能的新兴金融模式。互联网金融有三个主要特征：一是以大数据、云计算、社交网络和搜索引擎为基础的客户信息挖掘和信用风险管理；二是以点对点直接交易为基础进行金融资源配置；三是第三方互联网支付在资金划转上起基础性作用。互联网金融贷款有几种不同的模式，目前来看，至少有两类：一类是以电商为基础，在注册客户范围内的贷款，因为是在产销贷这个链条上运营的，也被称为互联网供应链借贷，中国的代表有阿里金融，美国的代表有亚马逊（Amazon）。另一类是P2P平台贷款，在中国有陆金所、人人贷，欧美有 Kabbage、Lending Club、Prosper Marketplace。不难看出，无论是在中国还是其他国家，互联网金融贷款的一个共同点都是以众多的小额客户为主。

二、互联网金融的发展历程

我国互联网金融大致经历了以下发展阶段：2005年以前，主要体现为互联网企业为金融机构提供技术支持，帮助银行"把业务搬到网上"，真正意义的互联网金融业态尚未产生；2005年以后，网络借贷开始在我国萌芽，第三方支付机构逐渐成长起来，互联网与金融的结合从技术领域深入到金融业务领域；2011年，中国人民银行开始发放第三方支付牌照，标志着第三方支付机构进入了规范发展的轨道；2012年以后，P2P借贷平台持续发展，以"天使汇"等为代表的众筹融资平台开始起步，第一家专业网络保险公司获批，一些银行、证券公司也开始以互联网为依托，对业务模式进行重组改造，加速建设线上创新型平台，互联网金融的发展进入新的阶段。同时，互联网金融行业的规范和健康发展也日益为社会所关注。

2014年3月6日，由中国人民银行下属的中国支付清算协会组织并发起成立了互联网金融专业委员会；4月3日，中国人民银行牵头组建的中国互联网金融协会正式获得国务院批复，旨在对互联网金融行业进行自律管理。

三、互联网金融的主要业态

（一）互联网支付

互联网支付是指通过计算机、手机等设备，依托互联网发起支付指令、转移货币资金的服务，其实质是非金融机构利用互联网技术在付款人和收款人之间作为资金划转的中介。典型的互联网支付机构是"支付宝"。截至 2013 年末，在获得许可的 250 家第三方支付机构中，提供互联网支付服务的有 90 家。2013 年全年，支付机构共处理互联网支付业务 153.38 亿笔，金额总计达到 9.22 万亿元，同比分别增加 56.06% 和 48.57%。

（二）P2P 网络信贷

P2P 网络信贷指的是个体和个体之间通过互联网平台实现的直接借贷。P2P 平台为借贷双方提供信息流通交互、撮合、资信评估、投资咨询、法律手续办理等中介服务，有些平台还提供资金转移和结算、债务催收、寻找第三方担保等服务。目前来看，P2P 平台大约有四类交易模式。一是"一对多"模式，即一笔借款由多个投资人投资。这种模式可以构成较大额的借贷。二是"多对多"模式，即一笔借款可以由多个人投资，同时一笔资金也可以分拆投资到不同的借款需求上去。这种模式比较灵活，而且能帮助每个贷出方分散风险，但需要 P2P 公司提供良好的匹配功能。三是"一对一"模式，即一笔借款只能由一个投资人投资。这种模式债权清晰，管理相对容易，出现风险也能很快找到源头，但不太灵活，缺少流动性。四是"多对一"模式，即多笔借款需求都由一笔资金投资。这种模式有利于帮助投资人分散风险，但同时也对资金规模要求较高，因此并不是 P2P 主要采用的模式。对这几种交易模式，最主要的风险管理方式来自两个层面：一是 P2P 平台可获得关于借款人的信用信息；二是借款人来自各个不同领域，他们之间自然形成的风险对冲，帮助降低 P2P 平台的整体风险。典型的 P2P 平台机构是人人贷和平安的陆金所。

（三）非 P2P 的网络小额贷款

非 P2P 的网络小额贷款是指互联网企业通过其控制的小额贷款公司，向旗下电子商务平台公司客户通过网络发放贷款。典型的网络小额贷款是阿里巴巴集团的"阿里小贷"。

（四）众筹融资

众筹融资是指通过网络平台为项目发起人筹集从事某项创业或活动的小额资金，并由项目发起人向投资人提供一定回报的活动，众筹融资平台则扮演了投资人和项目发起人之间的角色。典型的众筹融资平台有"天使汇"和"点名时间"。

（五）金融机构创新型互联网平台

金融机构创新型互联网平台包括两类：一是传统金融机构着眼于电子商务需求构建的互联网平台，目的是为用户提供一站式、全方位网络金融服务，以建设银行"善融商务"为代表；二是不设立实体分支机构，纯粹通过互联网开展业务的专业网络金融机构，以"众安在线财产保险公司"为典型代表。

（六）基于互联网的基金销售

基于互联网的基金销售可以分为基于电子商务平台的基金销售和基于第三方支付平台的基金销售两类。基于电子商务平台的基金销售，主要是基金公司等通过自己的电子商务平台、合作网站或在淘宝等第三方电子商务平台开设"网店"销售基金，实质是传统基金销售渠道的互联网化。基于第三方支付平台的基金销售以"余额宝"为代表，是指基金公司将货币基金的直销系统内嵌在第三方支付平台（"支付宝"）系统中，使客户可以方便地以支付宝账户余额购买货币基金，实质上是基金公司通过第三方支付平台的直销行为。

四、互联网金融的服务功能

互联网"开放、平等、协作、分享"的精神，为数据的获得创造了天然的平台，从而较好地解决经济活动中信息不对称的问题。在这些云数据中所体现的信用信息，比传统的信用识别标志要准确，这使得金融识别风险的能力更具时效性、准确性，进一步完善了金融识别风险的能力，从而更利于金融的资源配置功能的实现。

　　互联网金融对金融财富管理（或者说风险配置）功能的贡献主要表现在三个方面：一是向下延长客户群链条，进一步丰富了财富管理需求者的结构；二是提供成本低廉、快捷便利的营销网络；三是实现了余额资金的财富化，有效地扩大了财富管理需求者的规模。互联网平台对潜在的非个性的财富管理者来说，具有巨大吸引力。其基本表现形式就是，在基于优化资源配置前提下的余额资金的财富化。"余额宝"就是一个有价值的案例。"余额宝"最大的贡献在于，突破了商业银行余额资金储蓄化的格律，实现了余额资金的财富化。在这里，客户的余额资金不再是无任何收益的闲置资金，也不是低利率的储蓄产品。这一功能的突破，极大地延伸了财富管理的客户端，并对商业银行固有的储蓄产品带来重大挑战，推动了商业银行传统业务的竞争和转型。

　　互联网金融对改善金融提供价格信息的功能也有积极推动作用。它可以使价格信息更丰富、更及时、更准确。互联网平台的引入，提高了动员资金的能力和资金的使用效率，加快了资金流转速度，促进了金融体系特别是其与商业银行的竞争，使利率这一资金价格更能及时、准确地反映资金供求关系，进而引导资金的合理流动。

　　大体而言，互联网金融将在支付功能上具有明显的优势；在资源配置（融资）领域，对贷款特别是平台小额贷款也具有较明显优势；由于存在巨大的成本优势，对标准化金融产品的销售也有较大的发展空间。在这些领域，互联网金融会在不同程度上分食传统金融特别是商业银行的"蛋糕"，进而形成更加专业化的分工。对于这种蚕食式的竞争，传统金融（商业银行）必须调整策略，广泛运用互联网技术，加快改革和创新。这客观上推动了传统金融的技术进步，加快了互联网与金融的全面融合。

第七节　普惠金融与金融消费者权益保护

中共十八届三中全会通过的《中共中央关于全面深化改革若干重大问题的决定》明确提出要发展"普惠金融"。普惠金融（Inclusive Finance）也被称为"包容性金融"，其核心是提升金融服务的可获得性，为欠发达地区、低收入群体、小微经济实体提供价格合理、安全便捷的金融服务和产品。发展普惠金融，对于完善我国现代金融体系，健全金融服务网络，进一步提升金融服务覆盖面和渗透率，促进金融体系向更包容、全覆盖、有竞争活力的方向发展有着重要的意义。

随着国内居民金融财富的不断增加，金融消费者与金融机构联系日趋紧密。金融消费者在资金实力、专业知识以及对风险的辨识上，均处于十分弱势的地位，交易行为有可能损害消费者权益。由此，金融消费者权益保护成为普惠金融的核心内容之一。本节主要从维护金融消费者权益的角度出发，对普惠金融的内涵和发展、我国金融消费者权益保护监管架构、金融交易中金融消费者享有的权利、金融机构应该承担的义务以及金融交易纠纷的解决途径进行简单介绍。

一、构建普惠金融体系

（一）普惠金融的概念和发展

普惠金融是一个理念，即要让所有人享受金融服务，以促进自身和社会的发展。诺贝尔和平奖获得者、孟加拉乡村银行总裁穆罕默德·尤努斯说，信贷是人权，每个人都应有获得金融服务的权利。

从普惠金融理念出发，普惠金融是指能够为社会各个阶层和群众提供包容性金融服务体系。这个金融体系的主要任务就是，要让列于正规金融体系之外的农户、贫困人群和小微企业，能及时、有效地获取价格合理、便捷安全的金融服务。普惠金融服务，并非无偿服务。发展普惠金融也要坚持以市场为主导，公平和效益相统一，尽量依靠可持续的商业性金融、合作金融和政策金融分工协调的服务模式。

普惠金融这一概念是由联合国 2005 年正式提出来的，但其核心理念可追溯到 15 世纪罗马教会设立的当铺；到了 20 世纪 70 年代，现代意义的小额信贷逐渐形成，尤其是孟加拉乡村银行的成功经验，掀起了小额信贷浪潮；20 世纪 90 年代，小额信贷又开始过渡到微型金融；进入 21 世纪，随着互联网和信息技术的推广，一个更具有平等、开放、便利的草根性的普惠金融体系逐步形成。

2008 年国际金融危机以来，这一概念得到了国际社会的广泛关注，也成为二十国集团（G20）的一个重要议题。2009 年以来，二十国集团成立了普惠金融专家组，并推动成立全球普惠金融合作伙伴组织，积极推动构建全球层面的普惠金融指标。金融包容联盟（Alliance for Financial Inclusion，AFI）等专门性国际组织也随之成立，旨在督促各国明确作出普惠金融相关承诺，评估各国普惠金融的工作成效。

普惠金融的内涵十分丰富。世界银行将普惠金融定义为"在一个国家或地区，所有处于工作年龄的人都有权使用一整套结构合理、形式方便的优质金融服务"。金融包容联盟（AFI）认为，普惠金融包括以下核心内容：金融消费者保护、代理银行、手机银行、国有银行改革、金融服务提供者多元化、数据收集与评估体系等。各国正在努力推进普惠金融发展，新兴经济体和发展中国家在这方面也进行了积极探索，取得了可喜的成绩。

（二）我国普惠金融在发展中国家处于领先水平

中国是社会主义国家，以公有制经济为基础，发展经济是为了满足人民日益增长的物质和文化生活的需要。改革开放以来，允许和支持一部分人通过诚实劳动先富起来，但一直坚持共同富裕的道路。因此，新中国成立以后，我国的金融体系始终坚持为国民经济及工商企业发展服务，为城乡广大人民生产经营和生活服务。长期以来，国家专业银行在城乡普设机构，努力改进对中小企业和城乡居民服务，强调支持中西部发展，发放扶贫贷款，促进贫困地区脱贫致富。坚持将城乡信用社办成主要由城乡居民入股、主要为入股社员服务、由社员管理的合作金融组织。国家专业银行改为国有独资商业银行，进而成为上市公司后，仍然坚持全面加强对中小企业和城乡个体、合作经济的服务。开办助学贷款，支持家庭贫困学生读书。中国农业银行贷款的三分之一用于"三农"。世界银行2012年发布了全球普惠金融数据库，覆盖了148个经济体。从总体指标和统计结果看，在账户普及率、城市地区金融应用水平、女性接受金融服务水平等多项指标方面，中国普惠金融发展成效都明显优于发展中国家组平均水平。但是，我国金融体系普惠程度尚未完全实现"普惠金融"概念所要求的普惠大众的基本目标，主要表现为农村金融基础设施薄弱，小微企业融资难、融资贵，弱势人群金融服务欠缺。

（三）进一步构建和完善我国的普惠金融体系

发展普惠金融，既是一种价值理念，更是金融发展的客观要求，是必须努力实现的政策目标。要妥善把握公平和效益的平衡，遵循金融发展客观规律，坚持市场决定作用和发挥政府作用相结合的原则，进一步构建和完善我国的普惠金融体系。

一是要按中共十八届三中全会精神，科学评估我国普惠金融发展状况，借鉴国际普惠金融理论成果和成功经验，尽快制定和出台具有中国特色的普惠金融发展规划。二是大力倡导普惠金融的理念。纠正金融仅仅为富人服务的偏见，下沉金融服务，扎根社区金融，把提升金融服务性作为金融机构履行社会责任的重要内容。三是逐步构建我国普惠金融指标体系及评估体系，从金融服务可得性、使用状况及金融产品与服务质量等多个维度评估普惠金融水平。四是认真研究和解决有碍普惠金融发展的突出问题。大型金融机构要稳定社区、边缘地区、贫困地区营业机构，扩大服务量，提高服务水平。进一步增设中小型商业银行。各级政府及金融监管机关要进一步引导、扶持、监督现有金融企业增强对"三农"和小微企业的金融服务。同时要完善、壮大合作金融体系。五是建立普惠金融的政策保障和协调机制。

二、金融消费者的权利

金融消费者是指为满足个人或家庭需要，购买、使用金融机构销售的金融产品或接受金融机构提供的金融服务的自然人。金融消费者一般包括两类：一类是传统金融服务中的消费者，包括存款人、投保人，他们为保障财产安全、增值或管理控制风险而接受金融机构储蓄、保险等服务。另一类是购买基金等新型金融产品或直接投资资本市场的中小投资者，他们尽管有营利动机，但由于与金融机构之间的严重信息不对称和地位不对等，也被视为金融消费者。

金融消费者权益保护是指有第三方力量（一般指政府）干预金融机构和消费者的权利和义务关系，使在金融交易中处于不利地位的消费者得到利益上的上升，从而实现金融消费的公平和公正。

保护金融消费者权益是保障居民权利的重要内容，是衡量金融机构服务质量的重要标志，也是维护金融稳定的重要保障制度。

金融消费者在购买金融产品或接受金融服务时，享有下列主要权利。

（一）知情权

金融消费者享有知悉其购买的金融产品或者接受的金融服务的真实情况的权利。金融消费者有权要求金融机构及其工作人员提供金融产品的价格标准和依据、计息罚息政策、运作方式、风险程度，或者金融服务的项目、内容、收费标准和依据等信息。金融消费者有权知晓自己的收益和支出情况，有权要求金融机构及其工作人员对出售金融产品或者提供金融服务的合同条款等相关情况进行解释说明。享有知情权是金融消费者行使自由选择权和享有公平交易权的前提。

（二）自由选择权

金融消费者有权自主选择金融机构作为交易对象并决定是否与其进行交易，自主决定消费方式、消费时间和地点，不受任何单位或个人的不合理干预。金融机构在提供金融服务时，交易合同大多以格式条款的形式出现，金融消费者在金融机构就合同条款做出解释说明后，有权自主决定消费内容。

（三）公平交易权

金融消费者在购买金融产品或者接受金融服务时，有获得机会均等、收费合理等公平交易的权利。金融机构不得凭借自身的优势，强制向金融消费者提供显失公平的服务与产品，或者在合同或法律关系中制定规避义务和违反公平的条款。

（四）隐私权

金融消费者享有个人隐私和金融信息受保护的权利。金融消费者个人身份信息、财产信息、账户信息、信用信息、金融交易信息以及衍生信息等受法律保护，享有不被金融机构非相关人员知悉，不被非法定机构、任何单位和个人查询和传播的权利。

（五）安全权

金融消费者享有生命健康和财产不受威胁、侵害的权利。金融消费者有权要求金融机构保障其在购买金融产品或接受金融服务过程中的人身安全，有权要求金融机构保障其存款、基金、股票等金融资产的安全。

（六）求偿权

金融消费者在金融消费过程非因自己的故意或者过失而遭受

人身、财产损害时，有依据与金融机构签订的合同和相关的法律条文向金融经营者提出请求赔偿的权利。

（七）受教育权

金融消费者有权接受关于金融产品的种类、特征以及权益受到侵害时如何救济等方面知识的教育。

（八）结社权

在金融消费领域中，消费者往往处于弱者地位，他们有权依法成立维护自身权益的社会团体，加强对经营者的监督，加强同社会各界的联系与沟通，并对消费者进行指导。

（九）监督权

金融消费者有权对金融机构的产品和服务进行监督及批评，对有关部门的金融消费者权益保护工作也有权提出批评和建议。

三、金融机构保障消费者权利的义务

汇总各监管机构的相关规定，金融机构应该履行的义务主要包括以下方面。

（一）遵守合同

金融机构向金融消费者提供金融产品或者金融服务，应当遵守相关法律规定。金融机构和金融消费者有约定的，应当按照约定履行义务，但双方的约定不得违背法律、法规、规章的规定。金融机构不得单方面变更合同义务。

（二）公平合理

金融机构在提供金融产品或金融服务时，应公平、合理地安排双方的权利义务，不得设置违反公平原则的交易条件，损害消费者权益。金融机构不得以格式合同、通知、声明、告示等方式做出对金融消费者不公平、不合理的规定，或者减轻、免除其损害金融消费者合法权益所应当承担的民事责任。

（三）保护隐私

金融机构在收集、保存、使用消费者个人金融信息时，应当严格遵守有关规定，采取有效措施加强对个人金融信息的保护，确保信息安全，防止信息被泄露和滥用，不得侵犯个人隐私。

（四）信息披露

金融机构必须以明确的格式、内容、语言，对其提供的金融产品或者金融服务，向金融消费者进行充分的信息披露和风险提示，确保金融消费者在购买金融产品或者接受金融服务前已知晓并理解相关风险。

（五）及时办理

金融机构对金融消费者购买金融产品或者接受金融服务的申请，应当在规定时间内办理；拒绝金融消费者有关申请的，应当及时告知申请人，并向其说明理由。

（六）出具凭证

金融机构提供金融产品或者金融服务，应当按照有关规定向金融消费者出具交易凭证或者服务单据。

（七）处理投诉

金融机构应当建立健全金融消费者投诉处理机制，指定专门机构负责金融消费者投诉处理工作。对金融消费者的投诉，应认真调查，弄清事实，依法处理，并在规定时限内告知金融消费者处理结果。

（八）消费者教育

金融机构应当建立金融消费者教育制度，加强金融消费者教育，为金融消费者提供高水准的信息咨询服务；积极开展金融知识普及宣传工作，提高金融消费者的安全意识和自我保护能力。

四、金融消费中纠纷的解决

按照相关文件规定，金融消费者认为其权益受到损害而与金融机构发生争议的，可以通过以下途径解决：与金融机构协商解决；向金融机构的监管机构投诉；提请行业协会调解；向金融机构所在地的中国人民银行分支机构申诉；依法申请仲裁或提起诉讼。

金融消费者应先向金融机构投诉。如果被投诉金融机构自受理之日起 30 日未做出答复，或者金融消费者对其处理和答复不满意的，可向金融机构的监管机构投诉，或者提请行业协会进行调解。依然无法妥善解决的，可以向金融机构所在地的中国人民银行分支机构申诉，或者申请仲裁或向人民法院提起诉讼。

证券、期货领域的金融消费纠纷不适用上述程序规定。

金融消费者提出的申诉，应当包含下列内容：申诉人的基本信息和联系方式、被申诉金融机构的名称与详细地址等信息、申诉事由（购买金融产品或者接受金融服务的日期、名称、数量、金额、受损害的事实、与被申诉的金融机构交涉的情况及证明资料）；申诉请求。

中国人民银行受理的投诉类型为跨市场、跨机构的金融投诉，与维护金融稳定有关的金融投诉以及中国人民银行职责范围内的金融投诉，主要包括支付结算业务、人民币业务、国债业务、征信业务、外汇业务等。

目前，中国人民银行、中国银监会、中国证监会、中国保监会的金融消费者权益保护机构均开设投诉维权专线，在网站上公布投诉维权相关流程，方便金融消费者维护自身合法权益。同时，监管部门要求各金融机构必须公布金融消费者投诉维权电话号码，并在营业场所开辟投诉专区，张贴投诉办理须知，公布投诉办理流程和时限，保障金融消费者的纠纷能及时得到解决。

五、我国金融消费者权益保护监管架构

从 2011 年开始，中国人民银行、中国银监会、中国证监会、中国保监会就分别成立了金融消费权益保护局、银行业消费者权益保

护局、投资者保护局和保险消费者权益保护局。中国人民银行作为国家的中央银行，从金融监管总牵头人和总协调人角色出发，在宏观层面上协调、促进整个金融行业的消费者保护机制的建立与完善。中国银监会、中国证监会、中国保监会则分别从防范和化解行业风险、促进行业健康发展的角度出发，对各自监管行业的具体金融消费者投诉问题进行处理。这意味着从金融监管的角度来看，我国金融消费者权益保护的监管组织架构已基本确立。

（一）金融消费权益保护局的主要职能

综合研究我国金融消费者保护工作的重大问题；会同有关方面拟定金融消费者保护政策法规草案；会同有关方面研究拟定交叉性金融业务的标准规范；对交叉性金融工具风险进行监测，协调促进消费者保护相关工作；依法开展中国人民银行职责范围内的消费者保护具体工作。

（二）银行业消费者权益保护局的主要职能

制定银行业金融机构消费者权益保护总体战略、政策法规；协调推动建立并完善银行业金融机构消费者服务、教育和保护机制，建立并完善投诉受理及相关处理的运行机制；组织开展银行业金融机构消费者权益保护实施情况的监督检查，依法纠正和处罚不当行为；统筹策划、组织开展银行业金融机构消费者宣传教育工作等。

（三）投资者保护局的主要职能

负责投资者保护工作的统筹规划、组织指导、监督检查、考核评估；推动建立健全投资者保护相关法规政策体系；统筹协调各方力量，推动完善投资者保护的体制机制建设；督导促进派出机构、交易所、协会以及市场各经营主体在风险揭示、教育服务、咨询建议、投诉举报等方面，提高服务投资者的水平；推动投资者受侵害权益的依法救济；组织和参与监管机构间投资者保护的国内国际交流与合作。

（四）保险消费者权益保护局的主要职能

拟订保险消费者权益保护的规章制度及相关政策；研究保护保险消费者权益工作机制，会同有关部门研究协调保护保险消费者权益重大问题；接受保险消费者投诉和咨询，调查处理损害保险消费者权益事项；开展保险消费者教育及服务信息体系建设工作，发布消费者风险揭示；指导开展行业诚信建设工作；督促保险机构加强对涉及保险消费者权益有关信息的披露等工作。

第三章　金融市场

金融市场是指资金供给者与资金需求者从事资金融通活动的场所。与银行信贷等通过金融中介来进行资金融通的方式不同，金融市场的资金融通活动是由资金的供求双方通过金融工具或金融资产交易来直接进行的，金融市场相当于为交易双方提供了直接接触和交易的场所。是否具有完备而发达且对周边地区甚至全球具有影响力的金融市场体系，已经成为衡量一个城市或地区能否成为国际金融中心最重要的指标之一。

金融市场主要包括货币市场、资本市场、外汇市场、黄金市场、保险市场和金融衍生品市场。其中，货币市场是指以短期金融工具为媒介进行期限在一年以内资金融通活动的市场，满足的是经济主体日常流动性管理需求。资本市场是一年以上债务或股权工具交易的市场，能够为经济增长和企业长期投资筹集资金，满足的是经济主体对长期资本的需求，一般又包括股票市场和债券市场。通常而言，货币市场和资本市场又有一二级市场之分。与上述传统金融市场不同，信贷转让市场通常也被视为金融市场的组成部分。金融机构之间通过在该市场转让尚未到期的信贷资产，有利于盘活存量资产、改善资产流动性、调整贷款结构等。

我国金融市场起步较早，旧中国即有同业拆借和股票、债券市场。新中国成立后，由于实行计划经济体制，金融市场基本关闭。改革开放以后，为适应建立社会主义市场经济的需要，金融市场作为社会主义市场体系的一个重要组成部分，从无到有，逐步建立、发展和壮大。目前，我国已经形成了覆盖本币与外币、短期与长期金融产品、现货与衍生品、分层有序、互为补充的多层次的金融市场体系。我国的金融市场有效地支持了国民经济发展，配合了国家宏观调控的实施，促进了社会融资结构的优化，并在推进金融机构和国有企业改革，推动利率市场化和汇率市场化，扩大人民币境外使用，抵御国际金融危机冲击和维护金融稳定方面发挥了重要作用。

中共十八届三中全会明确提出了让市场在资源配置中起决定作用的基本要求。牢牢把握金融为实体经济服务、坚持市场配置金融资源的改革导向，加快完善种类齐全、结构合理、服务高效、安全稳健的现代金融市场体系，充分发挥金融市场在金融资源配置，特别是社会资本聚集中的决定性作用，是当前和今后一段时期的一项重要而艰巨的任务。到2020年，我国将把上海基本建成与我国经济实力以及人民币国际地位相适应的国际金融中心。

本章分别对货币市场、债券市场、股票市场、保险市场、期货市场、金融衍生品市场及金融市场基础设施和中介服务机构进行介绍。

第一节　货币市场

货币市场是指以短期金融工具为媒介，进行期限在一年以内资金融通活动的市场，满足的是经济主体日常的流动性管理需求。货币市场是典型的以机构投资者为主体的市场，其活动的目的是保持资金的流动性。就结构而言，货币市场主要包括同业拆借市场、回购市场、票据市场、短期融资券市场、大额可转让存单市场等。

一、同业拆借市场

（一）基本概念和市场功能

同业拆借是指经中国人民银行批准进入全国银行间同业拆借市

场的金融机构之间，通过全国统一的同业拆借网络进行的无担保资金融通行为。同业拆借市场是金融机构进行流动性管理的重要场所，主要满足金融机构日常资金的支付清算和短期融通需要。因此，同业拆借市场具有以下特点：一是资金融通的期限较短，主要用于金融机构临时性资金需要，我国同业拆借资金的最长期限为1年；二是同业拆借是在无担保条件下进行的资金与信用的直接交换，潜在信用风险较高，因此要求拆借主体具有较高的信用等级；三是同业拆借形成的资金价格信号，反映了整个金融体系的资金供求状况和流动性状况，在货币政策传导和整个金融市场中起着基础性作用。

（二）同业拆借市场发展历程

我国同业拆借市场自1984年建立以来，受多种因素的影响，曾多次出现市场混乱和失控现象，特别是20世纪90年代初，拆借市场规则出现严重缺陷，成为当年信贷扩张的重要原因。此后，人民银行切实加强了对同业拆借市场的管理，并结合国家金融体制改革工作和国内金融业的发展，进一步完善了同业拆借管理制度。

1996年1月3日，中国人民银行运用上海外汇交易中心的系统，正式建立全国银行间统一的同业拆借市场，对我国银行间同业拆借业务实现全面联网，并形成了统一、透明的中国银行间同业拆借市场利率（CHIBOR）。全国银行间同业拆借市场建立以后，我国同业拆借市场步入了规范发展的轨道，在市场规模快速扩大的同时，没有发生系统性风险和严重违约事件，市场运行效率和透明度不断提高。2007年7月，中国人民银行发布《同业拆借管理办法》，扩大了同业拆借市场的参与者范围，适当延长了部分金融机构同业拆借的期限，放宽了部分金融机构的限额核定标准，加强透明度管理和事后监督检查等市场化管理措施，逐步实现管理手段的市场化转型。

（三）同业拆借市场发展现状

经过二十多年的发展，我国同业拆借市场呈现以下特点：一是参与主体多元化。目前，银行、财务公司、信托公司、金融资产管理公司、汽车金融公司、证券公司、保险公司、保险资产管理公司等 16 类金融机构都可以参与拆借市场。截至 2013 年末，全国银行间同业拆借市场成员 1122 家，是 1997 年市场成立之初的 11.7 倍。二是交易规模稳步扩大。2013 年，同业拆借市场累计成交 35.52 万亿元，日均成交 1420.76 亿元，是 1997 年同业拆借市场成交量的 85.6 倍。同业拆借市场交易的主体以银行业金融机构为主，2013 年商业银行同业拆借交易量占同业拆借市场总交易量的 87.95%。三是同业拆借交易期限结构以短期为主。2013 年底，同业拆借交易期限共有 1 天、7 天、14 天、21 天、1 个月、2 个月、3 个月、4 个月、6 个月、9 个月以及 1 年 11 个品种。其中，7 天期以内的交易金额占市场总交易量的 93.93%。四是同业拆借利率作为反映金融机构资金供求状况的信号功能不断完善，成为我国货币市场最重要的基准利率指标之一，在货币政策传导中发挥着重要作用。

二、债券回购市场

（一）基本概念和市场功能

债券回购是指交易的一方将持有的债券卖出，并在未来约定的日期以约定的价格买回的交易行为，其期限通常在一年以内。在回购交易中，交易双方并不以买卖债券为目的，而是以短期融资为目的。债券回购是金融机构之间以债券为抵押的短期资金的融通，风险较低，其标的物一般是信用等级高的政府债券和政策性金融债券。由于回购利率低，对少量资金而言，交易成本高，因此债券回购以大宗交易为主，通常以大额资金或各种资金的集合形式进行。

（二）债券回购市场发展历程

我国国债回购业务始于 1991 年，最早在全国证券交易自动报价系统（STAQ 系统）推出。1992 年后，武汉证券交易中心、上海证券交易所、深圳证券交易所、天津证券交易中心先后推出国债回购。随着回购业务的不断扩大，债券回购市场也暴露了金融机构违规吸纳和运用资金、交易双方直接进行的"地下交易"等问题。1995 年 8 月，国家开始对债券回购市场进行规范清理，债券回购主要在上海证券交易所和深圳证券交易所进行交易。

1995～1996 年，随着股票市场逐步活跃，交易所债券回购随股市出现超常增长。一些证券公司和机构投资者将通过债券回购从商业银行获得的大量资金投资股市，交易所国债回购市场成为银行资金流入股市的重要渠道。1997 年，为防止信贷资金进入股市，中国人民银行发布通知要求商业银行全部退出证券交易所市场。同年 6 月，银行间债券市场成立，推出国债回购制度。至此，我国新的债券回购市场格局开始形成。

（三）债券回购市场发展现状

一是债券回购市场发展迅速，银行间债券市场成为债券回购市场的主体。我国债券回购交易量从 1997 年的 1.2 万亿元迅速增长到 2013 年的 221.23 万亿元，是 1997 年交易量的 184 倍。其中，银行间债券市场的债券回购交易量从 307 亿元增加到 158.16 万亿元，占国内回购总交易量的比例从 2.5% 上升到 71.49%。

二是交易期限结构以隔夜和 7 天期品种为主。2013 年，银行间债券市场 7 天期以下的质押式回购交易占比为 92.01%。买断式回购 7 天期以下的交易占总成交量的 83.03%。

三是回购标的以国债、中央银行票据和政策性金融债为主。2013 年，银行间债券市场以国债、中央银行票据和政策性金融债为标的的质押式回购交易合计占比为 77.97%。以国债、中央银行票据和政策性金融债为标的的买断式回购交易合计占比为 45.16%。

三、票据市场

（一）基本概念和市场功能

票据是指出票人依法签发的、约定自己或委托付款人在见票时或指定的日期向收款人或持票人无条件支付一定金额并可以流通转让的有价证券。国际票据市场主要品种为商业汇票（主要是银行承兑汇票）和商业票据，但美国等发达国家的商业汇票市场自 20 世纪 80 年代起逐步萎缩。我国票据市场是狭义概念，主要指商业汇票，其中银行承兑汇票最为广泛。

商业汇票市场的主体主要是企业、商业银行和中央银行。商业汇票由企业签发，向银行申请办理承兑，银行承诺在商业汇票到期日支付汇票金额。商业汇票承兑后，持票企业可以背书转让，也可以向银行申请贴现，即指商业票据的持票人将其持有的未到期商业票据转让给银行，银行扣除贴息后将余款支付给持票人。银行在需要资金时，可以将贴现收进的未到期票据向其他商业银行转让，以获取资金，也可以将已贴现的未到期票据再向中央银行进行再贴现。

（二）票据市场的发展历程

我国票据业务起步于 20 世纪 70 年代末。1981 年 2 月，中国人民银行上海杨浦区办事处和黄浦区办事处合作试办了第一笔同城商业承兑汇票贴现业务。1984 年 12 月，中国人民银行在总结上海试点经验的基础上，制定了《商业汇票承兑贴现暂行办法》，把票据的承兑和贴现列入到我国银行的主要业务之中，并决定在全国开展票据承兑贴现业务。1996 年《中华人民共和国票据法》实施，之后，中国人民银行颁布了《票据管理实施办法》等一系列规章制度，进一步建立健全票据业务制度与规范。

2001 年，中国人民银行批准中国工商银行成立了票据营业部，专营商业汇票的贴现、转贴现、回购、再贴现以及票据鉴证、咨询、代保管等业务，之后，中国农业银行、民生银行、华夏银行也相继成立票据专营机构。2003 年，中国人民银行批复全国银行间同业拆借中心建立"中国票据报价系统"，即中国票据网，为金融机构之间的转贴现和回购业务提供报价、查询等信息服务，并为金融机构从事票据业务提供票据论坛、政策法规查询等便利。

传统的商业汇票以纸质为载体，通过手工处理办理业务，运行效率低下，容易引起伪造、变造、欺诈等造成重大刑事案件。2008年，中国人民银行启动了电子商业汇票系统建设工作，系统依托网络和计算机技术，提供与电子商业汇票货币给付、资金清算行为相关服务并提供纸质商业汇票登记、查询等服务。

（三）票据市场发展现状

2000年以来，票据业务规模快速增长。2000～2013年，商业汇票签发承兑量由7445亿元增加到20.27万亿元，增长26.2倍，承兑余额由3676亿元增加到9.04万亿元，增长23.6倍。2013年未贴现的银行承兑汇票占同期社会融资规模的4.5%。贴现发生额由6447亿元增加到45.66万亿元，增长69.8倍，贴现余额由1535亿元增加到2.0万亿元，增长13倍。

票据市场主要呈现以下特征：一是参与主体多元化。除工商企业、银行、信用社和财务公司以外，从2011年开始，证券公司、信托公司、基金公司以及信托产品、理财产品也参与到票据市场中。二是票据的融资功能特别是对中小企业的融资功能明显。2013年末，银行承兑汇票变现率约62.2%，在银行承兑汇票余额中，中型企业和小微企业签发分别占比44.4%和24.4%。三是商业汇票转贴现交易成为商业银行的流动性管理工具，买入返售票据的利率与银行间市场同业拆借及债券回购利率走势基本一致。四是电子商业汇票业务规模逐渐扩大。2013年，电子商业汇票系统出票52.09万笔，金额15864.34亿元；承兑53.47万笔，金额16257.71亿元；贴现13.43万笔，金额6404.73亿元；转贴现25.09万笔，金额19509.65亿元。

四、其他货币市场工具

其他货币市场工具包括短期融资券和大额可转让存单。近年来，中国人民银行先后在银行间市场推出短期融资券和同业存单。

（一）短期融资券

短期融资券是指企业按照规定的条件和程序发行和交易并约定在一年内还本付息的有价证券。短期融资券分为非金融企业短期融资券和证券公司短期融资券。2005年，为扩大企业直接融资，中国人民银行颁布《短期融资券管理办法》，启动非金融企业短期融资券市场。2013年，共有712家非金融企业累计发行1077只非金融企业短期融资券，累计发行额16059.80亿元，年末余额13173.20亿元。

为贯彻落实国务院关于支持资本市场发展的精神，拓宽证券公司融资渠道，2004年，中国人民银行发布《证券公司短期融资券管理办法》，允许证券公司发行短期融资券。2005年4月至9月，国泰君安、招商证券、海通证券、中信证券和广发证券5家证券公司累计发行了29亿元短期融资券，之后由于证券公司经营风险集中暴露，短期融资券发行工作暂停。2012年证券公司短期融资券重启发行。截至2013年末，共有32家证券公司发行了146只、3436.9亿元短期融资券，余额809.9亿元。

（二）同业存单

同业存单是指由银行业存款类金融机构法人在全国银行间市场上发行的记账式定期存款凭证，是一种货币市场工具。2013年12月7日，中国人民银行公布《同业存单管理暂行办法》，并决定于同年12月9日起实施。发行主体包括政策性银行、商业银行、农村合作金融机构以及中国人民银行认可的其他金融机构。投资和交易主体为全国银行间同业拆借市场成员、基金管理公司及基金类产品。同业存单的发行利率、发行价格以市场化方式确定。

2013年12月12日，首批5家存款类金融机构（国家开发银行、中国工商银行、中国农业银行、中国银行、中国建设银行）通过全国银行间同业拆借中心发行平台各成功发行一只同业存单。截至 2013 年末，共有 10 家存款类金融机构发行同业存单，总规模为 340 亿元，期限最短的为 1 个月，最长的为 6 个月。

五、货币市场发展前景

近十年，货币市场取得了长足发展且运行平稳，但也面临着市场利率体系建设不完备，各种货币市场工具发展不平衡，部分市场工具参与主体单一等问题，应按照"拓宽货币市场广度和深度，增强流动性管理功能"的要求，不断丰富市场参与主体，推动货币市场工具创新，促进货币市场各子市场的发展，进一步满足各类市场主体的流动性管理需求。同时，配合利率市场化改革，继续加强货币市场利率体系建设，为宏观调控政策实施与传导建立有效平台，进一步发挥货币市场在经济金融运行中的重要作用。

第二节　股票市场

一、基本概念和市场功能

股票是指股份有限公司发行的、表示持有人（股东）按其持有的份额享有相应权益和承担相应义务的可转让的书面凭证，是一种代表所有权的证券。按股票所代表的股东权益划分，股票可分为普通股和优先股。普通股是指代表股东享有平等权利，不受特别限制，并随着股份有限公司利润的大小而取得相应股息的股票。优先股是指依照《公司法》，在一般规定的普通种类股份之外，另行规定的其他种类股份，其股份持有人优先于普通股股东分配公司利润和剩余财产，但参与公司决策管理等权利受到限制。

一般来说，股票具有以下几个特性。一是不可偿还性。投资者认购股票后，不能要求退股，只能到二级市场卖给其他投资者。二是参与性。股票持有者就是公司的股东，有权出席股东大会，决定公司经营方针，选举和更换董事和监事，审议批准公司的年度财务预算和决算方案等。三是流通性。股票可在不同投资者之间交易。四是收益性。买入股票意味着向公司投资，投资者凭所持有股票，有权按公司章程从公司领取股息并分享公司经营红利。五是风险性。同商品一样，股票也是一种交易对象，有自己的市场行情和价格，价格下跌可能给持有人带来投资损失。

股票市场包括股票发行市场和股票交易市场。股票发行市场又称一级市场，是股份有限公司通过发行股票向社会公众筹集资金的市场。股票交易市场又称二级市场，是已经公开发行的各种股票流通、转让、交易的场所。

概括而言，股票市场的功能主要有以下四个方面：一是筹集资金。企业在股市上发行股票，可以把分散在社会上的闲置资金集中起来，形成资本，用于其生产规模的扩大，股市筹集资金的规模和速度是企业依靠自身资金积累或依靠银行间接融资所无法比拟的。二是优化资源配置。投资者通过披露的各种信息，选择成长性好、盈利前景大的股票进行投资，抛弃业绩滑坡和收益差的股票，使资金流向效益好和发展前景好的企业，从而实现资源的优化配置。三是风险分散。对股票发行人来说，不仅通过发行股票筹集了资金，同时也将其经营风险转移和分散给投资者，实现了风险的社会化。四是股票市场对宏观经济具有一定调节功能，作为储蓄者和投资者的纽带，能够影响投资者和储蓄者行为，从而调节储蓄和投资之间的缺口。此外，股市也是国民经济运行的"晴雨表"，股市"牛熊市"转化往往先于宏观经济走势变化，因此成为制定宏观经济政策的参考信号。

二、股票市场的发展历程

我国股票市场的发展主要经历了三个阶段。

（一）市场的萌生阶段（1992 年以前）

20 世纪 80 年代初，最初的股票开始出现。1984 年，中共十二届三中全会通过《中共中央关于经济体制改革的决定》，一些大型国企纷纷进行股份制试点，股票一级市场开始出现。1986 年，中国工商银行上海市信托投资公司静安证券营业部开展股票柜台挂牌交易，是股票二级市场的雏形。1987 年 9 月，中国第一家专业证券公司——深圳特区证券公司成立。1990 年，国家允许上海、深圳试点公开发行股票。1990 年 11 月 26 日上海证券交易所成立，1990 年 12 月 1 日深圳证券交易所成立。1991 年 8 月，证券业的自律组织——中国证券业协会在北京成立。

（二）全国性市场的形成和初步发展阶段（1993 ~ 1999 年）

1992 年，党的十四大确立了"建立社会主义市场经济体制"的改革目标，股份制成为国有企业的改革方向。同年，中国证监会成立，资本市场走上规范化发展道路。在这个阶段，《公司法》、《证券法》先后颁布实施。1992 年，由工商银行、农业银行、建设银行控股的华夏、南方、国泰 3 家全国性证券公司成立。从 1993 年开始，相继采用了无限量发售认购申请表、与银行储蓄存款挂钩、上网定价等方式，向公众公开发行股票，股票发行试点走向全国。上海证券交易所和深圳证券交易所建立了无纸化电子交易平台，相应的登记结算公司分别建立了无纸化存托管制度以及高度自动化的电子运行系统。证券中介机构数量和规模逐步扩大。与此同时，证券市场对外开放的步伐逐步加快，1991 年，推出了人民币特种股票（B 股），1993 年 6 月，境内企业逐渐开始在香港、纽约、伦敦和新加坡等海外市场上市。

（三）进一步规范和发展阶段（2000 年至今）

进入 21 世纪，资本市场走向更高层次的规范和发展阶段。2004 年国务院发布《关于推进资本市场改革开放和稳定发展的若干意见》后，针对中国资本市场出现的累积的深层次矛盾和问题，进行了股权分置改革等一系列重大改革。中国证监会设立监管局并在各证监局设立了稽查分支机构，市场执法体系逐步完善。2004 年深圳证券交易所设立中小板，2009 年推出创业板，2012 年设立全国中小企业股份转让系统和推进券商柜台市场试点，各地纷纷建立区域性股权交易。与此同时，股票市场对外开放力度不断加大，2002 年允许合格境外机构投资者进入我国证券市场，2006 年，我国允许经批准合格境内机构投资者投资境外证券市场。国内大型企业境外上市融资额逐年上升，并允许符合条件的外商投资股份公司申请在中国境内上市，也同时允许外国投资者对 A 股股份进行一定限度的战略性投资或并购。

图 3-1 1991~2014 年上证指数走势图（日线，成立以来）

三、股票市场的发展现状

二十多年来，我国股票市场从无到有，从小到大，从区域到全国，取得了显著成就。截至 2014 年 9 月 30 日，沪深两地上市公司达到 2569 家，总市值为 29.33 万亿元，流通市值 24.35 万亿元。

（一）多层次股票市场体系初步形成

我国股票市场分为场内市场和场外市场，场内市场主要包括沪深主板市场、中小企业板市场和创业板市场，场外市场包括全国中小企业股份转让系统、区域股权交易市场以及已试点的券商柜台交易市场。

沪深主板市场。主板市场主要接纳国民经济中的支柱企业、占据行业龙头地位的企业、具有较大资产规模和经营规模的企业上市。在主板上市的企业在发行前三年的累计净利润须超过 3000 万元，累计经营现金流超过 5000 万元或累计营业收入超过 3 亿元，上市股本总额不低于 5000 万元。截至 2013 年，在沪深主板上市的企业数量为 1433 家，总市值达 18.68 万亿元，流通市值达 16.58 万亿元。

中小企业板市场。中小企业板主要服务于中小型企业和高科技企业的市场。该板块内公司普遍具有收入增长快、盈利能力强、科技含量高的特点，而且其股票的流动性较好，交易也较为活跃。在中小板上市的企业在发行前三年累计净利润须超过 3000 万元，累计经营现金流超过 5000 万元或累计营业收入超过 3 亿元，上市股本总额不低于 3000 万元。截至 2013 年末，在中小板上市的企业数量为 701 家，总市值达 3.72 万亿元，流通市值达 2.55 万亿元。

创业板市场。在创业板上市的公司大多从事高科技行业，成立时间往往较短、规模较小，业绩也不突出，但具有很大的成长空间。在创业板上市的企业须为依法设立且持续经营三年以上的股份有限公司，最近两年净利润累计不少于 1000 万元，且持续增长；或最近一年盈利，且净利润不少于 500 万元；最近一年营业收入不少于 5000 万元，最近两年营业收入增长率均不低于 30%，上市股本总额不低于3000万元。截至2013年末，创业板上市公司数达355家，总市值达1.51万亿元，流通市值达8219亿元。

全国中小企业股份转让系统。全国中小企业股份转让系统成立于2012年，属于场外市场，主要针对国家级高科技园区的中小微企业，这类企业普遍规模较小，尚未形成稳定的盈利模式。申请公司只要股权结构清晰、经营合法规范、公司治理健全、业务明确并履行信息披露义务，即便尚未盈利，均可以经主办券商推荐申请在全国股份转让系统挂牌。截至2014年9月末，挂牌企业数量达1153家，总股本达469亿股，2014年1~9月成交总股数达10.68亿股，成交金额达63.66亿元。

区域股权交易市场。区域股权交易市场是为特定区域企业提供股权、债权转让和融资服务的私募市场，也属于场外市场。区域股权交易市场服务的企业多处于创业阶段，规模较小、产品成熟度不够、风险性较大。目前，各区域股权市场存在差异，对挂牌企业的标准尚未形成统一的口径。

除上述四个市场外，券商柜台交易市场刚刚开始试点，尚不具备显著规模，但未来也将发展成为我国多层次资本市场重要的一极。

（二）我国股票市场的参与主体日益成熟

经过二十多年的发展，我国上市公司资产规模日益扩大，盈利能力持续增强，资产质量稳步提升，已经成为各个行业的龙头企业，是推进国民经济发展的重要力量。

股票市场的投资者群体包括个人投资者、证券投资基金以及其他机构投资者几大类。

目前我国依然是一个以个人投资者为主的市场。截至2013年底，沪、深两市个人投资者账户达到1.72亿户，占市场全部股票账户的99.62%。个人投资者交易活跃，在上海证券交易所市场，个人投资者交易占总交易量的八成左右。

证券投资基金。证券投资基金是一种集中资金、专业理财、组合投资、分散风险的集合投资方式。它通过发行基金份额的形式面向大众筹集资金，并将募集资金投资于资本市场。证券投资基金分为封闭式基金和开放式基金。目前，开放式基金是主流模式。截至2013年末，我国封闭式基金数量达到128只，资产净值达1185.46亿元；开放式基金达到1517只，资产净值为2.81万亿元。我国基金资产的80%以上由个人投资者持有，已经成为个人投资者参与投资的重要渠道，同时，作为最重要的机构投资者，证券投资基金的发展对促进市场平稳运行发挥了作用。除了证券投资基金外，社会保障基金、保险类机构投资者、企业年金、合格境外投资者等也逐步成为股票市场的重要的机构投资者。

随着股票市场的不断发展壮大，证券公司、基金管理公司、证券投资咨询机构、会计师事务所及资产评估机构、律师事务所等股票市场中介服务机构数量不断增加，规模扩大、运营与管理日趋规范，专业化程度和服务水平显著提高。截至2013年末，全国共有证券公司115家，总资产2.08万亿元，全年累计营业收入1592.41亿元，平均每家证券公司营业收入为13.85亿元。总的来看，我国证券公司过于分散，缺乏一定的集中度。全国共有基金管理公司89家，根据74家所披露的年报，资产规模达2.90万亿元，利润合计为1729.86亿元。证券投资咨询机构有88家，从业人员近5000人。截至2013年末，具有证券业务资格的会计师事务所为40家，具有证券业务资格的律师事务所达到233家，签字律师达600名左右。

四、股票市场的重要改革与创新

我国股票市场的发展并不是一帆风顺的，由于建立初期的经济环境和市场制度设计上的局限，一些深层次问题和结构性矛盾也逐步积累。2004年以来，股票市场推行了一系列重大创新和改革，有效地夯实了市场基础性制度框架，为市场功能的发挥奠定了坚实的基础。

（一）股权分置改革

股权分置改革前，A股市场上市公司的股份分为流通股和非流通股，非流通股绝大多数是国有股，只能通过协议方式进行转让，不参与市场定价，定价机制被严重扭曲，股价难以对大股东和管理层形成激励和约束，公司治理也缺乏共同的利益基础。股权分置成为影响股票市场发展、改革和创新的最大症结。2005年4月，中国证监会会同国资委、财政部、中国人民银行正式启动股权分置改革。2005年9月，中国证监会等五部委联合颁布了《关于上市公司股权分置改革的指导意见》，股权分置改革转入积极稳妥推进阶段。通过引导上市公司、保荐机构和其他市场主体创新对价支付方式，鼓励股改与并购重组组合操作，最终使存在各类复杂情况的上市公司逐一找到了解决办法。截至2007年底，沪深两市已完成或进入改革程序的上市公司市值占应改革上市公司总市值的98%，股权分置改革在两年时间里基本完成。

股权分置改革是我国资本市场适应市场经济体制要求而实施的最深刻的改革。它解决了上市公司两类股票、两个市场、两种价格并存的历史遗留问题，确立了股票市场的全流通格局，为中国资本市场资源配置和资产定价奠定了市场化基础。

（二）新股发行体制改革

新股发行体制是指首次公开发行股票时的新股定价、承销和发售的一系列制度和安排。早期的新股定价须经证券监管部门批准。在2005年以前，中国证监会主要采用按发行市盈率上限进行核准的方式管理新股价格。2005年修订的《证券法》取消了新股发行价格须经监管部门核准的规定。中国证监会开始对股票发行方式进行改革，并于2005年初推出了询价制度。询价制度将买卖双方的判断和意愿引入了发行定价，体现了市场规律，明显改善了市场的价格发现功能。2009年6月，中国证监会发布《关于进一步改革和完善新股发行体制的指导意见》，启动新一轮新股发行体制改革。在发行定价方面，完善询价和申购的报价约束；在发行承销方面，逐步改变完全按资金量配售股份的方式；优化网上发行机制，适当向中小投资者倾斜。在此基础上，中国证监会又推出第二阶段改革，通过完善询价过程中报价和配售机制约束，增强定价信息透明度，进一步增强承销与配售的灵活性，理顺承销机制，完善回拨和中止发行机制。中共十八届三中全会发布的《中共中央关于全面深化改革若干重大问题的决定》提出"推进股票发行注册制改革"，这为下一阶段发行制度改革明确了方向。股票发行注册制，主要是指发行人申请发行股票时，必须依法将公开的各种资料完全准确地向证券监管机构申报。证券监管机构的职责是，对申报文件的全面性、准确性、真实性和及时性作形式审查，不对发行人的资质进行实质性审核和价值判断，而是将发行公司股票的良莠留给市场来决定。股票发行由审核制向注册制过渡，并不意味着发行标准的降低和监管的放松。相反，股票发行注册制对事后监管提出了更高要求，需要以更加严格的监管来维护市场健康运行。

（三）证券公司综合治理改革

证券公司是资本市场重要的中介机构，然而由于机制、体制上存在缺陷，在发展过程中积累了大量矛盾和问题。随着股票市场持续低迷，2003 年末至 2004 年上半年，一批证券公司多年累积的风险呈集中爆发态势，全行业面临成立以来最严重的危机。2004 年 8 月，中国证监会决定，风险处置、日常监管和推进行业发展三管齐下，对证券公司实施综合治理。2005 年 7 月，国务院转发中国证监会《证券公司综合治理工作方案》，提出力争在两年内，实现基本化解老风险、初步建立新机制、有效防范新风险的工作目标。经过为期 3 年的努力，证券公司综合治理改革工作圆满结束，各项主要治理目标全部实现。通过综合治理，证券公司历史遗留风险彻底化解，财务状况显著改善，合规经营意识和风险管理能力明显增强。

从 2006 年开始，证券行业扭转了连续 4 年亏损的局面，步入良性发展的轨道。

（四）基金业市场化改革

我国的基金行业起步于 1998 年，由于起步晚，运作不成熟，市场投机气氛较浓。从 2000 年起，基金业市场化改革拉开序幕。中国证监会逐步放开机构准入，并不断扩大基金公司业务范围。在基金产品审核上，2002 年，中国证监会启动市场化改革，简化审批程序，引入专家评审制度。2003 年以后，中国证监会通过简化行政许可程序，实施分类审核，加大政务公开等举措，逐步探索审核制度与国际通行的注册制接轨。2012 年 12 月，中国证监会发布《关于深化基金审核制度改革有关问题的通知》，全面改革基金产品审核制度，取消基金产品审核通道，基金管理公司可根据市场需求自行决定上报数量和类型；缩短产品审核期限，常规产品按照简易程序在 20 个工作日内完成审核；鼓励基金管理公司建立基金退出机制。

五、股票市场发展前景

近二十年来，我国一直提出要扩大直接融资的比重，但效果仍不理想。在社会融资规模中，股本融资比例很小。我国股市在过去 10 年中经历了一轮"过山车"行情，上证指数 2003 年 1 月 2 日为 1320 点，2005 年 6 月 6 日下降到最低点 998 点，2007 年 10 月 16 日创最高点 6124 点，随后下行直至现在，仍在 2000 点左右徘徊。出现这种情况的原因是多方面的，主要是上市公司治理不够完善，投资者结构尚不合理，市场运行机制不健全，机构投资比例过低，对资本市场监管存在许多薄弱环节。

2013 年《中共中央关于全面深化改革若干重大问题的决定》及 2014 年《国务院关于进一步促进资本市场健康发展的若干意见》，为进一步发展股票市场指明了方向。未来几年是中国经济转型的关键期，也是多层次股票市场发展的黄金期，我国股票市场改革将继续全面深化。一是推进股票发行注册制改革。建立和完善以信息披露为中心的股票发行制度，加快完善配套措施，实现股票发行上市由核准制向注册制转变。二是加快多层次股权市场建设。继续扩大主板、中小企业板，加快完善全国中小企业股份转让系统，规范发展区域性股权市场，并将逐步推出在场外市场挂牌的公司可以直接转往主板、中小板或创业板的机制。三是完善上市退市制度。构建符合我国实际和有利于投资者保护的退市机制，实现上市公司的优胜劣汰。四是完善股市参与者结构。大力发展境内外机构投资者，促进证券公司等中介机构创新发展，提升会计师事务所、资产评估机构、评级增信机构、法律服务机构公信力。五是扩大资本市场对外开放。如实行"沪港通"。

2014 年 11 月 17 日，"沪港通"股票交易正式启动。"沪港通"是指上海证券交易所和香港联合交易所允许两地投资者通过当地证券公司（或经纪商）买卖规定范围内的对方交易所上市的股票，是沪港股票交易市场互联互通机制。

"沪港通"包括沪股通和港股通两部分。（1）沪股通是指投资者委托香港经纪商，经由香港联合交易所设立的证券交易服务公司，向上海证券交易所进行申报，买卖规定范围内的上海证券交易所上市的股票。（2）港股通是指投资者委托内地证券公司，经由上海证券交易所设立的证券交易服务公司，向香港联合交易所进行申报，买卖规定范围内的香港联合交易所上市的股票。沪港通总额为5000 亿元人民币，参与港股通的个人投资者资金账户余额应不低于50 万元人民币。试点初期，沪股通的股票范围是上海证券交易所上证 180 证数、上证 380 指数的成分股，以及上海证券交易所上市的A＋H 股公司股票。港股通的股票范围是香港联合交易所恒生综合大型股指数、恒生综合中型股指数的成分股和同时在香港联合交易所、上海证券交易所上市的 A＋H 股公司股票。双方可根据试点情况对投资标的范围进行调整。

　　"沪港通"是中国资本市场对外开放的重要内容，有利于增强我国资本市场的综合实力，有利于巩固上海和香港两个金融中心的地位，有利于推动人民币国际化，支持香港发展成为离岸人民币业务中心。"沪港通"既可方便内地投资者直接使用人民币投资香港市场，也可增加境外人民币资金的投资渠道，便利人民币在两地的有序流动。

　　展望未来，中国股票市场的法律制度和监管体系将更加完善，市场层次将更为丰富，投资产品和交易平台将更加多样，市场广度和深度进一步拓展。我国股票市场将完成从"新兴加转轨"市场向成熟市场的过渡，市场的各项功能将得到充分发挥。

第三节　债券市场

一、基本概念和市场功能

　　债券是政府、金融机构、工商企业等向投资者发行并承诺按约定利率和期限还本付息的债务凭证。债券市场是债券发行和流通市场的统称，是金融市场的一个重要组成部分。债券市场具有以下几项重要功能：融资功能、资金流动导向功能和宏观调控功能。

　　债券具有以下特点。一是偿还性。债券一般都规定偿还期，到期必须还本付息。二是安全性。与股票相比，债券通常规定有固定利率，与企业效益没有直接联系，收益比较稳定，风险较小。此外，在企业破产时，债券持有者享有优先于股票持有者对企业剩余资产的索取权。三是收益性。投资债券可以给投资者带来利息收入；投资者可以利用债券价格的变动，买卖债券赚取价差，还可以利用债券在金融市场上抵押、回购，获取额外收益。四是流动性。债券一般可以在市场上转让、交易，具有较大的流动性。

　　债券的种类很多。按照债券的发行主体分，有国债、金融债、企业债等。按照付息方式分，有贴现债券、附息债券、固定利率债券、浮动利率债券。贴现债券，也称无息债券或零息债券，债券票面上不附息票，也不规定债券收益率，借款人采用低于票面额的价格发行，到期按票面金额收回，发行价格和偿还价格之间的价差即为利息。附息债券，也称做定息债券，在规定的期限内以息票兑换的形式支付利息，也有的不附息票，只是按照约定的利率定期支付利息。固定利率债券在偿还期限内无论金融形势如何变化，其发行时规定的利率不变。浮动利率债券，是为了增加中长期债券的吸引力，在确定浮动利率时，根据预先选定的某一种市场利率为参考利率，随参考利率的波动而变化，它的特点是投资者在短期利率上升时获益，有的随浮动利率规定一个利率下限，即使市场利率低于规定的利率下限仍按利率下限支付利息。按照到期期限分，有短期债券、中期债券、长期债券和永久债券。各国对短期、中期和长期债券的期限划分不完全相同。一般的标准是，期限在一年或一年以下的为短期债券；期限在一年以上十年以下的为中期债券；期限在十年以上的为长期债券。永久债券也叫无期债券，它并不规定到期期限，持有人也不能要求清偿本金但可以按期取得利息。

债券的到期收益率是指买入债券后持有至到期得到的收益率，包括利息收入和资本损益与买入债券的实际价格之比率。这个收益率是按照复利计算的收益率，它是能使未来现金流入现值等于债券买入价格的贴现率。债券价格与收益率之间是"倒数"关系，即债券价格上升，到期收益率下降，债券价格下跌，到期收益率上升。

债券收益率曲线反映的是某一时点上，不同期限债券的到期收益率水平。在一般情况下，债券收益率曲线通常是有一定角度的正向曲线，即长期利率的位置要高于短期利率。这是因为，由于期限短的债券流动性要好于期限长的债券，作为流动性较差的一种补偿，期限长的债券收益率也就要高于期限短的收益率。当然，当资金紧俏导致供需不平衡时，也可能出现短高长低的反向收益率曲线。

综观世界各个成熟的金融市场，无不有一个发达的债券市场。债券市场在社会经济中占有如此重要的地位，是因为它具有几项重要功能。一是融资功能。债券市场作为金融市场的一个重要组成部分，具有使资金从资金剩余者流向资金需求者，为资金不足者筹集资金的功能。我国政府和企业先后发行多次债券，为弥补国家财政赤字和国家的许多重点建设项目（如能源、交通、重要原材料等重点建设项目以及城市公用设施建设）筹集了大量资金。二是资金流动导向功能。效益好的企业发行的债券通常较受投资者欢迎，因而发行时利率低，筹资成本小；相反，效益差的企业发行的债券风险相对较大，受投资者欢迎的程度较低，筹资成本较大。因此，通过债券市场，资金得以向优势企业集中，从而有利于资源的优化配置。三是宏观调控功能。一国中央银行作为国家货币政策的制定与实施部门，主要依靠存款准备金、公开市场业务、再贴现和利率等政策工具进行宏观经济调控。其中，我国公开市场业务就是中央银行通过在银行间债券市场上买卖债券，从而调节货币供应量，实现宏观调控的重要手段。在经济过热、需要减少货币供应时，中央银行卖出债券、收回金融机构或公众持有的一部分货币从而抑制经济的过热运行；当经济萧条、需要增加货币供应量时，中央银行便买入债券，增加货币的投放。

二、债券市场发展的历程

我国债券市场发展经历三个阶段。

（一）债券市场发展的起步阶段（1981～1997 年亚洲金融危机以前）

我国债券市场始于 1981 年国债的恢复发行。20 世纪 80 年代中后期形成了很多地方性债券交易中心及柜台交易中心。1995年，武汉、天津的证券交易中心以及全国证券交易自动报价系统的债券交易均出现巨大风险而停止交易。1997年6月，为维护宏观金融稳定，阻断银行资金流向股票市场，根据国务院统一部署，商业银行全部退出上海证券交易所和深圳证券交易所。这一阶段，由于债券市场建设方面存在制度性缺陷，我国债券市场总体发展非常缓慢。

（二）债券市场步入健康发展轨道（1997～2004年）

汲取亚洲金融危机的教训，根据1997年中央召开的全国金融工作会议精神和国务院的统一部署，相关部门在充分总结和汲取国内外债券市场发展经验教训的基础上，对债券市场基本架构进行了重新规划，于1997年设立银行间债券市场。债券市场形成了以场外市场为主体、场内市场和场外市场并存、分工合作的债券市场格局，债券市场基础设施建设得到加强，债券市场化程度得到很大提高。2003年全国人大修改《中国人民银行法》，将监督管理银行间债券市场作为中央银行的法定职责。但是，这一阶段债券市场发展中存在两个突出问题：一是交易所债券市场标准券回购的制度缺陷集中暴露。二是公司信用类债券市场发展依然缓慢，规模较小。

（三）债券市场快速发展阶段（2004年至今）

2004年《国务院关于推进资本市场改革开放和稳定发展的若干意见》（"国九条"）发布后，中国人民银行、国家发展改革委、中国证监会等相关部门，按照市场化方向，大力减少不必要的行政管制、完善市场化管理机制，积极推动公司信用类债券市场深入发展。随着市场化改革深入，为落实政府转换职能的行政改革要求，推动直接融资发展，中国人民银行推动银行间市场机构投资者于2007年成立了中国银行间市场交易商协会（NAFMII，以下简称交易商协会），授权交易商协会对非金融企业债务融资工具发行进行自律管理，实行注册制，中国人民银行不再参与行政审批。交易商协会成立后，发挥自律组织在贴近市场需求、推动市场创新发展方面的优势，根据市场需求在银行间债券市场相继推出短期融资券、中期票据、中小企业集合票据、超短期融资券、非公开定向工具、资产支持票据等创新产品，推动公司信用类债券市场取得跨越式发展，拓宽了企业融资渠道、优化了社会融资结构、支持了实体经济发展需要。

2012 年，国务院批复同意成立了中国人民银行牵头、国家发展改革委和中国证监会参加的公司信用类债券部际协调机制，进一步加强监管协调。此后，公司信用类债券部际协调机制运转良好，公司信用类债券市场发展理念、监管标准和制度环境不断改善。2013 年末，我国债券市场余额为 30 万亿元，世界排名第 4 位，其中，银行间市场余额为 27.7 万亿元，占 93.5%。截至 2014 年 9 月末，我国债券市场余额已达到 34.2 万亿元。

从国内外债券市场发展历史和经验来看，债券市场发展应该始终遵循市场化方向，减少行政管制，定位于合格机构投资者，按照场外市场模式有效推动市场发展。近年来，我国债券市场特别是公司信用类债券之所以能够走出困境并取得较好的成绩，就是因为遵循了这一客观规律：一是减少行政审批，继续完善债券发行市场化机制。在短期融资券、中期票据实现注册制后，企业债与上市公司债也先后实行了核准制，同时注重发挥信息披露、信用评级等市场约束机制的作用。二是面向合格机构投资者。机构投资者风险识别与承担能力更强的优势得到充分体现，市场的信用层次空间更大，也将为政府最终从对企业风险的实质性判断与潜在担保中解放出来创造了条件。三是要依托场外市场。机构投资者都是大宗交易，需要"一对一"询价等灵活的场外交易方式，场内的小额集中撮合方式难以满足其需求。这就使得场外市场逐渐成为债券的主要交易场所。二级市场的活跃又反过来促进了一级市场的规模扩大，进而推动了债券市场整体快速发展。

表 3 – 1 全国各类债券余额统计表

单位：亿元

债券品种	2013 年末		2014 年 9 月末	
	余额	比重（%）	余额	比重（%）
全部品种	299977	100.0	342033	100.0
国债	95471	31.8	104151	30.5
其中，凭证式国债、记账式国债	86855	29.0	92280	27.0
地方政府债	8616	2.9	11872	3.5
中央银行票据	5462	1.8	4622	1.4
金融债券	105772	35.3	121112	35.4
其中，国开行金融债和政策性金融债	88773	29.6	99056	29.0
银行普通债	3247	1.1	3602	1.1
银行次级债、混合资本债	9691	3.2	8652	2.5
二级资本工具	15	0.0	3103	0.9
信贷资产支持证券	354	0.1	1906	0.6
政府支持机构债	1090	0.4	1090	0.3
非银行机构债	362	0.1	367	0.1
证券公司短期融资券	810	0.3	1033	0.3
资产管理公司金融债	220	0.1	445	0.1
公司债（金融公司发行）	1287	0.4	825	0.2
可转债（金融公司发行）	1018	0.3	1034	0.3
公司信用类债券	93242	31.1	112117	32.8
其中，非金融企业债务融资工具	51775	17.3	64338	18.8
企业债	32069	10.7	38439	11.2
公司债	6632	2.2	7854	2.3
可转债	600	0.2	649	0.2
可分离债	598	0.20	98	0.03
中小企业私募债	387	0.1	739	0.2

数据来源：中国人民银行调查统计司。

三、债券市场发展现状

一是市场体系趋于成熟。我国债券市场已形成场外市场为主、场外市场与场内市场并存的市场格局，这与国际上债券市场模式基本一致。其中，银行间债券市场是定位于合格机构投资者，通过"一对一"询价方式进行交易的场外批发市场，交易所债券市场是定位于个人和中小机构投资者，通过集中撮合方式进行交易的场内零售市场。此外，商业银行柜台交易市场为场外市场的延伸。

二是债券市场创新不断深化，满足了各类投融资需求，促进了社会融资结构的优化。先后推出次级债券、普通金融债券、混合资本债券、二级资本债券、信贷资产支持证券，拓宽了商业银行补充资本和流动性资金的渠道，增强了抗风险和金融支持经济的能力；推出了非金融企业债务融资工具、企业债券、公司债券等产品，拓宽了企业融资渠道；推动债券交易工具创新，在现券和回购交易基础上，推出债券借贷、债券远期、人民币利率互换、远期利率协议、信用风险缓释工具等，丰富了投资者的投资运作与风险管理手段。目前，市场基础性产品的种类序列已与发达债券市场基本一致。

三是市场参与主体不断丰富。除了发行人、投资机构之外，市场参与主体还包括主承销商、做市商、结算代理人、货币经纪公司、会计师事务所、律师事务所、信用评级机构等市场中介机构。银行间市场中介机构是连接筹资者和投资者的桥梁，通过专业知识和技术服务降低了信息沟通与交流的成本，不仅保证了各类产品的发行和交易，而且起到维持市场秩序的作用，从而促进了银行间市场功能的有效发挥。

四是基础设施不断加强。银行间债券市场已经实现全市场网上交易、集中的交易平台、统一的中央一级托管体系、全市场券款对付结算和独立的清算所，证券交易所市场实施证券客户交易结算资金第三方存管制度，改革完善交易所债券回购制度。互联互通程度不断深化，国债和企业债券可以跨市场发行和交易流通，16家上市商业银行参与交易所债券交易，跨市场转托管规模不断增加。已形成法律、行政法规、部门规章和市场自律规则的多层次制度框架体系。

五是对外开放程度显著提高。履行加入世界贸易组织的承诺，给予外资机构参与金融市场各项业务的国民待遇，目前在债券市场的发行人、投资人、结算代理人、做市商等中介服务机构中，均有外资机构平等参与。"引进来"和"走出去"稳步推进，截至2013年末，共有138家机构获准进入银行间债券市场，10家境内银行赴香港发行人民币债券765亿元，财政部赴香港发债800亿元。

六是债券市场在国民经济建设中的作用日益突出，为加强和改进宏观调控、拓宽融资渠道、优化融资结构、推动金融机构改革、推动利率汇率形成机制改革、服务城镇化建设需要等提供了支持。目前，债券市场是央行公开市场操作、发行中央银行票据的平台，也是国债大规模发行的主要场所，大大提高了货币政策调控与传导效率，支持了积极财政政策的顺利实施。债券市场在促进金融机构改革方面也发挥了重要作用，并成为金融机构投融资管理、流动性管理和补充资本的平台。债券市场的发展大大拓宽了企业和实体经济直接融资渠道，优化了社会融资结构，有效分散了原来高度集中于银行体系的风险，增强了整个金融体系的稳定性。

四、债券市场的发展前景

目前，我国债券市场分为银行间市场和交易所市场，债券管理分属5个部门，国家发展改革委主管企业债券的审批和发行，财政部负责国债和地方政府债的审批和发行，中国人民银行通过其下属的中国银行间市场交易商协会管理发行中期票据和短期融资产品，中国证监会主管公司债的审批和发行，中国银监会在涉及金融债发行时发挥审批作用。这种状况是根据我国国情在一定历史条件下形成的，需要按有利于债券市场更好发展来逐步完善。

当前，我国正处于经济社会转型调整阶段，社会主义市场经济体制还在实践中不断探索完善。为进一步推动债券市场发展、支持经济社会改革发展大局，应在总结过去十年债券市场快速发展相关经验的基础上，完善债券市场及其监管体制，发挥市场在资源配置中的决定性作用，使债券市场在推动经济社会又好又快发展中发挥更大作用。

一是继续坚持市场化改革方向，推动建设分层有序、分工互补的多层次债券市场。

目前，银行间市场已发展成为主要面向合格机构投资者的场外市场交易所，市场主要面向中小企业和个人投资者，定位于场内市场。历史事实证明，行政管制不仅解决不了市场风险问题，也解决不了市场发展问题。从国内外债券市场的发展历史和经验来看，放松行政管制、主要面向机构投资者的场外市场发展方向是债券市场发展的客观规律。应继续坚持这一发展方向，深化创新，继续发挥债券市场在支持实体经济、促进经济结构调整中的作用。

二是进一步加强基础设施建设。与许多发达国家债券市场相比，我国银行间债券市场的基础设施从建立以来就一直处于科学规划和有效监管之下，保障了市场运行透明、风险可控。结合国际金融危机后国际组织监管改革的新趋势，在宏观审慎管理框架下，继续强化托管结算系统、清算系统、统一交易平台和信息库等核心市场基础设施建设，提高效率，防范系统性风险。

三是加强监管协调，发挥合力。目前，公司信用类债券部际协调机制已经建立并运行顺畅，应坚持"稳中求进"的原则，以公司信用类债券部际协调机制为依托，着力加强协调配合，发挥各部门的优势与合力，共同推动市场发展。

　　四是强化市场化约束和风险分担机制。债券违约的风险是客观存在的，行政审批和政府隐性担保都不能消除违约风险，应通过市场化的方式进行识别和分担。市场化约束和风险分担机制的关键是信息披露和信用评级制度。

　　五是积极、稳妥地推进对外开放，实现债券市场与国际接轨。应在有效防范风险的基础上，统筹考虑扩大人民币境外使用范围、促进国际收支平衡等相关工作，积极稳妥地推动债券市场对外开放。

第四节　保险市场

一、基本概念和市场功能

　　保险是指投保人根据合同约定，向保险人支付保险费，保险人对于合同约定的可能发生的事故因其发生而造成的财产损失承担赔偿保险金责任，或者当被保险人死亡、伤残和达到合同约定的年龄、期限时承担给付保险金责任的行为。本质上，保险是一种社会化安排，面临风险的人们通过保险人组织起来，进而转移、分散个人风险，由保险人组织保险基金集中承担，被保险人发生损失时可从保险基金中获得补偿。

　　保险市场是买卖保险即双方签订保险合同的场所。它可以是集中的有形市场，也可以是分散的无形市场。保险市场一般由保险主体、保险商品和保险价格三个要素组成。保险主体由保险人、投保人和保险中介机构构成；保险商品是保险人向被保险人提供的在保险事故发生时予以经济保障的承诺；保险价格是被保险人为取得保险保障而由投保人向保险人支付的价金。

　　依据不同的分类标准，保险主要有几种类型。

　　按照保险实施形式不同，可以分为自愿保险和强制保险。自愿保险是在自愿的原则下，根据投保人与保险人订立的保险合同而构成的保险关系。强制保险是国家（政府）对一定的对象以法律或行政法规的形式规定其必须投保的保险，又称为法定保险。

按照保险标的不同，可以分为财产保险和人身保险。财产保险是以物质财产及有关利益、责任和信用为保险标的的保险，包括财产损失保险、责任保险、信用保险等。其中，财产损失保险可分为火灾保险、货物运输保险、运输工具保险、工程保险、农业保险等；责任保险可分为公众责任险、雇主责任险、产品责任险、职业责任险等；信用保险可分为一般商业信用保险、出口信用保险、合同保证保险、产品保证保险等。人身保险是以人的生命和身体为保险标的的保险，包括人寿保险、健康保险、意外伤害保险等。

按照业务承保方式不同，可以分为原保险、再保险、共同保险和重复保险。原保险是保险人与投保人之间直接签订保险合同而建立保险关系的一种保险。再保险是保险人将其所承保的风险和责任的一部分或全部转移给其他保险人的一种保险。共同保险是由几个保险人联合直接承保同一保险标的、同一风险、同一保险利益的保险。重复保险是指投保人以同一保险标的、同一保险利益、同一保险事故分别与两个或两个以上保险人订立保险合同，且保险金额总和超过保险价值的保险。

按照经营性质不同，可以分为商业保险和社会保险。商业保险是由保险公司按照商业经营的原则开办的各种保险；社会保险是国家为实现某种社会政策或保障公民利益而采取的一种经济补偿手段的总称。

《保险法》第十条规定："保险合同是投保人与保险人约定保险权利义务关系的协议。"收取保险费是保险人的基本权利，赔偿或给付保险金是保险人的基本义务；交付保险费是投保人的基本义务，请求赔偿或给付保险金是被保险人的基本权利。保险合同作为一种特殊的民事合同，除具有一般合同的法律特征外，还具有双务性、附合性与约定性并存、要式合同、有偿合同、诚实信用合同、保障性合同以及诺成性合同等特征。保险合同的基本原则为诚实信用原则、保险利益原则、损失补偿原则和近因原则。

保险具有保险保障、资金融通和社会管理功能，是经济社会发展的"助推器"和"稳定器"。1993～2013年，我国各项保险赔款和给付支出累计达3.5万亿元，较好地发挥了经济补偿和社会风险管理功能。

保险保障是保险的基本功能，表现为财产保险的补偿功能和人身保险的给付功能。财产保险的补偿功能是指在特定灾害事故发生时，在保险的有效期和保险合同约定的责任范围以及保险金额限度内，按其实际损失金额给予补偿。通过补偿使得已经存在的社会财富因灾害事故所致的实际损失在价值上得到补偿，在使用价值上得以恢复，从而使社会再生产过程得以连续进行，维护国民经济的稳定和发展。人身保险的给付功能是指在保险合同约定的保险事故发生或者约定的年龄到达或者约定的期限届满时，保险人按照约定进行保险金的给付。

保险的资金融通功能和社会管理功能建立在保险保障功能基础之上。资金融通功能是指保险公司将保险资金中的闲置部分重新投入到社会再生产过程中所发挥的金融中介作用。保险公司将吸收的保费进行投资运作，是资本市场的重要机构投资者，有助于集中社会闲散资金，为经济发展提供资金支持。保险在参与社会风险管理、减少经济纠纷、完善社会保障制度等方面发挥的积极作用，是其社会管理功能的体现。

保险市场的经营主体包括保险人和保险中介两类。保险人是指与投保人订立保险合同，并承担赔偿或者给付保险金责任的保险公司，是保险产品的供给方。保险中介是服务于保险人和投保人之间，为促成保险交易提供中介服务活动并从中依法获取佣金或手续费的组织或个人，包括保险代理人、保险经纪人和保险公估人等。

二、保险市场的发展历程

改革开放以来，我国保险市场发展可以划分为恢复发展阶段、规范发展阶段和快速发展阶段。

（一）恢复发展阶段（1979～1995 年）

1979 年 4 月，国务院批转《中国人民银行分支行行长会议纪要》，明确提出要开展保险业务；同年 11 月，全国保险工作会议决定从 1980 年开始逐步恢复国内保险业务，大力发展涉外保险业务。保险法制建设起步，1985 年 3 月，国务院颁布中华人民共和国成立以来的第一部保险法规《保险企业管理暂行条例》。1995 年《中华人民共和国保险法》颁布实施。新保险机构陆续成立，平安保险、太平洋保险分别于 1988 年 3 月和 1991 年 4 月成立。1992 年，上海市试点保险市场对外开放，美国友邦保险有限公司在上海设立分公司，外国保险公司重新进入我国。

（二）规范发展阶段（1996～2000 年）

中国人民保险公司改制为中国人民保险公司、中国人寿保险公司和中国再保险公司，华泰财产保险股份有限公司、泰康人寿保险股份有限公司、新华人寿保险股份有限公司、永安保险股份有限公司和华安保险股份有限公司先后成立，分业保险公司不断涌现。1996 年，首家中外合资寿险公司——中宏人寿保险有限公司在上海成立。1998 年 11 月，中国保监会成立，全国统一的保险监管组织体系初步形成。

（三）快速发展阶段（2001 年至今）

2001 年中国出口信用保险公司成立，政策性保险机构进一步完备。国内保险公司通过在境外设立保险机构、在香港设立资产管理公司以及赴境外资本市场上市等方式"走出去"，中国人保、中国人寿、中国平安和新华保险先后在境外上市。2001 年我国加入世界贸易组织，对保险业作出"高水平、宽领域、分阶段开放"的承诺，保险业过渡保护期于 2004 年 12 月结束，保险业基本开放。保险法制建设继续推进，2001 年颁布《外资保险公司管理条例》，2003 年实施新《保险法》并于 2009 年进行了修订。2005 年成立保险保障基金，增强风险防范与化解能力。

三、保险市场的发展现状

我国已基本建立现代保险企业制度，形成了综合性、专业性、区域性和集团化发展齐头并进，原保险、再保险、保险中介、保险资产管理协调发展的现代市场体系，构建了以偿付能力监管、公司治理监管和市场行为监管为支柱的保险业现代监管框架。1980 年至今，我国保费收入年均增长 28.3%。2013 年保费收入 1.72 万亿元，居世界第四位。4 家保险公司进入世界 500 强。

（一）市场经营主体

保险机构专业化、多元化发展，国有控股（集团）公司、股份制公司、政策性公司、专业性公司、外资保险公司等多种组织形式、多种所有制成分并存，公平竞争、共同发展的市场格局初步形成。2013 年，全国保险法人机构 174 家。其中，保险集团和控股公司 10 家，财产险公司 63 家，人身险公司 71 家，再保险公司 8 家，保险资产管理公司 18 家，出口信用保险公司 1 家，其他机构 3 家。

（二）保险市场产品

保险产品品种不断丰富。人身险方面，除了普通型人寿保险（死亡保险、生存保险、两全保险）外，分红保险、投资连结保险、万能险等收益直接与保险公司投资绩效挂钩、客户与保险人共同承担投资风险的新型险种发展较快，分红保险保费收入在寿险中占比达 80%。财产险方面，主要产品包括车险、企财险、货运险、意外险和责任险，其中车险保费占财产险保费收入的 70% 以上。保险业务平稳增长，原保费收入从 1980 年的 4.6 亿元提高至 2013 年的 17222 亿元。

（三）保险资金运用

保险业资产规模较快增长，全国保险总资产从 1980 年末的不足 4 亿元增至 2013 年末的 8.3 万亿元。2013 年末保险业净资产 8475 亿元。保险资金运用渠道多元化，截至 2013 年末，保险资金运用余额 76871 亿元，其中银行存款 22641 亿元，债券投资 33375 亿元，股票和证券投资基金 7685 亿元，其他投资 12992 亿元。2013 年保险资金运用收益 3658 亿元，平均收益率为 5.04%。截至 2014 年 9 月末，全国保险总资产已达到 9.6 万亿元。

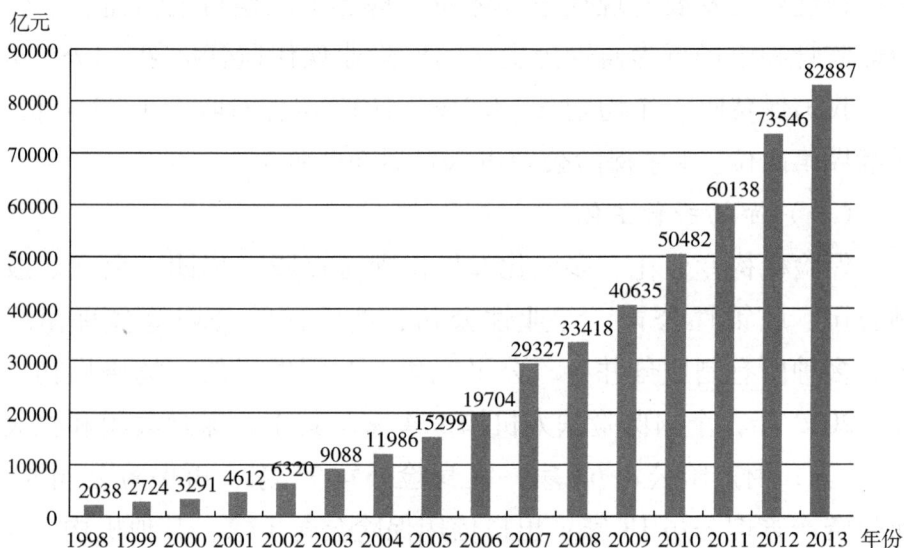

图 3 - 2　中国保险业总资产

四、保险市场的发展前景

2014 年 8 月 13 日，国务院发布了《关于加快发展现代保险服务业的若干意见》。加快发展现代保险服务业，是贯彻落实中共十八届三中全会精神、将保险业纳入经济社会发展全局统筹谋划的重大战略举措，对于保险业改革发展和服务全局都具有里程碑意义，必将开启保险业发展的新纪元。

一是明确了发展现代保险服务业的目标定位，勾画了未来一个时期保险业的发展蓝图。首次提出了现代保险服务业的概念，指出保险是现代经济的重要产业和风险管理的基本手段，是社会文明水平、经济发达程度、社会治理能力的重要标志。明确了未来一个时期保险业的发展目标，到 2020 年，基本建成保障全面、功能完善、安全稳健、诚信规范，具有较强服务能力、创新能力和国际竞争力，与我国经济社会发展需求相适应的现代保险服务业，使保险成为政府、企业、居民风险管理和财富管理的基本手段，成为提高保障水平和质量的重要渠道，成为政府改进公共服务、加强社会管理的有效政策工具。保险深度达到5%、保险密度达到3500元/人。

二是创新了发展现代保险服务业的思路举措，拓展了保险业服务经济社会的深度和广度。明确了保险业在社保体系中的支柱作用，完善多层次社会保障体系。支持有条件的企业建立商业养老健康保障计划。大力发展商业养老保险、健康保险，鼓励开发多样化的养老、医疗、疾病保险等产品。研究建立巨灾保险基金、巨灾再保险等制度，逐步形成财政支持下的多层次巨灾风险分散机制。积极探索推进具有资质的商业保险机构开展各类养老、医疗保险经办服务。以与公共利益密切相关的环境污染、食品安全、医疗责任等为重点，开展强制责任保险试点。鼓励发展治安保险、社区综合保险等新兴业务，探索保险业参与公共事务的新模式。积极发展农业保险以创新支农惠农方式，支持保险机构提供保障适度、保费低廉、保单通俗的"三农"保险产品。充分发挥保险资金长期投资的独特优势，支持新型城镇化、重大基础设施建设和棚户区改造等，为股票和债券市场提供长期稳定的资金来源。

三是完善了发展现代保险服务业的政策体系，营造了保险业发展的良好氛围。对商业化运作的保险业务，营造公平竞争的市场环境；对具有社会公益性、关系国计民生的保险业务，创造低成本的政策环境，给予必要的扶持；对服务经济提质增效升级具有积极作用，但目前基础薄弱的保险业务，要更好地发挥政府的引导作用。建立保险监管协调机制，加强保险监管跨部门沟通协调和配合，形成促进商业保险与社会保障有效衔接、保险服务与社会治理相互融合、商业机制与政府管理密切结合的机制。鼓励政府通过多种方式购买保险服务。完善税收和财政政策，适时开展个人税收递延型商业养老保险试点，落实和完善企业为职工支付的补充养老保险费和补充医疗保险费的有关税收优惠政策，完善对农业保险的财政补贴政策。加强养老产业和健康服务业用地保障。

四是夯实了发展现代保险服务业的行业基础，提出了保险业自身建设的任务和措施。加快建立现代保险企业制度，完善保险公司治理结构，全面深化寿险和商业车险费率市场化改革，深入推进保险市场准入退出机制改革，加快完善保险市场体系等。鼓励中资保险公司尝试多形式、多渠道"走出去"，支持中资保险公司通过国际资本市场筹集资金，多种渠道进入海外市场等，努力扩大保险服务出口。细化了加强行业基础建设的具体措施，指明了加强监管的主要内容。

第五节　期货市场

一、基本概念和市场功能

期货通常指期货合约，是期货交易所统一制定的、规定在未来某一特定时间和地点交割一定数量标的物的标准化合约，包括商品期货合约、金融期货合约及其他期货合约。期货交易即期货合约的买卖。

期货市场是进行期货交易的场所，广义的期货市场包括监管部门、交易所、经纪公司和交易者，狭义的期货市场仅指期货交易所。

期货市场主要功能包括风险规避、价格发现和资产配置等，是现代金融市场体系中不可或缺的重要组成部分。

期货市场风险规避功能是指利用现货市场和期货市场的价格变动趋势十分接近的特点，在期货市场上进行与现货市场数量相同但方向相反的交易，从而在两个市场上建立一种相互冲抵的机制，规避价格波动风险。

价格发现功能是指期货市场通过公开、公正、高效、竞争的期货交易运行机制，形成具有真实性、预期性、连续性和权威性价格的过程。期货交易所聚集了众多的买方和卖方，以公开竞价的方式形成期货价格，可以准确地反映真实的供求状况及价格变动趋势，是期货及现货市场交易者进行决策的重要参考依据。

资产配置功能是期货市场近年来逐步显现的新功能。2008年爆发于美国的金融危机为全球经济带来了更多的不稳定因素，市场波动加大，越来越多的投资者开始借助期货市场套期保值功能对所持有的资产进行保护。同时，大宗商品期货特别是贵金属期货价格会随着通货膨胀预期的上升而上升，是对抗通货膨胀的有效工具。

期货市场的主要参与者包括监管部门、期货交易所、期货经纪公司和期货交易者四大类。

期货交易所是为期货交易提供场所、设施、相关服务和交易规则的机构。期货交易所的组织形式分为会员制和公司制两种，会员制期货交易所的注册资本划分为均等份额，由会员出资认缴，公司制期货交易所采用股份有限公司的组织形式。会员制的非营利性会降低交易所的管理效率，已不能适应日益激烈的竞争环境，近年来，公司制改革和公开发行上市成为全球交易所发展的一个新方向。

期货经纪公司是指代理客户进行期货交易并收取交易佣金的中介组织。期货交易所对会员实行总数控制，只有成为交易所的会员，才能取得场内交易席位并在期货交易所内进行交易，非会员需通过期货公司代理交易。

期货市场交易者可以分为套期保值者、期货投机者和期货套利者。套期保值是指通过持有与其现货市场头寸相反的期货合约，或将期货合约作为现货市场未来要进行的交易的替代，以期对冲价格风险的方式。期货投机是指交易者通过预测期货合约未来价格的变化，以在期货市场上获取价差收益为目的的期货交易行为。期货套利是指利用相关市场或相关合约之间的价差变化，在相关市场或相关合约上进行方向相反的交易，以期价差发生有利变化时，同时将持有头寸平仓而获利的交易行为。

期货交易的品种包括商品期货和金融期货两大类。商品期货是期货交易的起源，最早萌芽于欧洲的农产品远期交易，在农产品收获以前，商人先向农民预购农产品，待收获以后，农民再交付农产品。规范的现代期货市场 19 世纪中期产生于美国芝加哥，1848 年芝加哥期货交易所（Chicago Board of Trade，CBOT）成立，1865 年芝加哥期货交易所推出了标准化远期合约，同时实行了保证金制度，从而形成了真正意义上的期货合约。

金融期货从 20 世纪 70 年代起大量出现并逐渐占据了期货市场的主导，主要品种包括外汇期货、利率期货、股指期货和股票期货。近二十年来，金融期货品种的交易量已远超商品期货，期货市场主导产品逐渐从农产品转变为金融期货。

期货合约的要素很多，包括合约名称、交易单位、报价单位、最小变动价位、合约交割月份、交易时间、最后交易日、交割日期、交割等级、交割地点、交割方式等。其中，交割方式可分为实物交割和现金交割两种，商品期货通常采取实物交割，金融期货多采取现金交割。大连商品交易所黄大豆 1 号期货是较为成熟的期货品种，可以准确地反映期货合约各主要要素。

表 3-2　　　　　　　　大连商品交易所黄大豆 1 号期货合约

交易品种	黄大豆 1 号
交易单位	10 吨/手
报价单位	元（人民币）/吨
最小变动价位	1 元/吨
涨跌停板幅度	上一交易日结算价的 4%
合约交割月份	1、3、5、7、9、11 月
交易时间	每周一至周五上午 9:00~11:30，下午 1:30~3:00
最后交易日	合约到期月份第十个交易日
最后交割日	最后交易日后七日（遇法定节假日顺延）
交易品种	黄大豆 1 号
交割等级	大连商品交易所黄大豆 1 号交割质量标准（FA/DCE D001—2009）（具体内容见附件）
交割地点	大连商品交易所指定交割仓库
交易保证金	合约价值的 5%
交易手续费	不超过 4 元/手（当前暂为 2 元/手）
交割方式	实物交割
交易代码	A
上市交易所	大连商品交易所

　　为保障期货市场功能的实现，期货交易有很多特殊的制度安排，比较有代表性的是保证金制度及"逐日盯市"制度。

　　保证金交易也被称为"杠杆交易"，是指交易者在买卖期货合约时需按合约价值的一定比例缴纳保证金（一般为 5%~15%）作为履约保证，期货交易金额一般数倍于保证金金额，保证金比例越低，杠杆效应就越大。

　　期货交易实行当日无负债结算，也称为逐日盯市（Marking - to - Market）。结算部门在每日交易结束后，按当日结算价对交易者结算所有合约的盈亏、交易保证金及手续费、税金等费用，对应收应付的款项实行净额一次划转，并相应增加或减少保证金。当日无负债可以有效防范风险，保障期货市场的正常运转。

二、期货市场发展历程

（一）商品期货市场的发展

我国期货市场的产生起因于 20 世纪 80 年代的改革开放，为了解决农产品价格波动过大的难题，使资源能得到更加合理的使用，党中央和国务院领导决定研究和发展期货交易。1990 年 10 月，郑州粮食批发市场经国务院批准，引入期货交易机制，成为我国第一个商品期货交易所。随后，我国期货市场飞速发展，但由于缺乏统一管理，受部门和地方利率的驱动，各地各部门纷纷创办各种各样的期货交易所，到 1993 年下半年，全国各类期货交易所达 50 多家，期货经纪机构近千家，期货市场一度陷入了一种无序状态，多次酿成期货市场风险。

从 1993 年起，国务院开始治理整顿期货市场，首当其冲的是对期货交易所的清理，至 1998 年，国务院将国内的期货交易所精简合并为 3 家，分别是郑州商品交易所、大连商品交易所和上海期货交易所，期货品种也由 35 个降至 12 个。

1999 年以来，国务院及有关部门先后颁布了《期货交易管理暂行条例》、《期货交易所管理办法》、《期货经纪公司管理办法》等法规，期货市场逐步走向法制化和规范化。在此基础上，期货市场还出台了实时期货交易保证金存管制度、设立期货投资者保障基金、建立期货公司风险监管指标体系等一系列旨在保护投资者合法利益和提高期货公司风险控制水平的举措，期货市场法规体系和监管体制不断完善。

（二）我国金融期货市场的发展

1992 年我国首次推出国债期货，1995 年国债期货市场出现了个别机构投资者采用透支交易及超仓等手段违规操纵市场价格的现象，并造成了"327国债"风波和"319国债"风波，国债期货市场被叫停。1992年我国也曾推出过外汇期货，但受制于当时人民币国际化程度不高、交易不够活跃而停办。

近年来，随着金融市场和期货市场基础制度不断完善，金融期货也获得了新的发展机遇。2006年9月，中国金融期货交易所在上海成立，2010年4月推出沪深300股票指数期货、2013年9月恢复5年期国债期货，对于丰富金融产品、为投资者开辟更多投资渠道，完善资本市场体系、发挥资本市场功能，以及深化金融体制改革具有重要意义。

三、期货市场发展现状

（一）期货交易所发展现状

经过数十年的发展，我国已建立了比较完善的期货市场架构。目前，国内有四家期货交易所：会员制的上海期货交易所、郑州商品交易所和大连商品交易所，以及公司制的中国金融期货交易所。

郑州商品交易所成立于1990年10月，是在郑州粮食批发市场的基础上发展起来的，目前上市交易的主要品种包括棉花、白糖、精对苯二甲酸（PTA）、菜籽油、小麦、早籼稻、甲醇和玻璃等。

大连商品交易所成立于1993年2月，上市交易的主要品种有玉米、黄大豆、豆粕、豆油、棕榈油、线型低密度聚乙烯（LLDPE）、聚氯乙烯（PVC）、焦炭期货等。

上海期货交易所是由上海金属交易所、上海粮油商品交易所和上海商品交易所于1998年合并组建而成，上市交易的主要品种有黄金、白银、铜、铝、锌、铅、螺纹钢、线材、天然橡胶、燃料油期货等。

中国金融期货交易所是经国务院同意、中国证监会批准，由上海期货交易所、郑州商品交易所、大连商品交易所、上海证券交易所和深圳证券交易所共同发起设立的交易所，上市交易的是金融期货品种，包括沪深 300 股指期货和 5 年期国债期货。

（二）期货品种及交易量

目前，中国期货市场在品种数量、行业结构、期货公司业务范围层面均实现了突破，市场规模及影响力显著提高。截至 2013 年底，4 家期货交易所已上市 40 个期货品种，品种体系覆盖农产品、金属、能源化工产品和金融期货等品种，从单一品种发展到了产业链上下游，进一步拓展了服务实体经济的深度和广度。

根据美国期货业协会（FIA）统计的 2013 年全年成交量数据，大连商品交易所、上海期货交易所、郑州商品交易所和中国金融期货交易所的成交量世界排名依次为第 11、第 12、第 13 和第 19 位。从商品大类来看，中国已有多个品种的期货在全球名列三甲，其中豆粕在农产品类中排名第 1 位，菜籽油在农产品类中排名第 2 位，豆油在农产品类中排名第 3 位；螺纹钢在金属类中排名第 1 位，铜在金属类中排名第 2 位；白银在贵金属类中排名第 1 位。

（三）期货公司发展现状

随着期货市场的不断发展，中国期货公司的经营范围逐步从单纯的期货经纪业务向风险管理业务、境外期货经纪业务和资产管理业务等拓展。目前，期货公司风险管理子公司逐步开展了仓单服务、基差交易、合作套保、定价服务等业务，但相关财务、税务处理等配套政策有待进一步完善，风险管理子公司的业务目前仍处于起步阶段。

随着金融市场开放程度的不断提高和期货市场国际地位的不断上升，中国期货公司的国际化步伐明显加快。2013 年 7 月，广发期货收购法国外贸银行持有的英国 NCM 期货公司 100% 的股权，间接获得了伦敦金属交易所（LME）等多个期货交易所的结算会员资格，并可以快速开展受英国金融服务管理局（Financial Service Authority, FSA）监管的各种业务。

四、期货市场发展前景

中共十八届三中全会明确提出，要使市场在资源配置中起决定性作用，深化体制改革，健全多层次资本市场体系，鼓励金融创新、丰富金融市场层次和产品。这些都对期货市场的改革和发展提出了新的要求。

一是期货市场创新稳步推进，商品期货和金融衍生品市场体系更加完善，原油等战略性资源品种和宜农期货品种逐步上市；期权、商品指数、碳排放权等新型交易工具加紧推进，其他权益类、利率类、汇率类金融衍生品也将稳妥发展。二是已上市期货品种交易制度更加精细化，连续交易试点逐步推广，期货市场更加贴近实体经济，贴近"三农"。三是期货市场管制有望进一步放松，行政审批事项逐步取消或下放；期货市场监管进一步加强，多层次风险防控网络逐步健全。四是法律法规体系更加完善，期货市场交易机制、主体规范、风险控制、投资者保护机制更加明确和完善。五是期货公司实力和开放度有望增强。通过兼并重组、增资扩股等方式，期货公司进一步壮大规模和实力，国际经营能力进一步增强。

第六节　金融衍生产品市场

一、基本概念和市场功能

按照1994年7月巴塞尔银行监管委员会发布的《衍生证券风险管理指导条文》的定义，金融衍生产品（也称衍生证券）是一种金融合约，包括远期合约、期货合约、掉期（也称互换）合约以及期权合约，其价值取决于作为基础标的物的资产或指数。尽管某些金融衍生产品的结构极其复杂，但所有金融衍生产品都可划分为期权和远期合约这类基本构件或它们的某种组合。金融衍生产品的使用，可以使金融风险转移给那些更愿意或者更适合承担与管理这些风险的机构。

我国相关金融监管部门也对金融衍生产品进行了定义。如中国银监会发布的《银行业金融机构衍生产品交易业务管理办法》将衍生产品定义为一种金融合约，其价值取决于一种或多种基础资产或指数，合约的基本种类包括远期、期货、掉期和期权，还包括具有远期、期货、掉期和期权中一种或多种特征的混合金融工具。中国保监会发布的《保险资金参与金融衍生产品交易暂行办法》则将金融衍生产品定义为，其价值取决于一种或多种基础资产、指数或特定事件的金融合约，包括远期、期货、期权及掉期。

根据产品形态分类，金融衍生产品可分为独立衍生产品和嵌入式衍生产品。根据基础产品种类，金融衍生产品可划分为利率衍生产品、汇率衍生产品、信用衍生产品、股权类衍生产品以及其他衍生产品。根据交易方式及特点，金融衍生产品可分为金融远期、金融期货、金融期权、金融互换和结构化金融衍生产品。根据交易场所，金融衍生产品可分为场内交易的衍生产品和场外市场交易的衍生产品。

金融衍生产品一般具有以下三个较为显著的特征：一是跨期性。金融衍生产品是交易双方约定，在未来某个时间按照一定条件进行交易或选择是否交易的合约。二是杠杆性。金融衍生产品交易往往只需要支付少量保证金或权利金，在放大收益的同时也可能放大风险，具有一定的杠杆性。三是联动性。金融衍生产品的价值与基础产品或基础变量紧密联系。基础工具的价格变动及其他相关因素的变化决定了金融衍生产品交易盈亏具有较强的波动性或不确定性。此外，其他可能影响金融衍生产品定价估值的风险因素还包括信用风险、市场风险、流动性风险等。

金融衍生产品市场最主要的功能是进行风险管理。根据金融衍生产品交易者对风险的不同偏好程度以及交易的不同动机和目的，可以将参与主体划分为套期保值者、投机者和套利者三类。

　　套期保值者（hedger）的目的在于规避风险，希望通过衍生交易，或者传统交易与衍生交易的组合，或者若干衍生交易的组合，在一个市场（产品）上交易的损失可以由另一个市场（产品）的交易收益来弥补。投机者（speculator）的目的是追逐风险利润，投机者一般会在预测价格上升时先买后卖，在预测价格下跌时先卖后买。套利者（arbitrager）是衍生产品市场上另一类重要的参与者。套利者的主要目的是利用市场的低效率来获取无风险利润。套利者可利用期货市场和现货市场之间、不同期货市场之间、不同期货合约之间或者同种商品不同交割月份之间出现的价格不合理关系，通过同时买进卖出赚取价差收益。

二、金融衍生产品市场发展历程

　　1992 年 6 月 1 日上海外汇调剂中心率先推出外汇期货，标志着我国金融衍生产品市场开始起步。此后，我国金融衍生产品市场先后出现了国债期货、股指期货及认股权证等场内交易的衍生产品。但由于当时市场需求严重不足、市场发展不规范等原因，此后陆续暂停。

　　进入 21 世纪后，随着经济金融的发展以及对外开放进程的加快，在利率市场化改革、人民币汇率形成机制改革不断深化的大背景下，工商企业、金融机构等经济主体面临的利率、汇率波动有所加大，对风险管理和对冲工具的需求日益增加，从而为金融衍生产品的发展创造了客观条件。2005 年以来，银行间市场陆续推出了债券远期和人民币外汇远期等金融衍生产品。与此同时，伴随着股权分置改革的开展，认股权证等股权类衍生产品开始进入普通投资者的视野。此后，我国金融衍生产品市场特别是场外衍生产品市场取得了较快发展，陆续引入了人民币外汇掉期、人民币外汇期权、远期利率协议、人民币利率互换、信用风险缓释工具等交易品种。这标志着我国的金融衍生产品市场初步建立。

三、金融衍生产品市场发展现状

目前，我国初步形成了场内衍生产品市场与场外衍生产品市场相结合的金融衍生产品市场体系。金融衍生产品种类也日益丰富，主要包括利率、汇率、信用、股权、黄金等类别的衍生产品。

（一）利率衍生产品

国债期货。我国的国债期货交易始于 1992 年 12 月，但在 1995 年的"327 国债"风波暴露较大风险后被叫停。在总结经验教训的基础上，2012 年 2 月，中国金融期货交易所重新启动了国债期货仿真交易。2013 年 9 月，国债期货正式重启，在中国金融期货交易所上市交易。2013 年，国债期货累计交易 328795 手，成交额 0.3 万亿元（单边计算）。

利率互换。利率互换是指交易双方约定在未来一定期限内，根据约定的本金和利率计算利息并进行利息交换的金融合约。目前，我国人民币利率互换浮动端的参考利率包括回购利率（REPO）、上海银行间同业拆放利率（Shibor）与定期存贷款利率三个大类，合约期限涵盖了 1 个月至 10 年期的各个关键期限。截至 2013 年末，已有 107 家金融机构可开展人民币利率互换交易。2013 年全年累计成交 24409 笔，名义本金 2.7 万亿元，年末的未平仓合约名义本金总计 2.6 万亿元（单边计算）。

债券远期。债券远期是指交易双方约定在未来某一时间内以约定价格和数量买卖标的债券的金融合约。债券远期的标的债券主要集中在国债、政策性金融债、短期融资券等券种。

远期利率协议。远期利率协议是指交易双方约定在未来某日，交换协议期间内一定名义本金基础上分别以固定利率和标的利率计算的利息的金融合约。截至 2013 年末，共有 57 家金融机构可参与人民币远期利率协议交易。目前，人民币远期利率协议交易的参考利率均为 Shibor 利率。

（二）汇率衍生产品

人民币外汇远期。人民币外汇远期是指交易双方以约定的外汇币种、金额、汇率，在约定的未来某一日期交割的外汇对人民币的交易。目前可开展的人民币外汇远期交易共有美元、欧元、日元、英镑、港元、澳元、加元 7 个币种。外汇远期交易报价期限涵盖 17 个标准期限，实际成交也可以是非标准期限。2013 年，人民币外汇远期市场成交 323.7 亿美元。

人民币外汇掉期。人民币外汇掉期是指交易双方约定一前一后两个不同的交割日、方向相反的两次本外币交换。目前可开展的人民币外汇掉期交易共有美元、欧元、日元、英镑和港元 5 个币种。掉期交易报价期限涵盖 17 个标准期限，实际成交可以是非标准期限。2013 年，人民币外汇掉期市场成交 3.4 万亿美元，占人民币汇率衍生产品交易的 98.4%。共有 88 家中外资金融机构参与人民币外汇远期和掉期市场。

人民币外汇货币掉期。人民币外汇货币掉期是指在约定期限内交换约定数量人民币与外币本金，同时定期交换两种货币利息的交易。货币掉期交易的货币对为人民币对美元、港元、日元、欧元和英镑。货币掉期交易中人民币参考利率为经中国人民银行授权全国银行间同业拆借中心发布的具有基准性质的货币市场利率，或中国人民银行公布的存贷款基准利率；外币参考利率由交易双方协商约定，一般为 Libor 加减一定基点值。2013 年，人民币外汇货币掉期交易成交 24.4 亿美元，共有 81 家中外资银行参与人民币外汇货币掉期交易。

人民币外汇期权。人民币外汇期权是指，期权买方通过支付期权费，拥有在约定的未来某一日期，以约定汇率进行人民币对外汇交易的权利。2011 年，银行间市场推出人民币外汇期权交易，货币对包括人民币对美元、港元、日元、欧元、英镑等，交易的期权类型为普通欧式期权，覆盖 13 个标准期限在内的 3 个品种报价。2013年，外汇期权市场成交量为 217.5 亿美元，共有 33 家中外资银行参与该市场。

外币对衍生产品。2007 年 3 月，银行间外汇市场推出了外币对衍生产品交易，交易品种为远期和掉期，共涵盖了 9 个货币对，采用询价交易模式。市场参与者目前包括 118 家中外资银行和 16 家做市商。2013 年，银行间市场外币对衍生产品共完成交易 296.4 亿美元。

（三）信用衍生产品

2010 年 10 月，信用风险缓释工具（Credit Risk Mitigation，CRM）正式推出，包括信用风险缓释合约、信用风险缓释凭证及其他用于管理信用风险的简单的基础性信用衍生产品。其中，信用风险缓释合约由信用保护卖方就约定的标的债务向买方提供信用风险保护，而买方则按照约定的标准和方式向卖方支付信用保护费用。信用风险缓释凭证是由标的实体以外的第三方创设的、为持有人提供信用风险保护的、可交易流通的有价凭证。

截至 2013 年末，有 16 家交易商累计达成了 46 笔信用风险缓释合约交易，名义本金合计 39.4 亿元，标的债务类型包括公司信用类债券和银行贷款；共有 6 家信用风险缓释凭证创设机构累计创设了 9 只信用风险缓释凭证，名义本金合计 7.4 亿元。

（四）黄金衍生产品

1. 黄金期货。2007 年，中国证监会批准上海期货交易所上市黄金期货，并于 2008 年 1 月 9 日成功推出黄金期货产品。截至 2013年末，上海期货交易所黄金期货累计成交 4017.56 万手（40175.6吨），累计成交金额 10.71 万亿元，黄金期货的价格发现功能全面提升，风险管理功能不断优化。

2. 黄金远期。黄金远期业务是指交易双方在约定的日期，以约定的价格、数量、成色、规格、交割方式等条件办理实物黄金交割的黄金业务。2013 年，境内以美元报价的黄金远期业务累计成交 697. 95 万盎司（217. 09 吨），成交金额 99. 66 亿美元；以人民币报价的黄金远期业务累计成交 22. 44 吨，成交金额 61. 8 亿元。

3. 黄金掉期。黄金掉期交易指交易双方约定一前一后两个不同的起息日进行方向相反的两次资金及实物的交割。在第一次交割中，一方按照约定的价格买入（卖出）黄金；在第二次交割中，该方再按照另一约定的价格卖出（买入）黄金。2013 年，境内以美元报价的黄金掉期业务累计成交 411. 74 万盎司（128. 07 吨），以人民币报价的黄金掉期业务累计成交 18. 63 吨。

（五）股权类衍生产品

1993 年 3 月 10 日，我国曾推出以深圳综合指数、深圳 A 股指数为标的的股指期货，但当年 9 月便被监管部门宣布停止交易。2010 年 4 月 16 日，沪深 300 股指期货合约正式上市。2013 年，沪深 300 股指期货市场累计成交约 1. 93 亿手（单边计算），累计成交金额 140. 7 万亿元，交易量排名全球股指期货第 5 位。

此外，在大宗商品衍生品方面，人民币远期运费协议（FFA）中央对手清算业务已于 2013 年推出，铁矿石、动力煤等其他品种的推出也在研究之中。

四、金融衍生产品市场发展前景

与成熟市场相比，我国的金融衍生产品市场仍处于发展初期。未来可从以下几个方面采取措施，推动金融衍生产品市场进一步发展：

一是坚持产品创新，丰富金融衍生产品品种。在条件成熟、风险可控的前提下，研究丰富利率、汇率类金融衍生产品，继续探索发展信用衍生产品，促进金融改革深化发展，切实服务实体经济。二是完善市场制度，加强市场规范管理。加强金融衍生品市场框架性制度建设，完善投资者保护制度，强化信息披露要求，提高市场透明度。三是采取有效措施，建立市场风险防范机制。督促和引导投资者建立健全内部控制和风险管理制度，加强金融衍生产品投资者教育，完善金融衍生产品交易风险预警和应急处置机制，有效防范系统性风险。四是加强监管协调，形成市场发展合力。建立金融衍生产品监管协调及信息共享机制，发挥监管合力。加强金融衍生产品交易一线监测，充分发挥行业自律组织的积极作用。五是加强市场基础性建设，夯实市场发展基础。加强金融衍生产品市场交易平台建设，强化场外金融衍生产品交易信息报告要求，推动场外金融衍生产品集中清算业务发展，完善金融衍生产品相关法律框架。

第七节　黄金市场

一、基本概念和市场功能

黄金是一种兼具商品、货币和金融多重属性的贵金属。历史上，黄金曾经扮演了多重身份，它可以是金属制品，也长期作为一种货币存在。1978年的《国际货币基金协定》宣布黄金不再作为货币价值标准，黄金法律层面进入非货币化阶段。近年来，由于黄金与其他金融资产相比，具有独特的避险和风险对冲功能，金融投资属性也越来越突出。

鉴于黄金的多重属性，除决定一般商品价格的供求因素外，影响黄金价格的因素也较为复杂。通常而言，因为黄金以美元标价，美元与黄金价格呈现负相关，美元强则黄金跌。当主要经济体中央银行增加货币供给时，通胀预期增强，黄金价格往往会上涨；重大政治事件、战争等政治因素及金融危机等会诱发恐慌情绪，推高黄金价格；此外，由于大量黄金以储备货币形式由各中央银行持有，中央银行黄金储备政策的调整也会直接影响黄金价格。

黄金市场是进行黄金交易的场所。随着黄金的金融属性日益突出，黄金市场也成为金融市场体系不可或缺的组成部分。相较于其他金融市场，黄金市场的功能较为独特。一是满足商品流通的需要。产金、用金企业通过黄金市场买卖黄金原料，个人通过黄金市场购买黄金首饰等黄金制品进行消费。二是投融资功能。参与者可以通过黄金积存、黄金定投等产品拓宽投资渠道，分散投资风险，也可以通过黄金租赁和拆借交易进行融资。三是套期保值和价格发现功能。黄金期货等黄金衍生产品可以被黄金企业用来规避价格变动的风险，同时黄金衍生品交易又进一步促进了市场的价格发现。四是宏观调控功能。黄金市场是中央银行调控货币供应、改善国际收支、运营国家战略储备的重要场所。

国际黄金市场历史悠久。早在1919年，伦敦黄金市场便正式开始运行。目前国际黄金市场交易主要分为两大类：一是传统型的黄金现货交易，以伦敦、苏黎世为代表，主要是场外交易；二是黄金衍生品交易，包括黄金期货、期权、黄金远期和互换等，黄金期货集中在纽约商品交易所、东京商品交易所等进行。

伦敦是世界最大的黄金现货市场，也是大多数中央银行进行黄金交易的场所，更是全球黄金市场价格的主要决定者。每天上午10点和下午3点由五大报价行确定的定盘价，是全球现货黄金交易的基准。伦敦市场由伦敦金银市场协会实行自律监管，在正式报价时间外，以做市商为主体，提供24小时场外交易。美国黄金市场以黄金期货和期权交易为主。其中，占统治地位的是纽约商品交易所（COMEX）和芝加哥商品交易所（CBOT）。纽约商品交易所于1974年最先推出黄金期货，1982年开始黄金期权交易，是目前全球黄金衍生品交易量最大的交易所。

二、黄金市场发展历程

新中国成立后，我国对黄金实行严格管制，金矿归国家所有，金银也不得在民间买卖。改革开放后，为适应国家经济建设需要，黄金生产和流通管理政策逐步由单纯保管型向经营管理型转变。1982年，中国人民银行放开了黄金饰品零售市场；1983年6月，国务院发布《中华人民共和国金银管理条例》，对统购统配黄金管理制度进行了进一步规范。2001年，中国人民银行宣布取消黄金"统购统配"计划管理体制；6月，正式启动黄金价格周报价制度，8月，放开黄金首饰统一定价。2002年10月30日，上海黄金交易所成立，标志着我国黄金管理体制改革实现重大突破。此后，中国人民银行停止黄金配售业务，并在较短时期内停止黄金收购，黄金价格完全交由市场决定。同年，中国人民银行批准工商银行、农业银行、中国银行和建设银行开办八项黄金业务。2004年，国务院取消了黄金制品生产、加工、批发业务审批以及黄金制品零售业务核准等行政许可项目，黄金制品零售市场完全放开，至此，黄金市场改革初步完成，步入良性发展轨道。

三、黄金市场发展现状

近年来，黄金市场发展十分迅速，市场体系初步形成，产品日益丰富，制度和基础设施建设不断完善，市场功能初步发挥。

（一）黄金市场的市场体系

当前我国黄金市场已经初步形成了上海黄金交易所黄金业务、上海期货交易所黄金业务和商业银行黄金业务共同发展的市场格局，形成了与黄金产业协同发展的良好局面。

上海黄金交易所主要提供黄金、白银、铂等贵金属的交易、清算、交割、储运以及信息等相关服务。截至2013年底，交易所共有会员166家，包括商业银行和产金、用金企业等；此外，6000余家企业客户和400余万个人投资者通过会员代理参与交易所交易。交易所交易方式包括标准化合约的场内集中竞价和场外询价交易。2013年，上海黄金交易所黄金累计成交11614.45吨，是2003年交易量的 24.7 倍；成交金额 32133.84 亿元，是 2003 年的 70 倍。

上海期货交易所黄金期货于 2008 年 1 月正式上市，目前已成为仅次于美国的全球第二大黄金期货市场。在上海期货交易所现有的 200 多家会员中，参与黄金期货交易的会员约占 85%。2013 年，上海期货交易所黄金期货累计成交 40175.6 吨，是 2008 年的 5.2 倍；累计成交金额 10.7 万亿元，是 2008 年的 7.1 倍；黄金期货占到 2013 年上海期货交易所总成交金额的 8.9%。

商业银行黄金业务发展也十分迅速。截至 2013 年末，全国共有 170 余家银行类金融机构开展了黄金业务。2013 年，商业银行在上海黄金交易所交易量为 7008.2 吨，占该所黄金交易总量的 60.3%；境内各项场外黄金业务成交 4522.2 吨，境外黄金交易成交 7488.7 吨。商业银行既是场内交易所的重要参与者，同时其柜台也是场外市场的重要组成部分，在黄金市场体系中占有十分重要的地位。

除上海黄金交易所、期货交易所和商业银行外，众多黄金企业也通过柜台销售黄金首饰等制品，满足百姓的消费需求和投资需求。

（二）黄金市场的产品类别

上海黄金交易所的黄金现货交易和黄金现货延期交易品种。上海黄金交易所提供了 Au99.99、Au100g 和 Au50g、Au99.95 等黄金现货合约，交易黄金包括 99.99% 和 99.95% 两种成色。现货合约采用全额交易方式，成交后实时实物交割。个人客户只能交易 Au99.95、Au99.99 和 Au100g 三个品种。黄金现货延期合约包括 Au（T＋D）、Au（T＋N1）和 Au（T＋N2）3 个品种。与现货交易相比，黄金现货延期合约具有以下特点：一是允许买卖双方自主选择收货和交货时间；二是采取保证金方式，保证金比例由交易所根据市场风险调整；三是允许卖空。除交易所会员外，个人投资者或机构需经由交易所会员代理才能参与交易。

上海期货交易所的黄金期货。黄金期货于 2008 年 1 月推出，交割实物为成色不低于 99.95% 的 3000 克或 1000 克标准金锭，交易单位为 1000 克/手，交割月份为最近三个连续月份的合约以及最近 11 个月以内的双月合约。采取保证金交易方式，由交易所根据合约到期日的临近，逐级调高保证金比例。

除了上海黄金交易所和上海期货交易所的产品，商业银行和黄金企业也在柜台提供了多种黄金产品供个人投资者选择。一是账户金产品，又称纸黄金。由商业银行作为做市商，参考国际黄金市场价格向个人投资者报价，只在账户内作收付记录，部分银行还提供做空机制，客户可根据自身需求选择是否提取黄金实物。账户金业务是交易量最大的银行自有黄金业务。二是黄金积存、黄金定投业务。主要由商业银行提供，投资者通过在商业银行开立账户，定期按照约定克数或约定金额购入黄金实物，达到一定数量后，客户可可以选择提取实物或向银行申请赎回获得现金。三是黄金理财产品，一些商业银行或基金公司向投资者发行的与黄金产品挂钩的理财类产品。四是实物黄金产品，包括金条、金币、金章和金饰等。金条及金币按照功能和用途不同又分为投资型和纪念型两种。投资型金条的价格主要围绕国际金价波动，加工成本较低，回购便利。纪念型金条、金币、金章和金饰因加工成本高，适合以收藏或消费为目的的投资者。通常销售实物黄金产品的黄金企业和银行也开展黄金回购业务。

同时，商业银行还面向黄金企业等机构投资者开展黄金租借和衍生品业务。黄金租借是指商业银行将持有的库存黄金借贷给其他商业银行或者产金、用金企业并按合同约定数额收取租金利息的业务，一般被用来融资或避险。国内商业银行与企业开展的场外衍生品业务包括黄金远期、黄金期权、黄金掉期等，主要帮助企业套期保值，防范黄金价格波动风险。

除上述产品外，各类投资者也可以通过购买交易所交易黄金基金（Exchange Traded Gold Fund，黄金 ETF）投资黄金市场。黄金

ETF 是国际个人投资者普遍选择的黄金投资产品，是以黄金为投资对象，紧密跟踪黄金价格，并在证券交易所上市交易的开放式基金产品。截至 2013 年末，共有 3 只黄金 ETF 在上海证券交易所和深圳证券交易所上市交易。

（三）主要制度和基础设施建设

2001 年以来，包括黄金进出口管理政策、对外开放政策、外汇政策、税收政策等在内的黄金市场政策框架不断完善。在进出口政策方面，为平衡国内黄金市场实物供求，中国人民银行逐步允许符合条件的机构开展黄金进口业务，截至 2013 年末，共有 12 家银行获得黄金进出口资格，进口黄金数量逐年增加。在对外开放政策方面，上海黄金交易所从 2007 年开始，先后引入 9 家外资银行在华营业机构成为会员，并于 2014 年 9 月在上海自由贸易试验区设立人民币计价、境外投资者直接参与交易的国际业务板块。在外汇政策方面，国家外汇管理局针对黄金进出口制定了专门的外汇管理政策，出台了一系列促进商业银行黄金业务开展的政策。在税收政策方面，针对黄金的金融属性，借鉴国际黄金市场特殊的税制安排，对黄金生产、进口和通过上海黄金交易所销售标准黄金实行免征和即征即退的增值税政策。

在基础设施建设方面，上海黄金交易所和上海期货交易所不断升级交易系统，完善灾难备份系统，确保交易系统高效稳健运行；先后推出夜市交易，使黄金交易时间与国际进一步接轨；建立了覆盖全国的黄金实物仓储、运输和交割体系，方便市场参与者在各地交货和提货；此外，两大交易所还建立了相应的合格金锭、金条质量认证制度，对符合要求并可以长期保证黄金产品质量的企业进行认证，只有经认证的企业精炼的黄金才可以进入交易所交易，确保实物黄金质量。

四、黄金市场发展前景

2010 年，中国人民银行、国家发展改革委、工业和信息化部、财政部、国家税务总局和中国证监会联合印发了《关于促进黄金市场发展的若干意见》，明确了黄金市场未来发展的总体思路和主要任务。2012 年，《金融业发展和改革"十二五"规划》进一步提出，要推动黄金市场稳步规范发展，改进黄金市场服务体系，完善黄金市场仓储、运输、交割和黄金账户服务体系。

与国际市场相比，国内黄金市场还存在规模较小、现货市场流动性不高、缺乏国际定价影响力、交易主体较为单一、产品种类有待丰富等问题。未来，黄金市场将按照从商品交易向金融交易、从现货交易向衍生品交易、从国内市场向国际市场转变的思路，重点在以下几个方面有所突破：一是逐步健全黄金市场体系，进一步发展黄金衍生品市场和黄金租借市场，充分发挥黄金市场在完善金融市场体系和支持黄金产业的作用；二是加快黄金产品创新，结合黄金产业及市场发展需要，推出更多的黄金市场产品，以满足黄金产业投融资和避险需求和投资者投资需求；三是扩大黄金市场投资主体，进一步引入证券公司、保险公司等境内金融机构及国际大型黄金产金和精炼企业；四是稳妥推动黄金市场对外开放，随着上海黄金交易所国际板的推出，我国黄金市场在国际上的影响力将得到逐步提升。

第八节　金融市场基础设施及中介服务机构

一、基本概念和市场功能

金融市场基础设施（Financial Market Infrastructures）是指用于为市场参与者之间的支付以及证券、衍生品等金融交易进行清算、结算和记录的多边系统，包括支付系统（Payment Systems）、中央证券存管机构（Central Securities Depositories）、证券结算系统（Securities Settlement Systems）、中央对手（Central Counterparties）和交易数据库（Trade Repositories）。

支付系统为参与者之间的资金转账提供服务。中央证券存管机构为参与者提供证券账户，并开展证券集中保管等服务，在确保证券的真实性和完整性方面发挥了重要作用。证券结算系统支持证券通过簿记系统进行转让和结算。中央对手介入金融交易的双方之间，成为每个卖方的买方和每个买方的卖方，并确保履行所有相关合约。交易数据库用于集中保存交易数据的电子记录。金融市场基础设施是金融市场乃至整个经济金融体系的运行基础，安全、高效的金融市场基础设施对于保障和提高金融市场运行效率、防范系统性风险具有重要意义；同时，由于其处于市场运转的核心连接点，自身安全尤为重要，出现问题就可能将风险传导、放大至整个金融体系，因此需要加强管理、确保安全。

2008 年国际金融危机爆发后，全球着力构建宏观审慎管理框架，意在弥补传统货币政策工具和微观审慎监管在防范系统性风险方面的不足。基础设施不仅与其他金融机构具有极强的关联性，也是监管当局对流动性、抵押品、衍生品等实施宏观审慎管理要求的重要依托，因此被视为系统重要性机构，是宏观审慎监管的重要对象。同时，国际社会对如何构建高效、透明、规范、完整的金融市场基础设施也达成了广泛共识。在金融稳定理事会的指导下，支付结算体系委员会和国际证监会组织汲取金融危机的教训，总结已有国际标准的执行经验，于 2012 年 4 月发布了《金融市场基础设施原则》（以下简称《原则》）。《原则》将各类金融市场基础设施纳入整体考虑，全面加强风险管理要求，从总体架构、信用风险和流动性风险管理、结算、中央证券存管和价值交换结算系统、违约管理、一般业务风险和运行风险管理、准入、效率和透明度等 9 个方

面详细规定了各类金融市场基础设施应遵守的 24 条原则，还指出了
金融监管部门应遵守的 5 项职责。世界银行、国际货币基金组织和
金融稳定理事会将在金融部门评估规划和同行评估项目中逐步采用
《原则》。我国已经承诺在管辖范围内最大限度地采纳《原则》。

　　2013 年 8 月，中国人民银行印发了《关于实施〈金融市场基础
设施原则〉有关事项的通知》，明确了金融市场基础设施应当遵守
《原则》，推动完善金融市场基础设施相关法律法规。

二、金融市场基础设施和中介服务机构的发展历程

　　我国资本市场初创时期，股票代客买卖、自营买卖、实物股票
过户等交易、结算业务均由证券公司完成。1990 年，上海证券交易
所和深圳证券交易所分别成立，为证券集中交易提供场所和设施，
组织和监督证券交易。此后郑州期货交易所、大连期货交易所、上
海期货交易所相继成立。1994 年 4 月，中国外汇交易中心暨全国银
行间同业拆借中心成立，是银行间外汇市场、银行间债券市场和银
行间同业拆借市场的统一交易平台，对我国人民币利率市场化和外
汇形成机制市场化改革发挥着重要作用。1996 年 12 月，在原中国
证券交易系统有限公司的基础上成立了中央国债登记结算有限责任
公司，承担银行间债券市场的债券登记、托管和结算职能。2001 年
3 月，中国证券登记结算有限责任公司成立，为证券交易所交易的
证券提供集中登记、存管与结算服务。2002 年 10 月，上海黄金交
易所正式开业运营。2006 年，中国现代化支付系统初步建成。2006
年 9 月，中国金融期货交易所成立。2009 年 11 月，银行间市场清
算所股份有限公司成立，主要提供中央对手方清算服务。

三、金融市场基础设施和中介服务机构的发展现状

（一）支付系统

我国现代化支付系统由中国人民银行自主开发建设，由中国人

民银行清算总中心运营维护，是银行体系和金融市场的公共支付清算平台，也是中国人民银行发挥其金融服务职能的重要的核心支持系统。我国现代化支付系统主要包括大额实时支付系统和小额批量支付系统两个应用系统。其中，大额实时支付系统采取逐笔实时方式处理支付业务，全额清算资金，侧重效率和安全；小额批量支付系统则在一定时间内对多笔支付业务进行轧差处理，净额清算资金，侧重经济性和大业务量。两个应用系统在不同层面满足社会各种经济活动的需要。

我国现代化支付系统有两级处理中心，即国家处理中心和全国省会（首府）及深圳城市处理中心。国家处理中心分别与各城市处理中心连接，其通信网络采用专用网络，以地面通信为主，卫星通信备份。存款类金融机构是中国现代化支付系统的主要直接参与者；为有效支持金融市场活动的开展，相关的金融市场基础设施也可以直接或间接参加中国现代化支付系统，处理相关的资金清算业务。2013 年，大额实时支付系统处理业务 5.95 亿笔，金额 2060 多万亿元；小额批量支付系统处理业务 10.40 亿笔，金额 20 万亿元。

（二）中央证券存管结算机构

我国实践中，中央证券存管机构和证券结算系统是合二为一的，因此可称为中央证券存管结算机构。目前，我国有三家机构承担中央证券存管结算机构职能，分别为中央国债登记结算有限责任公司、中国证券登记结算有限责任公司和银行间市场清算所股份有限公司。

1. 中央国债登记结算有限责任公司。中央国债登记结算有限责任公司是中国人民银行指定的银行间债券市场债券登记托管结算机构之一，其业务范围主要包括：设立和管理债券账户；债券登记、托管、结算、代理还本付息、债券等质押物的管理服务；为中国人民银行公开市场业务系统和债券发行提供技术支持；承担银行间债券市场债券交易结算的日常监测职能；监督柜台交易承办银行的二级托管业务；提供业务相关的信息、查询、咨询、培训服务；经中国人民银行批准的其他业务。截至 2013 年末，中央国债登记结算有限责任公司托管的债券总量为 26 万亿元，占全国债券托管总量的 88%。

2. 中国证券登记结算有限责任公司。中国证券登记结算有限责任公司承接了原来隶属于上海证券交易所和深圳证券交易所的全部登记结算业务，其业务范围主要包括：证券账户、结算账户的设立和管理；证券的存管和过户；证券持有人名册登记及权益登记；证券和资金的清算交收及相关管理；受发行人的委托派发证券权益；依法提供与证券登记结算业务有关的查询、信息、咨询和培训服务；证券监管部门批准的其他业务。截至 2013 年末，中国证券登记结算有限责任公司托管的各类证券总市值 23 万亿元。

3. 银行间市场清算所股份有限公司。经中国人民银行同意，银行间市场清算所股份有限公司目前也开展了银行间债券市场债券登记托管结算业务，其托管的主要债券品种为短期融资券、中期票据等公司信用类债券，以及其他创新金融产品。截至 2013 年末，银行间市场清算所股份有限公司托管的债券总量为 2.7 万亿元，占全国债券托管总量的 9%。

（三）中央对手

目前在我国金融市场承担中央对手职能的基础设施包括：银行间市场清算所股份有限公司、中国证券登记结算有限责任公司以及 4 家期货交易所的清算和结算部门。作为银行间市场的中央对手清算机构及债券登记托管结算机构，银行间市场清算所股份有限公司的业务范围主要包括：为金融市场直接和间接的本外币交易及其衍生产品交易提供登记、托管、清算、结算、交割、保证金管理、抵押品管理等服务；承担对市场交易清算的日常监测职能；提供业务相关的信息、查询、咨询、培训服务；经中国人民银行批准的其他业务。目前，银行间市场清算所股份有限公司已经初步建立了本外币、多产品、跨市场的清算业务体系，先后为债券现券、外汇、航运衍生品和场外金融衍生产品等交易建立了中央对手清算机制。

（四）交易数据库

交易数据库主要着眼于场外金融衍生产品市场，对交易数据进行集中收集、存储和披露，以提高市场透明度、服务于监管。目前，我国尚未建立正式的交易数据库，但中国外汇交易中心暨全国银行间同业拆借中心集中了我国场外金融衍生产品市场的绝大部分数据，在一定程度上发挥了交易数据库的作用。

（五）交易系统及场所

除了《金融市场基础设施原则》中明确的五类金融市场基础设施外，包括交易所等在内的中介服务机构也在金融市场中发挥着重要作用。

1. 证券交易所。上海证券交易所和深圳证券交易所分别于 1990 年 11 月 26 日和 1990 年 12 月 1 日成立，业务范围主要包括：提供证券交易的场所和设施；制定证券交易所的业务规则；接受上市申请，安排证券上市；组织、监督证券交易；对会员、上市公司进行监管；管理和公布市场信息。两家证券交易所的交易品种包括股票、债券、权证、ETF 等。2013 年，上海证券交易所成交金额 86.5 万亿元；深圳证券交易所成交金额 29.7 万亿元。

2. 期货交易所。当前，我国共有 4 家期货交易所，为郑州商品交易所、大连商品交易所、上海期货交易所和中国金融期货交易所，前三家为商品交易所。郑州商品交易所是经国务院批准成立的我国首家期货市场试点单位，1993 年 5 月推出标准化期货合约，实现了由现货到期货的过渡，目前交易的期货品种包括硬麦、强麦、棉花、白糖、菜籽油、精对苯二甲酸、早籼稻等。大连商品交易所成立于 1993 年 2 月，目前交易的期货品种包括黄大豆、玉米、豆粕、豆油、聚乙烯、棕榈油、聚氯乙烯等。上海期货交易所成立于 1999 年 12 月，由上海金属交易所、上海粮油商品交易所、上海商品交易所统一合并而成，目前交易的期货品种包括黄金、白银、铜、铝、锌、铅、螺纹钢、线材、燃料油、天然橡胶沥青等。中国金融期货交易所成立于 2006 年 9 月，由上海期货交易所、郑州商品交易所、大连商品交易所、上海证券交易所和深圳证券交易所共同发起设立，目前交易的品种有沪深 300 指数期货、5 年期国债期货。

3. 中国外汇交易中心暨全国银行间同业拆借中心。中国外汇交易中心暨全国银行间同业拆借中心的主要业务范围包括：为银行间同业拆借市场、债券市场、外汇市场等提供交易、信息、基准、培训等服务；承担上述市场交易的日常监测工作；为中央银行货币政策操作和传导提供服务；根据中国人民银行的授权，发布人民币汇率中间价、货币市场基准利率（Shibor）等；提供业务相关的信息、查询、咨询、培训服务；经中国人民银行批准的其他业务。2013 年，通过中国外汇交易中心达成的本币交易总量为 238.1 万亿元，外汇交易金额折合为 7.6 万亿美元。

4. 上海黄金交易所。上海黄金交易所业务范围包括：提供黄金、其他贵金属现货、延期及其衍生品交易服务；提供集中竞价交易、询价交易及其他交易方式；提供上市品种交易的场所、设施和相关服务，设计交易产品，安排产品上市，制定交易规则，组织并监督交易、结算、交割及其他相关业务；制定市场交割标准，提供账户服务、托管服务、交割服务、结算和清算服务、仓储运输服务、质押登记和租赁登记等服务；按照章程和交易规则对会员进行监督管理；中国人民银行规定的其他职责。2013 年，上海黄金交易所总成交量 44.22 万吨（含黄金、白金和铂金），成交金额 5.22 万亿元。

四、金融市场基础设施及中介机构发展前景

2011 年，国际货币基金组织和世界银行完成了对中国的首次金融部门评估规划，对我国金融市场基础设施给予了较高的评价，但

同时也指出，在相关法律框架、监管制度安排等方面仍有改进的空间。中共十八届三中全会明确指出要加强金融基础设施建设，保障金融市场安全高效运行和整体稳定。为贯彻落实中共十八届三中全会的改革发展精神，更有效地促进金融市场发展、维护金融稳定，下一步，我国应主要从以下几个方面继续推动金融市场基础设施发展：一是按照宏观审慎管理要求理顺金融市场基础设施运营机构管理体制机制，建立由中央银行牵头、相关部门参与的金融市场基础设施统一监管框架，并探索建立相关支持和风险处置机制。二是落实《原则》，定期开展相关评估，督促相关金融市场基础设施尽快达到《原则》的各项要求，促进其尽快满足国际金融监管部门在替代合规方面的要求，为未来"走出去"打下坚实基础。三是修订《破产法》、《物权法》、《证券法》等相关法律法规，以适应金融市场发展和基础设施安全、高效运行的需要。

第四章　金融调控

　　金融调控是宏观调控的重要组成部分。在现代经济生活中，金融调控职能主要由中央银行来履行。中央银行通过货币政策来调控货币信贷总量及利率水平，从而为经济、物价平稳运行和经济结构调整创造稳定适宜的货币金融环境。金融调控作为宏观经济的稳定器，在维护中国经济平稳较快发展、保持价格总水平基本稳定中发挥了重要作用。

　　金融调控的核心是制定和实施货币政策。本章围绕金融调控的基本理论及中国的实践，着重介绍中国的货币政策。首先提出货币政策的基本定义，描述货币政策框架的基本组成部分，包括货币政策目标、工具和传导机制。接下来的几节分别介绍主要的货币政策工具，包括利率、存款准备金、公开市场操作、再贷款和再贴现等。在利率部分，我们还对利率市场化改革进行了比较全面的回顾和展望。最后一节介绍 1993 年以来几轮金融调控的实践和经验，通过描述当时的经济金融背景、采取的主要调控措施及其效果，立体地展示中央银行如何运用货币政策工具，促进经济平稳健康发展。我们还介绍了金融调控取得的宝贵经验，并阐释了进一步完善金融调控的基本思路。本章穿插介绍了近年来货币政策框架的创新与发展，包括预期管理、宏观审慎政策、常备借贷便利和短期流动性调节工具等，还加入了一些热点和开放性的问题，如怎样看待货币总量、利率市场化和调控框架转型等，以帮助读者做进一步的思考和研究。

第一节　货币政策

根据广为接受的定义，货币政策是指中央银行为实现特定的经济目标而采用的各种控制和调节货币信贷及利率等变量的方针和措施的总称。完整的货币政策框架一般包括货币政策目标、货币政策工具和货币政策传导机制三大部分。货币政策的目标是指中央银行实施货币政策所要达到的目的，包括最终目标、中介目标和操作目标。货币政策工具是指中央银行为实施货币政策所采取的各种措施、手段和方法，常规的货币政策工具有公开市场操作、存款准备金、再贷款、再贴现等。中央银行根据货币政策目标，运用货币政策工具，通过金融机构的经营活动和金融市场传导至企业和家庭，对其生产、投资和消费等行为产生影响的过程，被称为货币政策传导机制。

实践中，世界上不同经济体的货币政策框架各有特色，货币政策目标、工具、传导机制等会出现不同的选择和组合。各经济体的货币政策框架也不是一成不变的，而是根据经济金融环境的发展变化不断演变，以适应调控的需要。总体来看，2008 年国际金融危机之前，全球货币政策逐渐向"单一目标、单一工具"的方向发展，通过调控政策利率在中期内将价格（主要是 CPI 或核心 CPI）稳定在目标水平是诸多中央银行的主流选择。2008 年国际金融危机后，国际上开始对宏观政策可能存在的问题进行深入的反思，货币政策理论和实践也在不断发展。不少经济体推出了非常规货币政策，并尝试建立宏观审慎政策框架，这些都给货币政策调控注入了新的内容。随着改革开放的逐步深入和经济发展环境的变化，中国的货币政策框架也在不断创新发展，金融调控的前瞻性、科学性和有效性进一步增强。

一、货币政策目标体系

中央银行制定和实施货币政策，是围绕实现货币政策目标进行的。确定货币政策目标是中央银行有效履职的基础。货币政策的最终目标一般包括价格稳定、经济增长及充分就业等。从现实情况看，既有中央银行直接盯住最终目标来实施操作，也有中央银行选择与最终目标具有相关性、可控性和可测性的中间目标，通过调节中间目标来影响和实现最终目标。

（一）最终目标

宏观调控的主要目标一般为价格稳定、经济增长、充分就业和国际收支平衡。现代经济理论和实践表明，货币政策在短期内会对经济增长、产出等产生影响，但长期看仅会导致物价水平的变化。因此，绝大多数中央银行选择以价格稳定作为货币政策的主要目标。

中国货币政策的最终目标经历了一个逐步演进的过程。1986年1月，国务院发布的《中华人民共和国银行管理暂行条例》规定"中央银行、专业银行和其他金融机构，都应当认真贯彻执行国家的金融方针政策；其金融业务活动，都应当以发展经济、稳定货币、提高社会主义经济效益为目标"。这是最早对货币政策目标的一个粗略表述，后来这一表述逐渐演变为"稳定货币、发展经济"。不过，作为转型中的发展经济体，在资金短缺、投资需求旺盛、企业和政府关联度高的情况下，货币政策的双重目标往往会导致以过量的货币发行来支撑经济暂时高速增长从而诱发通货膨胀这一问题，进而使国民经济出现周期性的震荡和调整。汲取这一教训，理论界和决策层开始重新审视货币政策目标问题。1995年3月颁布的《中国人民银行法》以法律形式规定中国货币政策的目标是"保持货币币值的稳定，并以此促进经济增长"，2003年修订后的《中国人民银行法》继续保留了此项规定。从现实情况看，中国经济正处于转型期，经济结构性矛盾突出，改革和发展的任务繁重，而金融机构是否稳健、金融生态的好坏都是货币政策能否有效传导的重要影响因素，这就要求通过深化金融改革，解决妨碍金融稳定的体制性问题，以更好地疏通货币政策传导机制。鉴于此，中国的货币政策在关注价格稳定的同时，也十分关注金融稳定和金融改革，并注意对发展、改革提供一定的配合与支持，统筹协调好物价、国际收支以及就业、增长等目标之间的关系。当然，防通胀一直是中央银行最主要的任务和使命，在货币政策中分量最大。

随着市场经济体制不断健全以及政府职能逐步转换，保持价格稳定的目标权重将会更高。这有利于增强中央银行保持低通货膨胀的信誉，增加货币政策透明度，维持比较稳定的通货膨胀预期，更好地促进经济平稳较快增长。还应注意到，近些年来全球经济运行中呈现出一些新的变化。一般商品和服务交易占比相对减少，而经济中大量交易与证券、房地产等资产市场密切相关；与此同时，一般消费品价格相对比较稳定，但大宗商品、资产价格等波动加大，对金融稳定及经济运行的影响显著增加。虽然在资产价格如何量化进入价格指数、货币政策如何判断资产价格调控时机等具体操作问题上还存在很多困难，但探索完善价格衡量方法、更多一些关注资产价格和初级产品价格变动对通货膨胀的可能影响，总体看有利于提高宏观政策的前瞻性和有效性。

（二）中介目标和操作目标

中央银行从使用货币政策工具到实现最终目标之间有一个较为复杂的传导过程。为了便于监测和控制，往往会设定中介目标和操作目标。

货币政策的中介目标和操作目标需要符合一些基本标准。一是要有相关性，即中介目标和操作目标既要与货币政策工具密切相关，又要与货币政策最终目标紧密相连。二是要有可控性，即中央银行能按政策意图对所选择的中介目标和操作目标进行有效控制和调节。三是要有可测性，即有关中介目标和操作目标的数据客观、准确、及时，便于进行定量分析。

20 世纪 90 年代中期以前，在直接调控方式下，中国曾将信贷总量和现金发行量作为货币政策的中介目标。随着中国经济金融体制改革和发展，国有商业银行以外金融机构新增贷款占全部金融机构新增贷款的比重不断上升，企业通过资本市场进行招股发债等直接融资越来越多，外汇资产的变动对国内货币供应量的影响越来越大。在此情况下，仅仅监控贷款规模和现金已经不能客观反映全社会的货币条件，也难以达到宏观调控的预期效果。由于货币总量对增长、产出以及价格水平具有十分重要的影响，通货膨胀本质上也是货币现象，因此货币总量可作为货币政策调节的中介目标，或重要的参考指标。

货币供应量是指一国在某一时点上为社会经济运转服务的货币存量，它由包括中央银行在内的金融机构供应的存款货币和现金货币两部分构成。世界各国中央银行的货币供应量的口径并不一致，但划分的基本依据是一致的，即货币流动性大小。我国现行货币统计制度将货币供应量划分为三个层次。（1）流通中现金（M0），指单位库存现金和居民手持现金之和；（2）狭义货币供应量（M1），指 M0 加上单位在银行的活期存款；（3）广义货币供应量（M2），指 M1 加上单位在银行的定期存款和城乡居民个人在银行的各项储蓄存款以及证券公司的客户保证金。

从 1994 年 9 月起，中国人民银行开始定期向社会公布各层面的货币供应量指标，1995 年尝试把货币供应量纳入货币政策中介目标体系，1996 年正式将货币供应量作为中介目标。从 1998 年 1 月 1 日起，取消了信贷规模管理政策，对商业银行实行资产负债比例控制，货币政策中介目标完成了从信贷规模向货币供应量的过渡，货币政策操作向间接调控迈出了重要一步。此后，中国人民银行主要以 M2 作为货币政策中介目标，以 M0 和 M1 作为重要的监测参考目标。由于信贷总量和货币供应量有高度的相关性，信贷总量指标比货币供应量指标也更具可控性。因此，中国人民银行在关注货币供应量增长的同时，也将信贷总量指标作为一个经常性的监测指标。

在实践操作中，虽然中国人民银行从未公开讨论和正式确立过货币政策的操作目标，但在货币政策的日常操作中会监测两项指标。一是超额准备金率，二是货币市场利率水平。前者反映了基础货币的量，后者反映了基础货币的价。

适度的货币增长对经济增长具有积极的促进作用，既可以防范通货膨胀，又可以防范通货紧缩。理论和实践表明，过量的货币供应不仅无助于经济增长，还会导致通货膨胀，对经济产生巨大的破坏作用。基于经济理论中货币数量方程的思想，M2 预期增速一般可通过预期 GDP 增速加上预期通胀率，再根据货币流通速度变化加几个点的办法来加以确定。1997 ~ 2013 年，GDP 年均实际增长 9.6%，CPI 年均涨幅为 2.0%，M2 年均增长 16.6%。

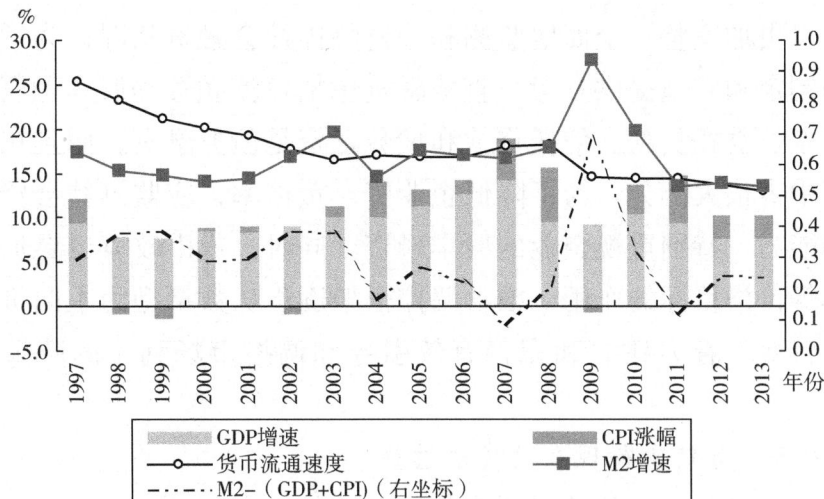

数据来源：《中国统计摘要 2014》。

图 4-1 经济增长、通货膨胀与货币供应图

　　当然，中间目标并不是绝对的，考量货币政策有效性的关键还是要看政策措施是否实现了价格稳定和经济增长这些最终目标。从中国经济运行的实际情况看，近些年来，经济增速一般都高于预期目标，通货膨胀率有所波动，货币供应量增幅除 2004 年外，一般也都略高于预期目标，2009 年出于应对国际金融危机需要货币增速上升较快。2000～2013 年，M2 年均增速预期值为 15.4%，年均实际增速为 16.8%，比预期值高出 1.4 个百分点，若剔除 2009 年的异常值，M2 实际增速与预期值之差不到 1 个百分点。

　　值得注意的是，随着金融市场发展和产品创新步伐加快，金融结构多元发展，证券、保险类机构对实体经济的资金支持不断加大，货币等数量型指标统计的准确性、与货币政策最终目标之间的相关性和稳定性受到一定影响。这也是国际上普遍存在的现象。适应金融发展的需要，2011 年，中国人民银行推出了社会融资规模统计指标，将金融机构贷款之外的其他主要融资方式，如银行承兑汇票、委托贷款、信托贷款、债券和股票等直接融资都纳入统计范畴，以更加完整、全面地监测和分析整体社会融资状况，为货币政策的制定和实施提供参考。直接融资包括负债融资和股本融资。承兑汇票、委托贷款、信托贷款和债券融资是债务融资，而且在直接融资中占很大部分。为了降低企业资产负债率，应监测社会资本的聚集能力，特别重视企业的股本融资。同时，货币政策也更加注重利率等价格目标的作用，推动调控框架逐步从数量型为主向价格型为主转变，着力建立和完善有效引导和调控市场利率的政策操作框架。

　　（三）如何看待现在的货币总量

　　2010 年以来，国内外学者普遍关注的一个问题是，在我国国内生产总值（GDP）规模明显小于美国的情况下，我国广义货币供应量（M2）却超过了美国，成为世界上货币流通规模最大的国家，货币化比率（M2/GDP）大大超过美国。截至 2013 年末，我国 M2

余额达 110.7 万亿元，GDP 为 56.9 万亿元，M2/GDP 达到 195%，而同期美国 M2/GDP 仅为 66%。我国货币化比率也远远高于欧元区、韩国等经济体，在世界主要经济体中仅次于日本和中国台湾。因此，一些专家惊呼，中国货币供应量过高，埋下了通货膨胀的巨大风险，要控制、收缩货币供应量。我们认为这样的分析并不全面。经济决定金融，一个国家的货币化比率决定于该国产业结构、经济效益和融资结构，不能简单对比。

产业结构不合理，商品流通量过大，经济效益低，都会使货币供应量占用过多。我们只用广义货币供应量和国内生产总值之比来比较货币化比率是不全面的。国内生产总值是指各产业增加值的总额，社会总产出是指商品和服务的价值总和。而货币作为流通手段所对应的商品和服务交易总额显然不应当只包括商品和服务的增加值部分，而应当对应商品和服务的价值总额。2013 年，我国的 GDP 为 56.9 万亿元，按当年年均汇率折合为 9.18 万亿美元，仅为美国 GDP 16.8 万亿美元的 54.67%。2013 年，我国社会总产出为 177 万亿元，折合 28.6 万亿美元，接近美国公布的社会总产出 29.7 万亿美元。如果用广义货币供应量和社会总产出进行比较，则使我国货币化比率明显下降。我国货币化比率高的深层次原因是生产和流通效率低。分析和降低货币化比率，要立足于深化改革，提高经济效益。在我国产业结构没有合理调整、经济效益没有更大提高的情况下，如果仅仅因为 M2/GDP 比率过高就收紧货币供应量，将不利于我国经济改革和发展。

银行融资占比较高的经济体，一般而言其货币总量也会相对较多。从全球主要经济体的情况可以明显看出，间接融资比重高、银行融资占比大的经济体，其货币总量一般也会相对较多，M2/GDP 会比较高；相反，若直接融资发达，其货币总量相对就会少一些，M2/GDP 也会比较低。对此现象需要从货币创造的角度来理解。银行的资产扩张行为（如发放贷款、购买非银行债券和外汇等）

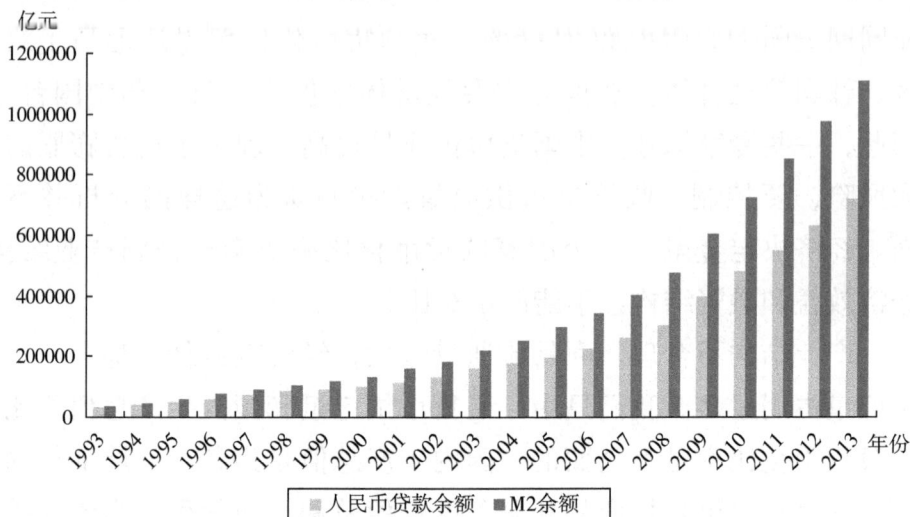

数据来源：国家统计局网站。

图 4 – 2   1993 年以来人民币贷款和货币供应量余额

会直接派生存款，由于存款构成货币统计的主要部分，这样全社会的货币总量也就会相应增长。而直接融资过程（如发行和购买股票、债券等）只涉及货币在不同企业和个人之间的转移和交换，货币总量并不发生变化，直接融资的规模越大，货币供应量在全部金融资产中的占比就会越低，从而导致 M2/GDP 较低。概而言之，由于货币由银行体系创造，一个经济体越是依靠银行体系融资，其货币总量也就可能相对越多。亚洲等地区的国家，外汇储备数额较多，银行体系购买外汇也投放了大量货币。上述因素都导致这些经济体 M2/GDP 比较高，如 2012 年日本和韩国的 M2/GDP 就分别达到 238.7% 和 144.3%，显然这与它们的融资结构有很大关系。

储蓄率比较高的经济体，其货币总量也往往会比较高。2013 年末，我国城乡居民储蓄有 47 万亿元，占货币供应量的 43%。货币主要是根据银行的各类存款统计出来的，储蓄率高会增加经济主体对存款的需求，尤其是在金融市场不发达，金融资产相对较少的情况下，承担价值贮藏功能的存款数量也就会相对较多，货币总量就会比较大。进一步看，若企业通过直接融资渠道获得的资金少，有资金需求时就需要更多依靠银行贷款，而这又会派生出新的存款，从而增加货币总量。如亚洲经济体储蓄率普遍高于欧美，居民习惯选择存款进行储蓄，从而大大增加了对货币的需求，M2/GDP 也普遍较欧美更高。

企业（单位）存款占用多、周转慢，也导致货币供应量较大。2013 年末，我国企业存款有 54 万亿元，占货币供应量接近 50%。有些企业为了用款方便，实际向银行提供了"储备性"存款。企业抓紧机会获得贷款，再将资金较长时间存放银行备用。企业虽然多付了利息，但为充分运用市场机会创造了条件。如此，也造成货币供应量增多。

此外，在进行货币总量的国际比较时，还要注意到统计口径问题。各经济体一般有多种层次的货币总量指标，单就 M2 而言，其包含的内容在不同经济体也有较大差异。如定期存款在纳入 M2 时，美国仅统计 10 万美元以下的定期存款，欧元区和韩国统计不超过两年的存款（无金额限制），日本统计除邮政银行、合作社外的定期存款，而中国统计全部定期存款。比较而言，中国的 M2 口径是相对较大的，这也是我国的货币总量看上去"比较大"的原因之一。因此，在进行国际比较时应尽量选取可比口径。

综上可见，对于一个产业结构不合理、经济效益较低和以银行融资为主、储蓄率过高的经济体，其货币总量就会相对偏多，不宜对不同经济体 M2/GDP 比率进行简单对比。虽然我国货币供应量较大，但物价总体平稳。1997 年到 2013 年，M2 年均增长 16.6%，GDP 年均增长 9.6%，而 CPI 年均涨幅为 2%，说明我国货币供应总体上是适当的，既促进了经济增长，也保持了物价基本稳定。但是，我们也要充分认识到货币供应量过大存在的潜在风险。随着我国经济结构和经济增长方式的逐步调整转型，银行融资占比下降，消费占比上升，生产要素价格形成市场化，都会导致货币流通速度加快、货币增长速度趋于放缓。因此，宏观金融调控仍要坚持控制货币供应量过多增长，支持我国经济适度发展，维护物价基本稳定。

二、货币政策工具

货币政策工具是指中央银行为实施货币政策所采取的各种措施、手段和方法。传统的三大货币政策工具指的是存款准备金、公开市场操作和再贷款。存款准备金制度早期主要是出于应对风险的考虑，后来逐步演变为中央银行管理商业银行流动性的重要手段。存款准备金制度要求金融机构按照存款的一定比例（法定存款准备金率）交存准备金，中央银行通过调整法定存款准备金率，可以调节金融机构发放贷款等资产扩张的能力。所谓公开市场操作，是指中央银行通过在公开市场上买入或者卖出有价证券，来调节银行体系流动性水平和市场利率，进而影响其他金融产品和投资、消费行为。再贷款即中央银行贷款，是指中央银行对商业银行和其他金融机构的放款，中央银行可以通过适时调整再贷款的总量及利率，达到吞吐基础货币和实施金融调控的目的。

从国际上看，在已完成利率市场化的成熟市场经济体，中央银行并不直接控制和调整借贷利率水平，而是通过公开市场操作等影响市场供求来调节货币市场利率，进而传导至其他期限和利率品种。利率被视做中介目标或操作目标。目前我国尚处在利率市场化改革进程中，利率调控模式还有二元化的特征，即一方面直接调整存贷款基准利率以影响金融机构存贷款利率水平；另一方面通过公开市场操作等手段引导货币市场利率，间接影响存贷款利率水平。上述这些货币政策工具，我们将在后面几节里进行详细的介绍。

还有一种教科书中提及不多，但不少中央银行都在使用的货币政策工具，这就是"窗口指导"。"窗口指导"源自中央银行在贴现窗口对前来要求贴现的商业银行所进行的道义劝说，是一种经济手段之外的，凭借中央银行对商业银行的特殊地位而对商业银行提出指导的行为。"窗口指导"并不等同于行政命令，主要是通过中央银行与商业银行的沟通，起到传达中央银行政策意图、提示风险的作用。从中国近年来的情况看，"窗口指导"主要表现在中央银行通过召集商业银行会议或者其他形式的会谈，向商业银行阐述对宏观经济形势的判断和货币信贷政策意图，提示潜在风险，引导商业银行配合中央银行的政策意图主动调整自身行为。

现代市场经济中，引导和稳定预期在货币政策操作中的作用日益重要。预期管理已成为货币政策的重要工具，而其核心就是要增强公众对货币政策的信心，强化货币政策的公信力。市场经济越发展、信息传播越发达，预期就越重要。如果预期是稳定的，那么经济主体的行为就是可预知的、可控的。而要稳定预期，关键是货币政策要加强与公众的沟通，有效地传达政策信号，并坚定履行承诺，以引导乃至锚定预期。若货币政策沟通有效，且言必行、行必果，则市场主体的行为就会向政策调控希望的方向趋同，从而达到事半功倍的效果，显著改善货币政策的有效性。从国际上看，预期管理的方式是在不断发展、演变的，从明确公布货币政策调控目标（如通胀目标制），到逐步披露政策决策以及决策背后的考虑因素，及至近年来主要经济体利率触及零下界后出现的前瞻性指导，中央银行在预期管理上不断进行着尝试。

中国在提高货币政策透明度，引导市场预期方面作了很多努力。《中国人民银行法》规定"货币政策目标是稳定币值并以此促进经济增长"，明确宣示中央银行维护价格稳定的职责。全国人民代表大会每年审议并公布政府工作报告提出的 M2 增速预期值。中国人民银行还定期向全国人大财经委员会报告货币政策执行情况，回答委员们提出的相关问题，及时答复人大代表和政协委员的提案及议案。按季度发布的《中国货币政策执行报告》及其增刊《中国区域金融运行报告》已成为宣示货币政策、引导市场预期的重要渠道，各方面都十分关注。中国人民银行领导、新闻发言人及相关部门负责人还通过及时召开记者招待会、接受媒体采访、对重大事件和数据变化进行解读等方式，来阐释中央银行对经济金融形势的看法、披露货币政策的相关信息。2013 年 12 月，中国人民银行开通了微博，增加了新的沟通渠道和手段。这些措施在提高货币政策透明度，引导市场预期方面发挥了重要作用。

在总结国际国内经验基础上，根据调控需要，近年来中央银行还在不断创新和丰富货币政策工具体系，着力健全宏观审慎政策框架，创设短期流动性调节工具（SLO）、常备借贷便利（SLF）、中期借贷便利（MLF）等流动性管理工具，进一步丰富和完善了货币政策操作框架。

三、货币政策传导机制

货币政策传导机制是指中央银行根据货币政策目标，运用货币政策工具，通过金融机构的经营活动和金融市场进行传导，进而影响企业和家庭的生产、投资和消费等行为，最终对总需求和经济运行产生影响的过程。

（一）货币政策的主要传导渠道

货币政策传导渠道主要有信贷渠道、利率渠道、资产价格渠道、汇率渠道和预期渠道。

信贷渠道：货币政策工具对商业银行信贷规模和结构产生影响。当中央银行采取紧缩性货币政策时，银行体系的准备金减少，银行的可贷资金减少，贷款随之下降。依赖银行贷款的企业不得不减少投资支出，最终使产出下降，反之则反是。

利率渠道：当中央银行采取扩张性货币政策时，利率降低，使投资有利可图，从而使投资增加；通过乘数效应，直接增加了社会总需求，最终导致总产出增加。

资产价格渠道：货币政策的变化引起资产价格的变化，进而对微观经济主体的投资和消费产生影响。货币政策的资产价格渠道主要有两种：一种是基于 q 理论的"托宾效应"。q 指企业的市场价值与资本的重置成本之比，q 同投资支出存在正相关关系。当中央银行采取扩张性货币政策时，股票价格上涨，q 值增大，企业愿意增加投资，全社会总产出增加。一种是莫迪利亚尼的"消费财富效应"。货币政策通过货币供给的增减影响股票价格，使公众持有的以股票市值计算的个人财富变动，从而影响其消费支出。

汇率渠道：货币政策通过汇率影响净出口。货币供给的增加导致利率下降，在浮动汇率制下，根据利率平价定理，本币将会贬值，导致净出口增加，商品需求增加，最终导致总产出的增加。

预期渠道：货币政策会影响经济主体对未来利率、价格、收入乃至经济前景的预期，从而对其经济活动产生影响，进而影响产出和通胀。近年，预期渠道越来越受到重视。如果货币政策为公众所预期，那么社会公众会主动调整行为，从而使货币政策的传导更为迅速和有效。

（二）通过深化改革疏通传导机制

1998 年，中国人民银行取消了信贷规模限额制度，调控模式实现了从直接调控向间接调控的转变，初步建立起"货币政策工具—操作目标—中介目标—最终目标"的间接传导机制和"中央银行—金融机构—企业和家庭"的间接传导体系。

货币政策的有效性取决于传导机制的效率，涉及企业、家庭、金融机构等市场主体以及金融市场、利率市场化等多方面。要保证以间接调控为主的货币政策的顺利传导，需要满足以下几个条件。第一，经济主体，包括金融机构、企业、家庭等，对货币政策变动有灵敏反应。例如，利率调高了，家庭相应增加储蓄，减少消费，而企业相应减少投资。两者都会减少对产品的需求，从而有助于抑制价格上涨。第二，金融市场比较发达。例如，当市场流动性过多，经济存在过热和通胀压力时，中央银行可在货币市场上通过公开市场操作卖出中央银行票据或国债，回收流动性，金融机构买入中央银行票据或国债后，用于发放贷款的资金减少，有助于减少总需求，进而抑制通货膨胀。第三，利率和汇率市场化程度较高，使价格机制充分发挥作用。

中国人民银行始终注意将短期调控与中长期金融改革结合起来，一方面通过宏观调控为金融改革创造有利环境，另一方面通过深化金融改革理顺货币政策的传导机制，提高货币政策调控的有效性。一是抓住有利时机，促进对金融机构进行重组和改造，金融机构公司治理结构不断完善、对间接调控的灵敏度提高，货币政策传导的微观基础进一步夯实。二是推进利率市场化和人民币汇率形成机制改革，货币政策传导的价格基础逐步完善。三是大力发展金融市场，直接融资比重显著提高，货币政策传导的市场基础更加坚实。日益发展的金融市场为宏观调控提供了更为完善的市场基础，有助于将货币政策操作意图通过参与其中的金融机构、企业和个人传导到实体经济中，各项市场指标也为宏观调控提供了有益的参考信息。

四、货币政策与其他经济政策综合协调

宏观经济运行的复杂性决定了货币政策不是万能的。货币政策发挥作用涉及宏观经济全局，需要与财政政策、监管政策、产业政策等综合协调，发挥合力。

加强货币政策与财政政策的协调配合。其中关键在于明确各自功能定位。财政政策和货币政策都具有逆周期调节功能，需要相互配合、协调发力，既不能过度依赖财政政策，也不能过度依靠货币政策。比较而言，货币政策更侧重于短期总需求调节，以保持价格稳定和经济总量平衡。而财政政策在经济结构调整方面具有优势，通过提供公共产品，来保证对教育、医疗、社会保障等领域的投

入。更充分地发挥财政政策在结构调整方面的突出作用，加强政策间的协同配合，有利于货币政策更好地行使总量调控功能，并为结构优化创造条件。货币政策与财政政策在推动改革以及具体操作层面也有很多需要协调配合的工作。

加强中央银行与金融监管部门的协调配合。金融调控与金融监管有着千丝万缕的联系，很多监管措施都会对宏观总量产生影响，因此加强货币政策与金融监管的相互协调意义重大，特别是在强化宏观审慎管理的历史环境下，两者的协调配合显得更加重要。金融监管的根本目的是维护金融机构稳健、合规运行，夯实金融体系的微观基础。金融调控的基本职能是保持总量平衡，为经济增长创造稳定的货币金融环境。宏观调控与微观监管在促进国民经济平稳发展这一根本目标上是一致的，货币政策与金融监管需要信息的交流和共享，并建立和完善宏观审慎管理和微观审慎监管协调配合的体制机制。

加强货币政策与产业政策的协调配合。其中关键就是要根据市场化发展的水平和要求，处理好市场配置资源与产业政策引导的关系，适当发挥产业政策在优化产业结构方面的积极作用，完善产业政策体系，发挥货币信贷政策与产业政策协调配合的综合效应。引导金融机构认真贯彻落实国家产业政策要求，进一步优化信贷结构。

第二节　利率和利率市场化改革

利率是中央银行重要的货币政策工具。从理论上看，利率之所以能作为货币政策工具和中介目标，主要在于利率与经济景气的相互影响。一般来说，利率升高时，企业投资支出因资金使用成本提高而趋于下降，居民倾向于减少消费支出，从而抑制总需求扩张。反之亦然。中央银行可根据货币政策实施的需要，适时运用货币政策工具，对利率水平和利率结构进行调整，进而影响社会资金供求状况，实现货币政策既定目标。

目前，我国利率市场化改革正根据经济金融发展进程稳步推进。现阶段，中国人民银行的利率调控从两方面进行：一方面，调整存贷款基准利率以影响金融机构存贷款利率水平；另一方面，通过公开市场操作或通过调整各类中央银行利率，引导市场利率走势，间接影响存贷款利率水平及其他金融产品价格。通过两类调控方式的共同作用，实现对整个利率体系的调节。随着利率市场化改革的推进，中央银行两类利率调控模式将逐步向市场化的利率调控机制过渡，即更多地运用货币政策工具间接引导市场利率。

一、利率政策

当前，中国人民银行采用的利率工具主要有：（1）调整金融机构存贷款基准利率及浮动范围，制定相关政策对各类利率结构和档次进行调整等。2013 年 7 月 20 日，中国人民银行取消金融机构除商业性个人住房贷款以外的贷款利率下限，放开票据贴现利率管制，同时对农村信用社贷款利率不再设立上限。至此，贷款利率管制全面放开，中国人民银行仅对存款利率实行上限管理，金融机构的自主定价空间进一步扩大，市场机制在利率形成中的作用显著增强。总体来看，公开市场操作是中央银行调节金融机构流动性的日常工具，属于间接调控市场利率的主要手段；调整金融机构存贷款基准利率及中央银行利率，更直接地作用于金融机构借贷行为。（2）公开市场操作利率，即通过招标方式，形成回购利率、中央银行票据利率等，并以此引导货币市场利率走势。（3）调整中央银行利率，包括：再贷款利率，指中国人民银行向金融机构发放再贷款所采用的利率；再贴现利率，指金融机构将所持有的已贴现票据向中国人民银行办理再贴现所采用的利率；存款准备金利率，指中国人民银行对金融机构交存的法定存款准备金支付的利率；超额存款准备金利率，指中央银行对金融机构交存的准备金中超过法定存款准备金水平的部分支付的利率。

就利率调控政策而言，一方面，通过调整存贷款基准利率，调节全社会资金供求状况；另一方面，通过公开市场操作、准备金率等工具调节金融机构流动性状况，引导市场利率走势，间接地调控存贷款利率水平，并调节非信贷类融资业务。与此同时，利率政策还与汇率政策相互协调，努力使宏观经济趋于内外部的均衡状态。

2004年以来，利率政策调整大致经历了以下几个阶段。2004年至2008年上半年，宏观调控注重控制投资规模偏大、物价持续上涨问题，中国人民银行曾9次上调存贷款基准利率。2008年下半年，为应对国际金融危机对中国经济增长产生的负面冲击，落实适度宽松的货币政策，扩大内需，保持国民经济持续平稳较快发展，中国人民银行先后5次下调金融机构存贷款基准利率。2010年第四季度至2011年，中国经济继续朝宏观调控的预期方向发展，运行态势总体良好；与此同时，价格上涨压力加大，通胀预期有所加强。中国人民银行连续5次上调金融机构人民币存贷款基准利率。2012年以来，根据国内经济增长放缓、物价涨幅有所回落等变化，中国人民银行前瞻性地加强预调微调，连续2次下调存贷款基准利率。

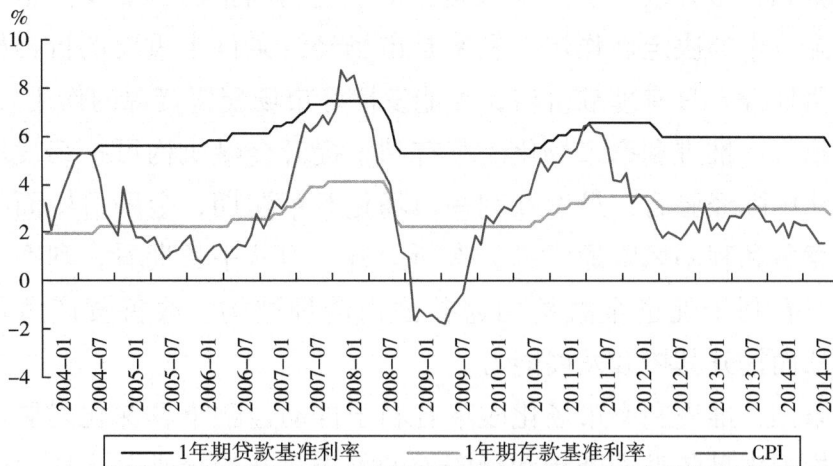

数据来源：CEIC。

图4-3 人民币存贷款基准利率

近年来，随着利率市场化改革的稳步推进，利率管制逐步放松，市场供求在利率形成中的作用明显增强，利率调控方式更为灵活，调控机制日趋完善。利率政策正逐步向市场化的利率调控机制过渡，即由直接调控转向更多地运用货币政策工具间接引导市场利率。未来，随着货币政策框架向更注重价格调控的方向转型，利率在国家宏观调控体系中将发挥更加重要的作用。

二、利率市场化改革

(一) 利率市场化改革的意义

利率是最重要的资金价格，也是构建社会主义市场经济体系的重要组成部分。利率市场化的实质是通过市场机制的作用，使反映资金价格的利率在供求关系影响下达到均衡，以期实现对金融资源的有效配置。近年来，按照党中央、国务院的部署，我国的利率市场化改革稳步推进并取得重要进展。目前利率市场化改革已进入关键时期和攻坚阶段，持续推进利率市场化改革具有重要意义。

第一，推进利率市场化改革有利于优化资源配置、促进经济结构调整和转型升级。中共十八届三中全会明确指出，要发挥市场在资源配置中的决定性作用。利率是市场经济条件下重要的价格机制和价格杠杆。只有理顺价格，才能发挥好市场配置资源的作用。

第二，推进利率市场化改革有利于提升金融机构可持续发展能力。从国际经验看，虽然在利率市场化改革初期，金融机构面临的市场竞争和利率风险通常都会有所上升，但从中长期看，利率市场化改革有利于促进金融机构完善公司治理结构、改善资产负债管理，从而提升其持续发展能力。

第三，推进利率市场化改革有利于推动金融市场深化发展。金融机构为满足各类投资者和融资方的需求，必然会进一步加大金融创新力度，理顺各类金融产品和服务定价的关系，市场定价也将更趋透明和理性，从而为金融市场深化发展创造更为有利的条件。金融机构为规避利率管制而进行创新的动力则将有所降低，这有利于金融市场的健康持续发展。此外，市场主体对于利率衍生品等风险管理工具的需求会有所增加，也有利于衍生品市场的加快发展。

第四，推进利率市场化改革有利于完善金融调控体系。一方面，随着央行宏观调控的透明度和公信力不断提高，金融机构回避宏观调控和金融监管的行为将有所减少，价格型政策信号对市场的引导作用将进一步增强。另一方面，随着市场机制作用的进一步发挥，市场利率能更加充分地体现金融市场供求的变化情况，从而可为中央银行实施金融调控提供更好的参考信息。

第五，推进利率市场化改革有利于促进相关改革协调推进。随着市场机制决定性作用的不断增强，将会倒逼金融机构和有关企业通过改善公司治理结构、提升自主经营能力等方式，加快适应利率市场化的竞争环境，同时也可为进一步推进汇率形成机制改革、资本项目可兑换以及其他要素价格改革创造有利条件。

第六，推进利率市场化也是深化对外改革开放、适应经济全球化发展的需要。目前全球除了少数国家和地区外，绝大部分都已基本实现利率市场化。配合我国经济适应全球化发展的趋势，并在全球化背景下保持我国货币政策的独立性和有效性，进一步推进利率市场化改革不可或缺。

（二）利率市场化形成机制和改革重点

1993 年，中共十四届三中全会《关于建立社会主义市场经济体制若干问题的决定》提出了利率市场化改革的基本设想。2003 年，中共十六届三中全会《关于完善社会主义市场经济体制若干问题的决定》对利率市场化改革进行了纲领性论述，"稳步推进利率市场化，建立健全由市场供求决定的利率形成机制，中央银行通过运用货币政策工具引导市场利率。"利率市场化并不意味着把利率管制简单地一放了之，而是一个系统性的改革和发展过程，是包括逐步"放开"管制、"形成"市场化定价、货币当局有效"调节"的有机组合。

　　具体来看，利率市场化形成机制至少应包括以下相互联系的组成部分。

　　一是市场基准利率体系。金融市场基准利率是金融产品和服务定价的参考基准，在市场化利率形成和传导机制中发挥着关键作用。目前，我国的金融市场基准利率包括货币市场上的上海银行间同业拆放利率（Shibor）、信贷市场上的贷款基础利率（LPR）等。其中，Shibor已成为金融市场上重要的指标性利率，为拆借及回购交易、票据、短期融资券等产品定价以及金融机构内部转移定价提供了参考，并在浮动利率债券、利率互换等衍生产品定价上发挥基准作用。LPR的应用范围也正在逐步扩大。要继续培育货币市场基准利率体系，逐步完善货币市场与信贷市场等最终金融产品市场之间的利率传导渠道，构建完整的金融市场收益率曲线。

　　二是以中央银行政策利率及利率走廊为核心的利率调控机制。中央银行通过调整政策利率目标引导市场利率和金融产品定价，进而调控投资、消费及总需求。需要培育和选择中央银行政策利率品种和利率走廊，并通过公开市场操作等市场化手段把利率水平保持在走廊内，以稳定预期，并引导市场利率体系进行相应调整，进而在传导机制的作用下影响各经济主体的决策，促进货币政策目标得以实现。

　　三是金融机构和非金融企业的市场定价能力和利率风险管理能力。利率是重要的资金价格，只有经济主体能够准确地为金融产品定价，利率才能真正起到优化资金配置的作用。此外，随着利率逐步市场化，利率波动是不可避免的，经济主体必须具备一定的利率风险管理能力。

　　四是配套改革措施，包括建立存款保险制度，发展利率衍生产品等风险管理工具，发展金融市场以及完善金融生态环境等。以上述标准来衡量，我国利率市场化改革整体有序推进，并已取得重大进展。

（三）利率市场化改革成果

1996 年以来，我国利率市场化改革按照"先放开货币市场利率和债券市场利率，再逐步推进存、贷款利率的市场化"的思路稳步推进。一方面不断放松利率管制，累计放开了 120 余种利率种类和档次；另一方面，着力完善市场机制，为持续推进利率市场化改革创造条件。截至目前，金融部门向实体经济提供的融资中，包括股票市场、债券市场、信托及租赁融资等非贷款类融资业务，以及银行体系贷款都已经实现了由市场主体按照商业原则自主定价。

1. 货币市场和债券市场全面实现利率市场化。1996 年，中国人民银行取消了拆借利率管制，实现了拆借利率完全市场化定价，并以此为突破口开始通过发展金融市场和创新产品推进利率市场化。1997 年，银行间同业市场开办债券回购业务，债券回购利率和现券交易价格均由交易双方协商确定，同步实现了市场化。1996 年和 1998 年，国债和政策性银行金融债券相继成功实现利率市场化发行。2008 年 4 月，中国人民银行允许非金融企业在银行间债券市场以市场化方式发行债务融资工具，期限扩大至 1 年以上。银行间市场利率市场化，成功建立了管制利率之外的资金配置体系，使市场化定价范围不断扩大，并为存贷款利率市场化和银行完善内部定价机制创造了条件。

2. 存贷款利率市场化改革取得重要进展。一是贷款利率实现市场化定价。2004 年 10 月，放开金融机构人民币贷款利率上限，实行下限管理，下限为贷款基准利率的 0.9 倍，仍保留对城乡信用社贷款利率的上限管理，上限为贷款基准利率的 2.3 倍；2008 年 10 月，将个人住房贷款利率下限扩大为基准利率的 0.7 倍。2012 年 6 月和 7 月，进一步将贷款利率浮动区间的下限由基准利率的 0.9 倍逐步扩大至 0.7 倍。2013 年 7 月，全面放开金融机构贷款利率管制，取消金融机构贷款利率 0.7 倍的下限，由金融机构根据商业原则自主确定贷款利率水平；取消贴现利率管制，由在再贴现利率基础上加点确定改为由金融机构自主确定；截至 2013 年 7 月，城市信用社已处置完毕或转型为城市商业银行，不再对农村信用社贷款利率设立上限。

二是存款利率浮动区间不断扩大。在放开保险公司、社保基金等长期大额协议存款利率的基础上，中国人民银行于 2004 年 10 月放开了人民币存款利率下限。2012 年 6 月又进一步将存款利率浮动区间上限由存款基准利率的 1 倍上调至 1.1 倍。从 2014 年 11 月 22 日开始又提高到 1.2 倍。存款的市场化定价程度不断提高，金融机构的存款利率已初步体现出了差异化定价的特征。

三是外币存贷款利率基本实现市场化。境内外币存贷款利率市场化由于市场基础较为成熟，步伐相对较快。2000 年 9 月，外币贷款利率和 300 万美元以上大额外币存款利率放开。2003 年 7 月，境内英镑、瑞士法郎、加拿大元的小额存款利率放开，小额外币存款利率管制币种由 7 种减少为境内美元、欧元、港元和日元 4 种。同年 11 月，小额外币存款利率下限放开。2004 年 11 月，1 年期以上小额外币存款利率全部放开。目前，美元等 4 个币种的小额（300 万美元以下、1 年以下）外币存款利率仍实行上限管理，但金融机构已实现在上限以下范围的自主定价，外币利率基本实现市场化。2014 年 3 月 1 日，在上海自贸区已先行取消小额外币存款利率上限，后扩展至上海市。

3. 培育市场基准利率体系。市场基准利率替代存贷款基准利率在金融产品定价中发挥主要作用是实现利率市场化的重要标志。借鉴国际经验，2007 年 1 月 4 日 Shibor 正式运行。总体来看，Shibor 在报价行选择、报价生成机制等技术安排上借鉴了类似于伦敦银行间同业拆借利率（Libor）的国际通行做法，但同时在制度安排上更加强调报价形成的市场约束和监督管理，有效地保证了 Shibor 报价的准确客观，提高了 Shibor 的基准性和公信力。目前，Shibor 已成为中国金融市场上重要的指标性利率。在 Shibor 运行良好的基础上，2013 年 10 月 25 日，贷款基础利率集中报价和发布机制正式推出。贷款基础利率是商业银行对其最优质客户执行的贷款利率，其他贷款利率可在此基础上加减点生成。贷款基础利率的推出，将 Shibor 报价机制由货币市场进一步拓展至信贷市场，为信贷市场产品定价提供了参考，有利于促进定价基准由中央银行确定向市场决定的平稳过渡，也为进一步推进利率市场化改革奠定了制度基础。

同业存单发行交易稳步推进。同业存单是指由银行业存款类金融机构法人在全国银行间市场上发行的记账式定期存款凭证，是一种货币市场工具。2013 年 12 月 8 日，中国人民银行发布《同业存单管理暂行办法》并于 12 月 9 日正式实施。同业存单以市场化方式定价，具有电子化、标准化、流动性强、透明度高等特点，可以为中长端 Shibor 提供更透明、市场化的报价参考，对于提高中长端 Shibor 的基准性、拓宽银行业存款类金融机构融资渠道、促进规范同业业务发展具有积极意义，同时可为发行面向企业及个人的大额存单积累经验，探索稳妥有序推进存款利率市场化的有效途径。

4. 完善中央银行利率调控体系。在利率市场化进程中，完善中央银行利率体系、逐步实现中央银行利率调控向间接方式转变是货币政策调控和传导机制建设的关键内容。近年来，中央银行利率体系建设不断推进。一是实行再贷款（再贴现）浮息制度，提高再贷款（再贴现）利率管理的科学性、有效性和透明度。二是优化中央银行存款利率结构，超额准备金存款利率客观上发挥了货币市场利率下限的作用。三是完善公开市场操作利率，通过中央银行票据发行利率、正回购利率、逆回购利率等价格信号引导市场利率走势。随着中央银行利率体系逐步向利率间接调控的方向转变，中央银行通过运用货币政策工具引导市场利率的利率间接调控机制、由市场供求决定的利率形成机制和利率传导机制将日臻完善。

总体来看，目前我国已经初步形成了较为敏感和有效的市场化利率体系和传导机制。实证研究发现，我国的市场化利率能够对物价水平和产出缺口变化及时反应，中央银行调控对市场利率有显著的传导和影响作用，货币市场利率与贷款加权平均利率走势之间也较为吻合。中央银行已具备较强的引导和调节市场利率的能力。目前由法定准备金利率、超额准备金利率、常备借贷便利、再贷款利率、再贴现利率等构成的央行利率体系，一定程度上具备利率走廊的类似功能。这些都是金融调控由数量型为主向价格型为主逐步转变中的必要步骤。

（四）今后几年利率市场化改革重点

今后几年，中央银行将充分考虑国内外经济金融形势，全面评估和权衡宏观收益与风险，处理好改革、发展与稳定的关系，协调好各项经济金融改革的推进进程，把握好改革的顺序和节奏，有规划、有步骤地继续推进利率市场化改革。

继续稳步放开利率管制，不断扩大金融机构自主定价权。目前放开利率管制的主要任务是稳步放开人民币存款利率上限管制。根据同业存单的发行与交易情况，适时将存单的发行对象扩大至企业和个人，扩大金融机构负债产品市场化定价范围，增强其主动管理负债和自主定价能力，并培育企业、家庭的市场化定价理念。随着各方面基础条件基本成熟，人民币存款利率浮动上限将被取消，从而全面实现存款利率市场化。

强化金融市场基准利率培育，健全市场基准利率体系。要进一步优化 Shibor 报价生成机制，扩大 Shibor 应用范围，增强 Shibor 的基准性和公信力；继续完善贷款基础利率的报价质量。同时，进一步完善国债收益率曲线，充分发挥其对债券等中长期金融产品定价的参考作用。通过加强金融机构定价自律与协调，促进其在公平有序的竞争性市场中自主理性定价。

培育中央银行政策利率体系，促进金融调控框架转型。确保中央银行能够有效引导和调控市场利率，是顺利实现利率市场化改革目标的必要条件。与利率市场化的整体战略和其他金融改革相协调，可完善利率走廊机制，选择培育中央银行政策利率品种，向市场传达中央银行的价格信号和政策意图，同时更加有效地引导市场利率，完善价格型调控模式。

应当看到，有效实现利率市场化需要有较为完善的金融市场、利率敏感的微观主体和充分弹性的汇率机制，并需要建立存款保险制度等相关配套措施。

第三节　存款准备金

金融机构按照中央银行的规定，按其存款的一定比例（法定存款准备金率）交存的准备金，被称为法定存款准备金。中央银行通过调整法定存款准备金率，可以影响金融机构的货币信贷扩张能力，从而实现货币政策的最终目标。存款准备金工具具有主动性较强，调节流动性较及时、快捷的特点，既能深度冻结流动性以应对长期、严重的流动性过剩，也可以迅速释放流动性以应对严重的流动性不足。

一、存款准备金政策演进

中国人民银行于 1984 年建立存款准备金制度。1998 年以前，金融机构交存中央银行的存款准备金不可用于支付和清算。金融机构为满足资金营运的需要，还要按规定在中央银行开设另外一个存款账户（备付金存款账户），用于办理资金收付，并保持一定的备付金率。1998 年 3 月，金融机构的存款准备金制度进行了重大改革：将原各金融机构在中国人民银行的法定准备金存款和备付金存款两个账户合并，称为"准备金存款"账户；准备金存款账户超额部分的总量及分布由各金融机构自行确定；对各金融机构的法定存款准备金按法人统一考核等。这次改革一方面健全了存款准备金的支付、清算功能，另一方面有利于金融机构加强系统内资金调度和管理，促进金融机构按统一法人自主经营、自负盈亏、自担风险和自我发展，加快建立现代金融体系的步伐。2003 年之后，我国经济长期面临着国际收支大额双顺差的格局，为维护汇率基本稳定，中国人民银行大量购汇吐出基础货币。为对冲由此形成的偏多流动性，存款准备金成为常规的、与公开市场操作相互搭配的流动性管理工具。

2004 年 4 月，中国人民银行开始实行差别化的存款准备金率制度。主要内容是，将金融机构适用的法定存款准备金率与其资本充足率、资产质量状况等指标挂钩，对资本充足率低于一定水平的金融机构实行相对较高的存款准备金率要求，其目的在于建立起正向激励和约束机制，约束资本充足率不足且资产质量不高的金融机构进行贷款扩张。2011 年，为配合中国农业银行"三农"金融事业部改革，中国人民银行对农业银行改革试点省份的县级"三农"金融事业部执行差别化的存款准备金率，对上年各季末涉农贷款余额平均同比增速高于同期农业银行涉农贷款余额平均同比增速，或各季末平均余额贷存比高于 70% 的县级"三农"金融事业部，执行低于中国农业银行 2 个百分点的存款准备金率。

二、存款准备金制度的主要内容

目前，存款准备金制度的主要内容包括：

一是计交机构。交存存款准备金的金融机构包括中国农业发展银行、国有商业银行、股份制商业银行、城市商业银行、农村商业银行、农村合作银行、农村信用社、村镇银行、企业集团财务公司和金融租赁公司以及有关外资金融机构。

二是计交范围。中国人民银行对金融机构不同期限、不同数额的存款负债适用统一的存款准备金率要求，根据货币政策调控的需要，规定和调整金融机构应交存存款准备金的一般存款范围。目前一般存款主要包括储蓄存款、企业存款、机关团体存款以及其他中国人民银行核定的存款。根据金融发展状况和调控需要，近年来中国人民银行已逐步将表内理财产品、国库现金管理定期存款、金融控股公司存款、保证金存款等纳入交存存款准备金的一般性存款范围。存款准备金交存范围的调整完善有利于进一步健全存款准备金制度的调控功能。

三是计交比例。中国人民银行根据金融机构类别和本、外币负债规定不同的存款准备金率要求，如对大型金融机构执行的存款准备金率高于中小金融机构，对农村法人金融机构执行较低的优惠存款准备金率，这种安排体现了区别对待、正向激励的原则，有利于保持银行体系流动性结构合理，有利于增加对中小企业、"三农"等方面的信贷投放。2014年4月和6月，中国人民银行实行"定向降准"，分别将县域农村商业银行和县域农村合作银行存款准备金比例下调2个和0.5个百分点，对符合条件的商业银行下调0.5个百分点。2013年末，金融机构的外汇存款准备金率为5%。

表4-1　　　　　　2003～2013年金融机构法定人民币存款准备金率

单位：%

日期	中资全国性大型银行	中小金融机构	农村合作银行	城市信用社	农村信用社
2003.09.21	7.0	7.0	—	6.0	6.0
2004.04.25	7.5	7.5	7.5	6.0	6.0
2006.07.05	8.0	8.0	7.5	6.5	6.0
2006.08.15	8.5	8.5	7.5	7.0	6.0
2006.11.15	9.0	9.0	8.0	7.5	6.5
2007.01.15	9.5	9.5	8.5	8.0	7.0
2007.02.25	10.0	10.0	9.0	8.5	7.5
2007.04.16	10.5	10.5	9.5	9.0	8.0
2007.05.15	11.0	11.0	10.0	9.5	8.5
2007.06.05	11.5	11.5	10.5	10.0	9.0
2007.08.15	12.0	12.0	11.0	10.5	9.5
2007.09.25	12.5	12.5	11.5	11.0	10.0
2007.10.25	13.0	13.0	12.0	11.5	10.5

续表

日期	中资全国性大型银行	中小金融机构	农村合作银行	城市信用社	农村信用社
2007.11.26	13.5	13.5	12.5	12.0	11.0
2007.12.25	14.5	14.5	13.5	13.0	12.0
2008.01.25	15.0	15.0	14.0	13.5	12.5
2008.03.25	15.5	15.5	14.5	14.0	13.0
2008.04.25	16.0	16.0	15.0	14.5	13.5
2008.05.20	16.5	16.5	15.5	15.0	14.0
2008.06.15	17.0	17.0	16.0	15.5	14.5
2008.06.25	17.5	17.5	16.5	16.0	15.0
2008.09.25	17.5	16.5	15.5	15.0	14.0
2008.10.15	17.0	16.0	15.0	14.5	13.5
2008.12.05	16.0	14.0	13.0	11.5	11.5
2008.12.25	15.5	13.5	11.0	11.0	11.0
2010.01.18	16.0	14.0	11.0	11.0	11.0
2010.02.25	16.5	14.5	11.0	11.0	11.0
2010.05.10	17.0	15.0	11.5	11.5	11.0
2010.11.16	17.5	15.5	12.0	12.0	11.5
2010.11.29	18.0	16.0	12.5	12.5	12.0
2010.12.20	18.5	16.5	13.0	13.0	12.5
2011.01.20	19.0	17.0	13.5	13.5	13.0
2011.02.24	19.5	17.5	14.0	14.0	13.5
2011.03.25	20.0	18.0	14.5	14.5	14.0
2011.04.21	20.5	18.5	15.0	15.0	14.5
2011.05.18	21.0	19.0	15.5	15.5	15.0
2011.06.20	21.5	19.5	16.0	16.0	15.5
2011.12.05	21.0	19.0	15.5	15.5	15.0
2012.02.24	20.5	18.5	15.0	15.0	14.5
2012.05.18	20.0	18.0	14.5	14.5	14.0

注：1. 中资全国性大型银行包括中国工商银行、中国农业银行、中国银行、中国建设银行、交通银行和中国邮政储蓄银行。

2. 中小金融机构包括中国农业发展银行、股份制商业银行、城市商业银行、农村商业银行、有关外资金融机构。

四是利率水平。中国人民银行综合考虑金融机构的资金成本和宏观调控要求等因素确定并调整存款准备金的利率水平。截至 2013 年末，中国人民银行对金融机构的人民币法定存款准备金按 1.62% 计付利息，超额存款准备金按 0.72% 计付利息。中国人民银行对外汇存款准备金不计付利息。

五是考核办法。中国人民银行对金融机构的人民币和外币存款采取不同的存款准备金考核办法，并对违反考核要求的金融机构根据有关法律规定进行处罚。针对金融机构的人民币存款，中国人民银行按旬考核其法定存款准备金。金融机构当旬第五日至下旬第四日营业终了时，各行按法人存入中央银行的准备金存款余额，与上旬末该行全行一般存款余额之比，不得低于法定存款准备金率。法定存款准备金必须在维持期内每日缴足。由于金融机构的分支机构需要在当地中国人民银行开立清算账户满足支付清算需要，加上为满足客户提现需要而保留的库存现金，金融机构实际的准备金水平一般要高于法定存款准备金要求。2013 年末，金融机构的超额准备金率为 2.3%。针对金融机构的外汇存款，中国人民银行按月考核其外汇存款准备金。每月 15 日至下个月 14 日，金融机构外汇存款准备金余额与其上月末外汇一般存款余额之比，不得低于外汇存款准备金率。

六是动用条件。中国人民银行规定金融机构在特定条件下可动用法定存款准备金。金融机构发生严重支付困难，符合通过新增存款和清收贷款及其他资金占用已不能满足兑付个人储蓄存款的需要、丧失从外部拆借资金的能力等条件时，可以向中央银行申请动用存款准备金。在批准期限内，金融机构应交存的存款准备金按扣除经批准动用的存款准备金的数额掌握。金融机构经批准动用的存款准备金，应优先用于兑付储蓄存款。金融机构动用存款准备金的最长期限为 6 个月，视具体情况可展期一次，展期期限不得超过原动用期限。

三、存款准备金政策效果及发展方向

我国大型银行法定人民币存款准备金率在 8 年不到的时间内，从 2003 年 9 月 21 日的 7% 提高到 2011 年 3 月 25 日的 20%，而且维持至今，这是由中国国情决定的。存款准备金率和外汇占用人民币同时上升，是为了对冲偏多的银行体系流动性。

在较长时期内，中国持续面临国际收支顺差、基础货币供应偏多的格局。2000 年，我国外汇储备余额仅 1656 亿美元，2013年末达到 3.8 万亿美元。外汇储备的大量积累和随之而来的银行体系流动性过剩，成为中央银行面临的重大挑战。针对银行体系持续积累的偏多流动性，中国人民银行通过提高存款准备金率进行深度冻结，锁定部分基础货币，调节金融机构的信贷扩张能力，实现货币政策调控目标。由于对冲的是银行体系偏多的那部分流动性，因此传统上被视为"猛药"的存款准备金工具实际上发挥了中性的作用。在具体策略上采取小幅调整，且提前宣布并留有一定的调整间隔期，以便为金融机构调整资产负债结构管理流动性提供缓冲的时间。同时，对市场融资能力弱、资产负债调整能力差的个别中小金融机构给予特别关注，对可能发生流动性问题的金融机构，通过再贷款、再贴现等给予必要的资金支持。从各类金融机构和金融市场运行情况看，提高存款准备金率后金融机构仍可以保持正常的支付水平并具有平稳增加贷款的能力。此外，由于准备金的付息水平可基本覆盖金融机构的资金成本，金融机构的经营收益也没有受到大的影响。总体来看，中国人民银行综合运用存款准备金率等多种货币政策工具，保持银行体系流动性合理适度，将货币信贷增长总体上控制在基本适度的水平，为国民经济平稳较快发展创造了良好的货币环境。

下一阶段，存款准备金制度将根据货币政策调控的需要和国际收支平衡的改善继续改进完善。随着国际收支格局的变化和外汇储

备占用人民币的减少，存款准备金率也可能会作相应调整。结合其他国家的实践经验和国际金融组织的政策建议，中国人民银行将研究考虑在金融机构会计核算信息生成等条件成熟时，适时将准备金计提考核由时点法过渡到平均法，考核周期与公开市场操作周期保持一致，以促进中央银行和金融机构流动性管理效率的提高。同时，中国人民银行将继续根据金融发展状况，适时调整准备金适用的计交范围，保持存款准备金制度的货币信贷调控效力。

第四节　公开市场操作

一、公开市场操作定义和历史沿革

公开市场操作是指中央银行通过在公开市场上买入或者卖出有价证券，调节银行体系流动性水平，进而影响货币供应量和货币市场利率的过程。公开市场操作买入有价证券增加了基础货币，进而降低市场利率；卖出有价证券则减少了基础货币，提高市场利率。公开市场操作具有主动、灵活、快捷、公平的特点，中央银行可以主动通过经常的、连续的公开市场操作对银行体系流动性进行预调和微调。

人民币公开市场操作于 1996 年启动，于 1998 年 5 月 26 日恢复交易。中国人民银行从 1997 年开始建立公开市场业务一级交易商制度，选择了一批能够承担大额债券交易的商业银行作为公开市场业务的交易对象。目前公开市场业务一级交易商超过 40 家，除商业银行外，还包括一些非银行金融机构。这些交易商可以运用国债、政策性金融债等作为交易工具与中国人民银行开展公开市场业务。1999 年以来，公开市场操作已成为中国人民银行货币政策日常操作的重要工具。

二、公开市场操作框架

自 1996 年创建公开市场操作以来，中国人民银行不断改革创新，有效实施货币政策操作，在十多年的操作实践中，初步形成了具有中国特色的公开市场操作框架：

一是以数量为主兼顾价格的操作目标体系基本形成。公开市场操作目标以金融机构超额存款准备金为主，同时兼顾利率目标。近年来，随着中国金融改革的不断推进，中国人民银行在合理调节银行体系流动性总量的同时，不断加强对货币市场利率的监测和引导，努力培育市场基准利率曲线，不断提高公开市场操作利率与货币市场利率、债券市场收益率之间的关联度，为将来实现公开市场操作目标由数量型向价格型转变创造有利条件。

二是操作机制日益完备。近年来，中国人民银行不断完善公开市场操作机制，主要包括前中后台管理机制以及具体业务操作机制等，为连续、稳定、安全、有效地开展公开市场操作提供了制度保障。在具体操作上，中国人民银行一般于每周二、周四开展公开市场操作，操作品种包括开展债券回购交易和发行中央银行票据等。在操作方式上，目前基本采用市场化招标，招标方式以单一价格（利率）招标为主。2013 年初，根据调控需要和市场环境变化，中国人民银行又创设了短期流动性调节工具，在银行体系流动性出现临时性波动时相机运用。短期流动性调节工具，以 7 天期内短期回购为主，遇节假日可适当延长操作期限，采用市场化利率招标方式开展操作。其操作对象为公开市场业务一级交易商中具有系统重要性影响、资产状况良好、政策传导能力强的部分金融机构。中国人民银行根据货币调控需要，综合考虑银行体系流动性供求状况、货币市场利率水平等因素，灵活决定该工具的操作时机、操作规模及期限品种等。

三是一级交易商制度逐步规范。公开市场业务是通过中央银行与对手方开展交易的方式来进行的。一国中央银行对交易对手的选择主要与该国金融体系的结构特点以及货币政策目标和货币政策传导途径等因素有关。目前主要国家中央银行通常采用一级交易商制度对其交易对手进行管理。中国人民银行在开展公开市场业务之初，就借鉴发达国家经验建立了一级交易商制度，并于1997年颁布了《公开市场业务暨一级交易商管理暂行规定》。一级交易商享有直接与中央银行进行公开市场交易以及参加相关业务培训等方面的权利，同时也要承担积极参与公开市场操作、促进货币政策传导等义务。2004年，中国人民银行建立了公开市场业务一级交易商年度考评和调整机制，按照优胜劣汰的原则每年对交易商队伍进行调整。近年来，随着公开市场业务规模的扩大，一级交易商数量逐步增加，机构类型也日趋丰富，对于保证公开市场操作的顺利开展，提高货币政策的传导效率具有重要意义。2014年，一级交易商的数量达到46家，除了商业银行以外，还包括证券公司等非银行金融机构。

四是流动性预测与管理体系逐步建立。目前，中国人民银行已经建立了以银行体系流动性和市场重要情况监测分析为重点的流动性预测与管理体系。从影响银行体系流动性供求的主要因素来看，影响流动性供给的主要因素包括财政库款变化、现金投放与回笼、外汇占款变化、公开市场操作等，影响流动性需求的主要因素有法定准备金要求及商业银行意愿持有的超额准备金水平等。中国人民银行主要采用模型分析与经验分析相结合的方法，对银行体系流动性变化进行实时监测和合理预测，同时密切关注市场主要金融机构的流动性状况，并动态监测金融市场运行情况。

五是信息披露制度不断完善，透明度较高。目前，中国人民银行已经建立了较为完善的公开市场操作信息披露制度，主要包括以下几个方面：每次中央银行票据发行前一个工作日，中国人民银行发布《中央银行票据发行公告》，公布有关操作品种、期限、操作量等信息；每次操作结束后，中国人民银行在第一时间发布《公开市场业务交易公告》，公布本次操作的结果；以《公开市场业务公告》的形式不定期发布与公开市场操作相关的其他重要信息；以《短期流动性调节工具交易公告》的形式滞后1个月公布具体操作情况；在《中国货币政策执行报告》中按季度披露公开市场操作的主要情况。

三、公开市场操作效果

十多年来，中国人民银行根据不同时期货币调控的总体需要，充分发挥公开市场操作主动性、灵活性和时效性的特点，有效调节银行体系流动性。

2003年之后的较长一段时期内，国际收支不平衡导致流动性持续偏多并呈现加剧态势。在这段时期，公开市场操作的重要任务是与存款准备金工具相互配合对冲银行体系偏多的流动性。根据货币调控的总体要求和流动性形势变化，中国人民银行以发行中央银行票据为主、正回购操作为辅灵活开展公开市场操作，不断优化工具组合，合理把握操作力度和节奏，保证了流动性调控目标的实现，并促进了银行体系流动性和货币市场利率的平稳运行。

近几年来，随着国际收支和人民币汇率逐渐趋向合理均衡，银行体系流动性供给格局正在发生变化，流动性管理面临着新的形势。一方面，主要经济体政策预期变化，资本流动方向多变，增加了流动性管理的难度。另一方面，随着金融发展和金融创新加快，流动性总闸门在调节货币信贷和社会融资增长方面的作用上升。银行资产扩张及表外诸多金融产品创新都加大了流动性需求。金融机构在利润压力、监管套利等因素作用下，利用同业、理财等短借长贷，资产负债结构对流动性变化更为灵敏，对货币市场高度依赖，也容易加大市场流动性的波动。在流动性影响因素复杂、流向反复变化的环境下，中国人民银行加强对银行体系流动性的分析监测，灵活把握公开市场操作的方向、力度、期限和节奏，合理调节流动性水平，并创新运用短期流动性调节工具等，对部分到期的 3 年期中央银行票据开展了续做操作，有效熨平多种因素引起的短期流动性波动。从 2013 年的情况看，全年累计开展正回购操作 7650 亿元，开展逆回购操作约 2.2 万亿元，发行中央银行票据 5362 亿元。结合市场环境和各阶段市场利率走势变化，合理把握公开市场操作利率弹性，有效引导市场预期。2013 年末，7 天期和 14 天期逆回购操作利率分别为 4.1% 和 4.3%。总体来看，公开市场操作有效地发挥了预调微调作用，应对了多种因素引起的短期资金波动，基本实现了银行体系流动性总量适度、结构合理、变化平缓和货币市场利率平稳运行的操作目标，达到了预期的操作效果。

第五节　再贷款

一、再贷款政策定义和历史沿革

再贷款即中央银行贷款，是指中央银行对商业银行和其他金融机构的放款。一般而言，再贷款主要发挥两种作用：一是中央银行根据经济发展需要和货币供应情况，通过控制对商业银行发放贷款的规模和利率，达到调控基础货币和货币供应量的目的；二是在商业银行陷入流动性困境时，中央银行作为银行的银行，充当最后贷款人的角色，发挥化解金融风险，维护金融稳定的作用。

自 1984 年中国人民银行专门行使中央银行职能以来，再贷款一直是中国人民银行吞吐基础货币和实施金融调控的重要工具。1984 年，中国人民银行开始专门行使中央银行职能，按信贷计划对承担国家经济建设任务的专业银行进行信用放款，由此奠定了中央银行通过对金融机构再贷款调控基础货币的基础。1984 年至 1993 年，在实行严格的贷款规模管理时期，再贷款是中国人民银行吞吐基础货币最为重要的渠道，每年70%以上的基础货币都是通过再贷款投放的。这一时期我国经济高速增长，也是再贷款总量增长最快的时期。中央银行贷款的大量投入，对推动经济的高速增长起到了重要作用。1994年到1997年，外汇管理体制改革推进，外汇占款大量增加，我国的基础货币供应渠道发生重大变化。中国人民银行通过收回国有独资商业银行的部分再贷款，对冲因外汇占款增加而投放的基础货币，有效地控制了货币供应量的过快增长。这一时期，再贷款总量继续保持增长，但增幅趋缓，在基础货币中所占的比重开始下降。1998年，中国人民银行宣布取消对国有独资商业银行的贷款规模控制，恢复债券公开市场业务操作，这标志着中国人民银行实施金融宏观调控的方式由以直接调控为主转向以间接调控为主。当年，存款准备金制度改革和法定存款准备金率下调使货币乘数明显放大，金融系统超额储备增多。中国人民银行抓住这一有利时机，适时收回了对国有独资商业银行的部分再贷款，使再贷款所占基础货币的比重进一步下降。

二、再贷款政策框架

近年来，为适应金融体系多元化发展、金融调控方式转型以及维护金融稳定的要求，再贷款所占基础货币的比重继续下降，结构也发生了重大变化。为进一步改善宏观调控，规范再贷款的功能定位，充分发挥中央银行流动性管理和引导金融机构优化信贷结构的功能，更好地服务于中央银行履职，2013年，中国人民银行调整了再贷款分类。调整后，中国人民银行再贷款按照性质分为：（1）流动性再贷款，用于向符合宏观审慎要求的金融机构按需提供流动性支持。（2）信贷政策支持再贷款，包括支农再贷款和支小再贷款。支小再贷款发放对象为小型城市商业银行（按中国人民银行统计标准确定）、农村商业银行、农村合作银行和村镇银行等四类金融机构，用途为支持以上金融机构发放小微企业贷款。贷款条件设定为小微企业贷款增速和增量"两个不低于"，即上季度末小微企业贷款增速不低于同期各项贷款平均增速、贷款增量不低于上年同期水平。（3）金融稳定再贷款，指为维护金融稳定、化解金融风险，用于支付高风险金融机构境内个人债务的再贷款，主要包括紧急贷款等。紧急贷款是中国人民银行为帮助发生支付危机的银行业金融机构缓解支付压力、恢复信誉，防止出现系统性或区域性金融风险而发放的贷款。（4）专项政策性再贷款，指对农业发展银行和资产管理公司发放的用于指定用途的再贷款。主要包括对中国农业发展银行发放、用于支持粮棉油收购的再贷款；以及对资产管理公司发放、用于支持政策性剥离国有商业银行不良资产的再贷款。

再贷款政策框架调整后，中国人民银行不断加大信贷政策支持再贷款发放力度，支持金融机构扩大"三农"和小微企业信贷投放。2014年3月，中国人民银行等七部门联合下发《关于全面做好扶贫开发金融服务工作的指导意见》，对于贫困地区符合条件的法人金融机构发放的支农再贷款在现行优惠支农再贷款利率基础上再降低1个百分点。2014年6月末，全国支农再贷款余额1842亿元，比上年同期增加237亿元。为贯彻落实2014年5月国务院常务会议要求，中国人民银行进一步健全支小再贷款发放的正向激励机制，切实加大支小再贷款投放力度，支持地方法人金融机构扩大小微企业贷款。6月末，全国支小再贷款余额261亿元。地方法人金融机构借用支小再贷款发放的小微企业贷款加权平均利率低于其运用其他资金发放的同期限同档次小微企业贷款加权平均利率约2个百分点。总体来看，信贷政策支持再贷款取得了较好的政策效果，有利于引导金融机构扩大小微、"三农"信贷投放，缓解"融资难、融资贵"问题。未来，随着中央银行在流动性管理中的主动性逐步提升，继续灵活运用再贷款手段吞吐基础货币，发挥好总量调节作用，通过再贷款手段优化流动性投放结构，促进信贷结构调整，支持"三农"和小微企业等经济薄弱环节和重点领域发展，同时努力提高再贷款质量，完善抵押品管理框架，维护资产安全。

三、常备借贷便利等工具创新

2013 年中国人民银行创设常备借贷便利。常备借贷便利的主要功能是满足金融机构期限较长的大额流动性需求。常备借贷便利的最长期限为 3 个月，目前以 1~3 个月期操作为主；利率水平根据货币调控需要、发放方式等综合确定。常备借贷便利主要以抵押方式发放，合格抵押品包括高信用评级的债券类资产及优质信贷资产等；必要时也可采取信用借款方式发放。常备借贷便利的使用对象主要为政策性银行和全国性商业银行。

常备借贷便利自创设以来，较好地发挥了流动性管理功能。此外，常备借贷便利利率实际上还发挥了货币市场利率上限的作用，有利于稳定市场预期，保持货币市场利率的基本平稳。2013年春节前即开始通过常备借贷便利解决部分商业银行因现金大量投放产生的资金缺口。6 月，在货币市场受多种因素叠加影响出现波动时，对部分金融机构开展了常备借贷便利操作，6 月末，常备借贷便利余额为 4160 亿元。9 月以后，根据外汇流入等形势变化，为保持货币市场流动性合理适度，中国人民银行在继续向符合宏观审慎要求的金融机构开展常备借贷便利的同时，根据金融机构具体情况适度有序减量操作，引导商业银行调整资产负债管理模式。随着金融机构贷款过快投放、同业业务加速扩张和期限错配等问题有所改善，6 月，通过常备借贷便利提供的流动性在 2013年年末前已大部分收回。2013 年末，常备借贷便利余额 1000 亿元，比 6 月末下降 3160 亿元；当年累计发放常备借贷便利 23650亿元。

为进一步加强和改善银行体系流动性管理，2014 年 1 月，中国人民银行在北京、江苏、山东、广东、河北、山西、浙江、吉林、河南、深圳开展分支机构常备借贷便利操作试点。这是中央银行短期流动性调节方式的创新尝试，主要解决符合宏观审慎要求的地方法人金融机构流动性需求，完善中央银行对中小金融机构提供正常流动性供给的渠道。2014 年春节前，中国人民银行总行通过常备借贷便利向符合条件的大型商业银行提供了短期流动性支持，试点地区人民银行分支机构向符合条件的中小金融机构提供了短期流动性支持，稳定了市场预期，促进了货币市场平稳运行。

当前银行体系流动性管理不仅面临来自资本流动变化、财政支出变化及资本市场 IPO 等多方面的扰动，同时也承担着完善价格型调控框架、引导市场利率水平等多方面的任务。为保持银行体系流动性总体平稳适度，支持货币信贷合理增长，中央银行需要根据流动性需求的期限、主体和用途不断丰富和完善工具组合，以进一步提高调控的灵活性、针对性和有效性。基于上述考虑，2014 年，中国人民银行创设了中期借贷便利，为符合宏观审慎管理要求的商业银行、政策性银行提供中期基础货币，采取质押方式发放，并需提供国债、中央银行票据、政策性金融债、高等级信用债等优质债券作为合格质押品。此外，还通过抵押补充贷款工具（PSL）为开发性金融支持棚户区改造提供长期稳定、成本适当的资金额度。

第六节 再贴现

一、再贴现定义及历史沿革

从传统意义上讲，再贴现是中央银行通过买进金融机构持有的已贴现未到期票据，向其提供融资的行为，是金融机构从中央银行获得流动性支持的重要渠道之一。在我国，再贴现是中央银行根据一定时期货币政策的需要，买入金融机构持有的已贴现票据而投放基础货币的行为，也是商业银行解决临时资金需求的一种融资方式。中央银行可以通过适时调整再贴现总量及利率，选择再贴现票据，达到吞吐基础货币和实施金融调控的目的，同时发挥调整信贷结构的功能。

自 1986 年中国人民银行在上海等中心城市开始试办再贴现业务以来，再贴现业务经历了试点、推广到规范发展的过程，业务规模不断扩大，调控机制逐步完善，成为中央银行的一项重要货币政策工具。1986 年，针对当时经济运行中企业之间严重的货款拖欠问题，中国人民银行下发了《中国人民银行再贴现试行办法》，决定在北京、上海等 10 个城市对专业银行试办再贴现业务。这是自中国人民银行独立行使中央银行职能以来，首次进行的再贴现实践。1994 年下半年，为解决一些重点行业的企业货款拖欠、资金周转困难和部分农副产品调销不畅的状况，中国人民银行对"五行业、四品种"（煤炭、电力、冶金、化工、铁道和棉花、生猪、食糖、烟叶）领域专门安排 100 亿元再贴现限额，推动上述领域商业汇票业务的发展。再贴现作为选择性货币政策工具为支持国家重点行业和农业生产开始发挥作用。从 1995 年起，中国人民银行规范再贴现业务操作，开始把再贴现作为货币政策工具体系的组成部分，并注重通过再贴现传递货币政策信号。以 1997 年中国人民银行下发的《商业汇票承兑、贴现与再贴现管理暂行办法》及《中国人民银行对国有独资商业银行总行开办再贴现业务暂行办法》为标志，我国的再贴现框架基本形成。1998 ~ 2002 年，我国经济运行出现了有效需求不足和通货紧缩的状态。为适应金融宏观调控由直接调控转向间接调控，配合实施稳健的货币政策，加强再贴现传导货币政策的效果、进一步规范票据市场的发展，中国人民银行出台了一系列完善商业汇票和再贴现管理的政策。这一阶段中国人民银行通过扩大再贴现业务，适当增加货币供应量，促进贷款投放，并引导票据市场快速发展。再贴现规模迅速扩大。2003 ~ 2008 年，为促进经济平稳较快增长，针对国际收支持续大额双顺差导致流动性偏多、经济增长过热、通货膨胀压力增加的现象，我国货币政策经历了稳健、适度从紧再到从紧的转变。同期中国人民银行办理再贴现的数量大幅度下降。2008年下半年以后，受国际金融危机的影响，我国对宏观调控政策进行了调整，开始实施适度宽松的货币政策。适应金融调控取向的变化，中国人民银行进一步完善再贴现政策，适度发挥再贴现促进结构调整、引导资金流向的作用。一是适当增加了再贴现的对象和机构范围，适当增加再贴现转授权窗口。二是明确再贴现重点用于支持扩大"三农"和中小企业融资。2011年随着经济环境变化，货币政策回归稳健，适应流动性供求格局的变化，再贴现一方面发挥了引导信贷结构调整的作用，另一方面也适当发挥了流动性供给功能。

二、再贴现政策框架

一是再贴现操作体系。中国人民银行总行设立再贴现窗口，对各商业银行总行办理再贴现；各分行设立再贴现授权窗口，根据总行授权进行业务操作。总行对各分行的再贴现实行总量控制，并根据金融宏观调控的需要适时调节各分行的再贴现限额。

二是再贴现的对象。最初再贴现的对象为在中国人民银行开立存款账户的商业银行、政策性银行及其分支机构。2008年为应对国际金融危机，适当扩大了再贴现的对象和机构范围，城乡信用社、存款类外资金融机构法人、存款类新型农村金融机构，以及企业集团财务公司等非银行金融机构均可申请再贴现。

三是再贴现的范围和条件。中国人民银行根据金融宏观调控和结构调整的需要，不定期公布再贴现优先支持的行业、企业和产品目录。各分行须据此选择再贴现票据，安排再贴现资金投向。

四是再贴现、贴现利率生成机制。1998年3月之前，再贴现利率和贴现利率分别在同档次再贷款利率和贷款利率基础上下浮

5%～10%，1998年3月之后，中央银行规定再贴现利率为中央银行基准利率体系中的一种，单独确定，贴现利率在再贴现利率基础上加点生成。

三、再贴现政策效果

长期以来，再贴现作为重要的货币政策工具，在完善货币政策传导机制、促进信贷结构调整、缓解中小企业融资困难、推动票据市场发展等方面发挥了重要作用。一是促进信贷结构优化，支持扩大对"三农"和中小企业等薄弱环节的信贷投放。二是推动和引导票据市场发展，促进以中心城市为依托的区域性票据市场的形成。三是促进完善货币政策传导机制，增强金融调控有效性。在货币政策工具中，再贴现是能通过票据业务将货币政策意图直接传递给实体经济并实施结构调整的重要工具之一。由于间接融资处于主导地位、经济结构性矛盾突出、区域经济发展不平衡，货币信贷政策的结构性调整功能在很长一段时期内还将继续发挥重要作用。近年来票据市场快速发展，参与主体较为广泛，市场规模较大，也为再贴现政策有效实施提供了市场基础。再贴现政策作为兼具总量调控和结构调整功效的货币政策工具，有必要也有条件配合产业政策和信贷政策，继续发挥促进结构调整的积极作用。

第七节　金融调控的实践与经验

1993年至今，中国金融调控大致可以分为如图4-4所示的五个阶段。中国人民银行灵活把握货币政策取向，较好地完成了金融调控的各项任务，基本实现了经济增速相对较高、物价涨幅相对较低的较好组合。回顾过去金融调控的实践，总结出基本经验，对于应对新的挑战，促进中华民族伟大复兴具有重要意义。

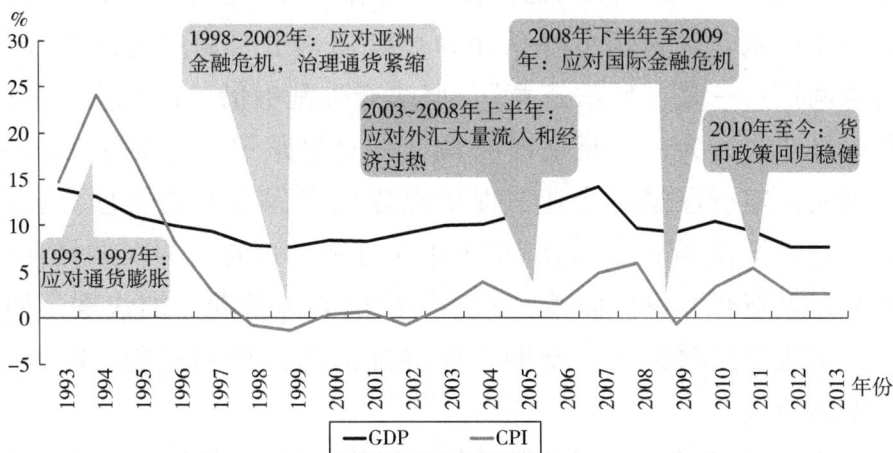

数据来源：Wind。

图4-4 1993~2013年中国GDP增速和CPI涨幅走势

一、1993年至今的几次金融调控实践

（一）1993~1997年：应对通货膨胀

1992年下半年开始出现的股票热、房地产热和开发区热，使固定资产投资急剧膨胀。1993年全社会固定资产投资增长61.8%，当年投资率高达42.6%，比上年高出6个多百分点。金融秩序混乱，货币供应量超常增长。1993年6月末，M1同比增长36.5%，M2同比增长54.1%。急剧膨胀的社会总需求使基础设施和基础工业全面紧张，电力、油品、建筑材料供求缺口扩大，铁路运输在重要干线上的通过能力仅能满足约40%的需求。1993年零售物价上涨13.2%，1994年高达21.7%，成为改革开放以来物价上涨最快、涨幅最高的年份。居民消费价格涨幅1993年达14.7%，1994年更是达到了24.1%的历史最高点。

针对因经济过热导致的宏观经济失衡、经济秩序紊乱的局面，党中央、国务院果断决策，于1993年6月及时下发中央六号文件，采取了 16 条以治理通货膨胀、消除经济过热为首要任务的综合治理措施。以整顿金融秩序为突破口，主要运用金融手段加强宏观调控：一是"约法三章"，坚决查处乱拆借、乱集资、乱提高利率等非法行为；二是适时微调，在总量从紧的原则下，改进贷款供应，实行保国有企业、保重点建设和保农业的合理资金需要的"三保"政策；三是在 1993 年 5 月和 7 月先后两次调高存贷款利率，重新开办保值储蓄，稳定居民的心理预期，加快现金回笼。这些手段使当时经济、金融秩序混乱的局面得到控制，收到了立竿见影的效果。

到 1996 年底，适度从紧的货币政策收到了明显成效，通货膨胀得到控制，国民经济实现"软着陆"。当年零售物价涨幅降到 6.1%，居民消费价格涨幅为 8.3%，经济增长率回落到 10%。宏观调控的预期目标基本实现。

（二）1998～2002 年：应对亚洲金融危机，治理通货紧缩

1997 年，受亚洲金融危机的影响，中国外贸需求急剧减少，加之部分领域重复建设导致商品严重供大于求，国内出现了经济增长放缓、通货紧缩的局面。1998 年，中国出口仅增长 0.5%，进出口总额下降 0.4%，实际利用外资下降 9.1%，外汇储备增速减缓；社会商品零售总额仅增长 6.8%，增幅为 20 世纪 90 年代以来的最低水平。1998 年 10 月零售物价开始出现负增长。

面对严峻的国内外经济形势，党中央、国务院审时度势，对外坚持人民币不贬值，树立起负责任的大国形象，对内实行积极的财政政策和稳健的货币政策，促进经济增长。对应积极的财政政策，本应实施积极的货币政策。但是，我国工商企业生产经营高度依赖银行贷款，银行不良资产比例居高不下，不宜把适当增加货币供应称为积极的货币政策，而称之为稳健的货币政策。稳健的货币政策包括三项核心内容：一是综合运用多种货币政策工具，加大对经济发展的支持力度。1998 年和 1999 年两次下调法定存款准备金率共

计7个百分点。从1996年5月到1999年6月连续7次降息，存款平均利率累计下调5.73个百分点，贷款平均利率累计下调6.42个百分点。扩大对金融机构的再贷款和再贴现业务，开展公开市场业务，增加基础货币投放，保证了金融稳定，有力地支持了基础设施建设和农村经济发展。二是出台政策法规，并对商业银行进行"窗口指导"，引导商业银行贷款投向，提高信贷资金的使用效益。三是多措并举改善商业银行资产质量，提高商业银行资本充足水平，改进运行管理机制，为货币政策传导创造有利基础条件。监督、协调金融资产管理公司收购国有银行不良贷款1.4万亿元，实行债转股近4000亿元，整顿地方中小金融机构；支持和配合财政部发行2700亿元特别国债，补充国有银行资本金；督促商业银行完善法人治理结构和信贷管理制度。

积极的财政政策和稳健的货币政策成效明显，我国成功抵御了亚洲金融危机的冲击，扭转了经济下滑和通货紧缩的势头。广义货币增速保持在14%左右，并于2002年回升至16.8%。2000年和2001年，国内生产总值分别增长8.4%和8.3%，居民消费价格分别上涨0.4%和0.7%。

（三）2003年至2008年上半年：应对外汇大量流入和经济过热

从2002年下半年开始，中国经济进入新一轮上升周期。一方面，前一轮经济下行期内经济结构调整和去产能取得了明显进展，为2003年以后的经济增长打下较好基础；另一方面，2001年中国加入世界贸易组织后外贸需求跳跃式增加。在这两个因素的共同作用下，各地发展的热情被充分调动起来，经济增长步入快车道。2003～2007年，中国GDP增速维持在10%以上，2007年达到14.2%的超高速增长，出现明显的过热势头。随着出口的大量增加，国际收支持续顺差和外汇储备大量积累，导致银行体系流动性持续性过剩。2004年和2007～2008年，CPI出现了两个明显的波峰，2008年上半年一度高达8%以上。

这段时间，中国人民银行主要执行了稳健的货币政策。主要的政策措施包括：一是截至 2008 年 6 月末，通过发行中央银行票据净回笼基础货币达 4.2 万亿元。2003 年至 2008 年 6 月先后 20 次上调人民币存款准备金率，深度冻结流动性超过 4 万亿元。二是 2003 年至 2008 年 6 月，8 次上调一年期存款基准利率共 2.16 个百分点，9 次上调一年期贷款基准利率共 2.16 个百分点。2004 年 10 月 29 日开始对商业银行贷款利率实行下限管理。三是加强"窗口指导"和政策引导，促进信贷结构优化。四是增强人民币汇率浮动弹性，促进国际收支平衡。五是注重货币政策与其他经济政策的协调配合。

2003～2008 年，货币信贷增长总体上控制在适度水平，为防止经济过热发挥了重要作用。在外汇储备年均增长近 40% 的情况下，M2 年均增速控制在 17% 左右。M2/GDP 比值也改变了改革开放以来持续较快上升的局面，连续几年基本稳定在 160% 左右并略有下降。银行体系流动性偏多问题有所缓解。与 2002 年末相比，银行体系超额准备金几乎没有增加，金融机构超额准备金率从 6.5% 大幅下降至 2007 年末的 3.5%。金融调控政策和其他宏观经济政策密切配合，有力地促进了经济又好又快发展，并为推进结构改革争取了宝贵的时间。

（四）2008 年下半年至 2009 年：应对国际金融危机

随着美国雷曼兄弟公司于 2008 年 9 月宣布破产，起始于美国次贷危机的国际金融危机全面爆发，全球金融市场都出现断崖式下跌。受此影响，从 2008 年 11 月起，我国进口金额和出口金额均维持了长达一年的同比负增长状态，工业增加值当月同比增速从两位数回落至 2008 年 12 月的 5.7%，投资和消费等指标也出现下降。

为应对国际金融危机，我国政府实施了积极的财政政策和适度宽松的货币政策，迅速出台 4 万亿元投资等一揽子经济刺激计划。中国人民银行贯彻适度宽松的货币政策，主要的政策措施包括：一是4次下调金融机构人民币存款准备金率。截至2008年末，动态测算共释放流动性约8000亿元。二是2008年9月至年底，5次下调金融机构存贷款基准利率，两次下调存款准备金利率、再贷款和再贴现利率，公开市场操作利率也稳步下行。三是适度发挥再贴现引导信贷资金投向、促进信贷结构调整的功能。四是加强"窗口指导"和信贷政策引导。五是完善人民币汇率形成机制，积极参与国际金融危机应对合作。在国际金融危机最严重的时候，许多国家货币对美元大幅贬值，而人民币汇率保持了基本稳定，这不仅有助于中国经济较快实现稳定和复苏，也为亚洲乃至全球经济复苏作出了巨大贡献。

总体上，适度宽松的货币政策得到了有效传导，2009年特别是上半年货币信贷总量快速增长，对扩张总需求、遏制通货紧缩预期发挥了关键性作用，帮助中国经济在2009年率先实现企稳回升。同时，中国人民银行十分重视信贷平稳可持续增长和防范金融风险，前瞻、灵活地调整货币政策重点、力度和节奏，根据中国经济状况适时从反危机状态逐步向常态回归。从2009年年中开始，适度宽松货币政策的力度就进行了微调，经过努力，2009年第三、第四季度信贷增长比上半年明显放缓，节奏更趋平稳。

（五）2010年至今：货币政策回归稳健

2008～2009年的大规模经济刺激政策作用十分明显，但到2010年，中国经济又开始出现过热迹象。房地产投资同比增速从上年末的16.1%跳升至30%以上，社会消费品零售总额同比增速从15%左右跳升至18%左右，进出口金额从负增长跳升至同比增长40%左右，发电量、货物周转量指标增长也很明显。中国经济率先回升后，外汇恢复大量流入，2009～2010年，金融机构外汇占款合计增加超过5.7万亿元，流动性过剩和货币信贷扩张的压力非常大。CPI也从负增长区域迅速跳升至同比增长3%以上，通货膨胀压力显现。

　　按照党中央、国务院的决策部署，中国人民银行适时调整了政策取向。在保持政策连续性和稳定性的同时，2010 年秋开始逐步转向稳健的货币政策，并引入宏观审慎手段加强调控，引导货币信贷回归常态。这一时期的主要政策措施包括：一是加大流动性回收力度。2010 年 1 月至 2011 年 6 月，12 次上调存款准备金率合计 6 个百分点；灵活开展公开市场操作，累计发行中央银行票据 5.1 万亿元，开展正回购操作 3.5 万亿元。2010 年 4 月初及时重启 3 年期中央银行票据发行，进一步提高了流动性冻结深度。二是发挥价格杠杆调控作用。2010 年 10 月至 2011 年 7 月，5 次上调存贷款基准利率。三是基于宏观审慎理念引入差别准备金动态调整措施。四是 2010 年 6 月宣布进一步推进人民币汇率形成机制改革。五是加强对金融机构的"窗口指导"，不断改进信贷政策指导，鼓励和引导金融机构合理调整信贷结构和投放节奏，加大金融支持经济结构调整和经济发展方式转变的力度。稳健货币政策的实施成为有效控制物价过快上涨的货币条件。

　　2011 年 10 月以后，针对欧洲主权债务危机继续蔓延、国内经济增速放缓、价格涨幅逐步回落等形势变化，着力提高政策的针对性、灵活性和有效性。3 次下调存款准备金率共计 1.5 个百分点，暂停发行 3 年期中央银行票据。随着国际收支渐趋平衡和外汇占款同比少增，2012 年下半年进一步将逆回购操作作为流动性供给的主要渠道，有效熨平多种因素引起的流动性波动，2012 年全年累计开展逆回购操作 6 万亿元。2012 年年中两次、2014 年 11 月 22 日下调存贷款基准利率，同时推进利率市场化改革，减少实体经济利息负担。发挥差别准备金动态调整机制的逆周期调节作用，促进货币信贷合理适度增长。

　　2013 年，中国经济呈现稳中有进、稳中向好的发展态势，但同时银行体系流动性管理面临的形势较为复杂。年初，受主要发达经济体几次量化宽松政策（QE）的影响，外汇流入大幅增加。5 月、

6月，市场对美联储退出 QE 预期有所增强，国内经济也面临一定下行压力，外汇流入有所放缓。8月、9月以后，在美联储延迟退出 QE 以及中国推进改革释放增长潜力效果逐步显现的共同影响下，外汇流入再度显著增多。同时，财政收支变化及库款波动等也加大了流动性管理的复杂性。

面对复杂的形势，中国人民银行坚持稳中求进的工作总基调，继续实施稳健的货币政策，创新调控思路和方式，保持定力，精准发力，不放松也不收紧银根，创设和运用了常备借贷便利和短期流动性调节工具。认真落实国务院关于金融支持经济结构调整和转型升级的决策部署，引导金融机构加大对重点领域和薄弱环节的金融支持。总的来看，稳健货币政策取得了较好效果。2013年前几个月货币信贷和社会融资总量增长偏快的势头得到控制，全年趋近于预期目标。货币金融环境的基本稳定促进了经济平稳可持续发展和经济结构调整，使得下半年以后一度趋于上行的通胀形势初步稳定下来，也对抑制全社会债务和杠杆水平的过快上升发挥了积极作用。

二、金融调控的经验总结

过去的十几年里，中国金融调控经历了一系列重大挑战。中国的货币政策以控制通胀为主兼顾改革和转型需要，保持了经济和物价水平的基本稳定，积累了转轨经济体金融调控和机制建设的宝贵经验。总结这些做法和经验，对于未来的理论发展和实践工作都具有重要意义。

一是强调突出价格稳定的多目标制。如前文所言，作为一个处于经济转型期的发展中国家，我国既有一个改革和完善机制的过程，也有一个在改革过程中保持经济和就业稳定增长的任务，两者相辅相成。这一特征体现在金融调控上就要实施突出价格权重的多目标制。维护低通胀、推动经济合理增长、保持较为充分的就业以及维护国际收支平衡都是金融调控的内容，其中防通胀是最主要的任务，分量最大。

中国人均收入较低、提升空间较大，各地、各方面都希望生活水平和城市乡村面貌更快得到提高和改善，这是中国经济持续快速增长的巨大动力。但"软约束"的现象依然存在，经济主体容易出现过于乐观预期，局部和个体行为加总在一起，容易造成经济易热不易冷、潜在通胀压力较大等问题。基于通货膨胀是主要的宏观经济风险的判断，我国始终把货币政策作为维护价格总水平基本稳定的主要防线，金融调控的前瞻性和有效性得到明显提升。

同时，货币政策还必须兼顾多目标平衡。例如，在转轨过程中需要逐步消除价格扭曲，转向市场化的价格体制，与国际价格体系接轨，同时优化资源配置。货币政策需要对这些有助于优化资源配置的改革引起的物价上升留出一定空间。再有，中国长期面临国际收支大额双顺差格局，流动性被动投放较多，对货币供应量和通胀有重要影响，这使中央银行必须关注国际收支平衡问题。此外，金融机构是否稳健、金融生态的好坏都是货币政策能否有效传导的关键，这就要求不断深化金融改革，解决妨碍金融稳定的体制性问题，更好地疏通货币政策传导机制，这也意味着货币政策在必要时需要为改革和稳定提供一定支持，从中长期看这也有利于实现价格稳定的目标。

二是从计划手段转向强化货币政策的间接调控。1993 年 11 月中共十四届三中全会《关于建立社会主义市场经济体制若干问题的决定》提出要建立以间接手段为主的完善的宏观调控体系，运用货币政策与财政政策，调节社会总需求与总供给的基本平衡，并与产业政策相配合，促进国民经济和社会的协调发展。宏观调控框架由此开始创建。

货币政策框架的调整适应了企业自主权不断扩大、市场在资源配置中的作用不断增强的要求。经济体制改革从微观经营机制改革入手，通过逐步增强微观主体自主决策和配置资源的能力，使市场在配置资源中发挥越来越重要的作用。而微观经营机制和资源配置方式的变化也必然要求宏观调控机制进行调整。随着银行间同业拆借市场、债券市场、外汇市场、股票市场等逐步建立，市场配置金融资源的作用日益增强，为从直接调控向间接调控转变奠定了基础。1998 年，中国人民银行取消了信贷限额管理。在调控方式上逐步形成了以公开市场操作、存款准备金率、再贷款、再贴现和利率等构成的货币政策工具组合，确立了以间接手段为主的调控模式。货币政策对间接调控机制和价格型调控手段的运用逐步加强。

三是实施数量、价格与宏观审慎政策相结合的调控模式。货币政策重视综合运用数量型和价格型工具实施调控，前者侧重于使用数量工具和数量目标，后者则侧重于使用利率等价格手段和目标，本轮国际金融危机以来又逐步建立和完善宏观审慎政策框架，形成了多种调控工具相互结合、互为补充的金融调控体系。2008 年国际金融危机爆发后，大家反思金融危机教训时认识到，由于缺乏从宏观的、逆周期的视角采取有效措施，导致金融体系和市场剧烈波动，成为触发金融危机的重要原因。从微观角度看，金融监管的核心是保持个体机构的稳健，但个体稳健并不一定等于整体稳健，还可能加剧整体的不稳定。从宏观角度看，货币政策主要盯物价稳定，但即使 CPI 基本稳定，金融市场、资产价格的波动也可能很大，价格稳定并不等于金融稳定。可见，在宏观货币政策和微观金融监管之间，有一块防范系统性风险的空白。这就需要完善宏观审慎管理，注重从宏观和整体的角度来观察和分析金融风险，以弥补现有金融管理制度的不足，防范由于金融体系顺周期波动以及风险在不同部门之间关联传染所导致的系统性风险。

按照中央有关健全宏观审慎政策框架的部署，中国人民银行率先启动健全宏观审慎政策框架。2009 年年中即开始研究进一步强化宏观审慎管理的政策措施。2011年年初正式引入差别准备金动态调整制度。该制度的核心是将信贷投放与宏观审慎所要求的资本水平挂钩，同时考虑各金融机构的系统重要性和稳健性状况，以及所处经济周期阶段，规则科学、透明、有弹性，商业银行可以自己把握，不同于"一刀切"似的规模管理，具有引导和激励金融机构自我保持稳健和调整信贷投放的功能。差别准备金动态调整制度具有逆周期双向调节的特点，通过调节有关参数，既可在经济增长偏快时抑制信贷过快增长，也可在经济形势发生变化时促进信贷保持合理投放，保持金融体系的稳健和经济平稳运行。目前差别准备金动态调整措施中包括了宏观热度参数、稳健性参数等，其中稳健性参数综合考虑了金融机构稳健性状况和执行国家信贷政策等情况。从近年来的整体实施效果看，差别准备金动态调整措施与利率、公开市场操作、存款准备金率等传统货币政策工具相配合，在抑制信贷顺周期波动、提升金融机构稳健性方面发挥了重要作用。

四是注意宏观调控与金融改革相互结合。在金融宏观调控中始终注意将短期调控与中长期的金融改革结合起来，不断推进金融机构改革、培育和发展金融市场、稳步推进利率市场化改革和人民币汇率形成机制改革，注重通过宏观调控为金融改革创造有利的环境，反过来金融改革深化也有助于提高调控的有效性。

继1994年实行政策性金融与商业性金融分离后，我国又分步骤地推进银行体系改革，有效解决了曾被西方一些媒体判定为"技术性破产"的中国银行体系问题，中国银行体系沉重的历史包袱得以解决，资产负债状况焕然一新，稳健程度和竞争力大大提高，在本次国际金融危机冲击中也有较好的表现。稳健的银行体系显著改善了货币政策传导机制和环境，提高了金融调控的有效性。

此外，合理把握汇率改革进程，稳步推进利率市场化改革。2005年7月21日起，开始实行以市场供求为基础、参考一篮子货币进行调节、有管理的浮动汇率制度。2010年6月19日，根据国内外经济金融形势和中国国际收支状况，决定进一步推进人民币汇率形成机制改革。之后，将汇率浮动区间由 0.5% 逐步扩大至 2%，同时大幅减少了外汇干预，让市场供求在汇率形成中发挥更大的作用。随着利率市场化稳步推进，金融市场绝大部分资金价格已实现市场化定价，目前仅对金融机构存款利率上限实施管制。中国的市场化利率调控和传导机制建设也取得较大进展。中央银行调节市场利率的能力也在不断提升。

五是应对金融危机快速反应、力度充分、适时退出。2008 年国际金融危机爆发后，中国人民银行积极配合一揽子刺激计划，坚持了快速反应、力度充分、适时退出的政策理念，注意在危机发展演变的不同阶段把握好政策的取向和力度。之所以选择"快速反应"，是因为国际金融危机来势凶猛，在各方面难以预估冲击强度的情况下，有必要把问题考虑得严重一些，果断出台"力度充分"的应对措施。总体来看，当时采取的适度宽松货币政策传导顺畅，有力地支持了一揽子刺激计划，遏制了通缩与经济下滑相互强化的潜在风险，对促进经济企稳回升起到了关键性作用。而之所以要"适时退出"，主要是基于中国经济易热不易冷的体制特征，考虑到宽松货币条件可能会产生副作用，随着形势好转应适时调整政策取向，有助于遏制物价涨势，保持经济平稳较快发展。

作为宏观经济的稳定器，金融调控在维护经济平稳较快发展、保持物价基本稳定中发挥了重要作用。从图 4-5 可以看出，进入 21 世纪以来，中国是全球经济增长最快的经济体之一，同时物价涨幅在金砖国家中也相对最低，中国城镇新增就业接近 1.4 亿人，对外贸易总额从世界第 7 位上升到第 1 位，经常项目占 GDP 比重逐步下降，经济增长更趋均衡。与此同时，金融调控的市场化程度逐步提高，货币政策传导机制不断完善，市场在金融资源配置中的作用不断提升。这为下一步的改革发展奠定了坚实基础。

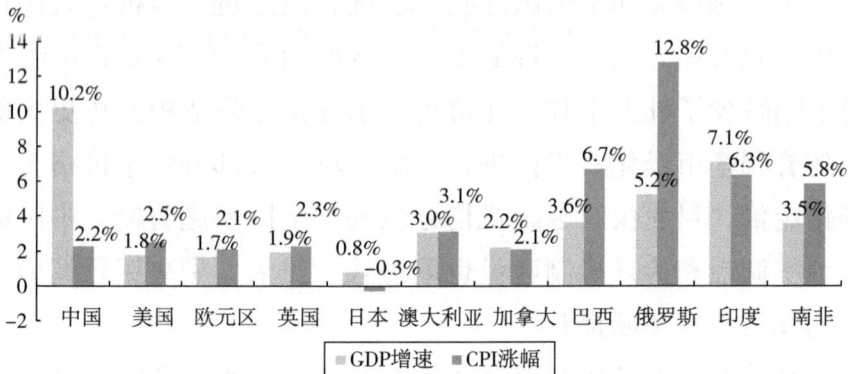

注：本图以各国定基数据直接开方计算，即为各年增长率求几何平均而非算术平均的方法。

数据来源：世界银行／CEIC／Wind。

图 4 – 5　2000～2012 年中国和世界主要经济体 GDP 增速和 CPI 涨幅对比

三、金融调控面临的挑战和工作重点

经过三十多年的改革开放和社会主义市场经济体制建设，金融调控所面临的环境正在向更加市场化、国际化和平衡增长的常态状况转变，这需要金融调控作出相应的调整和优化。我国货币供应量较多，通货膨胀潜在压力很大；间接融资比例依然较高，工商企业资产负债率仍在上升，倒逼银行增加贷款；人民币逐步成为可兑换货币，维护国际收支平衡，加大了人民币调控的复杂性；人民币利率市场化和人民币汇率形成机制的深入改革，为完善中央银行金融调控体系创造了条件，同时对中央银行宏观调控方式也提出了新的要求；随着人民币成为国际货币，国际社会将对中国中央银行货币操作的独立性和透明度提出要求。面临上述挑战，中央银行要继续推进金融体制改革，完善金融调控方式。要促进人民币成为币值长期稳定、利率和汇率由市场决定，并在全球可兑换的货币，为全面实现小康社会和中华民族伟大复兴提供良好的宏观金融环境。围绕实现上述目标，中央银行要努力做好下列几项重要工作。

一是控制货币供应量，消除发生严重通货膨胀的隐患，保持人

民币币值长期稳定。发展中的不平衡、不协调、不可持续性的问题和经济结构性矛盾依然突出，各方面挤压中央银行过度扩大货币供应的压力依然存在。生产要素价格市场化形成和货币流通速度的加快，将导致多年积累的过多的货币推动物价上涨。《中国人民银行法》第三条规定，"货币政策目标是保持货币币值的稳定，并以此促进经济增长。"中国人民银行要以稳定币值为核心，兼顾其他调控目标的货币政策目标体系，着力健全宏观审慎政策框架，在新的金融环境下用好传统货币政策工具，创新调控方式，提高金融宏观调控的能力和水平。

二是促进中国金融体制改革，大力发展资本市场，增强社会资本形成能力，逐步解除工商企业发展依赖银行贷款的被动局面。2013年全国社会融资规模17.3万亿元，其中本外币贷款占54.8%，其余虽然不是银行直接发放的贷款，但绝大部分是委托贷款、信托贷款、未贴现银行承兑汇票、企业债券等债务融资。非金融企业通过股票市场获得的资本融资仅占1.3%。企业债务融资增长速度高于净资产增长率，这种状况不改变，中央银行被动扩张货币信贷的局面也不可能改变。因此，我国应采取多种措施，发展多层次资本市场，包括对外扩大开放资本市场。中国人民银行依据法规和职责，促进增强社会资本聚集能力。

三是进一步处理货币政策和国际收支平衡的关系，增强中央银行实施货币政策的主动性。截至2013年底，我国外汇储备已达3.8万亿美元，占用人民币26.4万亿元，是中央银行总资产的83%。为对冲大量购汇吐出的流动性，大型商业银行存款准备金率达到约20%。外汇储备占用人民币过多，不利于中央银行改善宏观调控。中央银行要在国际收支平衡政策的制定和国际收支平衡的管理中发挥更大作用。首先，通过贸易收支平衡，扩大对外直接投资，控制外汇储备的增长。其次，再视国内外条件，保持外汇储备水平合理适度。最后，采取多元化投资方式，进一步提高外汇储备投资效益率。

　　四是推动金融体制改革，特别是人民币利率、汇率市场化的改革，进一步疏导货币政策传导机制。尽快创造条件，取消对存款利率上浮幅度的限制，建立存款保险机构。自2005年新一轮人民币汇率改革以来，到2013年人民币汇率年均升值5%。现在，人民币汇率水平已进入合理区间，按规定幅度内上下波动已成常态。要继续推进人民币汇率市场化改革。继续促进工商企业、商业性金融企业建立现代企业制度，完善政策性金融企业运营机制，增强市场主体对中央银行货币政策的接受和反应能力。

　　五是根据人民币国际化的需要，完善中央银行法律地位和货币操作透明度。人民币国际化的步伐正在加快，有关国家、企业和个人持有人民币越来越多，人民币既是中国的本币，又是一个重要的国际货币。在这种情况下，外国政府和企业、居民，特别是人民币持有者，会更加关注人民银行法律地位和货币操作透明度。《中国人民银行法》第五、第六、第七条在这方面有规定。中国人民银行在国务院领导下依法独立执行货币政策；有关对年度货币供应量、利率、汇率和国务院规定的其他重要事项作出的决定，报国务院批准后执行，此外对有关货币政策事项作出决定后即予执行，并报国务院备案；中国人民银行要向全国人大常委会作工作报告。今后，国家将适应人民币国际化的客观需要和中国的国情，进一步完善法律法规，提高人民银行货币政策的主动性和有效性，增强人民银行稳定币值的职责，同时，加大全国人大及全国人大常委会对人民银行货币政策执行情况的监督。提高人民银行资产负债表的透明度，落实人民银行财务亏损由中央财政弥补的法律规定。通过以上措施，不断增强外国政府和有关企业、人员对持有人民币的信心。

第五章　金融监管与金融稳定

金融业在任何国家（地区）、任何时候都是特许行业，这是由金融业中的金融机构经营对象的特殊性、金融业在国民经济中的地位和金融业的风险特性等决定的。这些特殊性决定了金融业具有特殊的公共性和全局性。在金融市场失灵和信息不对称的条件下，金融体系的内在脆弱性和金融风险的外部性使得金融风险成为现代社会最常见、最普遍且影响最大的风险之一，加强金融监管、防范金融风险、维护公众利益成为金融业永恒的主题。然而，自20世纪70年代末以来，在金融自由化思潮的影响下，欧美等国家纷纷放松对金融业的监管，金融创新与金融监管脱节日益严重，导致金融风险乃至金融危机接连发生，对全球经济造成巨大冲击。据世界银行统计，自20世纪70年代后期至2000年末，全球有93个国家先后爆发了112次系统性银行危机，单个金融机构的倒闭更是不胜枚举。2008年，美国次贷危机演变为席卷欧美的国际金融危机，集中暴露了金融自由化和金融监管体系的缺陷。

2008年国际金融危机以来，加强金融监管、防范金融风险、维护金融稳定成为维护国家经济安全、改善国家治理和全球治理的重要议题。国际组织和各国政府深刻反思国际金融危机教训，积极推进金融监管体制改革，在完善传统微观审慎监管的基础上，进一步强化中央银行对系统性风险的宏观审慎监管，强化对系统重要性机构和复杂金融产品的监管，初步奠定了后危机时代金融监管的新框架。

党中央、国务院历来高度重视防范和化解金融风险，1997年至今已先后召开四次全国金融工作会议，果断推进一系列重大金融改革，大力整顿金融秩序，关闭资不抵债、不能支付到期债务的地方中小金融机构，通过剥离国有商业银行不良贷款、充实资本金、促进重组上市，进一步完善国有控股大型金融企业现代企业制度，等等。经过不到20年的努力，我国金融业改革发展取得举世瞩目的成就，金融业整体实力和抗风险能力不断增强，成功经受了国际金融危机的严峻挑战，有力地支持和促进了国民经济持续健康发展。

本章首先概述金融监管的基本理论、国际上主要金融监管模式和我国金融监管体制、国际金融监管准则和标准，并在此基础上详细介绍我国银行业、证券期货业和保险业监管的主要内容和方法。其次，重点介绍我国金融稳定机制和金融监管协调机制建设的新进展，以及金融危机管理的理论和操作框架。最后，系统回顾总结我国化解和处置重大金融风险的实践经验。

第一节   金融监管概述

金融监管是政府为弥补金融市场失灵的缺陷所作的制度安排。狭义的金融监管，是指金融监管当局依法对金融机构及其运营情况实施监督和管理，以维护正常金融秩序，保护存款人、投资者和社会公众利益，保障金融体系安全、健康、高效运行。广义的金融监管则把金融监管的主体和对象范围进一步扩大，监管主体除金融监管当局外，还包括金融行业自律组织、社会中介组织以及被监管对象的内部控制和稽核部门；监管对象则除了金融机构及其活动外，还包括参与金融活动的个人和非金融机构，如普通投资者、上市公司等。由于政治、经济、法律、历史、文化传统以及社会制度的不同，各国金融监管体制均存在不少差异，但仍体现了许多一般性原则和规律。

一、金融监管的目标和原则

（一）金融监管的目标

各国金融监管目标不完全相同，即使同一国家，也会随着金融和经济发展阶段变化，适时调整金融监管目标。总体来看，在我国建立健全社会主义市场经济体制的过程中，金融监管的目标主要体现在四个方面：一是维护整个金融体系的安全稳定，防范和化解金融风险，促进金融业健康发展；二是保护存款人、投资人和社会公众利益；三是创造公平竞争的环境，促使金融业在竞争的基础上提高效率；四是保证国家货币政策和宏观调控措施有效实施。

（二）金融监管的原则

金融监管的原则是金融监管当局在监管过程中应遵循的行为准则。根据巴塞尔银行监管委员会（BCBS）发布的《有效银行监管的核心原则》，金融监管的原则大体包括以下几个方面。

独立性原则。金融监管当局要有明确的责任和目标，享有操作上的自主权和充分的资源，但不能以任何方式干涉金融机构的内部管理活动。

依法监管原则。所有金融机构都必须接受国家金融监管当局的监督与管理；金融监管当局必须依法行政，以此来保持监管的权威性、严肃性、强制性和一贯性，从而达到监管的有效性。

自我约束与外部强制相结合的原则。外部监管无论多缜密严格，若缺少监管对象的自我约束，其作用也只是相对的、有限的。反之，如果完全依赖金融机构内控而忽视外部监管，金融机构违法违规行为也难以避免。只有两者有机结合，才能达到预期监管目标。

安全稳健与经济效益相结合的原则。确保金融机构安全稳健是各国监管当局共同坚持的基本目标，监管活动中的技术手段、指标体系等均要从保证金融体系稳健性出发。同时，发展金融业的最终目的是通过产品和服务创新实现商业可持续发展，满足社会经济不断发展的金融服务需求。因此，金融监管应坚持安全稳健与经济效益相结合的原则，在防范金融风险的前提下鼓励金融机构创新发展。

母国与东道国共同监管的原则。这主要是针对跨国经营的金融机构的监管提出来的，即母国监管者对金融机构实施全球性并表监管，并与东道国达成相关协议，共享信息，协调合作，共同对跨国金融机构实行有效监管。

二、主要国家的金融监管体制

金融监管体制是指金融监管职责和权力配置的制度安排。目前，世界主要国家的金融监管体制大致可分为以下几类。

（一）两级多头金融监管体制

两级多头金融监管体制，是指中央和地方两级都对金融机构有监管职责，即所谓"两级"；每一级又设立多家管理机构分工负责金融监管工作，即所谓"多头"。两级多头的监管体制适用于地域广阔、金融机构众多而且差别较大，或是政治结构较为分散的国家，多存在于联邦制国家。

美国是两级多头监管体制的代表国家。1999 年以前，美国实行的是分业经营、分业监管的体制。在联邦一级，银行业的监管主要由财政部货币监理署（OCC）、联邦储备系统（FRB）、联邦存款保险公司（FDIC）负责，而非银行金融机构的监管则主要由证券交易委员会（SEC）、联邦住房贷款银行委员会（FHFB）等几家机构负责。在州一级，各州都有各自的金融法律法规和银行监管机构。这种多元监管体制有利于加强对银行和其他金融机构监管的力度，但也存在监管机构过多、体系过于庞大、信息沟通时间较长、监管成本过高等问题。20 世纪 70 年代开始的金融自由化浪潮推动了金融监管放松的步伐，1999 年美国通过《金融服务现代化法案》，允许通过金融控股公司对银行、证券、保险兼业经营，美国金融监管体制形成了"伞式"＋功能监管体制，对同时从事银行、证券、互助基金、保险等业务的金融控股公司实行伞式监管制度。美联储为金融控股公司的伞式监管人，负责该公司的综合监管；金融控股公司子公司又按其所经营业务的种类接受不同行业主要功能监管人的监管。伞式监管人与功能监管人必须相互协调、共同配合。

两级多头监管体制的主要优点是：有利于金融监管的专业化，防止金融监管部门权力过于集中。但这种监管体制也有明显缺陷，如监管机构交叉重叠，容易造成重复检查和监管真空；金融法规和监管标准不统一，容易引发监管套利。

（二）一级多头金融监管体制

一级多头金融监管体制，是指金融监管的权力集中在中央，地方没有独立的权力，即所谓"一级"；在中央一级设立多家机构分工负责监管，即所谓"多头"。采用这种金融监管体制的代表性国家主要有澳大利亚、巴西等。

一级多头监管模式的具体形式有"牵头监管"模式和"双峰监管"模式。"牵头监管"指在多头监管主体之间建立及时磋商和协调机制，特别指定一个牵头监管机构负责不同监管主体之间的协调工作。"双峰监管"是指根据监管目标设立两类监管机构：一类机构负责对所有金融机构进行审慎监管，控制金融体系系统性风险；另一类机构对不同金融业务经营进行监管。巴西是较典型的"牵头监管"模式：巴西国家货币委员会（NMC）是牵头监管者，负责协调巴西中央银行（BCB）、证券交易委员会（SEC）、私营保险监管局（PIS）和补充养老金秘书处（CPS），分别对商业银行、证券公司和保险公司进行监管。澳大利亚是"双峰监管"模式的典型。澳大利亚历史上由中央银行负责银行业的审慎监管，1998年以来则由新的澳大利亚审慎监管局（APRA）负责所有金融机构的审慎监管，而证券投资委员会（ASIC）则负责对证券业、银行业和保险业的业务经营进行监管。

一级多头监管模式的主要优点是：有利于中央对金融体系的统一监管并发挥分业监管的专业优势，同时保持监管机构间的竞争与制约。但这种监管体制需要各监管部门之间加强协调配合，否则也可能会存在监管重叠和监管真空并存，以及监管规则不一致和监管套利的情况。

（三）集中单一金融监管体制

集中单一金融监管体制，是指仅由一家管理机构（通常是中央银行或独立于中央银行的监管机构）负责对金融体系的监督管理。这种体制在发达经济体和新兴经济体都有代表。发达经济体如日本。日本自2000年成立金融厅以来，就由其负责对日本银行业、证券业、保险业、信托业和整个金融市场进行监管，成为一家统一的全能金融监管机构。英国曾经是实行单一金融监管体制的典型代表，由金融服务局（FSA）对金融体系进行统一监管，后于2012年通过《金融服务法》和《英格兰银行法》修订案，撤销了金融服务局，在中央银行下设审慎监管局，并成立金融行为监管局，实施审慎监管与行为监管相结合的"准双峰"监管模式。新兴经济体如俄罗斯、泰国，由中央银行对金融业实施集中监管。俄罗斯经济转轨以来，在相当长时期内实行的是分业、多头管理模式，中央银行主要负责监管信贷市场，金融市场局主要负责监管资本市场，财政部也承担部分金融监管职责，但2013年，俄罗斯宣布实施统一的大金融市场监管，撤销金融市场局，由中央银行（俄罗斯银行）统一对所有金融机构实施宏观审慎管理和微观审慎监管。泰国长期以来都是由其中央银行（泰国银行）对金融机构实施统一监管。至今尚未建立中央银行的一些国家如新加坡、巴林等则是由准中央银行——金融管理局或货币局负责监管其金融体系。

集中单一金融监管体制的优点是：金融法规和监管标准统一，金融管理集中，权责明确，金融机构监管套利空间小。但容易滋生金融监管部门的官僚作风和腐败现象。

三、危机后国际金融监管体制改革新动向

2008 年国际金融危机后，主要经济体开始大刀阔斧地改革金融监管体制，有以下一些共同特点。

（一）构建宏观审慎管理制度

宏观审慎管理既防范金融体系内部相互关联可能导致的风险传递，又注重解决金融体系顺周期性问题，提高金融体系稳健性标准，成为危机后金融监管改革的重要方向。美国设立金融稳定监督委员会（FSOC）、英国在英格兰银行下设金融政策委员会（FPC）、欧盟成立欧洲系统性风险委员会（ESRC）、德国成立金融稳定委员会（FSC），专门负责宏观审慎管理，防范和化解系统性风险。宏观审慎政策也在逐步完善，包括加强逆周期的资本和流动性管理，建立系统重要性金融机构和影子银行监管体系，降低会计准则的顺周期性，推动标准化场外衍生品合约集中清算，对非集中清算合约提出更高的资本要求等。

（二）强化中央银行的监管职能

国际金融危机表明，分离中央银行的金融监管职能，不利于其及时、准确、全面地获取金融业信息，也不利于其前瞻性地化解风险并进行有序的风险处置。国际金融危机后，金融监管改革重新强调了货币政策、金融稳定和金融监管之间的协调统一，突出了中央银行在防范和化解系统性风险中的职能和作用。美国将金融稳定监督委员会指定的非银行金融机构纳入美联储的监管范围。英国撤销金融服务局，由英格兰银行统一负责微观审慎监管和宏观审慎管理。欧盟建立银行业单一监管机制，由欧洲中央银行对欧元区大型商业银行进行直接监管，其他银行由各国监管当局监管。欧盟三大金融监管机构——欧盟银行业监管局（EBA）、欧盟保险业和职业年金监管局（EFA）、欧盟证券业监管局（ESA）负责在欧盟层面制定统一的监管规则。俄罗斯撤销金融市场局，组建隶属于中央银

行的金融监管委员会，统一监管整个金融体系。韩国修订《韩国银行法》，强化中央银行的金融稳定职能。

（三）加强系统重要性金融机构监管和风险处置

国际社会从强化监管和完善风险处置两方面着力降低"大而不能倒"金融机构的风险。2011年11月，巴塞尔银行监管委员会从全球活跃性、规模、关联性、可替代性、复杂性五方面评估全球系统重要性银行，按照重要性程度实施1%～2.5%的额外资本要求，并于2012年11月提出国内系统重要性银行评估的12项原则。2013年7月，国际保险监督官协会（IAIS）发布全球系统重要性保险机构评估方法和政策措施，金融稳定理事会（FSB）公布了首批入选名单。2011年11月，金融稳定理事会发布《金融机构有效处置的核心要素》，要求系统重要性金融机构制订恢复和处置计划，建立全球跨境处置合作机制。2012年12月，美国联邦存款保险公司和英格兰银行联合发布了处置全球性银行的首个跨境合作方案。

（四）促进金融监管协调和合作

针对信息沟通不畅、政策协调不力、危机应对迟缓等问题，各国普遍加强了金融监管协调机制建设，强调不同监管主体之间应加强监管标准、政策和信息的沟通协调。美国金融稳定监督委员会负责协调解决各成员部门争端，美联储、联邦存款保险公司、消费者金融保护局（CFPB）、货币监理署、全国信用社管理局（NCUA）签订备忘录，协调获取参加联邦存款保险且资产规模在100亿美元以上银行的重要监管信息。英国金融政策委员会负责宏观审慎监管，同时给予金融行为监管局（FCA）和审慎监管局（PRA）金融稳定方面的指导和建议。英国金融政策委员会由英格兰银行行长担任主席，成员包括货币政策委员会、审慎监管局、金融行为局主席，各部门要向国会报告沟通和监管协调情况。欧盟要求欧洲系统性风险委员会与银行、证券、保险三家微观审慎监管机构建立信息沟通机制。

（五）限制商业银行从事高风险业务

针对金融机构过度承担风险等问题，主要国家和地区均提出以"业务隔离"为核心的银行业改革方向。美国"沃尔克规则"限制商业银行开展证券、衍生品、商品期货等高风险自营业务，规定商业银行投资对冲基金和私募股权基金的规模不得超过银行一级资本的3%。英国银行业改革法案要求银行集团在内部设立独立实体分别开展零售银行和投资银行业务，规定只有"零售银行"才能吸收普通个人和中小企业存款，并对其经营地域、业务、交易对手进行限制。欧盟银行业结构改革专家组建议在银行集团内部由相互独立的"交易实体"和"存款银行"分别开展特定的高风险交易业务和存贷款业务。

四、我国金融监管体制的历史沿革

我国金融监管体制的发展大体分为三个阶段：第一阶段是1992年以前的集中统一监管体制阶段；第二阶段是1992~2009年，分业监管体制形成阶段；第三阶段是2009年至今，金融监管体制不断完善阶段。

（一）集中统一监管体制阶段

改革开放之前，与计划经济体制相适应，我国实行高度集中的金融管理体制，实际上全国基本上只有一家金融机构，即中国人民银行。当时，中国人民保险公司和中国银行，对内是中国人民银行的一个职能部门，中国农业银行三次成立三次撤销，中国建设银行是财政部的内部机构。这一阶段，中国人民银行主要依靠行政手段管理金融，工作重心主要放在改革和完善信贷资金管理体制、加强中央银行宏观控制上，金融监管的作用还没有充分发挥。

1979~1984年，我国先后恢复了中国农业银行、中国银行以及中国人民保险公司，外资金融机构开始在北京等城市设立代表处。在此背景下，金融监管越来越重要。1983年9月，国务院决定中国人民银行专门履行中央银行职能。1984 年中国工商银行成立，中国人民银行专门行使中央银行职责，负责制定实施货币政策、开展金融监管。由此形成了银行、信托、证券、保险等所有金融业务都由中国人民银行监管的集中统一监管体制。

（二）分业监管体制形成阶段

1990 年和 1991 年上海证券交易所和深圳证券交易所分别建立，中国证券业进入快速发展时期，需要有专门机构负责股票、债券的发行、上市审批和交易监管。1992 年 10 月，国务院决定成立国务院证券委员会和中国证监会，负责股票发行上市的监管，中国人民银行依然对证券经营机构、债券和基金实施监管。

1997 年 11 月召开的全国金融工作会议提出，建立和健全集中统一的证券市场监管体制。1998 年 6 月，国务院决定将国务院证券委员会并入中国证监会，统一负责证券业监管，原来由中国人民银行监管的证券机构开始由中国证监会统一监管。同年 11 月，国务院决定成立中国保监会，负责对保险业的统一监管。2003 年 4 月，中国银监会正式组建，标志着我国"一行三会"分业监管、分工合作的金融监管体制正式确立。这一阶段，金融监管机构党的领导体制也发生重大调整，于 2003 年 3 月撤销 1998 年设立的中共中央金融工作委员会，各金融监管机构均成立了党委。

在"一行三会"金融监管框架下，银行业、证券业、保险业监管专业化、规范性不断提高，非现场检查和现场检查方式不断改进，金融监管的针对性、专业性明显增强。同时，逐步研究探索中央与地方金融监管职责分工。2003 年信用社改革试点中，中央将农村信用社的管理权下放给省级政府，中国银监会及其派出机构依法行使对信用社的金融监管职能。此后，中央陆续将小额贷款公司、融资性担保公司等准金融组织的管理职责交由地方政府承担，逐步形成了以地方政府金融办为主、地方其他部门和行业组织共同参与的地方金融管理体制。

（三）金融监管体制不断完善阶段

2008 年国际金融危机以来，国际金融监管体制和监管理念发生重大变化。我国金融监管部门积极参与国际监管规则的制定和修改，并借鉴国际金融监管改革成果，推动我国金融监管体制不断完善。

一是研究明确中央和地方金融监管职责分工和风险处置责任。为进一步明晰地方金融管理机构职责，落实监管和风险处置责任，国务院相关部门正按照中央关于全面深化改革的部署和要求，国务院于 2014 年 8 月 9 日下发《国务院关于界定中央与地方金融监管职责和风险处置责任的意见》，明确省级人民政府金融监管职责和风险处置责任是：（1）根据国家金融政策法规，在监管范围内制定具体实施细则和操作办法。（2）承担不吸收公众资金、限定业务范围、风险外溢性较小的金融活动的监管。依法对本地区小额贷款公司、融资性担保公司、区域性股权市场、典当行、融资租赁公司、商业保理公司、地方资产管理公司等机构实施监管，承担相应的风险处置责任。加强对民间借贷、新型农村合作金融组织的引导和规范。省级人民政府的监管重点是防范和打击金融欺诈、非法集资、非法证券期货活动等各类违法违规行为。（3）农村信用社管理。继续承担农村信用社管理和风险处置责任，督促农村信用社坚持为"三农"服务的经营宗旨，指导农村信用社加强自我管理。（4）防范和化解地方金融风险。地方政府不得出台与国家法律法规相冲突的金融政策，不得制定地区社会融资规模和贷款增长目标，不得干预金融机构日常经营，不得对金融机构进行考核排名。

二是加强金融监管协调与合作。为适应金融创新日益活跃和金融业综合经营发展的大趋势，解决分业监管体制下监管缺位和监管重叠并存、监管尺度和标准不统一等问题，2013 年 8 月，国务院批准建立由中国人民银行牵头的金融监管协调部际联席会议制度，加强中央银行和各监管部门在金融信息共享、工作协商、政策协调和行动配合等方面的协调与合作，进一步提高金融监管的协调性和有效性。

第二节　国际金融监管标准与准则

近年来，随着金融全球化深入发展，各国金融监管当局之间的合作越来越紧密，国际金融组织制定的监管标准也越来越多地得到各国的认可和采用。特别是 2008 年国际金融危机以来，金融稳定理事会、国际货币基金组织（IMF）、巴塞尔银行监管委员会、国际证监会组织（IOSCO）以及国际保险监督官协会等国际金融组织积极推动金融领域国际标准与准则的修订和执行，如有效银行监管核心原则、证券监管目标与原则、保险监管核心原则与方法、金融市场基础设施原则和金融机构有效处置的核心要素等，为国际金融监管建立了统一框架和标准。我国金融管理部门作为巴塞尔银行监管委员会、金融稳定理事会等国际金融组织的成员，积极参与国际标准的制定和修改，并结合我国金融业实际落实一般性国际准则。国际货币基金组织和世界银行开展的中国首次金融部门评估规划结论认为中国较好地遵守了银行业、证券业、保险业和支付结算体系等方面的国际标准与准则。2013 年，巴塞尔银行监管委员会发布《中国执行〈巴塞尔协议Ⅲ〉情况报告》，中国整体评估结论较好，监管整体框架被评为"符合"。

一、有效银行监管核心原则

银行业监管的国际标准和准则主要有巴塞尔银行监管委员会制定的《有效银行监管核心原则》（以下简称《核心原则》）和《巴塞尔协议》。前者是用于指导各国提高银行业监管有效性的纲领性文件，系统概括了各国银行监管的良好做法，提出了有效银行监管的基本框架，被誉为银行监管领域的"宪法"。《核心原则》于

1997 年首次颁布，随着银行业监管理念的发展，先后于 2006 年 10 月和 2012 年 9 月进行了两次修订。后者是巴塞尔银行监管委员会制定的关于银行业资本计量和资本标准的国际协议，是最受关注的国际金融监管准则之一，其演进代表了国际金融监管改革和发展的方向。1988 年至今，《巴塞尔协议》共经历了两次较大的修改，形成了三个关于银行业监管标准的协议文本及一系列相关成果，通常被称为《巴塞尔协议 I》、《巴塞尔协议 II》和《巴塞尔协议 III》。

1. 核心原则。第三版《核心原则》共有 29 条核心原则，涵盖了"监管者的权力、责任、职能"和"对银行的审慎监管要求"两大部分内容。在有关监管者权力、责任、职能的原则中，主要体现了：（1）监管机构应有明确的责任、目标和必要的法律授权，具有运作的独立性、良好的治理机制和充足的资源，并加强监管合作与协作等。（2）关于许可的银行业务范围、银行发照标准、大笔所有权转让和重大收购的基本要求。（3）关于监管方式、监管技术和工具、监管报告的基本要求，包括应有效实施现场检查和非现场监管，识别、评估和应对单家银行和整个银行体系的风险，开展前瞻性风险评估的程序应与银行的系统重要性程度相匹配，应根据银行风险状况和系统重要性配置监管资源，建立早期干预框架、制订银行处置计划等。（4）关于监管机构纠正和处罚权力的基本要求，如有效实施早期干预，视情形的严重程度采取相应的监管措施。（5）关于并表和跨境监管的基本要求，如对银行集团有效实施并表监管、加强母国和东道国的信息共享、相互合作等。有关银行审慎监管要求的原则基本涵盖了银行审慎监管政策的各个主要方面，包括公司治理和风险管理流程、资本监管、各类具体风险的管理和内部控制、会计和信息披露、防止利用金融服务从事犯罪活动等。

与前两版相比，第三版《核心原则》体现了 2008 年国际金融危机后国际社会加强银行监管的共识，针对危机中暴露出的银行风险管理和监管中存在的缺陷，进一步强调了系统性风险防范与宏观审慎监管；充实了问题机构处置和危机管理相关要求；加强了对银行公司治理和风险管理的审慎监管要求，如提出银行的风险管理体系应当与其风险状况和系统重要性相匹配，监管机构应根据银行的风险状况和系统重要性对银行风险管理的有效性进行评估，并确定监管强度、分配监管资源和采取监管措施等。

2. 巴塞尔协议。《巴塞尔协议Ⅰ》是巴塞尔银行监管委员会于1988年7月制定的《关于统一国际银行资本测量和资本标准的协议》的简称。其目的是通过确立公平的资本充足标准，减少各国规定的资本数量差异，加强对银行资本及风险资产的监管，消除银行间的不公平竞争。主要内容包括：一是资本构成。将商业银行资本分为核心资本和附属资本两级，前者包括实收股本和公开储备，后者包括普通准备金、未公开储备、重估储备、带有债务性质的资本工具、长期次级债务等。二是资产风险加权制。根据不同资产的风险程度确定相应的风险权重，计算加权风险资产总额。三是目标标准比率。银行资本充足率（资本净额/加权风险资产总额）不低于8%，其中核心资本至少为4%。《巴塞尔协议Ⅱ》是指2004年6月推出的《资本计量和资本标准的国际协议：修订框架》（即新资本协议）。新资本协议针对1988年的旧资本协议做了大幅修改，将风险扩大到信用风险、市场风险、操作风险和利率风险，把表外业务也纳入风险资产度量框架，并确立了最低资本要求、监管部门的监督检查和市场约束三支柱监管体系。《巴塞尔协议Ⅲ》是指巴塞尔银行监管委员会于2010年12月正式发布的《第三版巴塞尔协议》。其核心内容：一是修改合格资本定义，明确普通股作为核心资本应占主导地位；二是扩大资本覆盖风险范围，增加对交易账户新增风险、交易对手风险、再证券化风险等风险的资本覆盖；三是提高最低资本充足率要求，将一级资本充足率从4%上调至6%，由普通股构成的核心一级资本充足率下限由2%上调至4.5%，新增2.5%的留存超额资本要求、0~2.5%的逆周期超额资本要求、1%~2.5%

的系统重要性附加资本要求；四是建立杠杆率标准，规定3%的最低一级资本杠杆率标准，增强对银行表内外资产总规模的资本约束；五是增设100%的流动性覆盖比率与净稳定融资比率要求，以降低银行系统的流动性风险；六是要求加强银行公司治理，建立薪酬管理机制，增强透明度，提高信息披露要求。

　　总体来看，《巴塞尔协议Ⅲ》继承和丰富了《巴塞尔协议Ⅰ》和《巴塞尔协议Ⅱ》的核心资本监管准则，扩大资本覆盖风险范围，大幅度提高了商业银行资本监管要求，建立全球一致的流动性监管量化标准，确立了微观审慎和宏观审慎相结合的金融监管新模式，将对商业银行经营模式、银行体系稳健性乃至宏观经济运行产生深远影响。

二、证券监管目标与原则

　　1998年，国际证监会组织发布了《证券监管目标与原则》，并于2002年、2003年两次修订。《证券监管目标与原则》确立了证券监管的三大主要目标，以及实现证券监管目标应遵循的30条原则。三大主要目标分别是保护投资者，确保市场的公平、有效、透明，以及降低系统风险。其中，保护投资者一直以来被国际证监会组织认为是证券监管的首要目标。确保市场公平、有效、透明，降低系统风险，在一定程度上也是为了保护投资者。证券监管应遵循的30条原则按内容性质可分为八大类别：

　　1. 与监管机构相关的原则。主要包括证券监管机构应有明确的责任、独立性、足够的权力与适当的资源，监管工作程序应明晰且具有一致性等。

　　2. 自律原则。包括自律组织作用和对自律组织授权与监管两个方面。

　　3. 证券监管的执法原则。明确证券监管机构应具备巡视、调查及监督的权力、全面执法的权力，并应确保证券监管机构具有有效实施上述权力的措施。

4. 监管合作原则。主要包括证券监管机构开展国际合作的必要性、合作的范围以及合作的形式等。

5. 发行人原则。规定发行人应对投资者披露全部、及时和准确的财务状况及其他信息，以供其做投资决定，并且需公正、公平对待公司的所有证券持有人。

6. 集合投资计划原则。主要包括集合投资计划范围，集合投资计划管理人资格条件、监管标准，集合投资计划法律模式与结构，以及集合投资计划信息披露等。

7. 市场中介原则。规定证券监管机构应为市场中介机构设立最低准入标准和监管要求，并应确立处理市场中介倒闭的有关程序，以减少投资者损失和控制系统风险。

8. 二级市场原则。主要内容包括证券交易所应接受监管，监管机构应促进交易的透明度，发现并阻止操纵和其他不公平交易行为的发生，确保对大额风险、倒闭风险和市场混乱等进行适当管理等。

三、保险监管核心原则与方法

保险监管核心原则与方法（ICP）由国际保险监督官协会于2011年发布，并于2012年修订。其目的在于为保险业监管提供一个全球公认的框架，以及对保险立法和监管体系进行评价的标准。保险监管核心原则由六个方面构成：

1. 保险监管体系原则。要求明确保险监管主要目标，授予监管机构履行职责的权力和资源，鼓励监管机构以透明、负责的方式履行职责，并在遵守保密要求的前提下，与其他监管机构合作和分享信息。

2. 保险机构监管原则。要求执照发放清楚、客观公开；保险公司主要股东、董事会成员、高级经理人员具有适宜职责的品行、能力、经验及资格；保险公司股权变更或保险业的资产转移或合并应由监管机构予以批准；公司治理结构应区分和保护所有利益相关方利益；建立有效内部内控制度。

3. 连续监管原则。明确要求对保险机构的监管应当具有连续性及一致性。包括市场分析、向保险机构收取报告和非现场检查、现场检查、预防和改正措施、执行或处罚、解散和退出市场以及对集团的监管等细则。

4. 审慎监管原则。要求保险公司认识并能有效地分析和管理风险。包括风险分析和管理、保险活动、负债、投资、衍生产品及类似产品、资本充足和偿付能力等细则。

5. 市场和消费者原则。要求监管机构对中介的市场行为作出规定；对保险公司和中介与客户进行业务活动制订最低标准；要求保险公司及时披露有关信息；要求保险公司和中介采取必要措施，防止、发现和处理保险欺诈。

6. 反洗钱和打击对恐怖组织资金支持原则。其目的在于促使保险公司和中介根据国际反洗钱金融行动特别工作组（FATF）建议，采取有效措施发现、阻止和报告洗钱及对恐怖组织资金支持的情况。

四、金融市场基础设施原则

在有效整合原有的《系统性重要支付系统核心原则》、《证券结算系统建议》和《中央对手方建议》三个国际标准基础上，支付结算体系委员会（CPSS）和国际证监会组织在许多重要领域引入了更多新规定，于 2012 年 4 月联合发布了《金融市场基础设施原则》（以下简称《原则》），确保金融市场基础设施更好地应对金融震荡。

根据《原则》的定义，金融市场基础设施是指参与机构之间，用于清算、结算或记录支付证券、衍生品或其他金融交易的多边系统，包含系统性重要支付系统、中央证券存管、证券结算系统、中央对手方和交易数据库等五类金融市场基础设施。《原则》从九个方面详细规定了各类金融市场基础设施安全、高效运行应遵守的24条原则。

1. 总体框架。规定金融市场基础设施应具有稳健、清晰、透明并且可执行的法律基础；清晰、透明的治理安排；稳健的风险管理框架。

2. 信用风险和流动性风险管理。要求金融市场基础设施有效度量、监测和管理其信用风险暴露和流动性风险暴露；金融市场基础设施用于管理自身和参与者信用风险的抵押品应限于低风险抵押品；中央对手方应具备有效的、基于风险并定期接受评审的保证金制度。

3. 结算。规定金融市场基础设施应该至迟于生效日日终提供清晰和明确的最终结算；使用中央银行货币进行货币结算；明确规定其有关实物形式的工具和商品的交割义务。

4. 中央证券存管和价值交换结算系统。要求中央证券存管以固定化或无纸化形式维护证券，并采用簿记方式转账；在结算的交易涉及两项互相关联的债务结算时，应通过将一项债务的最终结算作为另一项债务最终结算的条件来控制风险。

5. 违约风险管理。要求金融市场基础设施具有有效的、定义清晰的规则和程序管理违约；中央对手方应具有规则和程序，确保客户的头寸和与之相关的提供给中央对手方的抵押品可分离和转移。

6. 一般业务风险和运行风险管理。要求金融市场基础设施有效识别、监测和管理一般业务风险；保护自有资产和参与者资产安全；有效识别运行风险源头，并采取适当的系统、制度、措施有效降低其影响。

7. 准入。要求金融市场基础设施具有客观的、基于风险的、公开披露的参与标准；有效识别、监测和管理由分级参与安排产生的风险，以及金融市场基础设施相互连接造成的风险。

8. 效率。要求金融市场基础设施应具有效率和效力；应使用或至少兼容国际通行的相关通信程序和标准。

9. 透明度。要求金融市场基础设施具有清晰、全面的规则和程序，并且所有相关的规则、程序和市场数据应公开披露；交易数据库应为管理部门和公众提供及时、准确的数据。

五、金融机构有效处置的核心要素

为落实 2009 年 G20 匹兹堡峰会的要求，金融稳定理事会于 2011 年 11 月提出《金融机构有效处置的核心要素》（以下简称《核心要素》），并于 2011 年 12 月获得 G20 戛纳峰会的一致通过。《核心要素》首次明确了金融机构有效处置机制的整体框架和基本要素，并作为成员国执行的国际标准纳入 FSAP 评估规划中，主要内容包括：

1. 处置目标。有效处置机制应全面覆盖系统重要性金融机构（SIFIs），对金融机构实施合适的处置方式，避免严重的系统性动荡和纳税人损失，同时按照清偿顺序，由股东和无担保、未保险债权人承担损失。

2. 处置部门。各国应指定专门机构（中央银行、监管部门或存款保险机构）负责实施处置，确保处置部门在金融机构资不抵债前能及时进行早期介入。多部门参与处置时，应明确各部门的职责、权限及工作机制，并指定牵头部门。

3. 处置工具。主要有限制和调整股东权益、更换管理层、设立"过桥"金融机构、强制转移资产和负债、要求无担保债权人实施"自救"等。

4. 处置资金。处置资金来源不应只依赖公共资金，应建立通过私人部门融资的存款保险或处置资金。公共资金因用于处置而形成的损失应通过建立向股东和无担保债权人的追偿机制，以及必要时对整个行业收取特别费用来弥补。

5. 跨境金融机构的处置。不同国家应建立处置机制趋同的跨境合作法律框架，母国和东道国处置当局之间应加强信息共享和行动协作，并签署针对特定机构的跨境合作协议。

6. 设立危机管理小组。对全球系统重要性金融机构（G – SIFIs），应建立包括母国和相关东道国中央银行、监管部门、财政部门和负责境内金融机构保障机制的公共部门等参加的危机管理小组，负责制订恢复和处置计划，定期开展可处置性评估。

7. 恢复和处置计划。凡是当局认为其倒闭可能影响金融稳定的金融机构，都应制订恢复和处置计划。恢复计划由金融机构自身制订和执行，应涵盖在严重压力下恢复自身财务实力和自身生存能力的方案。处置计划由处置部门制订和执行，应包括有效的处置策略和操作计划，最大限度地保持核心业务的连续性，或者以有序的方式退出。

8. 可处置性评估。可处置性评估应重点考虑：关键的金融服务，包括支付、清算和结算等功能运作的连续性；集团内部风险敞口的性质和程度及分解时对处置的影响；机构为配合处置提供详细、准确、及时信息的能力；跨境合作和信息共享安排是否完备。评估过程包括处置策略可行性评估、系统性影响评估和制定提高可处置性的措施三个阶段。全球系统重要性金融机构的可处置性评估由母国当局主导，其境外分支机构的可处置性评估则由东道国当局主导。

第三节   对银行业的监管

中国银监会依照《公司法》、《商业银行法》、《银行业监督管理法》等法律法规和国务院授权，对银行业金融机构及其业务活动实施监督管理。监管内容主要包括市场准入监管、业务运营监管与市场退出监管。此外，中国人民银行根据《中国人民银行法》对银行业金融机构行使一定检查监督权，国家审计机关依据《商业银行法》和《审计法》对银行业金融机构进行审计监督，银行业自律组织对银行业金融机构实施自律管理。

一、市场准入监管

市场准入监管是监管当局对具备资格的金融机构进入金融市场、经营金融产品、提供金融服务的审查批准过程，目的是保证金融机构的数量、质量、结构、规模和分布符合国家经济、金融发展规划和市场需要。金融机构的市场准入主要包括三个方面，即机构准入、业务准入和人员准入。机构准入是指依据法定标准，批准金融机构法人或其分支机构的设立；业务准入是指按照审慎性标准，批准金融机构的业务范围和开办新的业务品种；人员准入是指对金融机构董事（理事）和高级管理人员任职资格进行核准或认可。

（一）机构准入

《商业银行法》第十一条规定："设立商业银行，应当经国务院银行业监督管理机构审查批准。未经国务院银行业监督管理机构批准，任何单位和个人不得从事吸收公众存款等商业银行业务，任何单位不得在名称中使用'银行'字样。"按照我国有关法律法规，设立银行业金融机构，必须要有符合法律规定的章程，有符合规定的注册资本最低限额，有具备任职专业知识和业务工作经验的董事、高级管理人员，有健全的组织机构和管理制度，有符合要求的营业场所、安全防范措施和与业务有关的其他设施等条件。对于符合基本条件的申请人，中国银监会将综合考虑银行业竞争状况，在符合金融业发展政策和方向，符合商业银行合理布局、公平竞争的原则下，审慎批准商业银行的设立申请。

机构准入最核心的内容是注册资本最低限额。《商业银行法》第十三条明确规定："设立全国性商业银行的注册资本最低限额为十亿元人民币。设立城市商业银行的注册资本最低限额为一亿元人民币，设立农村商业银行的注册资本最低限额为五千万元人民币。

注册资本应当是实缴资本。"

（二）业务准入

《银行业监督管理法》第十八条规定："银行业金融机构业务范围内的业务品种，应当按照规定经国务院银行业监督管理机构审查批准或者备案。需要审查批准或者备案的业务品种，由国务院银行业监督管理机构依照法律、行政法规作出规定并公布。"业务准入主要包括对新设金融机构业务范围的核定和原有金融机构开办新业务的审批两个方面。

（三）高级管理人员准入

《银行业监督管理法》第二十条规定："国务院银行业监督管理机构对银行业金融机构的董事和高级管理人员实行任职资格管理。具体办法由国务院银行业监督管理机构制定。"我国《银行业金融机构董事（理事）和高级管理人员任职资格管理办法》中对董事（理事）和高级管理人员的素质、资历等做了具体要求和规定。同时，还对董事（理事）和高级管理人员的禁入事由进行了明确。

二、业务运营监管

我国银行业业务运营监管注重合规监管与风险监管并重，采取非现场监控和现场稽核检查相结合的方式。监管重点包括监督检查银行业金融机构业务运营的合规性和对银行业金融机构资本充足率、杠杆率、流动性、贷款损失准备等风险标准监管。

（一）业务运营监管的内容

在合规性监管方面，主要是督促金融机构严格遵守金融法律法规和中央银行、金融监管部门制定的各项金融规章制度，及时纠正金融机构的违法违规行为，确保金融机构间的公平竞争，维护健康的金融秩序。

在业务风险监管方面，根据《巴塞尔协议Ⅲ》确定的银行资本和流动性监管新标准，中国银监会先后颁布《关于中国银行业实施新监管标准的指导意见》、《商业银行资本管理办法（试行）》和《商业银行流动性风险管理办法（试行）》，提高了资本充足率、杠杆率、流动性、贷款损失准备等监管标准，以增强银行业金融机构风险抵御能力。

资本充足率监管要求。将现行的两个层次资本充足率要求（一级资本和总资本占风险资产的比例分别不低于4%和8%）调整为三个层次的资本充足率要求（核心一级资本充足率、一级资本充足率和资本充足率分别不低于5%、6%和8%）。引入逆周期资本监管框架，包括2.5%的留存超额资本和0～2.5%的逆周期超额资本。增加系统重要性银行的附加资本要求，暂定为1%。新标准实施后，正常条件下系统重要性银行和非系统重要性银行的资本充足率分别不低于11.5%和10.5%。引入杠杆率监管标准，即一级资本占调整后表内外资产总额的比例不低于4%，弥补资本充足率的不足，控制银行业金融机构以及银行体系的杠杆率。中国银监会规定，新资本监管标准从2012年1月1日开始执行，系统重要性银行和非系统重要性银行应分别于2013年末和2016年末前达到杠杆率监管要求。

流动性风险监管要求。流动性风险监管指标包括流动性覆盖率、存贷比和流动性比例。流动性覆盖率旨在确保商业银行具有充足的合格优质流动性资产，能够在中国银监会规定的流动性压力情景下，通过变现这些资产满足未来至少30天的流动性需求。商业银行的流动性覆盖率应当不低于100%。商业银行的存贷比应当不高于75%。商业银行的流动性比例应当不低于25%。中国银监会要求，新的流动性风险监管标准和监测指标体系自2014年3月1日开始实施，商业银行流动性覆盖率应当在2018年末前达到100%。

贷款损失准备监管要求。贷款拨备率（贷款损失准备占贷款的比例）不低于2.5%，拨备覆盖率（贷款损失准备占不良贷款的比例）不低于150%，原则上按两者孰高的方法确定银行业金融机构贷款损失准备监管要求。监管部门将根据经济发展所处周期、银行业金融机构贷款质量差异和盈利状况的不同，对贷款损失准备监管要求进行动态化和差异化调整。新标准自 2012 年 1 月 1 日开始实施，系统重要性银行应于 2013 年末前达标；对非系统重要性银行，监管部门将设定差异化的过渡期安排，并鼓励提前达标：盈利能力较强、贷款损失准备补提较少的银行业金融机构应在 2016 年末前达标；个别盈利能力较低、贷款损失准备补提较多的银行业金融机构应在 2018 年末前达标。

系统重要性银行审慎监管要求。除附加资本要求之外，监管部门将视情况对系统重要性银行提出更高的审慎监管要求，以提升其应对外部冲击的能力：一是要求系统重要性银行发行自救债券，以提高吸收损失的能力。二是推动改善公司治理，提高风险管理水平。三是进一步严格大额风险暴露限制，适度降低系统重要性银行对单一借款人和集团客户贷款占资本净额的比例。四是提高集团层面并表风险治理监管标准，包括集团层面风险偏好设定、统一的风险管理政策、集团内部交易等。

风险管理和内部控制要求。完善风险治理组织架构，进一步明确董事会、高管层、风险管理部门和相关业务条线的角色和职能。积极开发并推广运用新型风险计量工具，提高风险识别能力和风险计量准确性。强化内部控制和内部审计职能，强化与外部审计的合作，共同促进内部制衡机制建设。改进激励考核机制，建立"风险—收益"平衡的绩效考核和薪酬制度。

（二）业务运营监管方式

对银行业务运营的监管方式主要有非现场监控和现场稽核检查两种。非现场监控是指监管部门通过对银行报送的数据、报表和有关资料，以及通过其他渠道取得的信息进行整理和综合分析，实现对银行业务活动的全面、连续监控，并结合一系列风险监测和评价指标，及时监测银行的经营和风险状况，采取防范和纠正措施，同时有助于明确现场检查的对象和重点，并合理分配监管力量，提高监管质量和效率。

现场稽核检查是指监管人员直接进入银行进行业务检查和风险判断分析。监管人员通过亲临现场，检查银行财务报表数据的准确性和可靠性，评估银行管理和内部控制的质量，检查银行遵守法律法规的情况，考察银行整体的经营管理水平。实施现场稽核，有助于监管人员全面、深入地了解银行的经营和风险状况，核实和查清非现场监管中发现的主要问题和疑点，能够发现从财务报表和业务统计报表等资料中难以发现的隐蔽性问题，从而对银行的风险做出客观、全面的判断和评价。现场稽核检查包括不定期专项重点检查和定期全面检查两种方式。

三、市场退出监管

市场退出监管是指监管当局对银行业金融机构退出、破产倒闭或合（兼）并及变更的管理。当银行业金融机构因违法违规经营、管理不善造成严重损失，无法支付到期债务，可能引发信用危机、动摇公众信心、损害存款人和投资者利益，甚至可能引发区域性系统性金融风险时，有必要对这些银行业金融机构实施特别管理，避免由金融机构个体风险引发系统性风险。

银行业金融机构市场退出可采取自愿退出和强制退出两种方式。自愿退出是指银行业金融机构根据章程和股东大会决议，经银行业监督管理部门批准，自行终止其金融业务，注销其法人资格的行为。强制退出是指金融监管当局发布行政命令关闭金融机构的行为。主要包括依法破产和撤销。《中华人民共和国企业破产法》第一百三十四条规定，商业银行、证券公司、保险公司等金融机构有《中华人民共和国企业破产法》第二条规定的"不能清偿到期债务，并且资产不足以清偿全部债务或者明显缺乏清偿能力"情形的，国务院金融监督管理机构可以向人民法院提出对该金融机构进行重组和破产清算的申请。《银行业监督管理法》规定，"银行业金融机构有违法经营、管理不善等情形，不予撤销将严重危害金融秩序，损害公众利益的，国务院银行业监督管理机构有权予以撤销。"

第四节　对证券期货业的监管

中国证监会依照《证券法》、《公司法》、《证券投资基金法》、《证券公司监督管理条例》和《期货交易管理条例》等法律法规和国务院授权，按照"法制、监管、自律、规范"的八字方针，统一监督管理全国证券期货市场，维护证券期货市场秩序，保障其合法运行。监管内容主要包括证券发行及上市监管、证券期货交易结算及市场监管、上市公司及非上市公众公司监管、证券期货经营机构监管以及交易所监管等。

一、证券发行及上市监管

证券发行及上市制度包括境内发行监管制度和境外发行上市监管制度。

（一）境内发行监管制度

资本市场建立初期，限于当时各方面的局限和市场环境，在证券发行管理体制方面实行的是行政色彩较强的审批制度。2001年3月以后，证券发行实施核准制，即由公司提出发行申请，保荐机构根据市场需要向中国证监会推荐，中国证监会进行合规性初审后，提交发行审核委员会审核，最终经中国证监会核准后发行。核准制主要包括证券发行上市保荐制度、发行审核委员会制度和询价制度。

2013年11月30日，中国证监会发布《关于进一步推进新股发行体制改革的意见》，推进股票发行从核准制向注册制过渡。完善市场化运行机制是新股发行体制改革的重点：一是审核理念市场化。监管部门只对发行申请文件和信息披露内容的合法合规性进行审核，不判断发行人的持续盈利能力，企业价值和风险改由投资者和市场自主判断。二是融资方式市场化。发行人可以选择普通股、公司债或者股债结合等多种融资方式。三是发行节奏更加市场化。新股发行的多少、快慢将更大程度地由市场决定。四是发行价格、发行方式市场化。不再管制询价、定价、配售具体过程，由发行人与主承销商自主确定发行时机和发行方案，并根据询价情况自主协商确定新股发行价格。五是约束机制市场化。比如提前披露相关信息，加强社会监督；要求相关责任主体进行承诺，一定期限内减持价与发行价挂钩等。

（二）境外发行监管制度

《证券法》第二百三十八条规定："境内企业直接或者间接到境外发行证券或者将其证券在境外上市交易，必须经国务院证券监督管理机构依照国务院的规定批准。"境内企业到境外上市具体可分为两类：一类是境内注册的股份有限公司发行境外上市外资股并到境外上市，由中国证监会核准。另一类是境外注册的中资控股上市公司（即红筹股公司）在境外上市，视情况需取得中国证监会的核准或事后到证监会备案。

二、证券、期货交易结算及市场监管

中国的证券、期货交易主要采用会员制组织形式和集中交易方式。上海证券交易所、深圳证券交易所为证券集中交易提供场所和设施，上海期货交易所、大连商品交易所、郑州商品交易所和中国金融期货交易所为期货集中交易提供场所和设施。其中中国金融期货交易所采用公司制组织形式。投资者分别通过委托证券交易所、期货交易所的会员参与证券、期货交易，会员可通过人工方式或电话自助终端、互联网等自助委托方式受理并执行客户的委托买卖指令。证券期货交易制度对委托方式、交易时间、交易规则、涨跌幅及信息发布进行了详细规定。

中国证券登记结算业务采取全国集中统一的运营方式，由证券登记结算机构依法集中统一办理，并建立了一整套完整的登记结算风险控制体系，结算制度包括货银对付原则、净额结算原则、结算参与人制度和分级结算制度等。目前，中国期货市场的结算业务分别由各期货交易所的内设结算部门承担。中国期货保证金监控中心有限公司负责整个期货市场的保证金安全存管和监测监控。

中国证监会及其派出机构、证券期货交易所按照分工协作的原则共同负责对证券市场、期货市场的监管，重点打击内幕交易和市场操纵等违法违规行为。交易所负责证券、期货市场的一线监控，通过其建立的监控系统实时盯盘，及时发现并查处异常交易，案情较重大的提请中国证监会调查处理。中国证监会有关部门对于交易所提交的报告，综合各方面信息进行分析研判，对于涉嫌内幕交易、市场操纵等违法违规行为的，由稽查部门进一步调查。

三、上市公司及非上市公众公司监管

（一）上市公司监管

上市公司监管是我国证券监管的重要组成部分。证券监管部门依据《公司法》、《证券法》和其他有关法规，规范上市公司及其关联人在股票发行与交易中的行为，督促其按照法律法规要求，及时、真实、准确、完整地履行信息披露义务，推动上市公司完善治理结构，对上市公司关联交易和并购重组进行审核，打击违法违规行为，保护投资者和市场参与各方的合法权益。

上市公司信息披露监管。《证券法》、《上市公司信息披露管理办法》对上市公司及相关主体信息披露行为作出了总括性规范，涵盖公开发行和上市后持续信息披露各个方面的要求，规定上市公司及其信息披露义务人须将其自身的财务变化、经营状况等信息向社会公开，以便投资者充分了解情况。证券交易所依据《股票上市规则》和《证券交易所会员管理规则》等对上市公司的信息披露、交

易行为进行一线自律监管。

上市公司治理监管。为推动上市公司完善治理结构，增强透明度，提高规范化运作水平，中国证监会出台了一系列法律法规，基本建立起了上市公司治理的制度框架，并从 2007 年开始开展连续 4 年的上市公司专项治理活动。《上市公司治理准则》为上市公司治理提供了基本标准，要求上市公司公平对待所有股东；应采取代理投票制与累计投票制方式保护中小股东权益；关联交易必须公平而透明等。

上市公司并购重组监管。《证券法》、《上市公司收购管理办法》和《上市公司重大资产重组管理办法》等有关法律法规对上市公司收购、重大资产重组、合并、分立、股份回购等并购重组活动作出了规范。为提高并购重组效率，中国证监会从 2013 年 10 月 8 日起实施并购重组审核分道制，即通过对上市公司合规情况、中介机构执业能力、产业政策及交易类型进行评价，根据结果将并购重组申请划分为豁免/快速审核、正常审核和审慎审核三条通道。进入豁免/快速审核通道的重组项目，不涉及发行股份的，由中国证监会直接核准；涉及发行股份的，实行快速审核，取消预审环节，直接提请并购重组委审议。

（二）非上市公众公司监管

非上市公众公司是指有下列情形之一且其股票未在证券交易所上市交易的股份有限公司：一是股票向特定对象发行或者转让导致股东累计超过 200 人；二是股票公开转让。《非上市公众公司监督管理办法》、《非上市公众公司收购管理办法》和《非上市公众公司重大资产重组管理办法》等法规对非上市公众公司治理、信息披露、股票转让、定向发行以及并购重组行为作出规范，督促非上市公众公司强化信息披露、健全公司治理机制、规范股票转让和发行行为。非上市公众公司并购重组制度更加突出股东自治原则和市场化约束，强化事中监管和事后监管，不实施强制全面要约收购，适度放宽对自愿要约价格、支付方式、履约保证能力方面的要求，允许使用优先股、可转换债券等作为重大资产重组支付手段，允许交易各方自主协商定价，简化发行股份购买资产的重大资产重组程序。

四、证券期货经营机构监管

证券期货经营机构主要包括证券公司、基金公司和期货公司。对证券期货经营机构的监管主要是对机构的设立变更进行审批，对机构高级经营管理人员任职资格进行审查，对机构业务范围进行审批，对业务经营、风险管控进行日常监督、监察，对机构及其从业人员的违法违规行为进行查处等。

（一）证券公司监管

经过 2004 ~ 2007 年证券公司综合治理，证券公司监管的基础性制度不断完善，目前已形成一系列主要监管制度和措施。

一是以自我约束为主的内部合规管理制度。明确证券公司合规管理的责任主体和基本框架，要求公司根据自身情况健全内部合规制度、设立合规组织体系，实施与合规管理实际状况密切互动的监管措施，激励证券公司加强自我管理。

二是以净资本为核心的风险预警与监管制度。确立净资本、风险资本准备等一系列风控指标，建立公司业务范围与净资本充足水平动态挂钩、公司业务规模与风险资本准备动态挂钩、风险资本准备与净资本水平动态挂钩的机制，将证券公司经营风险控制在净资本覆盖范围内。

三是独立的客户资金安全性监管制度。包括客户交易结算资金由商业银行存管、证券资产由结算公司集中存管、委托理财资产由第三方独立存管，从制度上维护客户资产安全，防止证券公司风险扩散为客户风险。

四是鼓励开拓探索的创新监管制度。只要与法律法规不冲突，风险可测、可控、可承受，证券公司均可根据市场需要、客户需求和自身能力，探索新业务、新产品。创新方案需经监管部门和业内专家评价。

五是以增强透明度为目标的信息披露制度。要求证券公司公示基本信息、披露年度报告，充分揭示风险，坚持诚信营销，接受社会监督。对公司披露的信息进行严格审查，发现信息不真实、不准确或不完整的，严肃处理。

六是以风险管理能力为基础的分类监管制度。按照合规管理、动态风控等六类指标，将证券公司分为 A（AAA、AA、A）、B（BBB、BB、B）、C（CCC、CC、C）、D、E 等五大类 11 个级别，据此确定投资者保护基金缴纳比例，并作为市场准入和日常监管的重要依据，有效配置监管资源，增强监管的针对性和适当性。

（二）基金管理公司监管

基金管理公司监管的重点：一是确保基金资产的独立性。核心在于防范利益冲突，督促基金管理公司在投研过程中保持独立性，避免受基金托管人、基金管理公司关联方的影响。二是产品诚信监管。基金管理公司按照法律法规、基金合同约定谨慎勤勉进行投资运作，严防利益冲突和利益输送。中国证监会对基金的投资范围、投资比例、回购交易和投资限制等事项进行日常监管。三是公司治理和内部控制监管。主要指对股东及股权比例、公司内部制衡机制和内部控制机制等方面的监管。四是信息披露监管。重点是审核相关文件披露的及时性、是否存在虚假记载、误导性陈述以及重大遗漏等。五是基金销售监管。重点是禁止任何单位或者个人以任何形式挪用基金销售结算资金；确保基金宣传推介材料真实，与基金合同、基金招募说明书相符，与备案材料一致；落实基金销售适用性，向投资者提示风险、将合适的产品卖给合适的基金投资者等。

（三）期货公司监管

根据《期货交易管理条例》的有关规定，为保证期货交易安全，提升期货市场流动性，期货交易应遵循保证金制度、当日无负债结算制度、涨跌停板制度、持仓限额制度、大额持仓报告制度等交易制度。期货公司业务实行许可制度，由中国证监会按照其商品期货、金融期货业务种类颁发许可证。中国证监会从客户资产保护、风险监管指标标准等角度对期货公司进行监管；同时，支持期货公司开展资产管理业务，稳步开展期货公司风险管理服务子公司试点，引导期货公司合规创新发展。期货公司的业务内容正在从单一经纪业务，逐步发展成为期货经纪、投资咨询、资产管理、风险管理服务等综合业务平台，为期货公司发挥风险管理和财务管理功能拓展了空间。

五、交易所监管

证券、期货交易所是指不以营利为目的，为证券、期货的集中和有组织的交易提供场所、设施，履行国家有关法律、法规、规章、政策规定的职责，实行自律性管理的法人。当前，我国全国性证券交易所主要包括上海证券交易所、深圳证券交易所和全国中小企业股份转让系统；全国性期货交易所主要包括上海期货交易所、大连商品交易所、郑州商品交易所和中国金融期货交易所。根据《证券交易所管理办法》和《期货交易所管理办法》，证券期货交易所由中国证监会监管，中国证监会任命交易所总经理、副总经理，委派会员制交易所非会员理事，提出会员制交易所理事长人选、公司制交易所董事长人选等，对交易所章程、业务规则的修改进行审批等。

第五节 对保险业的监管

中国保监会依照《公司法》、《保险法》、《保险公司管理规定》等法律法规和国务院授权，统一监督管理全国保险业，维护保险市场的合法、稳健运行。根据保险机构和保险市场发展实际，中国保监会探索建立了以偿付能力监管、市场行为监管和公司治理结构监管为三大支柱的现代保险监管体系。

一、保险公司偿付能力监管

偿付能力是指保险公司偿付到期债务的能力，通常以偿付能力额度表示偿付能力的大小。偿付能力额度等于保险人的认可资产与实际负债之间的差额。从保险监管的角度看，保险公司的偿付能力一般分为保险公司的实际偿付能力和保险公司的最低偿付能力。前者指在某一时点上保险公司的认可资产与认可负债的差额；后者指由保险法或保险监管机构颁布的有关管理规定确定的，保险公司必须满足的偿付能力要求。如果保险公司认可资产与认可负债的差额低于这一规定的金额，即被认为是偿付能力不足。《保险法》第一百零一条规定：保险公司应当具有与其业务规模和风险程度相适应的最低偿付能力。保险公司的认可资产减去认可负债的差额不得低于国务院保险监督管理机构规定的数额；低于规定数额的，应当按照国务院保险监督管理机构的要求采取相应措施达到规定的数额。

保险公司偿付能力监管是指保险监管机构对保险公司的偿付能力实行的监督和管理，它包括偿付能力评估和偿付能力不足处理两个环节。偿付能力评估就是对保险公司偿付能力是否充足进行评估和检测，包括预防性的偿付能力指标监管和强制性的偿付能力额度监管。偿付能力不足处理是指对偿付能力不足的保险公司所做的处理决定，包括责令保险公司补充资本金、办理再保险、转让业务、停止接受新业务、调整资产结构，直至对保险公司进行接管等措施。

完善的偿付能力监管体系包括完整准确的数据收集系统、合适的偿付能力边际、资产负债的适当评估以及风险预警体系。当前，中国保监会已初步建立了偿付能力监管预警指标体系和偿付能力监管制度框架，并强调要加强偿付能力监管的制度建设，制定监管会计准则。

二、保险公司市场行为监管

保险公司市场行为监管是指对保险公司经营活动过程进行监管，包括对保险机构的设立、高级管理人员的任职资格以及对保险费率、保单条款、保险资金运用和再保险等经营行为的监管。保险公司市场行为监管的核心是保险费率的监管。

（一）保险条款、费率监管

保险条款是保险人与投保人关于保险权利与义务的约定，是保险合同的核心内容。保险监管机构对保险合同及其条款进行审定，一方面可以避免投保人接受不公平条件，保护被保险人权益；另一方面可以避免保险人因竞争压力而被迫对投保人作出不合理承诺，确保保险人的偿付能力。对保险条款的规范，各国一般通过保险合同法来进行。

大多数国家费率监管采用事先报批的办法。《保险法》第一百三十六条规定："关系社会公众利益的保险险种、依法实行强制保险的险种和新开发的人寿保险险种等的保险条款和保险费率，应当报保险监督管理机构批准。……其他保险险种的保险条款和保险费率，应当报保险监督管理机构备案。"

（二）保险机构市场准入和退出监管

保险机构市场准入监管。我国保险机构市场准入采用的是审批制。申请人不仅需符合法律规定的条件，而且必须经政府主管机构审查批准后才能进入市场。《保险法》第六十九条规定："设立保险公司，其注册资本的最低限额为人民币二亿元……保险公司的注册资本必须为实缴货币资本。"保险公司成立后应当按照其注册资本总额的20%提存保证金，存入保险监督管理部门指定的银行，除保险公司清偿债务外，不得动用。除资本条件外，申请人还必须向保险监督管理部门提交正式申请和有关文件、资料。

保险机构市场退出监管。市场退出是指保险公司依照法定条件和程序，经过登记主管机关核准后，丧失主体资格和经营资格，从而退出市场的行为。包括停业、破产、解散或依法关闭以及监管机构决定或司法机关判决退出。根据《保险法》的相关规定，保险公司市场退出有解散、撤销、破产三种形式。

（三）经营范围监管

经营范围监管，是指政府通过法律或行政命令，规定保险企业所能经营的业务种类和范围，包括两个方面：一是保险人可否兼营保险以外的其他业务，非保险人可否兼营保险或类似保险的业务，即兼业问题；二是同一保险企业内部，是否可以同时经营性质不同的保险业务，即兼营问题。

兼业问题。为保障被保险人利益，绝大多数国家均通过立法确立商业保险专营原则，未经国家主管机关批准，擅自开办保险业务的法人或个人属非法经营。同样，保险人也不得经营非保险业务，如银行业务、信托投资业务等。《保险法》第六条明确规定"保险业务由依照本法设立的保险公司以及法律、行政法规规定的其他保险组织经营，其他单位和个人不得经营保险业务"。

兼营问题。为避免业务混乱与经营庞杂，保证保险公司偿付能力，保护被保险人权益，各国保险法一般都规定保险公司实行寿险和产险分业经营。《保险法》第九十五条规定："保险人不得兼营人身保险业务和财产保险业务。但是，经营财产保险业务的保险公司经国务院保险监督管理机构批准，可以经营短期健康保险业务和意外伤害保险业务。"

（四）再保险监管

各国保险法律法规都有规定，保险公司承保的业务超过一定限额时，超过部分必须办理再保险。《保险法》第一百零三条规定"保险公司对每一危险单位即对一次保险事故可能造成的最大损失范围所承担的责任，不得超过其实有资本金加公积金总和的百分之十；超过的部分应当办理再保险"。第一百零五条规定："保险公司应当按照国务院保险监督管理机构的规定办理再保险，并审慎选择再保险接受人。"

（五）资金运用监管

保险资金运用监管的主要内容包括资金运用的程度、范围、资金投向和比例限度等。《保险法》第一百零六条规定："保险公司的资金运用必须稳健，遵循安全性原则。保险公司的资金运用限于下列形式：（一）银行存款；（二）买卖债券、股票、证券投资基金份额等有价证券；（三）投资不动产；（四）国务院规定的其他资金运用形式。"

2014 年 1 月，中国保监会出台《关于加强和改进保险资金运用比例监管的通知》，根据资产风险收益特征，将保险资金各种运用形式整合为流动性资产、固定收益类资产、权益类资产、不动产类资产和其他金融资产五大类资产，并确定了按照监管比例、监测比例、内控比例三类比例，实行差异化监管的监管原则。其中，要求投资权益类资产、投资不动产类资产、投资其他金融资产和境外投资的账面余额占保险公司上季度末总资产的监管比例分别不高于30%、30%、25%、15%，投资流动性资产、固定收益类资产无监管比例限制。投资单一上述资产的监管比例均不高于保险公司上季度末总资产的 5%，投资单一法人主体余额的监管比例不高于保险公司上季度末总资产的 20%。

三、保险公司治理结构的监管

保险公司治理结构监管的主要内容包括四个方面。一是资格审查和培训。二是非现场检查。保险公司股东大会、董事会的重大决议，应当在决议作出后 30 日内报中国保监会备案；保险公司董事会应当每年向中国保监会提交内控评估报告、风险评估报告和合规报告。三是现场检查。中国保监会通过列席保险公司股东大会、董事会及其专业委员会会议及开展专项现场检查，深入了解保险公司在治理结构方面存在的问题，有针对性地提出整改措施。四是沟通机制。对于一些管理层不及时向股东披露相关信息的公司，中国保监会认为有必要的，可以列席保险公司股东大会、董事会及其专业委员会会议，直接向保险公司股东反馈监管意见。

第六节　金融稳定机制

金融稳定是指金融体系处于能够有效发挥其关键功能的状态。在此状态下，宏观经济健康运行，货币财政政策传导有效，金融生态环境不断改善，金融机构、金融市场和金融基础设施能够发挥资源配置、风险管理、支付结算等关键功能，且在受到内外部各种冲击时仍能保持相对稳定运行。金融稳定机制，就是指为维护金融稳定而建立的防范和化解金融风险的一系列制度安排。一般认为，审慎监管、中央银行最后贷款人制度、存款保险制度和投资者保护制度是构成金融稳定机制的核心要素。

世界各国政府和国际机构都高度重视维护金融体系稳定。国际清算银行于 1999 年发起成立"金融稳定论坛"，世界银行和国际货币基金组织联合开展"金融部门评估规划"。2003 年 12 月 27 日修订的《中国人民银行法》明确赋予中国人民银行维护金融稳定的职能。中国人民银行会同相关部门推进金融稳定制度建设，积极稳妥处置金融风险，在经济转型和复杂多变的国际形势下有效地维护了我国金融稳定。目前，我国已初步建立旨在维护金融稳定的一系列制度安排，包括构建逆周期的宏观审慎管理制度；强化系统重要性金融机构监管；完善最后贷款人制度，在努力防范道德风险的基础上，积极处置金融风险，推动金融改革；推动建立健全存款保险制度和投资者保护制度；建立健全金融风险预警体系，积极开展金融稳定评估等。

一、逆周期宏观审慎管理

逆周期宏观审慎管理旨在防范金融体系的顺周期性导致的系统性风险。从政策工具上讲,宏观审慎管理要求金融机构实施逆周期的最低资本要求和资本缓冲,并采取更加稳健的拨备方法,平滑跨周期的贷款投放和经济波动。逆向调节作为一项跨周期的制度安排,就是要在经济衰退、银行资产收缩的阶段降低拨备和资本要求,以缓解信贷紧缩、平滑经济波动;在经济快速增长、银行资产扩张过快的阶段增加拨备和资本要求,防止风险积累,提高金融持续支持经济发展的能力。

近年来,中国人民银行采用数量型货币政策工具、价格型货币政策工具及宏观审慎政策相结合的调控模式,综合发挥不同调控手段的作用。2008 年国际金融危机爆发后,中国人民银行汲取发达经济体的教训,于 2011 年初建立了差别准备金动态调整机制,通过适时调整有关政策参数,发挥差别准备金动态调整工具的逆周期调节作用,并根据经济金融形势变化、金融机构稳健性状况以及信贷政策执行情况不断完善。总体来看,差别准备金动态调整机制与公开市场操作、利率、准备金率等传统货币政策工具相配合,在保持总量稳定、促进结构优化、提升金融机构稳健性方面发挥了重要作用。同时,中国银监会制定并实施了一系列逆周期宏观审慎监管政策。中国银监会于 2011 年 6 月发布了《商业银行杠杆率管理办法》,规定商业银行杠杆率不得低于 4%;2012 年 6 月发布了《商业银行资本管理办法》,要求商业银行计提 2.5% 的储备资本和 0~2.5% 的逆周期资本;同时,建立"以丰补歉"的动态拨备制度,把拨备覆盖率监管指标逐步从 100% 提高到 150%,并实施动态的贷款成数（LTV）制度。

二、系统重要性金融机构的有效监管

近年来，金融稳定理事会会同巴塞尔银行监管委员会等国际组织从制定评估方法、强化损失吸收能力、建立有效的处置框架和提高监管的有效性等方面加强对系统重要性金融机构的监管，陆续出台了一系列相关政策。2011年11月和2013年7月，巴塞尔银行监管委员会先后出台《全球系统重要性银行：评估方法和额外损失吸收要求》及其修订版，不断完善系统重要性评估方法、披露要求和额外损失吸收能力要求等，构建了全球系统重要性银行的政策框架。2013年7月，国际保险监督官协会正式发布全球系统重要性保险机构（G-SIIs）评估方法和政策措施。目前，金融稳定理事会正在会同国际证监会组织制定全球系统重要性非银行非保险金融机构（G-SIFIs）的识别方法。

我国相关部门在借鉴G20、金融稳定理事会关于系统重要性金融机构政策框架的基础上，立足我国国情，研究制定国内系统重要性金融机构（D-SIFIs）政策框架。目前，中国银监会正会同中国人民银行共同研究制定国内系统重要性金融机构的认定标准和评估框架，强化监管要求，建立有序处置和清算安排。2012年6月，中国银监会发布《商业银行资本管理办法》，要求具有系统重要性的大型银行加提1个百分点的系统重要性附加资本。中国银监会和中国保监会积极推动中国银行、中国工商银行和中国平安保险集团等全球系统重要性金融机构研究制订恢复和处置计划，开展可处置性评估。2014年1月，中国银监会发布《商业银行全球系统重要性评估指标披露指引》，要求表内外资产余额为1.6万亿元人民币以上或者上一年度被认定为全球系统重要性银行的商业银行，从2014年起披露全球系统重要性评估指标，加强对系统重要性商业银行的市场约束。

三、最后贷款人制度

最后贷款人制度是指当个别银行或整个银行体系因外界因素影响而对流动性需求猛增时，由中央银行向其提供流动性支持以确保银行体系稳健运行的一种制度安排。从最后贷款人操作方式看，中央银行一般通过公开市场操作向金融体系购买合格资产，或通过贴现窗口向有偿债能力但暂时周转不灵的金融机构提供贷款。由于最后贷款人的贷款不是财政性资金，因而要向金融机构收取一定水平的利息，并要求金融机构提供良好的抵押品。为防范道德风险，中央银行对救助贷款一般采取惩罚性利率。

最后贷款人制度安排主要是保证整个经济的流动性需求不因个别金融机构流动性短缺而中断。最后贷款人主要应对三个问题：支付体系中断；存款机构流动性不足或出现挤提；金融市场崩溃。当一国出现存款外流和支付危机时，最后贷款人的流动性支持有助于稳定存款人信心，避免由个别机构倒闭而引致系统性金融风险。最后贷款人没有责任救助那些因管理不善而资不抵债的金融机构，但应减轻单个金融机构失败引发的溢出效应、传染效应。为避免道德风险，最后贷款人应只向暂时出现流动性困难，但仍具有清偿能力的金融机构提供救助。在实践中，由于金融风险或金融危机的复杂性，中央银行必须在系统性风险与道德风险之间权衡，在防止恐慌、获得金融稳定的收益与提供救助所产生的成本之间进行权衡。

随着各国最后贷款人实践及理论发展，最后贷款人制度出现新的发展趋势。一是救助方式多样化，包括准备金、再贷款、贴现窗口、中央银行票据、担保、承诺等。二是最后贷款人的组织形式多样化，除中央银行外，还包括中央银行授意组织大银行集资救助。三是最后贷款人制度实施标准严格化，对一些银行不再提供最后贷款人救助。四是最后贷款人救助对象扩大化，除银行体系外，还视情况对证券业、保险业实施救助。

在我国，中国人民银行主要通过提供紧急贷款弥补金融机构临时流动性缺口、对高风险金融机构进行救助等方式履行最后贷款人职能。我国最后贷款人制度在维护金融稳定中发挥了重要作用，但同时也面临着许多新的挑战，需要进一步完善。一是健全最后贷款人的法规制度，明确最后贷款人的救助范围，注意防范道德风险。二是建立健全金融机构市场化退出制度，完善市场约束机制。三是加强与投资者保护制度的协调。四是加强与货币政策的协调，防止通货膨胀。

四、存款保险制度

存款保险制度是通过国家立法建立的，由各存款机构作为投保人按一定比例向存款保险基金管理机构缴纳保险费，当投保机构出现破产、倒闭等规定情形时，存款保险基金管理机构依法使用存款保险基金向存款人支付部分或全部存款，从而保护存款人利益、维护银行信用并稳定金融秩序的一种金融安排。

美国是建立存款保险制度最早的国家。20 世纪 30 年代，美国为了挽救在经济大萧条时期濒临崩溃的银行体系，于 1933 年 6 月通过《格拉斯—斯蒂格尔法案》，建立了联邦存款保险制度，并为此设立了联邦存款保险公司。20 世纪 60 年代中期以来，由于联邦存款保险公司在稳定美国金融体系和保护存款人利益等方面成效显著，许多国家为应对可能发生的银行危机、维护本国金融体系稳定，相继建立了存款保险制度。目前，全球已有 110 多个经济体建立了各种形式的存款保险制度。尽管各国存款保险制度存在较大差异，但基本目标大体相同：一是保护存款人利益，尤其是保护居于多数的小额存款人的利益；二是建立对出现严重问题的银行进行处置的合理程序；三是提高公众对银行的信心，保证银行体系的稳定性。

从全球看，各国存款保险制度模式大致可以分为三类：一是

"付款箱"模式,仅在银行倒闭后负责赔付存款人,如英国(本轮国际金融危机前)、澳大利亚;二是"损失最小化"模式,拥有风险监测和处置功能,如日本、加拿大、法国、俄罗斯等;三是"风险最小化"模式,进一步具有早期纠正和补充监管功能,如美国、韩国和我国台湾地区等。从国际已有的实践看,纯粹的"付款箱"模式已被证明是失败的,大多数经济体都在向"损失最小化"模式和"风险最小化"模式改革。2009年6月,国际存款保险协会(IADI)与巴塞尔银行监管委员会联合发布了《有效存款保险制度核心原则》,强调存款保险应遵循强制投保、有限赔付、建立事前基金、基金主要由保费形成、实行风险差别费率、赋予必要职能等设计原则,同时应在问题银行的风险监测、风险控制、风险处置,以及一国金融稳定体系中发挥积极作用。

中国人民银行自1997年开始着手研究存款保险制度。2004年以来,中国人民银行会同有关部门对建立中国存款保险制度的必要性和可行性进行了研究论证,2014年11月30日,国务院法制办公布《存款保险条例(征求意见稿)》并向全社会公开征求意见。该征求意见稿的主要内容是,凡是吸收存款的银行业金融机构都应当投保存款保险;存款保险费率由基准费率和差别费率组成,费率标准将按有关因素和规定的程序调整;存款保险费交由国务院决定的存款保险管理机构管理;存款保险实行限额偿付,从存款保险基金中支取,最高偿付限额为50万元,超过部分从存款银行清算资产中受偿;清偿最高限额并非固定不变,而是按有关因素和规定的程序进行调整;存款保险管理机构参加金融监管协调机制。预测不久,中国将很快建立存款保险制度。这项制度的建立,将有利于利率市场化改革,依法保护存款人的权益,及时防范和化解金融风险,更好地维护金融稳定。应尽快建立符合中国国情、事前积累、强制保险、差别费率、限额赔付、对问题金融机构具有早期纠正和风险处置功能的存款保险制度。

五、投资者保护制度

投资者保护制度是指为保护投资者合法权益，对金融市场上的投资者在投资过程中非因自身因素和市场波动所遭受的损失给予一定补偿的制度。目前，我国已经建立的投资者保护制度主要是证券投资者保护基金和保险保障基金。

（一）证券投资者保护基金

2005年6月，经国务院批准，中国证监会、中国人民银行、财政部联合发布《证券投资者保护基金管理办法》，并成立了中国证券投资者保护基金公司作为证券投资者保护基金的运作机构，按照"取之于市场、用之于市场"的原则筹集资金，在证券公司被撤销、关闭和破产或被中国证监会采取行政接管、托管经营等强制性监管措施时，根据国家有关政策规定对被处置证券公司债权人予以偿付。证券投资者保护基金制度成立以来，在防范、化解和处置证券市场风险，维护社会稳定，促进资本市场稳定健康发展中发挥了重要作用。截至2013年末，证券投资者保护基金规模达345亿元。随着资本市场的改革发展，证券投资者保护需求不断提高，现行《证券投资者保护基金管理办法》已不能适应市场发展需要。目前，有关部门正根据《国务院办公厅关于进一步加强资本市场中小投资者合法权益保护工作的意见》要求，研究扩大证券投资者保护基金的使用范围和来源，调整证券投资者保护基金的治理结构，健全中小投资者赔偿机制。

（二）保险保障基金

2004年12月，中国保监会颁布了《保险保障基金管理办法》，以保险保障基金的形式建立保险业投资者保护制度。2006年初，保险保障基金正式成立，资金来源于保险公司缴纳，按照"集中管理，统筹使用"的原则，在保险公司被撤销、破产时用于救助保单持有人、保单受让公司或者处置保险业风险。2008年9月，中国保监会、财政部、中国人民银行三部门共同颁布了新的《保险保障基金管理办法》，设立中国保险保障基金有限责任公司，依法负责保险保障基金的筹集、管理和使用。截至 2013 年末，保险保障基金已累计达 300 多亿元，并已在新华保险、中华联合等保险公司风险处置中发挥了重要作用。

六、金融稳定评估

金融稳定评估是指系统地分析和评估当前整个经济和金融体系的运行状况，对金融体系的稳健性进行全面分析并作出最终判断，预测金融体系吸收和承受各种可能冲击的能力，以此为依据制定维护金融稳定的预防性政策措施。目前，各国较为广泛接受的金融稳定评估框架是金融部门评估规划（FSAP）。该评估项目由国际货币基金组织和世界银行于 1999 年 5 月联合推出，旨在加强对国际货币基金组织成员经济体金融脆弱性的评估与监测，减少金融危机发生的可能性，同时推动金融改革和发展。

金融部门评估规划重点关注成员国金融部门的系统风险及脆弱性问题，从宏观审慎分析、金融基础设施评估和微观审慎分析等三个方面建立评估框架，通过对成员国的金融机构、金融市场、支付体系、监管和法律体系进行评估，找出其金融体系中的优势与不足，分析其在发展和技术协助上的需求，确定如何控制主要的危机源，帮助优先安排政策响应以强化成员国的金融体系。金融部门评估规划在评估金融稳定性方面主要采用压力测试作为工具，并辅以其他分析工具。

2009 年 8 月，我国正式接受国际货币基金组织和世界银行对中国进行首次 FSAP 评估。评估内容主要包括：宏观金融风险和金融体系脆弱性；制度、法规和金融监管环境；金融体系流动性和金融稳定；金融市场基础设施；金融发展和金融服务可获得性；应急预案和危机管理安排。在我国相关部门的积极配合下，经过两年多的时间，评估工作圆满完成。国际货币基金组织和世界银行已分别于2011年11月和2012年4月分两次披露《中国金融体系稳定评估报告》、《中国金融部门评估报告》和《国际标准与准则执行报告》，从国际视角客观评价了中国金融体系，充分肯定了近年来中国金融改革和发展的巨大成就，对潜在风险及其对宏观金融稳定的影响进行了系统分析，并提出了有益建议，对于我国继续推进金融改革和维护金融稳定具有重要参考价值。

第七节　金融监管协调机制

金融监管协调机制是指中央银行、各金融监管机构为提高金融监管整体有效性，在信息共享、工作协商、政策协调、行动配合等方面建立起来的一系列制度安排与保障体系。自中国分业经营、分业监管体制确立以来，党中央、国务院高度重视金融监管协调机制建设，中国人民银行和各金融监管部门在加强金融监管沟通和协调方面进行了积极探索。2003年12月修订的《中国人民银行法》明确"国务院建立金融监管协调机制，具体办法由国务院规定"。2007年、2012年全国金融工作会议、《国民经济和社会发展"十二五"规划纲要》和中共十八届三中全会都提出要完善金融监管协调机制。

一、建立健全金融监管协调机制

（一）金融监管协调的早期探索

早在2000年8月，中国人民银行、中国证监会、中国保监会就建立了金融监管联席会议制度，各方轮流召集会议，共同讨论金融监管中的重大问题。2003年以后，中国人民银行按照《中国人民银行法》以及"三定"方案规定，会同相关部门在建立健全金融监管协调机制方面作了进一步探索。

一是推进部门间信息共享。2005 年，"一行三会"建立了统计信息交流与共享制度，初步实现了一定范围内的信息共享。2008 年 9 月，中国人民银行牵头制定《中国人民银行、中国银监会、中国证监会、中国保监会信息共享暂行办法》，进一步加强"一行三会"间金融信息交流与共享，实现信息共享的规范化和常态化。

二是加强金融监管协调与合作。2008 年 11 月和 2009 年 2 月，中国人民银行与中国银监会分别签署《关于建立在华外资银行监管协作工作机制的备忘录》和《关于建立中小商业银行监管协作工作机制的备忘录》；2012 年 12 月，中国人民银行与中国证监会签署《关于加强证券期货监管　共同维护金融稳定的合作备忘录》，充分发挥中国人民银行地、县级分支机构的优势，在打击证券期货违法违规活动、金融风险监测、金融消费者保护等领域开展监管合作。

三是建立与宏观经济管理部门的协调机制。2008 年，为有效应对国际金融危机冲击，国务院成立了应对国际金融危机领导小组，主要负责研究分析国际金融危机对国内经济金融可能造成的影响，研究制定应对预案和相关政策。发展改革委、财政部、中国人民银行建立了"三部委会商机制"，通过加强政策协调和行动配合，发挥货币、财政和产业政策的合力。

（二）金融监管协调部际联席会议制度

2013 年 8 月，为进一步加强金融监管协调，适应金融业综合经营快速发展，保障金融业创新发展和稳健运行，国务院批复同意建立由中国人民银行牵头的金融监管协调部际联席会议制度（以下简称联席会议）。联席会议由中国人民银行牵头，成员单位包括中国银监会、中国证监会、中国保监会、外汇局，必要时可邀请发展改革委、财政部等有关部门参加。中国人民银行行长担任联席会议召集人，各成员单位主要负责同志为组成人员。联席会议下设金融监管协调办公室（设在人民银行），承担金融监管协调日常工作。这标志着我国金融监管协调工作走上了制度化、规范化、日常化的轨道。

联席会议重点围绕金融监管开展工作，主要职责和任务包括：货币政策与金融监管政策之间的协调；金融监管政策、法律法规之间的协调；维护金融稳定和防范化解区域性系统性金融风险的协调；交叉性金融产品、跨市场金融创新的协调；金融信息共享和金融业综合统计体系的协调；国务院交办的其他事项。联席会议各成员单位紧紧围绕国务院确定的职责、任务和要求，建立了相关制度安排和工作机制，共同加强对金融领域重大问题的研究，在各项政策措施出台的时机、力度、节奏等方面加强沟通协调，初步形成了金融监管合力。

目前，联席会议已召开多次会议，各成员单位就加强金融信息共享、推进金融业综合统计、促进互联网金融健康发展、稳步扩大金融业对内对外双向开放、防范化解金融领域重大风险隐患等重大政策达成共识；联合出台了《规范金融机构同业业务的通知》，完善了金融机构同业业务治理；研究讨论了合理降低社会融资成本、规范资产管理行业发展、促进债券市场健康发展和推动信贷资产证券化发展的政策措施。各成员单位积极落实会议议定事项，出台配套政策和措施，开展专项研究和协调，各项工作均取得积极进展和成效。

二、对影子银行体系的监管协调

影子银行是指银行体系之外，可能会导致系统性风险和监管套利的信用中介体系，包括机构和业务。我国影子银行主要包括三类：一是不持有金融牌照、完全无监管的信用中介机构，包括新型网络金融公司、第三方理财机构等。二是不持有金融牌照、存在监管不足的信用中介机构，包括融资性担保公司、小额贷款公司等。三是机构持有金融牌照，但存在监管不足或规避监管的业务，包括货币市场基金、资产证券化、部分理财业务等。

近年来，随着我国金融市场的改革发展，影子银行体系日益活跃，在满足经济社会多层次、多样化金融需求的同时，也暴露出业务不规范、管理不到位和监管套利等问题，亟须认真汲取国际金融危机的深刻教训，加强金融监管协调与合作，落实责任分工。2013年12月，国务院办公厅下发《关于加强影子银行监管有关问题的通知》，强调加强对影子银行体系的监管，明确了责任分工，要求地方人民政府、行业归口部门之间加强政策衔接和协商配合，完善监督制度和办法，切实做好风险防控。

一是按照谁批设机构谁负责风险处置的原则，逐一落实各类影子银行主体的监督管理责任，建立中央与地方统分结合，国务院有关部门分工合作，职责明晰、权责匹配、运转高效的监督管理体系。

二是已明确法定监督管理部门的，由相关部门按照职责分工分别实施统一归口监督管理。其中，各类金融机构理财业务，由国务院金融监管部门依照法定职责和表内外业务并重的原则加强监督管理。监管部门按照代客理财、买者自负、卖者尽责的要求，严格监管金融机构理财业务。

三是已明确由国务院有关部门制定规则、地方人民政府负责监督管理的，实行统一规则下的地方人民政府负责制。其中，融资性担保公司由中国银监会牵头的融资性担保业务监管部际联席会议制定统一的监督管理制度和经营管理规则，地方人民政府负责具体监督管理；小额贷款公司由中国银监会会同中国人民银行等制定统一的监督管理制度和经营管理规则，建立行业协会自律机制，省级人民政府负责具体监督管理。

四是已明确由地方人民政府负责监督管理、国务院明确行业归口部门的，由地方人民政府根据行业归口部门统一要求负责具体监督管理，行业归口部门牵头制定完善相关法规制度和政策措施。

五是对尚未明确监管主体的，第三方理财和非金融机构资产证券化、网络金融活动等，由中国人民银行会同有关部门共同研究制定办法。

三、对互联网金融的监管协调

互联网金融是传统金融行业与互联网技术和信息通信技术相结合的新兴领域，必然会对金融产品、业务、组织和服务等方面产生深刻影响。互联网金融发展对提升金融体系的包容性具有重要意义，在扩大金融业对内对外开放，满足中小微企业、中低收入阶层的投融资需求，提升金融服务的质量和效率，引导民间金融走向规范化等方面发挥着独特的功能和作用。作为新生事物，要鼓励互联网金融创新和发展，包容失误，为行业发展预留一定空间。但与此同时，互联网金融本质仍属于金融，没有改变金融风险的隐蔽性、传染性、广泛性、突发性。互联网金融的高速发展也产生了一些问题和风险。为了加强互联网金融监管，促进互联网金融健康发展，国务院有关部门将研究制定关于促进互联网金融健康发展的指导意见，提出对互联网金融监管的基本原则、监管要求和职责分工。

（一）促进互联网金融健康发展的基本原则

一是鼓励创新、支持互联网金融稳步发展。包括积极鼓励互联网金融平台、产品和服务创新，激发市场活力；鼓励从业机构相互合作，实现优势互补；拓宽从业机构融资渠道，改善融资环境；坚持简政放权，提供优质服务；落实和完善有关财税政策；推动信用基础设施建设，培育互联网金融配套服务体系。

二是分类指导，明确互联网金融的监管责任。互联网金融监管应遵循"适度监管、分类监管、协同监管、创新监管"的原则，科学合理界定各业态的业务边界及准入条件，落实监管责任，明确底线，保护合法经营，打击非法和违规行为。

三是健全制度，规范互联网金融市场秩序。坚持以市场为导向发展互联网金融，遵循服务好实体经济、服从宏观调控和金融稳定的总体要求，切实保障消费者合法权益，加强行业自律，维护公平竞争的市场秩序。

（二）互联网金融分类监管要求

互联网支付。互联网支付应始终坚持为电子商务发展和为社会提供小额、快捷、便民的小微支付服务的宗旨。银行业金融机构和第三方支付机构从事互联网支付，应当遵守现有的法律法规和监管规定。第三方支付机构与其他机构开展合作的，应当清晰界定各方权利义务关系，建立有效的风险隔离机制和客户权益保障机制。要向客户充分披露服务信息、清楚提示业务风险，不得夸大支付服务中介的性质和职能。

网络借贷。在个体网络借贷（即 P2P 网络借贷）上发生的直接借贷行为属于民间借贷范畴，受《中华人民共和国合同法》、《中华人民共和国民法通则》等民事法律以及最高人民法院相关司法解释规范。个体网络借贷要坚持平台功能，为投资方和融资方提供信息交换、撮合、资信评估等中介服务。个体网络借贷机构要明确信息中介性质，主要为借贷双方的直接借贷提供信息服务，不得非法集资，不得吸收公众存款，不得运用资金杠杆。网络小额贷款应遵守已有小额贷款监管规定。

股权众筹融资。股权众筹融资必须通过股权众筹融资中介机构平台进行，并遵守证券法及相关法律法规的规定，不得擅自公开或变相公开发行证券。股权众筹融资机构可以在符合法律规定的前提下，对业务模式进行创新探索，发挥股权众筹融资作为多层次资本市场有机组成部分的作用，更好地服务中小微企业。作为股权众筹融资方的中小微企业，应当通过股权众筹融资中介机构向投资人如实披露企业的经营管理、财务、资金使用情况等关键信息，不得误导或欺诈投资者。投资者应当充分了解股权众筹融资活动风险，具备相应风险承受能力，确保理性投资。

互联网基金销售。基金销售机构与其他机构通过互联网合作销售基金等理财产品的，要切实履行风险披露义务，不得通过违规承诺收益方式吸引客户；基金管理人应当采取有效措施防范资产配置中的期限错配和流动性风险；基金销售机构及其合作机构通过其他活动为投资人提供收益的，应当对收益构成、先决条件、适用情形等进行全面、真实、准确地表述和列示，不得与基金产品收益混同。第三方支付机构在开展基金互联网销售支付服务的过程中，应当严格遵守中国人民银行、中国证监会关于客户备付金及基金销售结算资金的相关监管要求。第三方支付机构的客户备付金只能用于办理客户委托的支付业务，不得用于垫付基金和其他理财产品的资金赎回。

互联网保险。保险公司开展互联网保险业务，应遵循安全性、保密性和稳定性原则，加强风险管理，完善内控系统，确保交易安全、信息安全和资金安全。专业互联网保险公司应当坚持服务互联网经济活动的基本定位，提供有针对性的保险服务。保险公司应建立对所属电子商务公司等非保险子公司的管理制度，建立必要的防火墙。保险公司通过互联网销售保险产品，不得进行不实陈述、片面或夸大宣传过往业绩、违规承诺收益或者承担损失等误导性描述。

从事互联网金融业务还要遵守互联网行业管理、客户资金第三方存管、信息披露、风险提示、合格投资者、消费者权益保护、网络和信息安全、反洗钱和防范金融犯罪等方面监管要求。

第八节　金融危机管理

维护金融稳定，既需要有效的金融危机预防机制，也要有良好的金融危机管理机制。金融危机管理主要是指政府在金融危机爆发后，根据有关预案和程序，以最快的速度和合理的力度，综合运用各种手段和措施，最大限度地减少危机扩散和溢出效应，降低危机给国家和社会公众造成的损失。金融危机管理的核心是改善市场预期和防止金融危机扩散。历史上发生的每一次金融危机，都推动着金融危机管理理论和实践的创新发展。特别是 2008 年国际金融危机爆发后，国际社会在金融危机管理方面进行了史无前例的探索与创新，除对金融机构常规化流动性支持、注资、国有化和为存款人提供担保等传统手段外，还创造了若干新的货币政策工具或流动性救助机制，金融危机管理的理论和操作框架更加明晰、丰富和完善。

一、金融危机管理的基本框架

金融危机管理框架的核心是明确界定各相关机构的职责，即由谁、在何时以及如何行使何种权力，主要内容包括金融危机管理的牵头和参与部门、相关部门的权力配置与职责分工，以及救助条件、方式和程序。其中相关部门主要涉及财政部门、中央银行、金融监管当局、存款保险公司等。这些部门在金融危机管理中承担不同的职责，同时又相互合作，共同应对金融危机。

中央银行作为最后贷款人，在金融危机管理中发挥核心作用。在所有危机管理的参与方中，只有中央银行有能力持续不断地提供流动性支持。中央银行通过一系列及时的流动性支持措施，包括早期流动性支持和紧急流动性救助，防止问题金融机构由暂时的流动性风险向清偿性风险甚至向系统性风险演变。在金融危机爆发初期，金融体系面临的主要困难是流动性短缺，中央银行向金融体系提供流动性支持，向存在较高风险但仍具偿付能力的机构提供紧急流动性支持，有利于尽快消除金融市场恐慌，恢复金融市场信心。

金融危机必然带来严重的公共风险。财政部门的作用主要是通过注资、担保等形式救助问题金融机构、清理不良资产，同时通过增加财政支出、减免税、退税等经济刺激计划稳定经济和金融体系。在金融体系整体陷入大规模清偿能力不足，单纯依靠中央银行短期流动性支持无法缓解信用紧缩局面的情况下，财政部门或其代理机构可通过对问题金融机构实施资产注入、剥离不良资产或资本重组，为金融机构筹资提供财政担保，对问题金融机构实施国有化并运用财政资金承担金融危机部分损失等方式，增强金融机构资本实力，恢复金融市场信心。

金融监管部门可以实施灵活审慎监管，为问题金融机构逐步恢复资本和正常营运能力创造条件。这种灵活审慎的监管措施包括逆周期的资本监管策略，适度降低资本充足率等监管指标要求。在部分没有建立存款保险制度或者存款保险功能只限于单一"付款箱"的国家，由金融监管部门依法对问题金融机构实施接管，通过合并、收购等方式恢复金融机构的正常经营能力。在确认问题金融机构无法挽救时，协助司法机构对其实施破产清算。

在建立存款保险制度的国家，存款保险机构在金融危机管理中发挥重要作用。一是向存款人提供存款保障。在金融机构出现挤兑或破产倒闭时，存款保险机构通过事前明确的保护条款对存款人进行赔付，提高社会公众对银行体系的信心，降低公众恐慌和银行挤兑事件发生的概率。二是建立问题银行的退出机制。在承保金融机构破产倒闭时，存款保险机构行使清算人职能，负责对问题银行进行善后处置，包括对问题银行进行直接救助，对倒闭银行进行清算、收购、重组等。

二、尽早识别金融危机的性质、规模并迅速采取行动

尽早发现、及时救助是降低金融危机影响和破坏力的重要保证。英国经济学家古德哈特曾提出金融危机管理的"48 小时法则"，即在金融危机爆发之后，必须在 48 小时之内稳定金融体系，切断金融危机蔓延的渠道，迅速恢复金融秩序。从以往金融危机救助实践看，尽早发现、及时救助能达到事半功倍的效果，反之则会酿成大祸。"大萧条"爆发初期，由于美国政府没有及早下决心采取有效

措施实施救助，使得原本可能是一次正常的经济衰退演变成波及整个资本主义世界的大危机。美国储贷协会危机发生后，因政府误判形势延误了救助时机，致使危机持续 10 年之久，危机救助耗时 6 年多，救助费用超过预期 3 倍之多。20 世纪 90 年代日本应对银行危机迟缓，采取掩盖和拖延金融机构坏账的策略，致使金融机构坏账问题长期得不到解决，导致日本经济衰退持续 20 年之久。美国次贷危机爆发之初也未引起政府足够重视，致使其迅速演化为波及全球的国际金融危机。此后，当意识到危机的潜在规模和巨大破坏力后，美联储和美国财政部迅速推出一系列非常规货币政策工具、实施三轮量化宽松货币政策、出台问题资产救助计划（TARP）和政府支持企业（GSEs）救助计划等一系列力度较大的救助措施，同时实施以减免税、退税和扩大政府支出为主要内容的经济刺激计划，较快地恢复了市场信心，使得美国经济率先复苏。

在进行危机处置时，特别是在考虑是否救助问题金融机构前，需要首先分析危机的性质和规模，判断问题金融机构破产是否会引发系统性金融风险。因为救助问题金融机构往往需要动用公共资金，会在一定程度上增加道德风险，牺牲纳税人利益。如果问题金融机构不具有系统重要性，当其陷入严重财务困境时，应充分发挥市场化机制作用，采取兼并重组、破产清算等市场化方式化解风险。只有当问题金融机构具有系统重要性，其破产倒闭将引发系统性金融风险时，才应动用公共资金对其进行流动性支持和救助。例如，1995 年，巴林银行因金融衍生品交易失败爆发危机时，英格兰银行坚持认为巴林银行倒闭不会导致整个金融市场的系统风险，并决定对巴林银行实施破产清算，不予救助。在 2008 年美国次贷危机中，美联储和美国财政部动用巨额资金对美国国际集团（AIG）、花旗以及房利美、房地美等陷入危机的系统重要性金融机构和企业实施紧急救助，稳定了市场信心，有效控制了危机的扩散蔓延。

三、分步骤地采取有充分广度和深度的系统性应对措施

金融危机管理的核心目标是恢复公众对金融体系的信心，并使得金融体系在没有公共政策支持的情况下也能有效率和可持续地运营。零碎的危机管理政策难以解决根本问题，必须根据金融危机的深度、广度和演变趋势有步骤地采取系统性应对措施。金融危机处置通常包括三个关键步骤：提供流动性支持以稳定金融体系；重建金融机构资产负债表；重建金融机构长期盈利条件。

向金融体系提供足够流动性可以确保银行持续获得资金来避免金融体系崩溃。明确可信的存款保险制度可以避免银行存款者的挤提，并通过提供迅速的偿付来缓解破产压力，避免整个银行体系陷入恐慌性挤提。中央银行可在短期内提供大量紧急流动性支持，帮助银行或金融市场克服暂时性的资金链断裂，保证支付结算体系的正常运转。在金融危机爆发之初，中央银行一般运用调整利率和贴现率、市场流动性支持声明、公开市场操作、贴现窗口等常规性政策工具。随着危机程度加深，当市场陷入流动性陷阱，常规政策工具无能为力时，往往需要创新流动性支持工具，放宽抵押品条件。如美联储在2008年国际金融危机救助中，就创新性地推出了定期拍卖便利（TAF）、一级交易商信贷便利（PDCF）、定期证券借贷便利（TSLF）、商业票据融资便利（CPFF）、货币市场投资者融资便利（MMIFF）和短期资产支持的证券贷款便利（TALF）等一系列非常规政策工具，扩大贷款对象和抵押品范围，多方位、多角度地向市场提供流动性。此外，还先后实施三轮量化宽松货币政策和一次扭曲操作，通过中央银行灵活有效的资产负债表管理应对金融危机。

重建金融机构资产负债表的重要性在于，它能够恢复金融体系信心，并为金融机构的管理者和债权所有者提供正向激励。重建资产负债表通常包含三个方面：首先，通过减记不良资产的方式核销

金融机构部分损失。其次，充实资本以增强金融机构吸收损失能力。最后，有效管理不良资产尽量减少损失。在美国次贷危机救助中，美国政府出台问题资产救助计划和对政府支持企业的救助计划，通过注资、担保和购买问题资产等方式重建了受困金融机构和大型企业的资产负债表，有效避免了金融体系崩溃。

重建金融机构可持续盈利条件主要有三方面措施。首先，应当退出过度扩张的业务。系统性金融危机通常是金融机构业务过度膨胀的结果，在信贷膨胀的支持下，高杠杆和资产泡沫易诱发金融危机。其次，通过调整核心业务和削减成本来提高金融机构效率。最后，应当尽量避免不公平竞争导致的扭曲。

四、努力防范道德风险，合理分摊救助成本

金融危机救助，通常涉及运用公共资金救助私人金融机构，容易造成道德风险，并且救助措施退出不及时或者退出过快，还可能使宏观经济面临通胀压力或者二次衰退风险。因此，在实施金融救助时，需充分考虑道德风险和成本分担问题，充分发挥私人部门在危机救助中的作用，同时为救助政策退出设计有效的退出机制，最小化救助成本。

充分发挥私人部门在危机救助中的作用，至少有两个方面的好处：一是通过私人部门实施救助，避免公共资金介入，可以有效降低道德风险。例如，1999年美国长期资本管理公司，因俄罗斯金融危机而陷入困境时，美国政府并未直接对其进行救助，而是协调长期资本管理公司的主要债权人和OTC市场的14家主要债权人成立合资公司，向长期资本管理公司注入资本金，并对长期资本管理公司进行接管。二是鼓励私人部门参与救助，可以有效降低政府救助成本。例如，2009年，美国政府处置金融机构有毒资产时，推出"公私合营计划"，通过政府资助的方式引入私人资本购买银行不良资产，成功地将上万亿美元的有毒资产从金融机构剥离出来。

　　设计有效的救助政策退出机制，一方面是为了确保参与主体相信财政救助只是"一次性"行动，降低道德风险；另一方面是为了避免救助措施长期存在引发通胀等负面效果。次贷危机后，美国政府不断推出大规模救助措施，同时持续对救助措施进行评估，在救助措施效果逐步显现后，主动寻求合适的退出机制，首先在美国金融体系稳定后逐步出售危机期间购买的金融机构资产，而后，在美国经济复苏形势明确后开始逐步退出量化宽松政策。根据美国财政部最新估算，美国政府所有救助项目名义财务亏损额仅为 380 亿美元，危机救助成本得到有效控制。

五、金融危机管理中的国际合作

　　在经济与金融全球化日益加深的条件下，金融危机的国际传染效应越来越强。金融危机管理已不局限于危机的初始爆发国家，国际政策协调与合作成为金融危机管理的重要组成部分。国际合作的主要作用在于：可以尽快稳定投资者信心，使危机国政策干预措施收到更积极效果，避免危机在更大范围内扩散。

　　金融危机管理的国际合作主要包括两个方面：一是国际流动性支持与救助行动；二是相关国家政策的协调配合。从金融危机管理实践看，国际合作主要有以下几种方式：（1）在宏观经济政策实施及退出方面加强协调，避免采取"以邻为壑"的政策，如相关中央银行联手通过公开市场操作向市场注入流动性；（2）国际货币基金组织协调有关各方加大救助力度，同时也通过贷款直接参与救助；（3）建立区域性多边救助机制，或通过中央银行间签署货币互换安排等方式，向金融机构提供美元或关键货币的流动性；（4）在全球系统重要性金融机构的恢复和处置上，母国与东道国处置部门应共享信息和有效协作，以透明、快速的方式落实处置和恢复措施；（5）开展国际债务重组，使无力偿债的国家暂时解除或减少偿债负担，尽快稳定金融市场，促进经济复苏，最终恢复偿债能力。

第九节　我国处置重大金融风险的实践与经验

改革开放以来，我国金融业稳步健康发展，在支持经济转轨、促进经济发展和维护社会稳定中发挥了巨大作用。但与此同时，金融领域也积累了一些风险，在不同阶段以不同的形式表现出来，有些时期还表现得较为突出。这些金融风险的形成和扩大，从根本上讲是国民经济运行机制存在的各种弊端和金融改革滞后的综合反映。针对不同阶段的具体问题，党中央、国务院果断决策，及时确定了一系列金融改革和整顿的方针、政策与措施，妥善处理了体制转轨时期积累的金融风险，有效防止了金融风险的蔓延，初步形成了符合我国国情的防范和处置金融风险的基本原则和办法，为维护金融和社会稳定发挥了积极作用。

一、我国重大金融风险的基本情况

（一）重大金融风险表现

1992年，我国宏观经济过热，通货膨胀严重，金融秩序较为混乱，金融领域多年累积的金融风险逐步暴露。国有商业银行资产质量恶化，乱拆借、乱放款、乱投资、乱办经济实体、高息揽储、账外经营等违法违规问题严重，银行信贷资金违规进入证券和房地产市场，非法设立金融机构和非法从事金融业务的现象时有发生。针对这些情况，中共中央、国务院及时采取措施，于1993年6月24日下发了《关于当前经济情况和加强宏观调控的意见》，提出16条措施，其中有9条与金融调控和金融监管直接相关。在党中央、国务院领导下，中国人民银行采取一系列措施加强金融监管：一是全面整顿金融秩序，严厉查处违法违规行为。二是认真整顿非银行金融机构，基本完成了银行与信托投资公司、证券公司的分业经营。三是金融法制建设取得成效。经过三年多的努力，我国经济成功实现了"软着陆"，金融秩序初步好转。

但是，直到1997年，我国金融风险仍然十分突出。

一是金融机构特别是国有独资商业银行资产质量较差，不良贷款数额大、比例高，资本金严重不足，处于技术破产状态。1997年6月底，国有商业银行不良贷款占全部贷款的比例高达25.6%，12家股份制商业银行不良贷款比率为15.6%。4家国有商业银行资本充足率下降到3.5%。

二是一些中小存款金融机构和非银行金融机构遗留问题较多，管理混乱，有些已资不抵债或面临支付困难。1997年9月底，全国城乡信用社3914家，其中有20%资不抵债，不能支付到期存款。到1997年10月底，全国信托投资公司244家，其中半数以上不良贷款率高达50%。

三是社会上乱办金融，严重扰乱金融秩序。一些地方和部门非法批设各种金融机构，公开挂牌从事金融业务。一些部门和县、乡政府批准设立的合作基金会、股金服务部、互助储金会、资金服务部和合作保险等组织，从事或变相从事金融业务，导致挤提存款和冲击行政机关。

四是股票期货市场违法违规行为大量存在。一些地方擅自设立股票交易场所。一些证券公司违规从事证券回购，变相吸收居民存款。一些国有企业和金融机构，未经批准违规进行境外期货交易。证券公司挪用股民保证金十分严重。

五是金融机构内部管理中存在许多薄弱环节，各种金融犯罪活动十分严重。一些金融机构和从业人员弄虚作假，违法违规经营，账外活动、不正当竞争屡禁不止，内外勾结、金融诈骗等犯罪活动猖獗，大案要案时有发生。

（二）重大金融风险成因

上述金融领域的重大风险是多年积聚起来的，是国民经济深层次矛盾的综合反映。其具体成因主要有：

　　一是长期以来，我国经济建设粗放经营，当时房地产、开发区热和重复建设造成了大量的不良贷款。"八五"期间，房地产投资相当于"七五"期间的 8.5 倍，大量资金被占压，难以收回。已建项目中，三分之一亏损，许多项目不能归还银行的本金和利息。同时，国有企业资本金严重不足，长期高负债经营，亏损严重，占压了大量信贷资金，造成银行不良贷款大量增加。

　　二是信贷资金直接或间接用于财政性支出。长期以来，国家银行承担大量政策性贷款，已有许多不能收回。粮食收购企业历年财务挂账和 1995 年后新增亏损累计达 1100 多亿元。仅国有企业兼并重组项，直接冲销贷款 6000 多亿元。

　　三是一些地方政府滥用金融机构党的关系在地方管理的权力，违法干预和指使金融机构乱拆借、乱集资，用于地方盲目建设。如广东省恩平市政府原领导，直接指挥信贷业务，大搞"账外账"，高息揽储、高利放贷，贷款收不回来，致使建设银行恩平市支行和全市农村信用社先后发生支付危机。

　　四是社会信用制度不健全，一些借贷工商企业信用观念淡薄。许多企业在推行承包、转让经营和兼并、破产过程中，千方百计逃废银行债务。

　　五是金融体制改革滞后，金融法制不够健全，金融监管薄弱，金融企业现代治理不完善，少数从业人员素质差，有的甚至违法乱纪。

　　我国金融风险的积聚和扩大，严重破坏了国家经济运行的基础，加大了财政收支平衡的压力，直接危害社会稳定。因此，1997年 11 月和 2002 年 2 月，中共中央、国务院召开全国金融工作会议，重点部署整顿金融秩序、加强金融监管、处置历年积聚的金融风险，为推动金融改革创新创造了条件。

二、整顿金融秩序

（一）整顿金融秩序基本情况

1997 年 11 月，党中央、国务院召开全国金融工作会议，重点整顿金融秩序，加强中央对全国金融业的领导。一个月后，中共中央、国务院办公厅下发通知，成立 12 个深化金融改革、整顿金融秩序专项工作小组。这 12 个工作小组，除有 4 个涉及中国人民银行管理体制和国有金融企业党的领导体制等外，其余都属于整顿金融秩序。重点严厉打击非法设立金融机构、非法或变相从事金融业务、非法集资等金融"三乱"活动。主要内容包括取缔一切非法金融机构，清理农村合作基金会，改变金融企业混合经营，查处金融机构账外经营，严惩金融犯罪活动等。

各省（自治区、直辖市）人民政府和国务院有关部门，按照"谁主管，谁整顿；谁批准，谁负责；谁用钱，谁还钱；谁担保，谁负相应责任"的原则，对本地区、本部门存在的金融秩序进行全面整顿。据统计，1998～2001 年，全国清理处置了 2.8 万家农村合作基金会，撤销 80 多家信托投资公司，撤并 1100 家城市信用社。依法关闭广东国际信托公司、海南发展银行等一批有严重问题的金融企业。严肃查处金融机构账外经营近 2000 亿元。关闭 41 个非法股票交易市场，期货交易所由 14 家撤并为 3 家，规范 6 万多家保险兼业代理机构。经过 4 年多的努力，我国整顿金融秩序取得显著成效，全国金融秩序基本好转。

（二）处置恩平等地金融风波

1997 年中央金融工作会议召开前后，全国发生几起群体性金融风波，其中最为严重的是恩平事件。党中央、国务院直接领导处置恩平金融风波。

恩平金融风波是指在广东省恩平市政府某些领导人直接干预和指使下，当地金融机构长期高息揽储，非法贷款，导致损失 100 多亿元，引发当地两次大规模存款挤兑的重大金融违法违规事件。

1988～1993年，时任某银行恩平市支行行长以高达25%以上的利率，直接领导和组织贴水存款。1993年4月，该行长提升为副市长兼某银行恩平市支行行长后，置中央"约法三章"于不顾，继续在全市组织高息揽储和非法集资。全市累计超过100亿元。在市政府直接干预下，当地金融机构把这些资金集中贷给当地26家小水泥厂。随着我国宏观调控政策的落实，基本建设规模受到控制，恩平市高息揽储、非法集资的资金来源被切断，水泥厂等借款企业基本破产，致使所在地区的两家银行的市支行和26个农村信用社的100多亿元贷款成为坏账，并丧失债务支付能力。1995年6月、1997年春节前，恩平市发生两次大规模存款挤提，并冲击金融机构和有关政府的重大事件。

恩平金融风波造成重大损失。几十家小水泥厂、小纺织厂、铝材厂关门歇业，金融机构、地方政府、企业投入70多亿元，用于偿付个人合法债务。两家国有商业银行的市支行，或停止业务或撤销，20多家农信社撤销关闭。恩平经济全面崩溃，由"全国百强县"跌落为广东最落后的八县（市）之一。在高息揽储、非法集资和违规发放贷款中，地方一些党政干部和金融系统干部从中贪污，一批干部走上犯罪道路，严重损害了人民与党和政府之间的关系。

产生恩平金融风波的主要原因是：恩平市几届党政某些领导人盲目追求经济高速增长，无视国家金融法规，利用金融机构党组织属地方管理之权，违法干预金融业务活动，个别领导人违法违纪、贪污、侵占国有资产；在违法违纪案件爆发，产生存款挤兑后，又包庇维护违法违纪人员，导致损失越来越大；金融机构某些负责人违规经营，中饱私囊。

党中央、国务院对处置恩平金融风波十分重视。1995年9月，中央领导要求广东省有关领导对恩平市违规行为严肃处理。1996年11月，国务院办公厅向广东省政府发出通报，同时成立由有关部门组成的联合调查组，通过有关银行总行保支付。1997年6月，中央召开有关会议听取联合调查组的调查报告，责成广东省对有关违法违纪人员严肃处理。针对恩平市党政某些领导人长期干预当地金融业务所造成的严重危害具有一定的普遍性，中共中央、国务院于1997年11月召开的中央金融工作会议，决定加强党中央、国务院对全国金融业的集中统一领导。撤销人民银行省分行，建立跨行政区分行；建立国有大型金融企业的系统党委，设立中央金融工作委员会。

三、关闭一批资不抵债又不能支付到期债务的地方金融机构

在整顿金融秩序过程中，一部分地方中小金融机构，不能按时支付到期债务，不断引发存款挤提和冲击金融机构和地方政府机关的事件，严重影响社会稳定。国务院决定，对这类金融机构要果断依法实行解散、撤销和破产，同时明确地方政府要确保支付个人（自然人）合法债务。

有关地方政府财政薄弱，无力支持所办金融企业偿还个人合法债务。为维护个人合法权益和社会稳定，国家探索了中央政府支持地方政府清偿债务的办法。1999年4月，四川省不能偿还农民在农村合作基金会的存款，曾以当年商业银行缴纳给地方的营业税为抵押，向国有银行借款20亿元偿还对农民债务。1999年10月，国家支持重庆市政府整顿各种基金会，由中国人民银行向有关基金会贷款，该贷款由中央财政从对地方返还资金中扣还。1999年11月，国务院测算对地方政府支付个人合法债务的资金缺口并制定中央借款的管理办法，以确保此项工作依法进行。根据当时测算，地方政府共计需向中央借款2200亿元。为严格控制地方向中央借款，国务院制定了地方向中央借款的管理办法，明确对人民银行再贷款借、用、还的责任。在各方努力下，中国人民银行最终共向地方贷款约1500亿元，目前已收回约1100亿元，到2013年末，本金余额已降

为352亿元。

在中央银行专项借款的支持下，我国及时、坚决、稳妥地化解一些地方金融机构的风险。1997年1月，资不抵债的中国农业信托投资公司被依法关闭，由中国建设银行托管保支付。1998年6月，中国人民银行关闭了资不抵债的海南发展银行，由中国工商银行对其实行托管。1999年1月，广东省政府宣布对资不抵债的广东国际信托投资公司实施破产清算。据统计，1997~2001年，共对400多家高风险金融机构实施了市场退出。

实践证明，在我国尚未建立存款保险制度的特定情况下，国务院采取专项借款方式支持地方政府化解地方金融风险的决策是完全正确的，既撤销、解散了有问题金融机构，又维护了自然人存款合法权益，还把中央、地方政府支出降到最低限，是化解长期金融风险的成功实践。随着我国经济、金融的快速发展，处置金融风险的长效机制逐步建立，此类作为化解风险应急措施的专项借款已经明显减少。

四、推动国有独资商业银行股份制改革和重组上市

1997年亚洲金融危机以后，党中央、国务院提出要深化国有独资商业银行综合改革，采取补充资本金、剥离不良资产等若干举措，以增强国有独资商业银行的资本实力和盈利能力。为根本解决问题，2002年2月召开的全国金融工作会议决定对国有独资商业银行进行股份制改造，并于2003年成立国有独资商业银行股份制改革试点工作领导小组，办公室设在中国人民银行。在充分论证并广泛听取意见的基础上，党中央、国务院果断作出一系列重大决策，按照"一行一策"原则，稳步推进国家注资、剥离处置不良资产、设立股份公司、引进境内外战略投资者、择机上市等工作，相继完成对国有独资商业银行的股份制改革。

一是发行特别国债补充国有独资商业银行资本金。1998年2月

28 日，全国人大常委会通过决议，批准国务院提出的由财政部发行
2700 亿元特别国债，为工商银行、农业银行、中国银行、建设银行
4 家国有独资商业银行充实资本金。具体方式是，中国人民银行将
法定存款准备金率由 13% 下调至 8%，为这 4 家银行释放出大约
2700 亿元资金。这 4 家银行以此定向购买财政部发行的特别国债，
该项国债期限为 30 年，年利率为 7.2%。财政部再以发行特别国债
所筹集的资本金注入这 4 家银行充实资本金。

　　二是成立 4 家资产管理公司，按原价接收从这 4 家银行剥离出
来的不良资产。1998 年 10 月，国务院决定委托建设银行成立金融
资产管理公司承担处置德隆系风险的任务，1999 年 4 月，批准建设
银行成立信达资产管理公司。同年 7 月，批准中国工商银行、中国
农业银行、中国银行，分别组建华融资产管理公司、长城资产管理
公司、东方资产管理公司。2000 年末，4 家资产管理公司共收购这
4 家银行和国家开发银行不良贷款 1.4 万亿元。收购不良贷款的资
金来源是中国人民银行将对这 4 家银行一部分再贷款 5739 亿元划转
给相对应的资产管理公司，4 家资产管理公司获准向对口的银行发
行 10 年期金融债券 8200 亿元。此后，4 家资产管理公司又进行了
第二次大规模的不良资产接收工作。两次累计接收这 4 家银行不良
资产 2.69 万亿元，将这 4 家银行的不良贷款率大幅下降到安全水准
之内。

　　三是成立中央汇金投资有限责任公司（以下简称汇金公司），
为国有独资商业银行充实资本金。2003 年 12 月 16 日，由国家外汇
储备出资的汇金公司成立，12 月 30 日汇金公司代表国家将 450 亿
美元注入中国银行、建设银行，国有独资商业银行股份制改革正式
启动。2004 年 6 月，汇金公司向交通银行注资 30 亿元人民币。
2005 年 4 月，汇金公司向工商银行注资 150 亿美元。2008 年 11 月，
汇金公司向农业银行注资 1300 亿元人民币等值美元（约 190 亿美
元）。

四是引进境内外战略投资者，并在境内外公开上市。工商银行、农业银行、中国银行、建设银行、交通银行5家商业银行以净资产平均溢价超过1.19倍，其中工商银行最高溢价1.22倍，引进境内外战略投资者，增强了资本实力，改善了股权结构；吸收了国际银行的先进经营管理方法、人才和技术；改善了公司治理，提升了经营管理水平、服务能力和竞争能力。2004～2010年，这5家商业银行先后完成股份制改造，并在境内外成功上市，完成了由国有独资银行向在境内外上市的公众持股银行的历史性转变。

事实证明，我国在2008年国际金融危机爆发前，抓住难得的时间窗口，果断推动对国有独资商业银行进行一系列改革，其决策是正确的，也是有效的。经过2002年到2013年10年左右的时间，工商银行、农业银行、中国银行、建设银行、交通银行的平均不良贷款率从20%～30%下降到了1%～2%，平均资本充足率从7.95%左右提升到13%以上，年度利润总额从2002年的1085亿元增加到2013年的7851亿元。根据2013年《银行家》杂志按核心资本进行的排名，工商银行、建设银行、农业银行、中国银行名列前10名。如果没有改革打下的坚实基础，没有这5家银行经营状况的根本改善，很难想象面对国际金融危机的冲击，我国经济能有如此大的回旋余地，宏观调控能有如此大的操作空间。

总体来看，通过上述处置重大金融风险的各项措施，我国金融秩序明显改善，中小金融企业经营状况转好，国有独资商业银行改制为国有控股上市公司，我国银行业在世界逐步崛起。金融业稳定发展，进一步促进了我国实体经济发展，中国经济及金融在全世界地位空前提高。

第六章　外汇管理与国际收支

外汇管理是指一国政府授权货币当局或其他机构，对外汇的收支、买卖、借贷、转移以及国际间结算、外汇汇率和外汇市场等实行管理的行为。《中华人民共和国外汇管理条例》所称外汇，是指下列以外币表示的可以用做国际清偿的支付手段和资产：（一）外币现钞，包括纸币、铸币；（二）外币支付凭证或者支付工具，包括票据、银行存款凭证、银行卡等；（三）外币有价证券，包括债券、股票等；（四）特别提款权；（五）其他外汇资产。

从我国的情况看，外汇管理包括对跨境收支和外汇市场的管理，具体可分为经常项目、资本项目、储备资产、汇率和外汇市场管理等。我国的外汇管理体制是根据经济社会发展进程以及金融业对内对外开放程度不断调整与演变的。新中国成立后到改革开放前，由于外汇资源短缺，我国实行严格的外汇集中计划管理。改革开放以来，随着对外经济快速发展，外汇管理体制经历了多次重大改革，逐步从计划与市场相结合的双轨制的外汇管理体制发展为市场调节为主的外汇管理体制。1994 年初实现双重汇率制并轨，实行以市场供求为基础的、单一的、有管理的浮动汇率制度，实施银行结售汇制度，建立了全国统一规范的外汇市场。1996 年 12 月，中国人民银行代表中国政府宣布，接受《国际货币基金组织协定》第八条款，实现了人民币经常项目可兑换，对货物贸易和服务贸易等经常性国际支付和转移不予限制。2002 年以来，主动顺应我国加入世界贸易组织和深度融入世界经济的新形势，逐步放松外汇管制，理顺外汇供求关系，推出合格境内机构投资者和合格境外机构投资者制度，建立了跨境资金流入流出双向的投资渠道，人民币资本项目可兑换迈出积极步伐。2005年7月，进一步改革人民币汇率形成机制，实行以市场供求为基础、参考一篮子货币进行调节、有管理的浮动汇率制度，市场对汇率形成的决定作用进一步增强。2008年国际金融危机以来，针对国际收支大额顺差和外汇储备过快增长，主动转变外汇管理理念和方式，围绕促进国际收支基本平衡的中心任务，把统筹贸易投资便利化和防范跨境资金冲击放在优先位置，大幅简化行政审批，取消强制结售汇制度；开展货物贸易和服务贸易外汇管理制度改革，取消进出口核销制度；简化直接投资外汇管理，基本实现直接投资项目可兑换；稳步开放证券投资，与相关部门协同推出人民币合格境外机构投资者制度；推进外债管理由审批制转为登记为主；做好大规模外汇储备的经营管理工作，服务于保值增值和国家战略目标；建立健全跨境资金流动监测预警系统，完善应对跨境资金流动冲击的政策预案，严厉打击"热钱"投机套利，进一步增强了外汇管理维护国家经济金融安全的能力。

中共十八届三中全会提出加快实现人民币资本项目可兑换，建立健全宏观审慎管理框架下的外债和资本流动管理体系。这进一步明确了外汇管理的目标和职能，将推进外汇管理体制改革全面深化，以促进国际收支基本平衡为目标，着力提升贸易和投资便利化程度，加强跨境资金流动风险防范，不断提升外汇管理服务实体经济发展的能力。

外汇管理既属于宏观经济管理范畴，又与微观主体的经济活动息息相关。本章重点阐述在改革开放的新形势下，我国的国际收支和国际收支平衡、经常项目和资本项目外汇管理、汇率和外汇市场、外汇储备和投资运营。

第一节　国际收支和国际收支平衡

国际收支反映一个国家或经济体与世界其他国家或经济体之间的进出口贸易、投融资往来等各项交易及对外资产负债情况。国际收支平衡，也称对外经济平衡，是宏观经济四大目标之一，其与对内经济平衡存在着密切的相互决定、相互影响的关系，必须统筹兼顾。近年来，我国国际收支状况逐步改善，但促进国际收支基本平衡依然任重道远，必须高度重视。

一、国际收支的基本概念

（一）国际收支概念①

国际收支统计与国民账户统计、财政统计、货币金融统计一起构成一国的四大宏观经济统计账户。国际收支统计从广义概念讲，包括流量统计和存量统计，即国际收支平衡表和国际投资头寸表，二者构成一个经济体完整的国际账户体系。

1. 国际收支平衡表。国际收支平衡表反映一定时期内一国居民与非居民之间发生的一切经济交易，包括两大部分和一个平衡项，即经常账户、资本和金融账户（含储备资产），以及净误差与遗漏项。

（1）经常账户。包括货物、服务、初次收入和二次收入。货物指在居民和非居民之间进行交换并发生经济所有权变更的实物，包括一般商品、转手买卖货物、非货币黄金。服务指改善消费条件、促进产品或金融资产交换的生产活动的成果，包括加工服务、维护和维修服务、运输、旅行、建设、保险和养老金服务、金融服务和

---

① 由于我国即将公布按照《国际收支手册》（第六版）标准编制的国际收支数据，因此本部分使用第六版的概念进行说明。

其他商务服务等。初次收入指居民与非居民之间因提供劳务、金融资产和出租自然资源而获得的回报，包括雇员报酬、投资收益和其他初次收入。二次收入账户记录居民与非居民之间的经常转移，包括现金和实物。二次收入用于实现经济体间收入的再分配，并直接影响相关国家国民可支配总收入。

（2）资本和金融账户。包括资本账户和金融账户。

资本账户指居民与非居民之间的资本转移，以及非生产非金融资产的取得和处置。资本转移包括债务减免、投资捐赠等非经常性转移。非生产非金融资产的取得和处置包括自然资源、营销资产及契约、租约和许可等的获得和处置。

金融账户指居民和非居民之间发生的涉及金融资产和负债的交易，包括非储备性质的金融账户和储备资产。其按投资方式具体又分为直接投资、证券投资、金融衍生产品和雇员认股权及其他投资。每种投资方式又分为资产、负债。直接投资指投资者以寻求在母国以外经营企业获取有效发言权为目的的投资。按照国际惯例，居民投资者拥有非居民企业 10% 或以上的表决权即形成直接投资。证券投资指没有被列入直接投资或储备资产的股本证券和债务证券跨境交易。金融衍生产品是一种金融工具，通过与另一个特定的金融工具、指标或商品挂钩，对特定金融风险本身（如利率风险、外汇风险、股权和商品价格风险、信用风险等）进行交易。雇员认股权是一种报酬形式，是公司向其雇员提供的一种购买公司股权的期权。其他投资为剩余类别，包括没有列入上述类别以及储备资产的跨境金融交易，如货币和存款、贷款、贸易信贷和预付款，以及其他应收/应付款等。储备资产指随时可被货币当局或中央银行使用或控制的对外资产，包括货币黄金、特别提款权、外汇储备、在国际货币基金组织的储备头寸和其他债权。

（3）净误差与遗漏。国际收支平衡表的平衡项，指由于资料不完整，多种数据来源在统计时间、统计口径、计价标准存在不一致，以及货币折算等原因造成的统计误差。

2. 国际投资头寸表。国际投资头寸表反映特定时点上一国居民对外金融资产和负债的存量状况，以及在一定时期内由交易、价格、汇率变化和其他调整引起的存量变化。国际投资头寸表与国际收支平衡表中的金融账户一样，包括直接投资、证券投资、金融衍生产品、其他投资和储备资产。

完整的国际投资头寸表由期初头寸、期间交易、期间非交易变动和期末头寸构成。其中，期初头寸和期末头寸为时点上的国际投资头寸值。期间交易为国际收支平衡表中金融账户的当期交易流量。期间非交易变动指价格、汇率变化和其他调整等金融资产和负债的其他变化。

3. 国际收支平衡表与国际投资头寸表的关系。国际收支平衡表中的金融交易是引起国际投资头寸变化的主要原因，构成国际收支平衡表与国际投资头寸表之间的主要联系，二者在核算原则上是一致的，体现了流量与存量统计的关系。

国际投资头寸表中的对外资产负债会产生投资收益的收入与支出，即形成对外支付的投资收益和从国外获得的投资收益，这些交易记录在国际收支平衡表的经常账户中。

国际收支平衡表金融账户交易影响国际投资头寸表资产或负债变动。如我国货物贸易出口带来外汇收入，国际收支平衡表中贷记货物出口，同时记录外汇存款资产增加，国际投资头寸表中外汇存款余额相应增加。

除了金融交易外，还有其他因素影响对外金融资产负债头寸变动。如我国居民持有股票，如果期末价格较购买时大幅上涨，则这些股票资产价值随之增加，这种与交易无关的价格变动（持有损益）属于非交易变动的一种。

（二）国际收支统计的基本原则和方法

居民原则。国际收支是以居民（即机构和个人的经济利益中心，如在经济体内拥有住所或生产场所）为基础进行的统计，与国籍没有必然的联系。中国居民包括：中国国家机关（含中国驻外使馆领馆）、团体、部队；在中国境内依法成立的企业事业法人（含外商投资企业及外资金融机构）及境外法人的驻华机构（不含国际组织驻华机构、外国驻华使馆领馆）；在中国境内居留1年以上的自然人，外国及香港、澳门、台湾地区在境内的留学生、就医人员、外国驻华使馆领馆外籍工作人员及其家属除外；中国短期出国人员（在境外居留时间不满1年）、在境外留学人员、就医人员及中国驻外使馆领馆工作人员及其家属。非居民是指除中国居民以外的机构和个人。

会计原则。国际收支平衡表采用复式记账法，遵循"有借必有贷、借贷必相等"的会计记账原则，每笔交易由两个金额相等、方向相反的会计分录组成。贷方表示实际资源出口和金融资产减少，借方表示实际资源进口和金融资产增加。如货物出口收汇在国际收支平衡表中贷记货物贸易、借记银行存款，外商直接投资现汇流入在国际收支平衡表中贷记直接投资、借记银行存款。

记录时间。国际收支交易采用权责发生制确定流量的记录时间，即以所有权变更确定记录时间。反映货物经济所有权变化的流量是在所有权转移时进行记录，服务是在提供时进行记录。对于在一个经济事件发生后才进行结算的，如货物进口时伴随发生贸易融资的，则采用分别记录的方式加以衔接，如在记录进口时，对应分录为贸易信贷应付款。

计价原则。国际收支交易主要采用市场价格计价。交易的市场价格是指现行交换价值，即具体交换的实际价格，是在双方自愿的前提下，买方为获取某物而向卖方支付的货币数额。

记账单位。可以用本币编制，也可用其他货币编制。按本币编制数据，有利于在经济分析中把不同宏观经济统计联系起来使用。而用外币编制数据，有助于编表国家进行国际流动性管理和国别比较。

二、我国的国际收支统计

以国际收支概念记录、分析和解释一经济体与其他经济体的经济交往情况，是最为科学和有效的方法之一。国际收支统计是了解一国对外货物贸易、服务、资本及金融交易情况，衡量储备资产充足程度的基础性工具，也是掌握国际贸易和资本流动趋势，防范国际收支危机，以及在开放经济条件下进行宏观决策的主要信息来源之一。

（一）我国国际收支统计的制度框架

1995 年，中国人民银行发布了《国际收支统计申报办法》，为全面掌握我国国际收支状况提供了制度保障。近年来，随着国际收支交易规模不断扩大，交易内容、类型和方式日益多样化，对国际收支统计数据和方法提出了更高要求。2013 年 11 月，修订后的《国际收支统计申报办法》公布，自 2014 年 1 月 1 日起施行。

我国的国际收支统计以《国际收支统计申报办法》所确立的申报制度为基础，以间接申报和直接申报为主，辅之以抽样调查、其他相关部门统计及国际组织统计等。

1. 间接申报统计制度。境内居民通过银行进行的各类涉外收付款交易，均须在办理涉外收付款业务时通过银行向外汇管理部门进行逐笔申报，银行负责监督和协助其客户进行申报，并对申报主体所填信息进行审核。申报内容包括国别、币别、交易性质、原币种金额等项目。

2. 对外金融资产负债和交易统计制度。又称直接申报统计制度，是指境内各类金融机构及一些重要交易主体应当直接向外汇管理部门申报其对外交易情况，如货物买卖、服务贸易、股息利息收支、无偿捐赠以及赔偿等，以及其对外资产负债的交易和存量情况，包括直接投资、证券投资、金融衍生产品和存贷款等其他投资。

3. 贸易信贷调查制度。贸易信贷调查采集的是境内居民与非居民之间，由货物交易的卖方和买方之间由于直接商业信用而产生的资产和负债，即由于涉及货物的资金支付时间与货物所有权发生转移的时间不同而形成的债权和债务。目前每季度调查一次。

4. 其他部门及伙伴国国际组织统计。除上述由国际收支统计部门直接采集的数据外，还辅以其他相关部门统计数据，如海关的货物进出口统计，中国人民银行的外汇收支信贷和中央银行资产负债统计，商务部的直接投资数据，国家旅游局提供的旅游数据，以及证监会提供的证券发行数据等。在旅游支出方面，使用伙伴国的数据进行测算。在对外资产方面，使用了国际清算银行（BIS）的相关统计数据。

（二）我国国际收支统计报表的编制和公布

国家外汇管理局负责编制、公布中国的国际收支平衡表和国际投资头寸表。1982 ~ 1995 年，根据《国际收支手册》（以下简称《手册》）（第四版）按年编制和公布国际收支平衡表。从 1996 年起，根据《手册》（第五版）继续按年编制和公布国际收支平衡表。从 2001 年起，按半年度公布国际收支平衡表。2002 年 4 月 25 日，我国加入国际货币基金组织（IMF）数据公布通用系统（GDDS）。

2006 年 5 月，首次发布 2004 年末和 2005 年末中国国际投资头寸表，标志着我国对外部门统计信息的完整发布。从 2010 年起，按季度公布国际收支平衡表。从 2011 年起，按季度公布国际投资头寸表。目前我国国际收支统计已基本达到 IMF 特殊数据公布标准（SDDS）的要求。

（三）我国《手册》（第六版）的实施

1. 《手册》（第六版）的修订。《手册》由 IMF 编写并发布，目的是为一国或经济体与世界其他地方之间的交易和头寸统计提供标准框架。为适应全球化以及金融和技术创新带来的经济形势的变化，进一步强调国际投资头寸和资产负债表方法，加强与国际账户统计和其他宏观经济统计之间的内在联系，IMF 于 2009 年发布《手册》（第六版），对 1993 年发布的《手册》（第五版）进行修订，对国际收支统计提出了更高要求。

《手册》（第六版）的基本框架没有变化。主要变化体现在以下几个方面：

一是突出国际投资头寸统计的重要性。名称修改为《国际收支和国际投资头寸手册》，并基于第五版面世以来的经验，对国际投资头寸问题提供了更多的指导。

二是对近年来发展较快的金融资产和负债工具进行了详细定义及解释。尤其是对衍生金融工具、股权、证券、债务工具、保险等金融工具进行了详细说明。

三是与国民账户体系等其他国际统计标准的相关概念和统计分类进行协调，如"收益"和"经常转移"项目修改为"初次收入"和"二次收入"账户，调整了中央银行、金融和非金融机构等机构的部门分类。

四是调整了国际收支平衡表金融账户的记录方法。金融资产和金融负债除原来按"贷方"和"借方"的方式记录以外，也可记录为"金融资产的净获得"和"金融负债的净产生"。

五是调整了部分主要账户的子项目分类。如将加工贸易由货物贸易调整至服务贸易，转手买卖由服务贸易调整至货物贸易且只记录差额增值部分，货物修理由货物贸易调整至服务贸易等。

六是将储备资产列在资本和金融账户下。我国目前按第五版编制公布的平衡表中，储备资产是作为一级项目与经常账户、资本和金融账户并列列示的。实际上，从《手册》（第五版）开始，按照标准组成，储备资产即应归入金融账户下。我国在公布《手册》（第六版）平衡表时，为兼顾公众的阅读习惯，将在金融账户下设"非储备性质的金融资产"和"储备资产"两个大项，前者口径与目前公布表式的金融账户相同，之下再细分为直接投资、证券投资等。

2.《手册》（第六版）在我国的实施。近年来，外汇管理部门通过改进统计指标、完善统计方法、细化统计解释、完善编制报表等一系列的工作，大大地提高国际收支平衡表和国际投资头寸表的全面性和准确性，丰富国际收支相关数据及产品，提高国际收支以及涉外经济金融统计的整体水平。目前，已修订《国际收支统计申报办法》和《涉外收支交易分类与代码》，发布《对外金融资产负债和交易统计制度》，并开展相关的宣传培训工作。预计将于2015年开始按照《手册》（第六版）的要求编制国际收支平衡表和国际投资头寸表。

三、国际收支平衡

国际收支平衡是指国际收支状况和国家宏观经济调控目标相适应，而不只是指国际收支平衡表上收支数的会计平衡。国际收支平衡表通过"误差和遗漏"项目的调整总是平衡的。但是，国际收支在会计、统计上的平衡，不等于国际收支状况适应宏观经济的平衡。长期以来，我国国际收支呈现"双顺差"，中央银行用人民币收购外汇，增加外汇储备，这在国际收支表上是平衡的。但是，外汇储备过多，增加了货币流动性，引发人民币升值。从宏观经济管理角度看，则表现为国际收支不平衡。

（一）国际收支平衡与宏观经济管理

在开放经济条件下，对外经济平衡与对内经济平衡是一个硬币的两面，相互之间存在着密切的相互决定、相互影响的关系，必须统筹兼顾。

首先，对内平衡应优先于对外平衡。改善国际收支平衡应当服务于实现经济持续健康发展的目标。其次，当前我国经济对外不平衡本质上是对内不平衡的外在反映。经常项目顺差正是在国内储蓄率较高，而社会总需求不足，储蓄不能有效转化为投资的情况下产生的；资本项目顺差则反映了国内金融市场体系发育滞后、对外资依赖较大、资本流出渠道不畅等问题。因此，改善国际收支平衡关键取决于经济转型升级和结构调整的进展。再次，对外不平衡反过来也会给对内平衡带来负面影响，如增加国内市场流动性，影响物价稳定和资产价格，影响地区平衡发展和产业转型升级等，从而对经济社会协调发展带来一定影响。

我国一直高度重视国际收支平衡问题。党的十六大首次提出把保持国际收支平衡作为四大宏观调控目标之一，党的十七大提出要"采取综合措施促进国际收支基本平衡"，"十一五"规划将"国际收支基本平衡"列为主要目标，"十二五"规划继续将"国际收支趋向基本平衡"列为经济社会发展的主要目标。促进国际收支基本平衡也成为外汇管理工作的重要目标。

（二）国际收支平衡标准

国际收支平衡主要有以下两个层面的评判标准：

一是经常项目收支状况。在资本账户开放的经济体，资本项目通常是经常项目的对冲项，经常项目逆差时资本净流入，经常项目顺差时则资本净流出。国际收支危机的国际经验是，经常项目逆差占 GDP 的比重是一个非常关键的早期预警指标。如果该比重超过 4%～5%，就容易因为资本流入（如对外借债）枯竭甚至逆转，发生本币贬值、债务危机，进而引发全面的金融经济危机。如 1994 年的墨西哥、1997 年的泰国和 2001 年的阿根廷等。2000 年以来，随着国际社会对全球经济失衡愈演愈烈的状况日益担忧，更加关注经常项目顺差问题。2007 年，IMF 通过《对成员国汇率政策监督的决定》，要求成员国避免引发外部不稳定，包括过大的经常项目顺差。欧盟于 2011 年 12 月出台了旨在提高经济财政一体化程度的"六项规则"，其中一项预警指标是经常项目逆差与 GDP 之比不应超过 4%，顺差占比不应超过 6%。

二是国际收支总体平衡状况。因为经常项目、资本和金融项目（不含储备资产，下同）所构成的总差额，导致官方储备的反方向变动，所以，可用于衡量国际收支对一国储备造成的压力。与任何评判指标一样，国际收支总体平衡状况（或外汇储备增速）也存在适度性和可持续性的问题，过高或过低均无法实现社会中有限资源的充分、有效运用。

（三）我国国际收支平衡状况

近年来，我国国际收支状况趋于逐步改善，但促进国际收支基本平衡依然任重道远。主要呈现以下特点：

国际收支总体呈现"双顺差"①。2000 年以来，国际收支总顺差，即经常项目差额、资本和金融项目差额之和逐年扩大，2007 年突破 4000 亿美元，2010 年更是达到 5247 亿美元。之后，顺差有所回落，2012 年下降到 1836 亿美元，但 2013 年又重回 5000 亿美元以上。除 2012 年外，各年国际收支均呈现"双顺差"（见表 6－1）。

经常项目顺差先升后降，近年来趋于均衡。2000 年以来，经常项目顺差逐步扩大，到 2008 年达到历史最高的 4206 亿美元，之后开始明显回落，2013 年只有 1828 亿美元。从结构上看，货物贸易顺差是经常项目顺差的主要来源，其走势基本决定了经常项目顺差的走势；服务项目在 2000 年到 2007 年间持续几十亿美元的小额逆差，2008 年后逆差逐步扩大，2013 年达到 1245 亿美元；收益项目大部分年份呈现逆差，经常转移则大部分年份呈现顺差。

资本和金融项目波动较大。2000～2008 年，资本和金融项目顺差在千亿美元以下波动，2009 年至 2011 年顺差迅速放大至 2000 亿美元上下，2012 年转为逆差 318 亿美元，2013 年又重回顺差 3262 亿美元。从结构上看，直接投资一直是资本和金融项目稳定的顺差来源；证券投资和其他投资顺差和逆差交替出现，波幅逐步扩大；其他投资各年波动最大，其走势基本决定了资本和金融项目差额的走势。

---

① 目前，我国尚未公布《手册》（第六版）国际收支平衡表，本部分仍按《手册》（第五版）表式进行分析。

表 6－1

2000～2013 年我国国际收支概览表

单位：亿美元

项目	2000	2001	2002	2003	2004	2005	2006	2007	2008	2009	2010	2011	2012	2013
一、经常账户差额	205	174	354	431	689	1324	2318	3532	4206	2433	2378	1361	2154	1828
A. 货物和服务差额	289	281	374	358	512	1246	2089	3080	3488	2201	2230	1819	2318	2354
a. 货物差额	345	340	442	444	590	1342	2177	3159	3606	2495	2542	2435	3216	3599
b. 服务差额	-56	-59	-68	-85	-78	-96	-88	-79	-118	-294	-312	-616	-897	-1245
B. 收益差额	-147	-192	-149	-102	-51	-161	-51	80	286	-85	-259	-703	-199	-438
C. 经常转移差额	63	85	130	174	229	239	281	371	432	317	407	245	34	-87
二、资本和金融账户差额	19	348	323	549	1082	953	493	942	401	1985	2869	2655	-318	3262
A. 资本账户差额	0	-1	0	0	-1	41	40	31	31	39	46	54	43	31
B. 金融账户差额	20	348	323	549	1082	912	453	911	371	1945	2822	2600	-360	3232
1. 直接投资差额	375	374	468	494	601	904	1001	1391	1148	872	1857	2317	1763	1850
2. 证券投资差额	-40	-194	-103	114	197	-47	-684	164	349	271	240	196	478	605
3. 其他投资差额	-315	169	-41	-60	283	56	136	-644	-1126	803	724	87	-2601	776
三、储备资产变动	-105	-473	-755	-1061	-1901	-2506	-2848	-4607	-4795	-4003	-4717	-3878	-966	-4314
其中：外汇储备变动	-109	-466	-742	-1060	-1904	-2526	-2853	-4609	-4783	-3821	-4696	-3848	-987	-4327
四、净误差与遗漏	-119	-49	78	82	130	229	36	133	188	-414	-529	-138	-871	-776

注：储备资产变动（外汇储备变动）是指由国际收支交易引起的资产变动，不含汇率、价格等估值效应的影响。负值表示增加。

数据来源：国家外汇管理局。

经常项目顺差与国内生产总值（GDP）之比稳步回落，国际收支平衡格局初现。2010年以来，我国经常项目顺差与GDP之比开始处于国际公认的合理区间（4%）以内。2013年经常项目顺差与GDP之比为2.0%，较2007年的历史最高值下降8.1个百分点。这既体现了国内经济发展方式转变、涉外经济政策调整的成效，也反映了国外经济金融形势的周期性变化。2012年，资本和金融项目呈现小幅逆差，为1999年以来首次出现"经常项目顺差，资本和金融项目逆差"的国际收支格局，外汇储备增幅明显下降。这主要与境内主体根据利差、汇差等市场环境变化调整财务运作有关，也说明我国国际收支已初步存在自我平衡的条件。

我国促进国际收支基本平衡仍面临挑战。首先，外需对经济增长的拉动作用虽有所减弱，但投资依赖仍然较强，扩大内需尤其是最终消费需求还有很长的路要走，经常项目顺差存在反弹压力。其次，人民币汇率弹性虽有所增加，但波动性仍然偏低，在全球流动性宽裕、主要货币利率低企的大环境下，利差交易盛行，加剧了外汇供求失衡，积聚了人民币汇率超调风险。再次，2012年虽然初步形成了经常项目顺差、资本项目逆差的国际收支格局，但主要是企业顺周期的财务运作导致的被动平衡。2013年，我国国际收支重回"双顺差"格局，外汇储备资产大幅增加，国际收支基本平衡的压力仍然较大。

促进国际收支基本平衡，必须继续坚持"扩内需、调结构、减顺差、促平衡"的方针，加快转变经济发展方式。必须进一步完善人民币汇率形成机制，发挥市场在资源配置中的决定性作用。增强人民币汇率双向浮动弹性，通过汇率变动来调节外汇供求，实现市场出清。在汇率趋近均衡的状态下，中央银行不再扮演市场出清者角色，逐步退出常态化干预。同时，要进一步完善外汇市场建设，改进交易机制，丰富交易品种，夯实汇率形成机制改革的微观基础。

（四）国际收支风险监测和预警

国际收支风险监测和预警，就是要及时把握国内外经济金融形势变化和市场走势，判断国际收支风险状况，并对国际收支运行中的脆弱性和可能发生的危机作出预警。这是在扩大对外开放过程中，维护我国经济金融安全的客观需要，也是实现从外汇管理事前监管到事后监管、从行为监管到主体监管转变的迫切要求。

多年前，国家外汇管理局就开始着手研究防范国际收支危机的早期预警模型，形成了一套包含数据管理、监测预警、电子化处理和展示等多功能的国际收支风险预警系统，重点关注资本集中流出风险。随着我国国际收支从外汇短缺向大额顺差的转变，大量跨境资金净流入给宏观调控、人民币汇率、储备经营等带来了诸多压力。为此，2009年开始研究完善国际收支风险监测预警体系，主要目标是双向监测国际收支逆差式和顺差式失衡风险，衡量跨境资金流出和流入压力。2010年初步建立了相关的指标体系并开始试运行。

近年来，我国跨境资金流动的双向波动更加明显，监测预警以及相关的政策储备和应对任务十分艰巨。为防范跨境资金集中流出和异常流入风险，国家外汇管理局先后制定了相关的应对预案，确定了工作原则、组织体系和工作机制，并且根据不同的资金流出和资金流入情景，设计了针对各种渠道的应对措施。监测预警工作与上述应对预案相衔接，形成了一套全面、双向的跨境资金流动风险防范和应对体系。近年来，在判断跨境资金异常流入达到一定状态后，数次启动了相关的应对预案，在银行结售汇头寸、出口收结汇、短期外债、外商直接投资、境外上市、外汇处罚等多个方面进行临时性政策调整，取得了较好成效。

随着汇率市场化、资本项目可兑换等改革的推进，我国国际收支交易的类型更多，跨境资金流动的规模更大，需要配套更加及时、完整、有效的跨境资金流动监测预警体系及应急机制，以从宏观到微观全面掌握我国国际收支运行和跨境资金流动情况。具体来说，应进一步完善统计体系，确保及时通过有效渠道获得可靠信息，做到"数据准"；进一步加强对跨境资金流动的监测跟踪，梳理资金流出入渠道，达到"情况明"；建立健全跨境资金流动的均衡管理机制，完善应对跨境资金异常流动的应急预案，守住风险底线。

第二节　经常项目外汇管理

1996 年 12 月，我国实现经常项目可兑换。根据可兑换要求，经常项目外汇管理坚持真实性审核、便利化和均衡监管原则，在推进贸易便利化的同时，积极防范无交易背景的资金借道经常项目渠道流入，促进国际收支基本平衡。

一、经常项目可兑换和管理的必要性

经常项目可兑换是指对国际收支中经常性交易项目，即贸易及服务、收益、对外支付及转移等不作限制。《国际货币基金组织协定》第八条款明确了成员国实现经常项目可兑换的主要标准：一是未经国际货币基金组织的同意，不得对国际经常往来的支付和资金转移施加限制；二是避免施行歧视性货币措施或多种汇率制；三是如其他会员国提出申请，有义务购回其他会员国所持有的本国货币。我国于 1996 年 12 月宣布接受《国际货币基金组织协定》第八条款，实现了人民币经常项目可兑换。

实现经常项目可兑换后，对经常项目仍实行一定的管理，主要是出于以下几方面考虑：

一是经常项目外汇管理是促进国际收支基本平衡的必然要求。近十余年来，我国经常项目外汇收支规模不断增长，2013 年经常项目外汇收支总额占到了国际收支总额的 89%。经常项目外汇管理对

于防范无交易背景的资金借道经常项目渠道流入，促进国际收支基本平衡起到了积极作用。

二是经常项目外汇管理是维护涉外经济安全的需要。实现经常项目可兑换以来，国内外经济、金融环境发生巨大变化，必要的经常项目外汇管理是防范异常跨境资金流出入，维护我国涉外经济安全的需要。

三是经常项目外汇管理是保障资本项目管理有效性的内在要求。在我国经常项目可兑换、资本项目尚未完全放开的背景下，一些投资、外债等资本项目资金可能借道经常项目渠道流入流出。如果取消经常项目外汇管理，将削弱资本项目管理的有效性。

二、经常项目外汇管理原则和方法

（一）管理原则

1. 真实性审核原则。对经常项目外汇收支及汇兑环节进行真实性管理，主要有两种方式：由银行等金融机构按规定进行单证审核、由外汇管理部门进行现场和非现场监管。真实性审核并不违反经常项目可兑换，因为经常项目可兑换的前提是经常项目外汇收支具有真实、合法的交易基础，并有相应的商业单据和凭证予以证明。

2. 便利化原则。通过改进管理手段、提高管理技术、简化管理环节、规范管理流程等措施不断降低企业经营成本，改善企业经营环境，为企业和个人提供灵活、便捷、高效、顺畅的服务。同时，积极清理和整合法规，构建简明清晰的经常项目外汇管理法规体系，提高法规的透明度。

3. 均衡监管原则。对资金跨境流出、流入实施均衡监管，构筑资金流出入管理两道"防火墙"。

（二）管理方法

经常项目外汇管理主要包括货物贸易、服务贸易及个人外汇管理。货物贸易外汇管理实施总量核查、动态监测、分类管理。外汇管理部门通过定期比对企业货物流与资金流信息，根据匹配情况对企业进行分类，并区分类别进行差异化管理。服务贸易外汇管理区分服务贸易类型实施不同管理，委托银行对于一定金额以上的交易，根据交易凭证和单据进行审核，并与服务贸易行业主管部门进行协同管理。对个人结售汇实行年度结售汇总额管理：在年度结售汇总额内的，凭有效身份证件办理；超过年度结售汇总额的，需提供交易证明。

三、经常项目外汇管理改革历程及现状

（一）货物贸易外汇管理

货物贸易外汇收支在我国经常项目中占主导地位，是国际收支的主要组成部分，因此，货物贸易外汇管理是经常项目外汇管理的核心。

从 20 世纪 90 年代起，货物贸易外汇管理实施进出口核销制度，要求企业每一笔货物出口均有对应的收汇资金流，每一笔进口支付均有对应的进口货物流，形成以"一一对应、逐笔核销"为特征的管理模式。这一制度曾对遏制和打击逃汇、套汇、骗汇、走私及逃骗税等违法行为起到积极作用。

近年来，进出口核销制度所依存的宏观环境、体制基础及市场环境发生较大变化，货物贸易外汇管理面临挑战。一是我国外贸规模、方式和主体发生巨大变化，迫切需要进一步提高贸易便利化水平。二是我国国际收支失衡的主要矛盾已从外汇短缺转变为贸易顺差过大和外汇储备增长过快，督促企业及时、足额收汇，以及在购付汇环节设置复杂手续和环节的传统做法已不是货物贸易管理的重点。为此，货物贸易外汇管理主动顺应经济形势的发展，坚持市场化改革方向，创新监管模式，在先行先试的基础上，于 2012 年 8 月 1 日在全国正式实施货物贸易外汇管理改革。

改革后，对企业的贸易外汇管理方式由现场逐笔核销改变为非现场总量核查。主要内容包括：一是通过新建立的货物贸易外汇监测系统，全面采集企业货物进出口和贸易外汇收支逐笔数据，定期比对、评估企业货物流与资金流总体匹配情况，便利合规企业贸易外汇收支；二是对存在异常的企业进行重点监测，必要时实施现场核查；三是根据企业贸易外汇收支的合规性及其与货物进出口的一致性，将企业分为 A、B、C 三类，并根据企业在分类监管期内遵守外汇管理规定情况，进行动态调整。A 类企业进口付汇单证简化，对 B 类、C 类企业在贸易外汇收支单证审核、业务类型、结算方式等方面实施严格监管。同时，海关总署相应调整出口报关流程，国家税务总局相应简化出口退税凭证。

改革后，取消了出口收汇核销单，合规企业的进出口收付汇可直接在银行办理相关业务。A 类企业适用便利化的贸易外汇收支政策；B 类企业贸易外汇收支，真实性审核要求较为严格，银行除审核纸质单证外，还需依据企业实际货物进出口所形成的可收付汇额度进行电子数据核查；C 类企业贸易外汇收支，必须逐笔到外汇管理部门事前登记，并在结算方式等方面予以一定的限制。

货物贸易外汇管理改革营造了更为公平、透明和便利的政策环境，进一步推动企业、银行等经济主体守法经营、合理竞争，促进了对外贸易收支的便利化。外汇管理部门完成了从逐笔行为管理向主体总量分类管理的转变，银行完成了从过去执行单证表面审核到结合客户实际经营状况进行深入真实性审查的转变，企业在享受经营成本降低等便利化政策的同时，守法合规意识进一步增强。与此同时，改革强调以制度转型推动人员转型、以人员转型带动管理转变，切实执行主体监管、总量监管的管理思路，推动了外汇管理转型与制度发展。

（二）服务贸易外汇管理

近年来，我国服务贸易快速增长，加快服务业发展已被提升到国家战略地位，并作为转变经济结构的重要内容。原先的以事前真实性和合规性审核为主要内容的服务贸易外汇管理制度已无法适应服务业发展的新形势，为此，国家外汇管理局于 2013 年 9 月开始施行服务贸易外汇管理改革。

服务贸易外汇管理改革以"均衡管理、事后核查、便利收支、风险可控"为原则，由以单证审核和限额管理为重点的事前管理转变为事后监管模式，从对逐笔交易的监管转变为对交易主体的综合监管。主要内容包括：

1. 简化事前手续。一是取消事前核准手续。外汇管理部门不再直接审核服务贸易购付汇业务，并将大部分外币现钞提取核准业务下放至银行审核。二是进一步简化审核单证。对于等值 5 万美元以下的资金收付，如资金性质明确，银行原则上可不审核单证；对于等值 5 万美元以上的交易，除明确的重点交易外，原则上只审核合同或发票。三是取消前置核准文件。取消了对外付汇时需提交商务、工商、旅游、广电等主管部门核准或备案文件以及税务证明的要求，简化了对外付汇手续，大大缩短了企业付汇时间。

2. 便利存放境外。对境内机构服务贸易收入存放境外进行了规范，允许企业集团收入集中存放境外，有利于企业加强资金管理，进一步提高资金使用效率。

3. 实行均衡管理。为构建适应跨境资金双向流动的监管框架，此次改革无论是事前审核和事后监管，都体现出均衡管理理念。改变以往单向关注流出的理念，明确规定了对外汇资金流入的审单和留存要求，同时，建立由宏观分析、中观监测、微观核查紧密结合的非现场监管体系，提高对跨境资金双向流动的风险识别、预判和防范能力。

4. 加强事后监管。在法规层面，明确了银行、企业和外汇管理部门的权责：企业负责保证交易的真实、合法。银行按照"了解你的客户"的原则对外汇收支进行合理审查。外汇管理部门负责对企业外汇收支和银行办理外汇收支活动进行监督检查。依托服务贸易外汇监测系统，对跨境资金流动进行双向监测，通过预警指标，筛查资金流动异常的企业，打击资金违规流动。

（三）个人外汇管理

随着我国对外开放和居民生活水平的提高，个人外汇管理也发生变化。目前，个人外汇收支管理遵循经常项目可兑换的总体原则，立足于满足个人正当合理的用汇需求。个人经常项目用汇采用额度管理的方式，目前，个人结汇和境内个人购汇享有每人每年等值5万美元的额度。个人开展对外贸易产生的经营性外汇收支，视同机构按照货物贸易的有关原则进行管理。个人资本项下外汇交易行为应当遵守资本项目相关政策。主要内容包括：

1. 个人汇款。个人从境外收入的外汇可直接在银行办理入账手续；境内个人从外汇储蓄账户向境外汇出用于经常项目支出的，当日累计等值5万美元以下（含）的，直接在银行办理；超过等值5万美元的，凭规定的证明材料在银行办理；境外个人从外汇储蓄账户向境外汇出用于经常项目支出的，直接在银行办理。

2. 个人购汇。境内个人购汇实行年度总额（等值5万美元）管理，在年度总额以内的，直接在银行办理；超过年度总额的，经常项目项下凭规定的证明材料在银行办理。境外个人购汇主要审核其人民币来源的真实性和合法性，境外个人购汇无论金额大小都需凭规定的证明材料在银行办理。

3. 个人结汇。对境内个人和境外个人结汇均实行年度总额（等值5万美元）管理，在年度结汇总额以内的，直接在银行办理；超过年度结汇总额的，凭规定的证明材料在银行办理。

4. 个人账户管理。不再区分现钞账户和现汇账户，统一为个人外汇储蓄账户。个人外汇储蓄账户的开立、使用、关闭等业务均在银行直接办理。本人及其直系亲属（父母、子女和配偶）外汇储蓄账户中的资金可在银行办理境内划转。个人从事对外贸易可开立个人外汇结算账户，视同机构外汇账户进行管理。

5. 个人外币现钞管理。个人外币现钞业务主要包括存入、提取、汇出和携带。依照现行规定，个人向外汇储蓄账户存入外币现钞当日累计金额在等值5000美元以下（含）的，直接在银行办理；超过等值5000美元的，凭规定的证明材料在银行办理。个人提取外币现钞当日累计金额在等值1万美元以下（含）的，在银行直接办理；超过等值1万美元的，需经外汇管理部门审核。个人手持外币现钞汇出境外用于经常项目支出，当日累计金额在等值1万美元以下（含）的，直接在银行办理；超过等值1万美元的，凭规定的证明材料在银行办理。

对个人携带外币现钞出入境实行限额管理。个人携带外币现钞入境实行限额申报制管理，携入金额在等值5000美元以下（含）的，无须向海关办理申报；超过等值5000美元的，需向海关办理申报手续。携带外币现钞出境实行指导性限额管理，携出金额在等值5000美元以下（含）的，可直接携出；携出超过等值5000美元的，应申领"携带外汇出境许可证"；超过等值1万美元的，原则上不允许携带出境。

四、经常项目外汇管理改革方向

下一步，经常项目外汇管理将继续践行"五个转变"要求，继续巩固和深化改革，落实管理转型和职能转变，进一步促进贸易便利化，不断提升非现场监测分析水平，切实防范跨境资金流动风险。具体从三个方面入手：在管理手段方面，不断优化完善货物贸易外汇监测分析系统、服务贸易外汇监测系统，开发个人外汇业务监测系统，实现个人项下全口径监测，真正夯实监测分析的数据基础；同时，通过加强人员培训，进一步挖掘系统功能，提升系统运用能力，实现监管目的，提升管理效果。在管理方法方面，研究梳理改革后的新问题、新特点，从适应改革的要求出发，围绕工作重点和关键领域，确定形势分析和监测核查重点，有的放矢地加强监管；同时，配合经济金融改革，主动研究市场新情况、新问题，积极予以引导和规范，推动对外贸易和实体经济发展。在管理重点方面，突出重点主体监管，抓大放小，根据国际收支变化情况，有针对性地加强对重点主体的监测分析工作，切实做到说得清、放得开、管得住。

第三节　资本项目外汇管理

资本项目外汇管理主要对居民与非居民之间的资本与金融交易所涉及的外汇收支和汇兑行为实施监管。改革开放前，我国既无外债，也不允许外商来华直接投资，对资本项目实行严格管制。改革开放尤其是1994年外汇管理体制改革以来，我国不断加大资本项目外汇管理改革力度，资本项目可兑换进程逐步加快。

一、资本项目外汇管理的主要原则

资本项目外汇管理根据资本项目交易风险的大小，分别采取基本放开、适度的行政审核、登记或备案等方式，主要遵循以下原则：

1. 均衡管理原则。在推进资本项目可兑换过程中，将跨境资金流动的"引进来"和"走出去"相结合，从管理政策上鼓励跨境资金双向有序流动。

2. 稳步开放原则。在风险可控的前提下，依照循序渐进、统筹规划、先易后难、留有余地的原则，分阶段、有选择地放松资本项目外汇管理，逐步推进资本项目可兑换。

3. 便利化原则。顺应市场需求，大力推广简政放权，明确管理边界，取消不必要的行政审核，促进贸易投资便利化。

4. 国民待遇原则。逐步取消在外资领域长期存在的超国民待遇，同时，逐步取消针对外资存在的不合理行业壁垒，探索准入前国民待遇和负面清单，为各种所有制企业营造公平的经营环境。

二、资本项目外汇管理的主要内容

资本项目外汇管理主要包括直接投资、证券投资和其他投资三个部分。

（一）直接投资外汇管理

1. 外商直接投资外汇管理。吸引外商直接投资是我国对外开放的一项重要政策，经过三十多年的改革发展，我国已建立了相对成熟的管理制度，对外商直接投资实行准入管理制度，所有外商直接投资需要先行获得商务主管部门的核准或备案，后续的外汇登记和汇兑管理则由外汇管理部门负责。

近年来，外汇管理部门多次进行外商直接投资项下的简政放权，大幅简化了相关外汇管理手续和流程，特别是 2012 年末取消了直接投资项下外汇账户开立核准、外汇资金原币划转核准、资金购付汇核准等多项审核，进一步放松了直接投资项下资金运用的限制等。2013 年 5 月，发布《外国投资者境内直接投资外汇管理规定》及配套文件，进一步简化并整合了外商直接投资所涉及的外汇登记、账户开立与使用、资金收付及结售汇等环节和政策，在固化改革成果的同时，使得外商直接投资外汇管理法规更加简明、规范和系统化。

目前，外商直接投资外汇管理已基本形成了"以登记为核心、银行办理为主要方式、事后监测为主要手段"的管理模式，其便利化程度已达到较高水平，外汇管理服务实体经济能力也得以进一步提升。国际投资头寸统计显示，截至 2013 年末，外商直接投资资产余额为 23475 亿美元，较 2004 年末增长 5.36 倍。

2. 境外直接投资外汇管理。为贯彻中央提出的"走出去"战略，国家外汇管理局从 2002 年开始进行境外投资外汇管理改革试点，并于 2005 年 5 月在全国范围内推广，此后不断深化境外投资外汇管理改革，以 2009 年发布《境内机构境外直接投资外汇管理规定》为标志，形成了较为规范和完整的境外直接投资外汇管理框架。一是允许企业使用自有外汇、国内外汇贷款、人民币以及人民币购汇等多种资金进行境外直接投资。二是取消对境外投资购汇额度的限制，在全国范围内实现境外直接投资"按需供汇"。三是取消了境外直接投资外汇资金来源审查，将外汇资金汇出核准等行政审批改为事后登记。四是允许境内机构在其境外项目正式成立前的筹建阶段汇出前期费用，不再强制要求境外投资利润汇回等。

目前，境外直接投资外汇管理已无前置性审核，基本实现了可兑换，大大便利了境内企业参与国际经济技术合作和竞争。国际投资头寸统计显示，截至 2013 年末，我国对外直接投资余额为 6091 亿美元，较 2004 年末增长 10.56 倍。

3. 境内企业境外放款管理。为解决境外投资企业境外融资难，支持境外投资企业做大做强，2004 年允许符合条件的跨国公司境内成员公司向境外成员公司放款，集合或调剂其区域、全球外汇资金，并于 2009 年扩大了境外放款的主体范围和资金来源，简化了相关核准和汇兑手续，完善了境外放款的统计监测与风险防范机制。2014 年初，进一步放宽境内企业境外放款主体限制，取消境外放款额度有效期。

从 2012 年末开始，在北京、上海开展跨国公司外汇资金集中运营管理试点，允许试点企业集中管理其境内和境外外汇资金，轧差净额结算，企业集团内部共享外债和对外放款额度，吸引跨国公司资金总部或运营总部落户我国，切实提升利用外资水平。到 2014 年 6 月，试点在全国推广，中资、外资和多家民营企业广泛受益。

（二）跨境信贷外汇管理

1. 外债管理。外债是指我国境内机构对境外（含港澳台地区）机构或个人承担的各类债务。我国外债管理分属多个部门，其中，发展改革委负责编制利用国外贷款的计划，财政部负责主权债务的对外签约和债务资金的使用管理，外汇管理部门负责核定金融机构短期外债余额指标、外债登记及相关外汇账户、收支及汇兑管理，负责全口径外债统计监测并定期公布全国外债数据。

外债管理主要包括数量管理和汇兑管理两方面。数量管理主要用于控制对外借款规模。汇兑管理主要包括外债登记、开立账户、结汇、购付汇等。

2013年5月，我国发布实施了《外债登记管理办法》，对外债登记管理流程进行优化，简化了外债登记管理环节，除外债签约登记外，外债账户开立、资金结汇和还本付息等均由银行直接审核办理。同时，进一步完善了外债统计监测，强化外债统计监测分析和非现场核查。

2. 跨境担保管理。跨境担保是指担保人向债权人书面作出的、具有法律约束力、承诺按照担保合同约定履行相关付款义务，并可能产生资金跨境收付或资产所有权跨境转移等国际收支交易的担保行为。外汇管理部门负责规范跨境担保产生的各类国际收支交易。

外汇管理部门对跨境担保的管理经历了从逐笔核准—总量控制与逐笔核准相结合—登记管理这样一个逐步放松的过程。目前，跨境担保管理的主要原则，一是对内保外贷（担保人注册地在境内、债务人和债权人注册地均在境外）和外保内贷（担保人注册地在境外、债务人和债权人注册地均在境内）实行登记管理，二是统一并大幅度改善境内中资、外资企业的跨境担保政策。

（三）资本市场外汇管理

目前，我国对资本市场开放实施过渡性的制度安排，主要包括合格境外机构投资者制度、合格境内机构投资者制度和人民币合格境外机构投资者制度等。此外，经许可的境内企业可以在境外证券市场上市。

1. 合格境外机构投资者制度。合格境外机构投资者制度是指允许符合条件的境外机构投资者经批准汇入一定额度的外汇资金，并转换为当地货币，通过专用账户投资当地证券市场。主要内容包括：一是资格条件限制（准入门槛）；二是投资规模限制（投资额度）；三是投资通道控制（专用账户）；四是资金汇出入限制（本金锁定期）等。

我国自 2002 年末开始实行合格境外机构投资者制度，现行管理框架为：中国证监会负责市场准入，如合格境外机构投资者资格审定、投资工具确定、持股比例限制等；外汇管理部门负责投资额度、账户和资金汇兑管理等。截至 2013 年末，外汇管理部门累计批准 228 家合格境外机构投资者机构投资额度 497.01 亿美元。

合格境外机构投资者制度的实施，不仅为境内资本市场引入了长期投资资本，引导了"价值投资"理念，而且推动了境内资本市场的制度和法规建设，提升了境内金融机构的国际竞争力，对于促进境内资本市场长期健康发展起到了积极作用。

2. 合格境内机构投资者制度。合格境内机构投资者制度是合格境外机构投资者的反向制度，是指允许符合条件的境内机构，经监管部门批准，在一定额度内，通过专用账户投资境外证券市场。主要内容包括：一是资格条件限制，符合一定条件的商业银行、保险机构、基金管理公司、证券公司、信托公司等资产管理类机构，经监管部门批准后方可取得相应资格；二是投资规模限制，需在一定额度规模内开展境外证券投资；三是投资通道控制，开展境外证券投资需通过专用账户进行，资金汇入、汇出均受到监管等。

我国于 2004 年开始实施合格境内机构投资者制度，投资主体包括商业银行代客境外理财、保险资金境外运用和基金管理公司等境外证券投资。现行管理框架为：一是由中国银监会、中国证监会、中国保监会分别负责银行、证券和保险等境外投资业务的市场准入，包括资格审批、投资品种确定以及相关风险管理；二是外汇管理部门负责合格境内机构投资者机构境外投资额度、账户及资金汇兑管理等。截至 2013 年末,外汇管理部门累计批准 115 家合格境内机构投资者机构投资额度 842.32 亿美元。

合格境内机构投资者制度的实施在一定程度上满足了境内投资者日益增加的境外证券投资需求,有效促进境内金融机构参与国际金融市场,提升其竞争力和风险管理水平,有序引导境内资本有序流出,对促进国际收支平衡起到积极作用。

3. 人民币合格境外机构投资者(RQFII)制度。人民币合格境外机构投资者制度是指经主管部门批准,并取得外汇管理部门批准的投资额度,运用来自境外的人民币资金进行境内证券投资。

该制度在 2011 年末开始试点,其管理框架:一是中国证监会负责管理人民币合格境外机构投资者的资格准入及证券投资活动;中国人民银行负责人民币合格境外机构投资者在境内开立人民币账户管理;外汇管理部门负责人民币合格境外机构投资者投资额度管理。中国人民银行会同外汇管理部门对资金汇出入进行监测管理。二是参照现行合格境外机构投资者管理模式,实行托管人制度。

人民币合格境外机构投资者制度借鉴了合格境外机构投资者制度的经验,但又有几点变化:一是募集的投资资金是人民币而不是外汇;二是投资的范围由交易所市场的人民币金融工具扩展到银行间债券市场;三是在完善统计监测的前提下,尽可能地简化对人民币合格境外机构投资者的投资额度及跨境资金收支管理。截至 2013 年末,外汇管理部门累计批准 52 家人民币合格境外机构投资者机构投资额度 1575 亿元人民币。

截至 2014 年 8 月,人民币合格境外机构投资者已拓展到中国香港、英国、新加坡、德国、法国和韩国等国家和地区。人民币合格境外机构投资者制度的实施,有利于促进跨境人民币业务的开展,拓宽境外人民币持有人的投资渠道,推动离岸人民币市场发展,对促进境内资本市场的多层次、多角度对外开放也具有积极意义。

4. 境外上市外汇管理。境外上市是指在境内注册的股份有限公司经证监会许可，在境外发行股票（含股票派生形式证券）、可转换为股票的公司债券等法律、法规允许的证券，并在境外证券交易所公开上市流通的行为。外汇管理部门对境外上市所涉资金跨境划转及汇兑等行为实施管理。

经过多年简政放权，目前境外上市外汇管理已经建立了以登记管理为核心的管理框架。企业按要求办理了境外上市相关登记手续后，即可直接到银行办理账户开立、资金汇兑等手续。

三、资本项目可兑换

1993 年，中共十四届三中全会提出"改革外汇管理体制，逐步使人民币成为可兑换的货币"。1996 年，实现经常项目可兑换后，人民币在成为可兑换货币的道路上迈出重要一步。2003 年，中共十六届三中全会进一步明确，"在有效防范风险的前提下，有选择、分步骤地放宽对跨境资本交易的限制，逐步实现资本项目可兑换"，此后，"逐步实现人民币资本项目可兑换"先后被写入中共十七大、十八大报告和"十二五"规划。中共十八届三中全会更是明确提出要"加快实现人民币资本项目可兑换"。可见，随着我国改革开放的不断深入，加快实现资本项目可兑换已经成为我国金融改革的重要组成部分。

（一）我国资本项目可兑换的现状

与《国际货币基金组织协定》第八条款对"经常项目可兑换"有明确定义不同，目前，国际上对资本项目可兑换尚没有明晰、统一的定义和标准。一般来说，资本项目可兑换是指居民与非居民之间的资产交易和汇兑不存在障碍和管制。

2001 年以来，顺应加入世界贸易组织和融入全球金融体系的机遇及挑战，根据我国经济金融发展和改革开放的客观需要，资本项目可兑换的步伐逐步加快并深入。这一阶段的可兑换进程有两个突出特点：一是全方位开放。开放重点从过去的直接投资领域逐步扩展至对外债权债务、证券投资等跨境资本和金融交易。比如，在证券投资领域，先后推出了合格境外机构投资者制度、合格境内机构投资者制度以及人民币合格境外机构投资者制度，大大提升了资本市场开放程度。二是双向均衡推进。2002 年以来，我国国际收支形势发生了根本变化，经常项目和资本项目持续大额双顺差，外汇储备迅速增长。在这一背景下，可兑换从过去的"宽进严出"逐渐转变为"双向均衡"推进，更加注重拓宽资本流出渠道，促进国际收支基本平衡。比如，在直接投资领域，改革境外投资外汇管理，取消境内企业境外投资购汇额度限制，支持境内企业"走出去"；在证券投资领域，允许境外证券投资；在资本转移领域，允许个人财产转移等。

　　经过多年来持续深入的改革，资本项目可兑换已经取得显著成效。根据 IMF《汇兑安排与汇兑限制年报》中的分类标准，资本和金融项目交易共分为七大类 40 项，主要包括资本和货币市场工具、衍生工具、信贷业务、直接投资、直接投资清盘、不动产交易以及个人资本交易。从总体上看，当前人民币资本项目实现部分可兑换以上的项目占全部交易项目的 85%。其中，直接投资和非居民境内不动产交易的可兑换程度最高，跨境信贷和跨境债务性证券交易的可兑换程度居中，跨境证券交易特别是衍生品交易的可兑换程度最低。目前，资本项目可兑换的差距主要集中在跨境证券交易以及个人资本交易两大方面。由于逐步增加境内外合格机构投资者数量和投资限额，顺利推进股票市场"沪港通"，这种差距也越来越小。

　　（二）加快推进资本项目可兑换的必要性和可行性

　　加快推进资本项目可兑换，有利于打通国际国内两个市场、两种资源，有效解决实体经济面临的"融资难"、"融资贵"问题，更好地支持境内有实力的企业"走出去"，提升利用外资质量和结构，在更高水平上参与国际经济金融分工，打造中国经济升级版。

当前，受制于我国资本项目尚未完全可兑换，在跨境资金监管中不得不对已实现可兑换的经常项目进行真实性审核，客观上加大了企业经营成本。加快推进资本项目可兑换，可以充分便利企业贸易投资活动。有利于推动国内深化改革，促进经济发展方式转变和经济结构调整，破除国际收支平衡的体制机制障碍，实现经济内外平衡、协调、可持续发展。

当前，我国商业银行仍偏重于传统存贷业务，中间业务比重和产品创新相对不足。加快推进资本项目可兑换，有助于引入国际金融市场的竞争机制以及先进的金融理念，激励各类金融机构公平有序竞争，推动金融机构加快金融创新步伐、丰富金融产品种类、提高金融服务水平，不断满足境内企业和个人日益增长的金融服务需求，增强我国金融业的服务和创新能力。

从国际经验来看，美、欧等发达经济体通过资本项目可兑换，从根本上解决了其境外美元或欧元通过贸易投资渠道回流的制度障碍，奠定了其国际主要货币的地位。推进人民币资本项目可兑换，有利于增强人民币在交换媒介、计价单位、价值贮藏等方面的吸引力，提高人民币在国际金融市场、贸易投资计价结算中的使用比重，提升人民币的国际形象和地位。

经过三十多年的改革开放，我国社会主义市场经济体制机制不断完善，综合国力不断增强；财政状况和金融体系基本稳健，金融市场规模及金融体系整体抗风险能力不断改善；汇率和利率市场化改革稳步推进，人民币跨境使用日趋广泛，对外开放水平显著提高；外汇储备充足，国际清偿能力充裕，宏观调控能力显著增强，加快实现人民币资本项目可兑换的基础进一步得到夯实，推进资本项目可兑换已经凝聚一定的共识，尤其是国际金融危机后世界经济金融格局的深刻变化，为推进人民币资本项目可兑换提供了难得的机遇。

当然，加快推进人民币资本项目可兑换也面临一些不利因素，如国有企业改革相对滞后，金融市场深度与发达国家尚有差距，财政隐性债务较大，宏观调控和金融监管有待进一步完善等。这些问题不是一朝一夕能够解决的，需要坚持不懈地努力。同时，一些短期性因素如美国货币政策走势、短期资本大规模流动等也可能对可兑换进程产生一些不利影响。总之，应全面、辩证地看待人民币资本项目可兑换面临的有利条件和不利条件，认识到不利因素在一定条件下可以转化为有利因素，关键在于能否把握机遇、化解矛盾，有序推进改革，加强政策配套，确保推进人民币资本项目可兑换的风险基本可控。

（三）加快推进资本项目可兑换的原则和主要步骤

加快推进资本项目可兑换要坚持统筹规划、重点突破、留有余地的原则。

统筹规划。加快推进资本项目可兑换是一个动态过程，需要统筹考虑我国的经济发展阶段、市场发育程度、企业承受能力、金融监管水平以及人民币区域化、国际化程度等，分阶段、有步骤地推进人民币资本项目可兑换。

重点突破。根据国际收支形势、资本项目交易限制程度等，重点对现存的资本项目项下部分可兑换和不可兑换的项目进行改革，重点引导外汇资金有序流出，健全和完善跨境资金流出流入均衡管理。

留有余地。切实加强短期资本流动监管，对短期投机资本流动保留必要限制，对违法跨境资金流动保持高压态势，防范资本流动冲击，维护国家经济金融安全。

加快推进资本项目可兑换的步骤主要包括：一是以放松资本项目汇兑限制、引入和培育资本市场工具为主线，重点放开市场主体需求强烈、风险相对较小的项目，实现人民币资本项目基本可兑换，即大部分交易限制较少或没有限制，只有少数交易仍保留较严格限制。包括继续推进资本市场和货币市场开放，完善跨境信贷业务管理，有序开放居民个人跨境资本交易，以及逐步放宽跨境衍生产品交易限制等。同时，保留必要的市场准入、额度核准等直接管制手段，并引入基于价格调节的间接管理手段。

二是在实现基本可兑换的基础上，除出于国家安全、反垄断、反洗钱、反恐融资、打击避税天堂、宏观审慎管理等目的外，逐步取消剩余的跨境资本交易和汇兑限制，保留基于价格调节的资本流动管理手段。

（四）加快推进资本项目可兑换的风险防范

国际经验表明，实现资本项目可兑换与是否产生经济金融风险不存在必然联系。很多已实现资本项目可兑换的国家，经济金融都比较健康和稳定，而一些资本项目不可兑换的国家则时常发生经济金融危机。实现资本项目可兑换后，如果一国能保持宏观经济基本面的健康强劲，其抵御和防范经济风险的能力就会较强。当然，对于推进资本项目可兑换过程中的潜在风险和挑战也不容忽视。

一般而言，加快推进资本项目可兑换可能面临以下几类风险：一是跨境资金在短期内可能出现大规模流出流入，引起汇率和利率急剧波动，对经济金融稳定产生影响；二是外债方面，可能出现规模过大或币种、期限错配的风险；三是跨境金融衍生品交易可能会放大部分金融风险。此外，还可能加大非法资金跨境转移以及国际金融危机传染等方面的风险。

应客观对待上述风险，并在推进人民币资本项目可兑换的进程中逐步加以解决。

一是对短期债务、套利套汇交易及衍生交易等短期投机性资本流动进行微观和宏观审慎管理，出于反洗钱、反恐、反避税以及国家安全等考虑，仍可对一些资本项目进行管制。

二是加强跨境资金流动统计分析和监测预警，强化对资本项目可兑换进程的动态监测评估，把握好改革的节奏和力度，不断充实完善短期资本流动冲击的应对预案。

三是在国际收支出现严重失衡或经济金融危机时，仍可采取临时性的管制措施，对跨境资本转移以及与资本交易相关的货币支付和转移加以限制，及时有效地防范资本流动冲击，维护国家经济金融安全。

此外，还需要其他领域改革同步推进，如稳步推进利率和汇率市场化改革，加快建设多层次金融市场和现代金融组织体系，完善金融监管，全面提升金融机构风险管理能力等。

第四节　汇率市场化形成机制与外汇市场

汇率作为要素市场的重要价格，是有效配置国内国际资金的决定性因素。人民币汇率制度经历了由官定汇率到市场决定、从固定汇率到有管理浮动汇率的演变，而统一规范外汇市场的发展为完善人民币汇率市场化形成机制提供了基础和保障。

一、汇率市场化形成机制

（一）基本概念

1. 汇率。汇率是两种货币之间兑换的比率，即一国货币表示的另一国货币的价格。

汇率的表达方式有直接标价法和间接标价法两种，前者是以用一定数量的本国货币表示外国货币的价格，后者是以用一定数量的外国货币表示本国货币的价格。

汇率按照不同标准有不同的分类。按照国际货币制度的演变划分，有固定汇率和浮动汇率。按照制订汇率的方法划分，有基本汇率和套算汇率。按照外汇交易的交割期限划分，有即期汇率和远期汇率。按照对外汇管理的宽严划分，有官方汇率和市场汇率，官方汇率又可分为单一汇率和多重汇率。此外，汇率还可以划分为名义汇率和实际汇率、双边汇率和多边汇率（有效汇率）、名义有效汇率和实际有效汇率等。

2. 汇率制度。汇率制度是一国货币当局对该国汇率水平的确定、汇率变动方式等问题所作的一系列安排或规定。

汇率制度可以划分为固定汇率制度、有管理的浮动汇率制度和自由浮动汇率制度三个基本类型。固定汇率制度是指货币当局把本国货币对其他货币的汇率加以基本固定，波动幅度限制在一定的范围之内。有管理的浮动汇率制度是指货币当局通过各种措施和手段干预市场，使汇率向有利于本国的方向浮动，或维持在对本国有利的水平上。自由浮动汇率制度是指货币当局对外汇市场很少干预，汇率由外汇市场的供求状况自发决定。

国际社会比较一致的看法是，既没有适用于所有国家的单一汇率制度，也没有对各国任何时期都适用的一成不变的汇率制度。实际上，各国汇率制度的选择是多种多样的，也是不断变化的。

3. 汇率决定理论。汇率决定是一个复杂问题。国际金融理论研究和市场人士，绝大部分认为汇率在外汇市场交易中形成，汇率水平决定于外汇供求。但是，学术界也有不少人从不同角度提出了各种汇率决定理论。

一是购买力平价说。从开放经济下各国商品市场之间的联系研究汇率决定，认为货币的价值在于其具有的购买力，不同货币之间的兑换比率取决于它们各自具有的购买力的对比，也就是汇率与各国的价格水平之间具有直接联系。

二是换汇成本说。有些学者结合购买力平价说和我国国情，把购买力平价说中的非贸易商品剔除，用可贸易商品的价格对比分析汇率决定。有两种方式表达：第一种是出口换汇成本，在国际市场上换得 1 美元所支出的人民币成本（加上适当的利润）；第二种是进口换汇成本，在国内市场上出售 1 美元的进口商品所能获得的人民币收入（加上适当的利润）。

三是利率平价说。从开放经济下各国金融市场之间的联系研究汇率决定，认为汇率的变动是由利率差异决定。利率平价说在远期外汇市场具有特别的实践意义，两种货币之间的远期汇率通常由利差决定，高（低）息货币远期贴（升）水。

除此之外，还有不少学者从国际收支和资产市场变化方面进行研究，认为汇率的变动不仅取决于供求变动导致的交易过程，心理预期、价格重估等非流量、非交易因素都可能对汇率水平产生直接影响。

4. 汇率与宏观经济的关系。汇率作为要素市场的重要价格，影响国内国外两种资源的配置效率。一般认为，汇率灵活性越高，对资源配置越有效率，也更有利于实现经济内外部均衡。这在我国有比较典型的表现。

2003 年以后，我国经济运行中反复出现国际收支顺差过大、外汇储备增长过快、流动性过剩、过度依赖出口拉动、通胀和资产泡沫压力上升等经济内外部失衡问题，由于当时人民币汇率灵活性较低，削弱了汇率的价格调节作用，甚至在一些时期、部分领域加重了问题。第一，汇率灵活性不足容易弱化实体经济的转型升级压力，并助长忽视汇率风险管理的惰性，反过来又制约了汇率市场化改革。第二，较低的汇率灵活性压低了套利交易的汇率风险，不利于抑制跨境资本无序流动，从而干扰实体经济的运行环境。第三，汇率对经济的调节作用受限，也加重了汇率调整的压力。这正是 2005 年 7 月启动人民币汇率形成机制改革的根本原因。但是，汇率对经济的调节作用不能片面夸大，汇率本身也受到其他经济变量的影响和约束。一般情况下，其他因素不变，本币利率上升会导致外币流入，引起本币汇率上升，反之亦然；外汇储备增加，引起本币汇率上升，反之亦然。因此，近年来我国在汇改进程中始终坚持汇率改革必须与结构性政策相配合，与其他金融改革协调推进。

（二）人民币汇率制度的历史沿革

1949 年至今，人民币汇率制度经历了由官定汇率到市场决定，从固定汇率到有管理浮动的演变。

1. 1949~1978 年：单一固定汇率制度。1949 年至 1952 年的国民经济恢复时期，根据"物价对比法"对人民币汇率机动调整，即依据进口商品的国内人民币价格与主要进出口商品的国外价格的对比，参照侨眷生活商品国内外价格的比价，确定人民币汇率。

1953 年进入计划经济时期后，根据当时外汇收支指令性计划管理和布雷顿森林体系下普遍实行的固定汇率安排，我国开始实行单一盯住英镑的固定汇率制度。布雷顿森林体系解体后，随着英镑浮动，我国从 1972 年 6 月 23 日开始改按一篮子货币计算调整人民币汇率。

2. 1979~1993 年：官方汇率与外汇调剂市场汇率并存的双重汇率制度。1979 年开始实行外汇留成制度，伴随外汇调剂市场的出现，形成官方汇率和调剂汇率并存。调剂汇率最初由国家规定在官方汇率基础上加一定的幅度，于 1988 年 3 月放开，由买卖双方根据外汇供求状况议定，中国人民银行适度进行市场干预。

1981~1984 年，我国还实行了贸易内部结算价与对外公布汇率并存的双重汇率安排。贸易内部结算价按当时全国出口商品平均换汇成本加 10% 利润计算，1 美元兑 2.8 元人民币，用于进出口贸易结算，并继续公布官方汇率，1 美元兑 1.5 元人民币，沿用"一篮子货币"计算和调整，用于非贸易结算。从 1985 年起取消贸易内部结算价，重新实行单一汇率，汇率为 1 美元兑 2.8 元人民币。

3. 1994 年至今：汇率并轨，建立以市场供求为基础的、有管理的浮动汇率制度。1993 年 11 月，中共十四届三中全会提出"建立以市场供求为基础的有管理的浮动汇率制度"。1994 年 1 月 1 日，人民币官方汇率与调剂汇率并轨，开始实行以市场供求为基础的、单一的、有管理的浮动汇率制度，并轨时的汇率为 1 美元兑 8.7 元人民币的调剂汇率价格，这既反映了以市场供求作为定价的基础，也体现了支持出口改善外汇储备不足的要求。到 1997 年亚洲金融危机深化时，人民币对美元名义汇率较并轨时累计升值近 5%，说明

1994～1997 年人民币汇率是有波动的，体现出以市场供求为基础、有管理的浮动汇率制度的特征。

1997 年亚洲金融危机延缓了完善人民币有管理的浮动汇率制度的进程。为防止亚洲周边国家和地区货币轮番贬值使危机深化，我国作为一个负责任的大国，宣布人民币不贬值，并收窄汇率浮动区间，将人民币对美元汇率稳定在 8.28。

随着亚洲金融危机的影响逐步减弱，完善人民币汇率形成机制的经济和金融市场条件不断成熟，我国重启汇率形成机制市场化改革。

（三）汇率市场化形成机制改革

1. 人民币汇率制度改革的总体目标。人民币汇率制度改革的总体目标是，建立健全以市场供求为基础的、有管理的浮动汇率体制，保持人民币汇率在合理、均衡水平上的基本稳定，维护国内外对人民币的长期信心。

2005 年 7 月 21 日，我国开始实行以市场供求为基础、参考一篮子货币进行调节、有管理的浮动汇率制度，人民币汇率不再盯住单一美元，人民币对美元一次性升值 2%，至 1 美元兑 8.11 元人民币。

2. 扩大人民币对美元汇率浮动幅度。2007 年 5 月 21 日、2012 年 4 月 16 日、2014 年 3 月 17 日先后三次将银行间外汇市场人民币对美元汇率浮动幅度扩大到 0.5%、1%、2%。2014 年 7 月 1 日，取消银行对客户美元挂牌买卖价差管理。从 2005 年汇率改革到 2014 年 9 月，人民币对美元汇率中间价累计升值 34.5%，按照国际清算银行口径计算的人民币名义和实际有效汇率累计分别升值 34.1% 和 43.4%，人民币汇率趋向均衡水平，人民币汇率进入双向波动的新常态。

3. 现行人民币汇率形成机制的特征。目前，我国实行以市场供求为基础、参考一篮子货币进行调节、有管理的浮动汇率制度，主要有三方面特征：第一，以市场供求为基础的汇率浮动，发挥汇率的价格信号作用，促进国际收支基本平衡。第二，根据经常项目主要是贸易平衡状况动态调节汇率浮动幅度，发挥"有管理"的优势，体现三个取向：一是在宏观经济上要应对国际国内市场异动，防止汇率过大波动和金融市场投机；二是汇率向引导优化资源配置、趋向国际收支平衡的方向调整；三是与大多数企业在资源配置优化过程中的承受力相适应。第三，参考一篮子货币，即从一篮子货币的角度看汇率，不片面地关注人民币与某个单一货币的双边汇率。

现行汇率制度安排的具体运行由中间价、交易价、挂牌价共同构成。第一，中国人民银行授权中国外汇交易中心于每个工作日上午9：15对外公布当日人民币对主要货币的汇率中间价，作为当日银行间即期外汇市场交易汇率的中间价，中间价主要采用银行间外汇市场开盘前做市商报价平均形成。第二，交易价是银行间外汇市场汇率，其中即期交易价可在当日中间价的规定幅度内上下浮动，衍生产品交易价没有浮动区间限制，完全由市场决定。第三，挂牌价是零售外汇市场上银行对客户办理结售汇业务报价的汇率，完全由市场决定。

4. 人民币汇率市场化形成机制改革成效。2005年以来，人民币汇率形成机制改革按照主动性、渐进性、可控性原则有序推进，总体上对我国实体经济发挥了积极影响，为宏观调控创造了有利条件，也在应对国内外形势变化中起到了重要作用。一是汇率浮动促使企业减少对低要素价格的依赖，提高技术水平与核心竞争力，增强了实体经济应对外部变化的弹性，支持了国民经济保持平稳较快增长。二是汇率浮动为推动产业升级和提高对外开放水平提供了动力和压力，与其他措施配套形成的一揽子政策促进了我国经济发展方式转变和经济全面协调可持续发展。三是企业汇率风险意识增强，应对人民币汇率变动和控制风险的能力提高，促进了外汇市场发展。随着汇率形成机制改革不断推进，我国国际收支渐趋平衡，经常项目顺差与 GDP 之比稳步下降。2013 年我国经常项目顺差与 GDP 之比已降至 2%，处于国际公认的合理水平范围内，人民币汇率趋于均衡水平。

当前人民币汇率市场化形成机制仍然存在一些自身问题和外部制约，包括汇率市场化程度和灵活性有待进一步增强、国际收支自主平衡机制不健全、资源性产品价格改革滞后等。

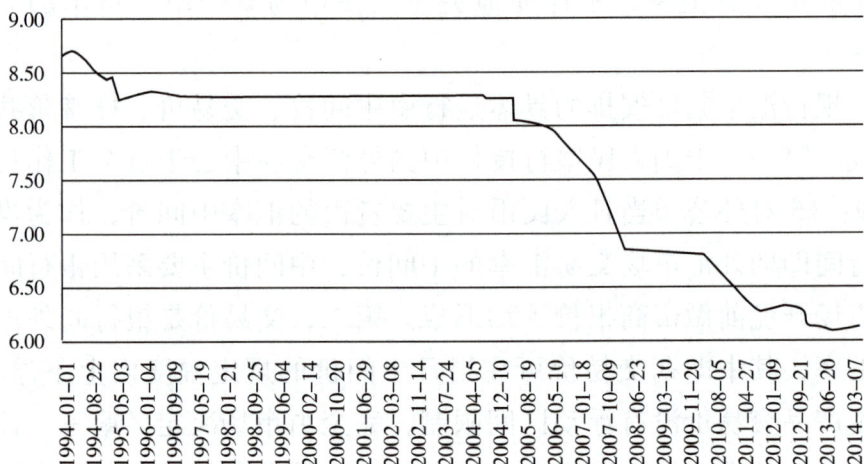

图 6-1　1994~2014 年人民币对美元汇率中间价

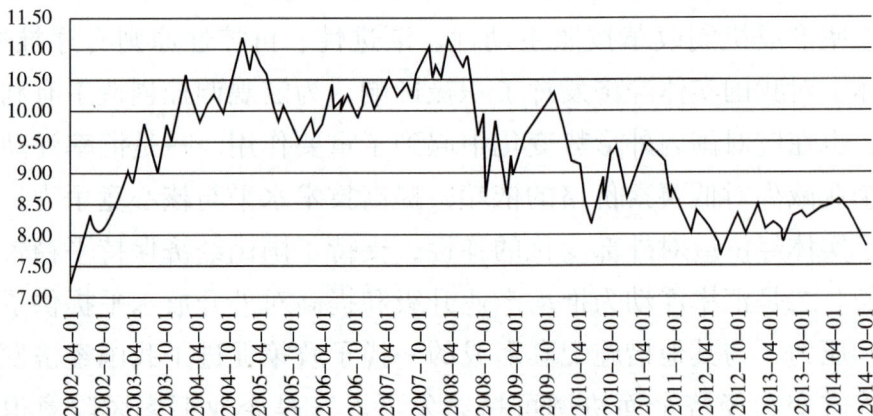

图 6-2　2002~2014 年人民币对欧元汇率中间价

　　下一步，我国将继续完善人民币汇率市场化形成机制，加大市场决定汇率的力度，增强汇率双向浮动弹性，央行基本退出常态式外汇市场干预，建立以市场供求为基础，有管理的浮动汇率制度。加强与利率市场化、资本项目可兑换以及资源性产品价格改革和其他结构性政策的协调配合，发挥改革合力。

二、外汇市场

（一）基本概念和历史沿革

　　外汇市场是外汇交易的场所，是外汇供求关系的总和。外汇市场按照交易方式可以划分为场内市场（交易所）和场外市场（OTC）。按照交易主体可以划分为零售市场和银行间市场（交易商市场或批发市场）。按照交易品种可以划分为即期市场和衍生产品市场。

　　近年来，国际外汇市场交易量快速增长，市场参与者日益多元化，交易方式也呈现多层次的特点。根据国际清算银行（BIS）调查，2013 年 4 月国际外汇市场的日均交易量 5. 34 万亿美元，较上次调查（2010 年 4 月）的日均交易量 3. 97 万亿美元增长 34.5％。其中，外汇掉期是最活跃的交易产品，交易量占比为41.7％。其次分别为即期交易（38.3％）、远期交易（12.7％）、期权交易（6.3％）和货币掉期交易（1.0％）。

　　1978 年以前，我国对外汇收支实行高度集中的指令性计划管理，没有外汇市场的概念。

　　1979 年开始实行的外汇留成制度，产生了调剂外汇的需要，外汇调剂市场成为我国外汇市场的早期雏形。1993 年 11 月，中共十四届三中全会提出改革外汇管理体制、建立统一规范的外汇市场。从 1994 年 1 月 1 日起，实行银行结售汇制度，企业、个人符合规定的外汇收支按照市场汇率在银行办理兑换，形成了银行与客户之间的零售外汇市场。为满足银行对客户办理结售汇业务后平补头寸和中央银行汇率调控的需要，1994 年 4 月全国统一的银行间外汇市场——中国外汇交易中心在上海成立运行，交易双方通过外汇交易系统自主匿名报价，交易系统按照"价格优先、时间优先"的原则撮合成交和集中清算。以中国外汇交易中心为平台的银行间外汇市场，不同于以往的外汇调剂中心和外汇调剂市场，它通过计算机系统实现全国联网、统一交易，打破了地区分割，也不同于传统上的国际外汇市场，融合了有形市场（固定交易场所）与无形市场（计算机网络）的特点，具有有组织交易平台的机构形态，与 2008 年国际金融危机后全球监管改革思路不谋而合。至此，我们建立了以银行结售汇制度为基础的银行零售外汇市场和全国统一的银行间外汇市场。2004 年，我国外汇市场交易量 9583 亿美元，其中银行零售外汇市场和银行间外汇市场分别为 7493 亿美元和 2090 亿美元。

2005 年 7 月人民币汇率形成机制改革以来，外汇市场进入新的更高发展阶段。在创新交易工具方面，2005 年前外汇市场仅有即期和远期两类产品，目前已经扩大至即期、远期、外汇掉期、货币掉期和期权产品，具有了国际市场基础产品体系。在丰富交易模式方面，2005 年前银行间外汇市场采用电子集中竞价单一模式，目前已形成电子集中竞价、电子双边询价、做市商制度和货币经纪公司声讯经纪服务的多样化交易模式，涵盖了国际市场的主要交易模式。在健全基础设施方面，2005 年以来外汇市场已在场外交易中尝试开展集中净额清算，交易报告库建设初具雏形，中国外汇交易中心作为交易主平台和定价中心、上海清算所作为中央对手集中清算机构的专业化服务功能日益成熟。在拓宽市场深度方面，2013 年外汇市场交易量 11.2 万亿美元，较 2004 年增长 10.7 倍，与国内生产总值之比由 2004 年的 49.6% 上升至 2013 年的 122.5%。其中，银行零售市场和银行间市场分别成交 3.72 万亿美元和 7.53 万亿美元，较 2004 年分别增长 4 倍和 35 倍；衍生产品交易量占比由 2004 年的 1.8% 增长至 2013 年的 37%（见表 6-2）。

表 6 - 2			2002～2013 年中国外汇市场交易量			单位：亿美元
年份	2002 年	2003 年	2004 年	2005 年	2006 年	2007 年
全部交易量	5433	7087	9583	13204	20219	35337
衍生产品交易量	37	149	169	306	1055	4770
年份	2008 年	2009 年	2010 年	2011 年	2012 年	2013 年
全部交易量	51796	55389	68113	86431	91798	112471
衍生产品交易量	6683	9739	16053	23888	30357	41607

资料来源：国家外汇管理局。

(二) 外汇市场发展现状

我国外汇市场是以银行结售汇制度为基础的银行零售外汇市场和全国统一的银行间外汇市场构成的双层市场体系。

1. 企业、个人在银行从事人民币与外汇之间的兑换，即结售汇业务，形成了银行零售外汇市场。

银行零售外汇市场的交易品种包括人民币外汇即期、远期、外汇掉期、货币掉期、期权及期权组合，挂牌货币超过 20 种，基本涵盖了我国跨境收支的结算货币。实需交易是银行零售外汇市场的基本规定，即企业、个人（不含年度限度内的结售汇）买卖外汇必须具有真实交易需求背景，符合套期保值原则。

2. 以中国外汇交易中心为主平台的银行间交易，形成了银行间外汇市场，交易需求包括银行对客户办理结售汇业务后相互平补结售汇头寸、银行自营外汇交易以及中央银行汇率调控。

银行间外汇市场的交易品种包括人民币外汇即期、远期、外汇掉期、货币掉期和期权，可交易的币种包括人民币对美元交易，人民币对欧元、日元、英镑、澳元、新西兰元、新加坡元、马来西亚林吉特、俄罗斯卢布等的直接交易和人民币对港元、加元交易以及人民币对泰铢的区域交易等共 12 种，2013 年，银行间外汇市场即期交易的美元份额为 92.5%。市场参与主体由单一的银行类参与者逐步扩大，符合条件的境内非银行金融机构和境外人民币清算行可以入市交易，还有更多的境外金融机构在跨境贸易人民币结算业务项下与境内银行开展场外外汇交易。2013年底，银行间外汇市场共有405家机构，其中，非银行金融机构（企业集团财务公司）43家、非金融企业1家、境外金融机构5家。

银行间外汇市场采用竞价交易与询价交易并存、声讯经纪与电子平台互补、做市商为主的多元化交易模式。电子竞价交易采用做市商报价驱动与做市商—普通银行撮合相结合、以做市商为主导的竞价机制。在电子询价交易中，具有双边授信关系的交易双方通过外汇交易系统双边直接协商交易要素达成交易，并由具有实力的银行持续提供买、卖双边报价承担做市职能。同时，货币经纪公司为银行间外汇衍生产品交易提供声讯经纪。银行间外汇市场竞价交易采用集中净额清算，询价交易并行采用双边清算与集中净额清算。2013年末，银行间外汇市场有31家即期做市商和27家远期、掉期做市商，2013年银行间外汇市场即期交易量的做市商占比为81.4%。

（三）外汇市场发展前景

过去二十年我国外汇市场发展取得巨大成就，但客观看仍存在一些新兴市场共性和我国自身特有问题，如交易机制不灵活、市场主体类型单一、对外开放程度不足、基础设施不健全等。中共十八届三中全会提出"建设统一开放、竞争有序的市场体系，是使市场在资源配置中起决定性作用的基础"和"完善人民币汇率市场化形成机制"，为深化外汇市场发展指明了方向。

一是放松交易限制，丰富外汇交易工具。完善远期、掉期、期权等外汇衍生产品市场功能，更好地满足各类经济主体的多样化交易需求。

二是增加交易主体，扩大外汇市场开放。引导不同需求的机构有序参与外汇市场交易，允许符合条件的境内和境外金融机构双向参与离岸和在岸人民币外汇市场，促进形成全球人民币市场。

三是完善基础设施，保障市场有效运行。统筹银行间外汇市场竞价与询价交易模式、声讯经纪与电子交易平台的协调发展，建立分层、包容性的交易平台，继续推进中央对手清算业务，建立健全集中化和全覆盖的外汇市场交易报告库制度，提高市场透明度。

四是转变监管方式，增强市场创新能力。推进简政放权，将监管资源更多集中至市场基础设施建设和风险防控，规范外汇市场职业操守，增强市场自律管理。

第五节　外汇储备和投资运营

外汇储备是我国重要的战略资产，在国民经济发展中具有重要作用。《中国人民银行法》规定，中国人民银行持有、管理和经营国家外汇储备。按照外汇储备三级授权管理体系，中国人民银行在国务院的领导下，授权国家外汇管理局具体承担外汇储备经营管理职责。

一、外汇储备的性质

（一）外汇储备的定义、形成、来源

根据国际货币基金组织的定义，外汇储备是货币当局控制并随时可利用的对外资产，包括货币、银行存款、有价证券、股本证券等，主要用于直接弥补国际收支失衡，或通过干预外汇市场间接调节国际收支失衡等。

在国际收支平衡表上，外汇储备是一国对外经济交往中货币支付结算的结果和体现。外汇储备的增加主要来自经常项目顺差、资本和金融项目顺差。一些国际收支逆差国家，也通过政府直接发行外币债券借款形成外汇储备。我国自 1994 年外汇管理体制改革以来，连续多年保持国际收支双顺差，这是外汇储备持续快速增长的根源。

在中央银行资产负债表上，外汇储备是与负债对应的重要资产。国际收支双顺差在外汇市场上产生外汇供大于求、本币供不应求的局面，为保持本币汇率的稳定，中央银行通常会在外汇市场购汇，以弥补供求缺口。购汇所使用的本币资金源于中央银行的基础货币发行权，属于中央银行负债，与此对应的资产为外汇占款。

我国外汇储备形成机制同其他国家一样，本质上是市场化的，具有以下几方面的含义：

第一，外汇储备是中央银行以国家信用为基础形成的中央银行资产，在性质上与无偿上缴的财政资金有本质区别。如果把外汇储备当做财政资金使用，实质上等于让中央银行"印钞票"，若不加以限制，将导致滥发货币甚至恶性通货膨胀。

第二，外汇储备是外汇形式的资产，主要用于满足国际收支的需要，必须在境外投资和运用。如果在国内投资和使用，相关外汇需再次兑换成本国货币，产生"二次结汇"，形成一个外汇储备增加和本国货币发行组成的无限循环，最终的结果是推高国内通胀，导致居民和企业承受风险。

第三，外汇储备是保障国际支付的最后手段，须随时满足国际支付及维持汇率稳定的需要。外汇储备作为"缓冲器"或"减震器"，能够使发展中国家面对外部冲击时，免予向发达国家主导的国际组织或多双边机构求助，避免在政策制定时受制于人，给宏观调控更大余地。

第四，外汇储备规模受国内外经济金融环境和市场条件制约，其增减具有可逆转性。新兴市场经济体因为经济金融发展尚不成熟，易受外部冲击，往往是经济形势较好时外汇储备增加、经济形势逆转或受到冲击时外汇储备加速减少。

（二）外汇储备与中央银行资产负债表

外汇储备不仅对国民经济具有保驾护航作用，也是中央银行资产负债表稳健的重要保障（见表6-3）。

表 6－3　　　　　　中国人民银行资产负债表（2013 年 12 月）

单位：亿元人民币

资　　产		负　　债	
国外资产	272233.53	储备货币	271023.09
外汇	264270.04	货币发行	64980.93
货币黄金	669.84	其他存款性公司存款	206042.17
其他国外资产	7293.66	不计入储备货币的金融性公司存款	1330.27
对政府债权	15312.73	发行债券	7762
对其他存款性公司债权	13147.9	国外负债	2088.27
对其他金融性公司债权	8907.36	政府存款	28610.6
对非金融性部门债权	24.99	自有资金	219.75
其他资产	7652.04	其他负债	6244.57
总资产	317278.55	总负债	317278.55

数据来源：中国人民银行。

首先，资产方的收益主要来自外汇储备的经营管理。在中国人民银行资产负债表上，资产方按照规模大小依次为外汇（即外汇储备，2013 年末约占中国人民银行总资产的 83%）、对政府债权（即中国人民银行持有的国债，约占 5%）、对其他存款性公司债权（即中国人民银行对金融机构的贷款，约占 4%）以及中国人民银行（再）贷款等。其中，外汇储备和外汇占款是中国人民银行资产负债表的核心内容。

其次，负债方的成本是货币操作的成本，主要是对商业银行的存款准备金付息。负债方按照规模大小依次为其他存款性公司存款（即存款准备金，2013 年底约占中国人民银行总负债的 65%）、货币发行（约占 20%）和中央银行票据等。在货币政策操作中，中国人民银行用准备金分档的方式向商业银行付息，即按照法定准备金、超额准备金或农村信用社存款等，不同的分档对应不同的利息。此外，发行中央银行票据也要付利息。

通过经营管理外汇储备获得收益，是弥补负债方产生的成本、使中央银行资产负债表保持健康、从而保证货币政策操作可信度的重要来源。面对近年来新兴市场经济体普遍面临的本币利率显著高于外币利率、汇率单边升值问题，我国通过外汇储备的经营管理，仍取得了能够覆盖货币政策成本的收益，确保了中国人民银行资产负债表的健康、可持续，为实施灵活货币政策、维护国内金融稳定、推进金融体制改革提供了有力保障。

（三）外汇储备功能的拓展

传统上，外汇储备作为国家国际清偿力的重要组成部分，基本功能是调节国际收支，维护汇率稳定。外汇储备随时准备用于满足进口和偿付外债、弥补国际收支逆差，降低国际收支危机发生时的成本，保障正常的对外经济活动和国际资信不受影响。此外，外汇储备也反映了货币当局干预外汇市场的能力，通过买入或卖出其他国家的货币，可有效防止本币汇率过度波动，维护汇率稳定。

2001 年以后，随着全球化的加深，全球外汇储备规模增长，外汇储备的功能也在不断地拓展和丰富，主要包括：一是应对突发事件，防范金融风险。在国际金融危机动荡加剧的年代，其他国家出现的经济、金融危机很容易传导到本国，需要外汇储备来缓冲不利影响，保障本国经济安全。二是配合货币政策实施，实现经济增长。在一定的经济周期和制度安排下，外汇储备对应了相应数量的货币发行，为实施经济刺激提供宽松的货币条件。三是提升本币国际地位，促进国际金融合作。外汇储备的充裕程度是投资者的信心指标，也是提高该国货币在国际货币体系中地位的重要条件。在危机情况下是各国货币当局之间加强合作、监管资本流动、救助危机国家的资金后盾。四是实施投资管理，增加国民财富。通过积极管理实现外汇储备保值增值，是进一步增加国民财富的重要来源。

二、外汇储备的适度规模

(一) 2001 年以来外汇储备规模的增长情况

2001 年以来，国际经济运行一个突出的特征是新兴市场经济体外汇储备快速增长。汲取亚洲金融危机的教训，东南亚各国不断增加外汇储备。由于经济高速增长、金融设施逐步完善、市场环境有序向好，新兴市场经济体吸引了较大规模的外汇资金流入。按照 IMF 统计，截至 2013 年末，发展中国家和地区的外汇储备为 7.9 万亿美元，约为 2001 年的 10 倍。新兴市场经济体在全球外汇储备总量中的占比从 2001 年的 39% 上升为 66%。在全球排名前十位的外汇储备国家（地区）中，新兴市场经济体占了 8 席。

我国外汇储备规模一直呈现持续较快增长的势头。2006 年超过日本跃居世界第一并突破 1 万亿美元，此后一直保持全球首位。与此同时，每年新增外汇储备不断刷新纪录，2007 年至 2010 年连续四年超过 4000 亿美元（见表 6-4）。

表 6-4　　　　　　2001 年以来我国外汇储备增长情况

单位：亿美元，%

年份	数额	增量	增长率
2001	2122	466	28
2002	2864	742	35
2003	4033	1168	41
2004	6099	2067	51
2005	8189	2089	34
2006	10663	2475	30
2007	15282	4619	43
2008	19460	4178	27
2009	23992	4531	23
2010	28473	4482	19
2011	31811	3338	12
2012	33116	1305	4
2013	38213	5097	15

资料来源：国家外汇管理局。

截至 2013 年末，我国外汇储备为 3.8 万亿美元，约占全球外汇储备的三分之一。其中，70% 以上的增长发生在 2001 年至 2010 年间。同期，我国货物贸易顺差累计 1.7 万亿美元，约占外汇储备规模增量的 65%。外商直接投资累计 1.1 万亿美元，约占外汇储备规模增量的 43%。从中可以看出，我国外汇储备增长有实实在在的贸易和投资支撑，符合发展中国家经济发展的一般规律，是我国经济快速发展的成果，是综合国力和国家财富大幅提升的反映。

（二）国际金融危机以来国际国内对外汇储备适度规模的认识

一直以来，国际和国内对外汇储备的适度规模都没有统一标准。2008 年美国次贷危机和 2010 年欧债危机爆发后，国内外对外汇储备适度规模出现了一些新认识。此前广泛讨论的外汇储备适度规模指标，即满足 3~6 个月进口付汇加外债还本付息额的"理论水平"，在次贷危机和欧债危机中都没有能经受住检验。2008~2009 年，俄罗斯原有国际储备近 6000 亿美元，远高于按通常指标测算的约 2000 亿美元的适度规模，但为应对资本外流、本币贬值，短短半年间外汇储备规模就下降了 2100 亿美元，相当于原有储备规模的 30% 以上，主权评级遭到调降。韩国也遭遇类似情况，外汇储备从 2008 年 6 月底的近 2600 亿美元降至 2009 年 1 月底的约 2000 亿美元。金融危机经验表明，外汇储备不仅要满足一定时期的出口和还债，还要用于抵御国际金融市场波动和金融危机。但是，抵御金融危机需要多大外汇储备规模难以事先确定。

2013 年，国际货币基金组织对外汇储备适度规模进行了定量讨论，提出了一系列综合评判标准。他们认为，关于金融危机的实证研究显示，实行汇率管理的国家外汇储备适度规模应为"短期外债的 30% + 国外证券投资的 15% + 出口的 10% + 广义货币供应量（M2）的 10%"所得数字的 1 倍至 1.5 倍，以起到抵御危机、稳定信心的作用。相比以往单一指标，该综合定量指标体系更加全面地考虑了各国经济发展所处阶段，实际上认可了新兴市场经济体为应对外部脆弱性，应保持更高规模的外汇储备。

（三）如何认识和把握我国外汇储备规模

我国外汇储备不断增加，是国际收支的经常项目和资本项目长期"双顺差"形成的，是对外经济发展战略所决定的。改革开放以来，我国利用自身优势，大力推进出口，获得了大量外汇。我国积极吸引外商投资，但由于我国对外直接投资能力较弱，对外直接投资规模较小，也造成资本项目下的顺差。积极发展外贸出口和吸收境外投资，促进了我国经济发展，同时，也获得大量外汇。为防止人民币汇率过快升值，中央银行则大量购买外汇，导致外汇储备迅速上升。

外汇储备迅速上升对增强我国维护国际收支平衡、应对国际金融危机的能力，提高中国金融的国际地位发挥了积极作用。1997年以来的历次全球性危机中，大规模外汇储备为我国免受外部冲击起到重要作用。特别是2007年以来，西方中央银行实行量化宽松货币政策大量"放水"，外汇储备发挥了"泄洪区"功能，隔离了超过实体经济发展需要的外汇资金，避免了我国经济运行遭受外部冲击和传染，为经济结构调整和产业转型升级争取了宝贵的时间窗口。更重要的是，外汇储备增加对于增强我国对外支付能力、促进改革开放、提升国际地位也产生了深远影响，也为人民币的国际化创造了条件。

但是，外汇储备过快增长导致国际收支不平衡的问题日益突出，外汇储备过多的弊端日益显现，继续增长外汇储备在经济上已不合算。2014年6月，我国领导人访问非洲时也坦言"比较多的外汇储备已是我们很大的负担"。一是加大宏观调控难度。外汇储备规模过大，既扩大了本币供应，又提高了中国人民银行存款准备金率和加大了对冲成本，制约了货币政策的自主性和有效性。二是增加中国人民银行资产负债风险。外汇储备占中国人民银行总资产的比重超过80%，未来美元贬值，可能引发汇率风险。三是加大外汇储备经营难度。相比巨额外汇储备，国际金融市场容量较为有限，大规模投资面临约束，而且，国际金融危机频繁发生，引发资产安全和价格风险。政治、外交冲突引发资产冻结等的极端风险也明显加大。因此，保持外汇储备规模合理稳定是最佳选择，促进国际收支趋向基本平衡是治本之策。

确定外汇储备的适度规模要综合考虑国际收支平衡的基本规律和我国国情。一是守牢底线，满足正常渠道的外汇支付，更好地发展对外经贸关系。二是应对极端，如危机发生时，经常项目和资本项目下多个渠道的外汇资金集中流出等。三是惠及民生，满足居民购汇意愿变化，尤其是随着人民币汇率灵活性逐步打破单边升值预期，居民购汇意愿可能增强。四是提升对外合作，如清迈倡议多边化、金砖国家应急储备基金出资承诺、双边互换协议等。考虑上述需要，我国的外汇储备已属充分，不宜再过多增加。可通过贸易收支平衡和扩大对外投资，使外汇储备规模稳定下来。然后再根据国内外条件变化，使外汇储备规模适当下降。

三、外汇储备的投资经营

（一）我国外汇储备经营管理机构

做好外汇储备经营管理是一项长期的战略性任务。2001 年以来，外汇储备经营管理明确实行国务院、中国人民银行、外汇管理部门三级授权管理体系，授权明确，决策有效，确保了外汇储备管理与货币政策执行、国民经济宏观管理的协调一致。在三级授权管理体系下，国家外汇管理局设立了直属事业单位中央外汇业务中心，负责外汇储备经营管理具体工作。主要包括：按照安全、流动和保值增值目标，在国际金融市场上开展外汇、有价证券、黄金、各类基金和直接投资等金融资产投资；拓展外汇储备创新运用，通过委托贷款等共同投融资方式，支持实体经济和企业"走出去"；配合国家政治、外交等需要，开展国际金融合作。

经过多年建设，中央外汇业务中心以实施投资基准管理为起点，建立了资产配置、投资管理、风险管理、委托经营、共同投融资、清算会计、计算机系统建设等一整套覆盖前、中、后线的资产管理架构，逐步发展成为一个专业的资产管理机构，在许多领域走在世界外汇储备经营管理的前列，具有较强的国际竞争力。

（二）我国外汇储备的经营原则和多元化投资理念

外汇储备经营始终坚持安全、流动、保值增值的原则。安全是首要原则。除安全要求外，外汇储备资产还需要保持充分的流动性。"流动"不仅要满足一般对外支付需求，如进口国内需要的物资和技术，支持企业"走出去"，还要有效发挥保障国家经济金融稳定安全的作用。在保障资产总体安全、流动的前提下，外汇储备经营还要争取提高投资回报，特别要保持储备资产长期稳定的盈利能力，以更好地实现外汇储备保值增值的目标。

多元化投资是实现外汇储备资产总体安全的有效方式。在全球低利率环境下，多元化投资就是把大规模外汇储备放在不同的"篮子"里，通过考虑不同资产的风险和收益特性、资产之间的相关性，构造一个优化的组合，使得这些资产之间比较协调、协同地做到此消彼长。利用不同货币、不同资产类别之间的动态互补关系，努力扩大收益或者减少风险，保障外汇储备资产整体安全和保值增值。

外汇储备经营管理始终坚持从长期、战略角度出发，进行多元化的货币和资产配置。在确定货币结构时，综合考虑我国国际收支结构和对外支付需要、国际货币和金融体系的发展趋势、主要国家的经济和金融市场潜力等因素。在确定资产结构时，综合考虑各种资产的长期风险收益特性、资产之间的相关性、市场容量、投资集中度以及流动性等因素，进行优化资产配置并适时调整。目前，我国外汇储备中包括美元、欧元、日元等多种货币，货币结构比全球外汇储备的平均水平更为分散。外汇储备资产投资于各主要发达经济体和新兴市场经济体的政府类、机构类、公司类等多种金融产品，不同资产类别间此消彼长、互补平衡的效果明显。

在实施多元化投资过程中，外汇储备并非无原则、无条件地进行多元化，而是始终保持审慎的投资态度，投资过程也不以短期投机为主要方式，而要牢牢守住防范风险的底线。特别是在美国次贷危机爆发前几年市场繁荣、次贷产品盛行、风险被掩盖和低估、市场盲目乐观的环境下，外汇储备经营管理始终保持审慎，没有涉足"次贷"等"有毒"产品，没有投资高风险的衍生产品，从而保障了外汇储备资产的总体安全。

（三）我国外汇储备经营的投资基准管理体系

投资基准是国际资产管理行业普遍采用的一种经营管理模式。2001年，为适应外汇储备规模快速增长和进一步规范化、专业化经营的需要，经国务院批准，外汇储备经营引入投资基准管理模式，围绕投资基准进行投资决策，不断规范外汇储备经营活动。

外汇储备投资基准包括优化的货币结构和资产结构，以及具体的产品和期限分布结构。它是根据外汇储备投资的目标和要求，在对历史数据充分论证的基础上，考虑未来的发展变化，按照外汇储备经营实际情况制定的。基准是标杆，按照既定的投资基准进行操作，可以有效进行投资决策和管理投资风险，还有利于客观评估经营业绩。除总体的货币和资产结构基准外，每个资产组合都有自己的基准，它具有可投资性、可复制性、可衡量性等要求和特点。在围绕投资基准经营的同时，允许经营人员对基准进行适度偏离，可以发挥经营人员的主观能动性，积极捕捉市场机会，在既定风险之下，创造超出基准的收益。

实践证明，基准管理模式符合外汇储备经营管理的实际情况，既借鉴了国际经验，也具有自身特色，适合大规模外汇储备资产经营需要，在外汇储备资产快速增加的环境下，对规范外汇储备经营、防范风险、提高收益发挥了重要作用。

（四）我国外汇储备经营的风险管理

同所有在国际市场上投资运作的机构和个人一样，外汇储备也面临着市场风险、信用风险和操作风险等各类风险。我国外汇储备经营坚持探索科学的风险管理方法，运用先进理念和技术，全面界定、评估外汇储备管理面对和可承受的风险种类及水平，并通过有效的组织形式和管理手段管理风险。

1. 设立了完善的风险管理架构。在三级授权管理体系下，设立了风险管理委员会，及时制定、修改和调整有关风险管理规定，严格审视外汇储备经营全过程的各类风险，形成了包括风险管理指引、授信额度管理、交易对手管理在内较完整的风险管理政策体系。风险管理遵循全面性、独立性、全员性、一致性和先进性，完善风险预算、涉险价值等先进管理工具，涵盖外汇储备经营所有环节，每位外汇储备经营管理人员都是风险管理的主体，履行识别、管理和报告风险的责任和义务。

2. 形成并完善逆周期管理战略。外汇储备经营管理始终加强对经济周期和信用周期的分析判断，在经历多个危机冲击和市场波动的考验后，总结了一整套逆周期管理战略。

3. 加强内外部监督和相互制衡的内部控制。外部审计方面，外汇储备定期接受审计署和中国人民银行内审部门的审计，保障外汇储备资产真实、完整。内部审计方面，强调部门之间相互配合、相互监督，部门内部交叉复核、层层把关、独立报告，保障日常操作和经营合规。同时，大力整章建制，为有效控制风险提供坚实的基础和制度保障。

（五）我国外汇储备经营有效应对美国次贷危机、欧债危机

得益于多年来持续进行的多元化、分散化投资和有效控制风险，我国外汇储备经营管理经受了国际金融市场数个波动周期的考验，特别是2008年美国次贷危机和欧债危机相继爆发，外汇储备再次经受住了一系列冲击和考验。

始终将防范风险放在首位。加强风险研判，做好严格有效的风险管理，主要体现在：一是前瞻性。对外汇储备可能面临的、可以承受的风险种类与水平进行审慎界定和前瞻评估。二是实时性。对交易对手和其他往来机构的信用等级、系统重要性、与我方积极合作的意愿和可交易的品种、规模、期限等，进行实时监控、严格筛选。三是系统性。坚持对投资产品和领域进行严密的风险评估，在评估通过并获得授权后，进一步设立严格的风险约束，包括信用等级、投资规模、集中度、期限、抵押品等多项指标，采用针对性的风险管理技术，及时跟踪、监督和管理。四是独立性。外汇储备经营不完全依赖外部评级，初步建立了内部评级制度，构建了违约风险预警模型，提高独立识别、判断和监控风险的能力。通过上述风险管理措施，为外汇储备稳健经营、有效应对危机提供了保障。

及时启动危机应急机制。全方位加强危机期间的风险管理，在国际金融危机发展的各个阶段，密切跟踪进展，积极研判危机走势，及时制定和调整相应的风险管理政策。及时评估各类资产的风险状况，加强对重大信用事件的跟踪监测，提高对突发事件的快速反应能力。不断加强对经营管理各个环节的内部控制和监督检查，最大程度地降低操作风险。适时调整投资策略，实现了外汇储备资产总体安全和保值增值。

实践证明，外汇储备多元化、分散化投资，有效地控制了资产的总体风险，实现了外汇储备价值稳定，对资产整体安全和保值增值发挥了积极作用。同时，外汇储备建立健全风险预警体系，强化危机应急管理，在积极配合国家协调危机应对等方面积累了较丰富经验，危机管理和应对体系更加完善。

四、外汇储备的创新运用

外汇储备创新运用始终是外汇储备管理的一项重要内容。近年来，外汇储备经营管理始终从国家大局出发，在拓展多层次运用渠道和方式上进行了有益尝试，为支持实体经济发展作出了积极贡献。

（一）外汇储备运用的原则

外汇储备运用始终坚持国家利益至上，避免无偿、无限、盲目、低效使用。2007年，全国金融工作会议明确提出按照"依法合规、有偿使用、提高效益、有效监管"的原则，继续探索和拓展外汇储备使用渠道和方式，其具体内涵在实践中不断得到充实、发展和深化。

运用外汇储备不能一分了之。外汇储备不是财政资金，资产背后对应着等值的中央银行负债。与商业银行类似，中央银行的资产和负债也要求一一对应。在《中国人民银行法》、《中华人民共和国外汇管理条例》等法律法规、行业规范和国际惯例的框架下，向人民银行足额支付同等对价资产、承担外汇储备资产背后的等值人民币负债之后，才能获得外汇储备资产的使用权。如果将外汇储备一分了之，将导致人民银行资产负债不匹配，会给中央银行带来巨大财务风险，比国际金融危机以后西方国家通过量化宽松大开"印钞机"的举动更加危险。

要遵循市场经济规律。外汇储备使用应受资本金约束，将本求利，承担合理融资成本，避免"廉价资本"引发的盲目无效使用。近年我国企业"走出去"的实践表明，"廉价资本"往往导致企业蜂拥而上、恶性竞争，难以真正有效地实现"走出去"。因此，使用外汇储备要考虑好对相应成本的支付能力。

（二）创新外汇储备运用支持实体经济的重要举措

近年来，在上述原则的指导下，外汇储备积极拓展多层次运用，切实服务实体经济发展需要，取得了较好的效果。主要包括：

发起参与国有商业银行改革。2003年，外汇储备通过汇金公司向进行股份制改革的试点银行注资，推动国有商业银行股份制改革，维护金融整体稳定。开创性地注资国有商业银行是拓展外汇储备功能的重要举措。目前，建设银行、中国银行、工商银行和农业银行已相继成功上市，国有独资商业银行股份制改革取得了实质性进展，外汇注资也取得了可观的收益。

支持设立中投公司。2007年，按照中央的统一部署，成立中国投资有限责任公司，是拓展外汇储备运用渠道和方式的又一有益尝试。2011年，外汇储备又陆续注资中国投资有限责任公司，增强其海外投资业务的资本金实力。

成立外汇储备委托贷款办公室（SAFE Co‐Financing）。为更好地发挥外汇储备支持经济社会发展的积极作用，2011年在外汇储备经营管理机构内成立了外汇储备委托贷款办公室，稳步拓展外汇储备创新运用，通过开展以委托贷款为主的共同投融资工作，有效调节银行外汇资金余缺，缓解国有、民营、小微企业"走出去"、"引进来"的外汇资金不足，为我国金融机构及外汇市场参与主体扩大对外经贸往来提供了良好的基础条件和融资环境。

参与各种形式的国际合作。积极参与清迈倡议多边化合作、同贸易伙伴国签订双边货币互换协定，参与二十国集团、国际货币基金组织等全球治理机制改革，认购和管理国际金融机构股权、债权，参与中美、中欧、中英等多双边战略对话，确保我国周边区域经济贸易活动的正常开展，保证了我国的国际地位和国家利益。

（三）更加有效创新外汇储备运用以支持实体经济

运用外汇储备服务实体经济是一项长期持续工作。进一步提升外汇储备创新运用的积极成效，一方面，需要继续尊重市场规律，创新外汇储备运用渠道，拓展创新运用方式，加强市场在资源配置中的决定性作用，更好地利用国内外两个市场、两种资源，大力推进内外部经济平衡增长和"藏汇于民"。另一方面，国际市场的复杂程度对于风险识别和控制能力有较高要求，更好地把握"走出去"重要战略机遇，从根本上说，还是要继续增强企业等"走出去"主体承担风险的意愿，扎扎实实练好内功，不断提高抗风险能力。

第七章 金融全球化

20世纪90年代以来，金融全球化加速发展。金融全球化是指金融资本、金融信息和金融政策等在世界各国之间快速传递，相互渗透并彼此影响，从而使各国经济与金融更加紧密地联系在一起。金融全球化集中表现在，由国际货币、经营和管理国际货币的跨国金融企业、国际金融中心、国际金融监管组织和国际金融协调平台所组成的国际金融体系高度发展。金融全球化是经济全球化的重要组成部分，并推动了经济全球化的发展。

改革开放三十多年来，中国的综合经济实力显著提高。中国幅员辽阔，人口世界第一，经济总量世界第二，而且今后数年仍将以年均7%左右的速度增长；进出口总量名列世界第一，最近十年对外投资年约增长超过40%；外汇储备高达近4万亿美元，超过全球外汇储备的三分之一，金融对外净债权超过1.8万亿美元；人民币国际化步伐明显加快。如果说改革开放以来的三十年，中国是在努力融入世界经济，那么未来三十年，中国将更多地影响世界经济发展。与此同时，中国金融将逐步实现国际化，逐步建立和完善大国金融体系。主要表现为人民币国际化，中国金融企业集团跨国综合经营竞争力增强，上海将建设成为一个国际金融中心，中国将在重大国际金融事务的协调和处置中更多地发挥作用。

本章主要介绍现行国际货币体系、国际金融企业、国际金融市场和国际金融中心、国际金融监管和协调；研究国际金融危机的原因和防范；阐述人民币国际化的必要性和路径选择。

第一节 国际货币体系

国际货币体系是世界各国之间货币安排的制度体系，包括国际储备货币、国际汇率制度、国际收支平衡调节机制、国际金融事务协调等多个方面。本节主要分析不同时期国际货币体系形成的背景、发展和变化的过程，介绍主要储备货币的基本情况，说明现行国际货币体系的运行原理，提出改革措施。

一、国际货币体系的演变

近代以来，国际货币体系主要经历了金本位制度、金汇兑本位制度、布雷顿森林体系以及牙买加体系等。

（一）金本位制度

金本位制度是以黄金作为货币金属进行流通的货币制度。该制度最早实行于英国，随后其他国家纷纷效仿，盛行于 1880～1914年。在金本位制度下，各国政府可自由规定货币的含金量，两国货币含金量的对比即为决定汇率基础的铸币平价，黄金可以自由输出入国境。

第一次世界大战爆发后，主要发达国家加紧了对黄金的囤积，停止了金币铸造和兑换，严格限制金币铸造和黄金交易，从根本上破坏了金本位制度赖以存在的基础，导致了金本位制度的崩溃。

（二）金汇兑本位制度

金汇兑本位制度是在金本位制度之后出现的，也被称为虚金本位制。金汇兑本位制度的特点是：金币在各国国内不能自由流通，各国流通的是具有法定含金量的纸币。纸币不能直接兑换黄金，只能兑换外汇。1929～1933 年经济危机爆发，迫使各国放弃金汇兑本位制度。

（三）布雷顿森林体系

第二次世界大战之后，主要发达国家的经济实力对比发生了巨大变化，美国成为资本主义世界的头号经济强国，美元成为主要国际储备货币，进而成为国际货币体系的基础。1944 年 7 月，美国等44 个国家的代表在美国新罕布什尔州的布雷顿森林召开会议，建立起以美元为中心的布雷顿森林体系。布雷顿森林体系本质上是以美元为中心的金汇兑本位制，其基本特征是美元与黄金挂钩，其他国家的货币与美元挂钩。虽然布雷顿森林体系名义上是一种可调节的汇率制度，本质是固定汇率制度。

布雷顿森林体系的正常运转需要同时满足三个条件：一是美国国际收支基本平衡；二是美国黄金储备基本充足；三是黄金价格必须维持在平价水平。但是，在现实中，这三个条件无法同时具备：如果美国国际收支基本平衡，各国贸易发展和增加外汇储备的需要就无法得到满足；如果美国国际收支持续逆差，就有可能引起美元贬值，影响市场对美元信心，进而引发美元危机。从 20 世纪 50 年代起，美国国际收支持续逆差，六七十年代多次发生美元危机，极大地削弱了美元的国际地位。到 1973 年，由于美国国际收支持续逆差，美元信用大幅下降，国际金融市场又一次掀起了抛售美元、抢购黄金的风潮。1971 年 8 月美国总统尼克松宣布，停止履行外国政府或中央银行可用美元向美国兑换黄金的义务。1971 年 12 月《史密森协定》提出，美元对黄金贬值，美联储拒绝向国外中央银行出售黄金。1973 年 3 月，欧洲出现抛售美元，抢购黄金和马克的风潮。欧洲共同市场 9 国在巴黎举行会议并达成协议，联邦德国和法国对美元实行"联合浮动"，彼此之间实行固定汇率。英国、意大利、爱尔兰实行单独浮动。其他主要西方货币对美元实行浮动汇率。至此，固定汇率制度完全垮台。

美元停止兑换黄金和固定汇率制度的垮台，标志着战后以美元为中心的布雷顿森林体系的解体。

（四）牙买加体系

布雷顿森林体系解体之后，国际货币体系从固定汇率走向浮动汇率。1976 年，国际货币基金组织成员国在牙买加首都金斯敦召开会议，建立了牙买加体系。牙买加体系的主要特点是国际储备资产多样化、黄金非货币化、汇率制度多元化、国际收支调节手段多样化。

国际储备多元化，在一定程度上解决了此前国际货币储备和国际清偿手段对于美国国际收支变动的过分依赖，但是，牙买加体系并没有完全否定以美元为中心的布雷顿森林体系。在牙买加体系中，美元仍然是国际金融产品和大宗商品的主要计价货币，大约 70% 的世界进出口贸易仍以美元作为计价货币和结算手段。

二、主要国际储备货币

国际储备货币是指在国际商品和服务交易中发挥一般等价物作用的货币，它是随着国际贸易和国际金融市场发展而产生的，其基本职能包括计价、结算和储备。当前，主要国际储备货币包括美元、欧元、英镑和日元等，其中既有主权货币，也有超主权货币。

表 7 – 1　　　　　2013 年主要国际储备货币在全球外汇交易、
国际贸易及外汇储备中的份额

单位：%

	美元	欧元	英镑	日元
外汇交易	43.52	16.71	5.90	11.52
国际贸易[1]	81.08	6.64	0.25	1.36
外汇储备[2]	61.44	24.16	3.92	3.86

注：1. 截至 2013 年 10 月数据；

2. 截至 2013 年 9 月数据。

数据来源：Wind；BIS；SWIFT。

（一）主要主权货币

1. 英镑。受第一次工业革命影响，1800～1850 年，英国的工业产量增加了 3 倍。为帮助国内激增的商品寻找市场，英国凭借其国际霸权地位，推行自由贸易政策。世界逐渐形成了以英国为中心的贸易体系，仅占世界人口 2% 的英国把国际贸易的 20% 控制在自己手中。正是凭借着国际贸易和金融中心的地位，以及庞大的殖民体系，英镑在世界范围内得到广泛流通，成为与黄金具有同等地位的国际储备货币。两次世界大战以后，由于英国经济地位不断下降，英镑在国际货币体系中的主导地位被美元取代。不过，英国金融市场一直非常发达，目前英镑是全球第三大官方储备货币和第四大外汇交易币种。

2. 美元。在第二次工业革命中，美国的劳动生产率大幅提高，1929 年美国工业总产值世界占比接近 50%，为美元国际化奠定了重要基础。在两次世界大战中，欧洲各国将美国作为战略物资的供应商，纷纷筹集美元购买物资。从第二次世界大战结束到 1971 年，在布雷顿森林体系的支撑下，依托"马歇尔计划"、"道奇计划"等资本输出计划以及美国经济实力在世界的绝对优势，美元成为主要国际储备货币。当前，美元是国际储备、国际支付、外汇交易以及大宗商品交易中最主要的货币。

3. 日元。第二次世界大战之后，日本经济迅速恢复、快速发展，1968 年日本的经济总量超过西德，跃居世界第二位。出口导向型经济发展模式使得日本贸易顺差大幅上升，支撑日元不断升值。同期，日本政府通过资本账户开放和金融市场自由化等政策措施，大力推进日元国际化进程。1985 年，日元在国际外汇储备中的比重达到了 8%，在贸易计价、外汇交易中的占比也实现了大幅增长。1991 年，日本泡沫经济崩溃后，日本经济一直萎靡不振，陷入长期通货紧缩，日元地位也明显下降。

（二）超主权货币

如果货币与特定国家的主权脱钩，由国际经济组织或多国政府组织按照一定规则发行，并保持价值的相对稳定，这种货币就成为"超主权货币"。当前，世界主要的超主权货币包括特别提款权和欧元。

1. 从邦克（Bancor）到特别提款权。超主权货币经历了漫长而曲折的发展过程。1943 年构建战后国际金融秩序时，在英国的"凯恩斯方案"和美国的"怀特方案"中都包含了关于超主权货币的设计。"凯恩斯方案"中的超主权货币单位邦克和"怀特方案"中的尤尼塔（Unita）的价值均与黄金挂钩，并由类似于"国际中央银行"的国际经济组织进行管理。但是，由于种种原因，邦克和尤尼塔都未能真正实现，最后是由美元充当了主要国际储备货币，并以美元为中心建立了布雷顿森林体系。

在布雷顿森林体系下，美国陷入"特里芬悖论"：一方面需要不断以国际收支逆差的形式向世界输出美元，以满足各国不断增长的美元需求；另一方面为保持美元币值稳定，美国必须维持国际收支平衡。为了化解美元的"特里芬悖论"，国际货币基金组织于 1969 年推出了特别提款权（Special Drawing Rights，SDR），作为一种储备资产和记账单位。特别提款权最早是由美元、日元和英镑按一定权重形成的货币组合，后来引入了欧元。特别提款权的使用仅限于与国际货币基金组织相关的官方交易，在国际储备中的比重还很低。

2. 从拉丁货币联盟到欧元。欧洲探索了超主权货币的另外一条路径。1865 ~ 1926 年，由法国、意大利、比利时、瑞士组成的拉丁货币联盟；1872 ~ 1931 年，由丹麦、瑞典和挪威三国组成的斯堪的纳维亚货币联盟，这是世界上两个最著名的由主权国家组成的货币联盟。

第二次世界大战之后，一些欧洲国家经过近半个世纪的努力，建立了欧洲经济与货币联盟。根据《马斯特里赫特条约》的规定，欧盟成员国向货币联盟过渡的具体程序分为三个阶段：第一阶段（1990～1993年）实现成员国间的资本自由流动，实行统一的财政货币政策；第二阶段（1994～1998年）使成员国经济趋同，建立欧洲中央银行；第三阶段（1999年以后）引入了单一货币欧元，并吸纳更多国家加入欧元区。1999年1月1日，欧洲11个国家放弃了本国货币，让渡了几乎全部的货币政策主权，开始使用欧元。欧元的经验表明，区域货币有可能发展成为超主权货币。

三、现行国际货币体系的弊端及对策

现行国际金融体系，国际货币以美元为主导，国际金融组织机构由美国控制。随着新兴市场经济体和发展中国家经济总量超过发达国家，美国财政赤字和国家债务率居高不下，这种状况与世界经济新格局越来越不适应。美元既是美国本币又是最主要国际货币的矛盾越来越大。这种国际货币体系既不利于全球金融稳定，也给美国宏观调控增加了压力。

半个世纪以来，国际金融危机频繁爆发，尤其是2007年美国发生次贷危机，深刻地暴露出以美元为主导的国际货币体系的缺陷，改革现行国际货币体系的呼声越来越高。

（一）主要弊端

责任与利益不平衡。作为主要国际储备货币发行国，美国在获得铸币税、国际金融中心地位等收益的同时，也应当承担相应的国际责任和义务。但事实上，美国常常为了实现达成国内政策目标而忽视国际责任。比如，当美联储收紧货币政策以抑制国内通胀时，就可能无法满足世界经济增长对美元的需求；当美联储扩张货币政策以刺激国内经济增长时，就可能会造成全球流动性泛滥。

参与权和决策权不平等。在过去几十年中，新兴市场经济体的

经济快速发展、经济实力不断增强，但在现行国际货币体系中，发展中国家缺乏平等的参与权和决策权。在这种情况下，美国等发达国家国内经济政策的失误很容易被放大为全球性、系统性影响，对其"外溢效应"新兴市场经济体只能被动接受。

国际协调机制的局限性。美国等主要发达国家在世界银行、国际货币基金组织和世界贸易组织等国际经济机构中占有绝对优势，而占成员绝大多数的发展中国家处于弱势地位。例如，国际货币基金组织的投票权和结构设计不尽合理，对主要发达国家缺少监督和约束。国际货币基金组织通过重大问题，至少需要获得85%的投票权支持，而美国的投票权就占16.75%。只要美国反对，再好的提议也不能生效。

（二）国际货币体系改革

20世纪70年代布雷顿森林体系崩溃后，已有许多政治家和经济学者研究国际货币体系改革方案。特别是在2007年美国发生次贷危机后，各方面对研究和改革国际金融体系更为关注。建议方案有几种：有的主张恢复金本位；有的主张推进区域货币；有的主张创建超主权货币，将特别提款权作为全球货币；有的主张在逐步改造特别提款权的同时，以美元为主，积极推进国际货币多元化。在2008年11月华盛顿二十国集团峰会上，中国时任国家主席胡锦涛提出了改革国际货币的方针、原则和步骤，明确提出"国际货币多元化"。

国际货币体系改革要面对现实，要循序渐进。重点是要推进国际储备货币多元化，建立以美元为主体，包括欧元和人民币等国际货币组成的，汇率有协调的国际货币体系。一是继续发挥美元的主导作用。美元的稳定不仅有利于全球金融市场，也符合美国自身利益。但是，美国应降低财政赤字和国家债务率，促进美元汇率的稳定。一般来说，汇率由市场决定，但是，美元不仅是美国的本币，也是最主要的国际储备货币，需要相对稳定。二是支持欧元的稳定。欧元问世是国际货币多元化的重要象征。经过欧洲主权债务危机的考验，欧元没有崩溃，欧元区也未缩小，正在逐步完善，向原定目标发展。三是推进人民币国际化。人民币国际化是中国经济改革和对外开放的必然结果，是中国经济发展的客观需要。人民币国际化的结果，客观上也有利于国际货币体系改革。

逐步改革特别提款权的货币篮子构成并扩大其使用。目前特别提款权的货币篮子仅包括美元、欧元、英镑和日元4种货币，所属经济体占全球比重2012年末已降至40%，不能反映各国的经济发展情况和经济实力变动情况。一国货币进入特别提款权货币篮子要符合两条标准，一是"主要贸易国"，二是"自由使用"。人民币已基本符合这两条标准，应该争取进入特别提款权货币篮子。如此，以上5种货币经济体占全球经济总量可升至55%左右。国际社会应努力推动相关制度建设，适度增加构成特别提款权的货币种类，使其货币篮子更多元化，使用功能更加合理化，以更好地反映国际经济格局的变化。还应尝试放宽特别提款权在私人经济活动中的使用，使其在更长的时期内逐步成为国际交易货币。

推进国际协调机制改革。国际经济协调机制主要包括国际货币基金组织和世界银行等。目前主要发达国家在国际协调机制中居主导地位，发展中国家的份额和投票权十分有限。随着各国经济实力的变化，发挥二十国集团高峰会议作用，应进一步改革国际协调机制，提高新兴经济体和发展中国家在处理重大国际金融事务中的参与度和话语权。

第二节　国际金融企业

国际金融体系中的主体是活跃在国际金融市场中的国际金融企业，这些在全球范围内进行业务经营及机构设置的金融组织，是国际金融市场的重要参与者，也是金融全球化进程的实际推动者。本节主要对国际金融企业的概况、发展情况和几类典型的国际金融企业进行一些介绍。

一、国际金融企业及其发展概况

（一）国际金融企业的发展历程

一般来说，国际金融企业是指那些通过在不同国家和地区设立的分支机构或通过电子信息技术构建的虚拟经营网络实现跨区域、国际化经营的金融企业。从广义的角度来看，国际金融企业不仅包括直接从事金融活动的企业，还包括与金融活动密切相关，为其提供市场组织、支付结算、信息咨询等相关服务的企业。国际金融企业的分类方式很多，从功能类型角度，可以分为以商业银行、投资银行、保险公司、基金等为代表的中介类金融机构，以及以会计师事务所、信用评级机构等为代表的服务类金融机构；从主营业务角度，可以分为银行类金融机构和非银行金融机构等。

国际金融企业是金融全球化的产物。其产生可以追溯至中世纪贸易活跃的欧洲，现代意义上的国际金融企业则起源于20世纪初，并于20世纪60～80年代进入快速发展阶段。在这一时期，主要发达国家的大型金融企业纷纷建立海外分支机构，各国金融业海外资产占比大幅上升。20世纪90年代以来，随着金融全球化的进一步发展，除了金融业掀起跨国并购重组浪潮和国际金融企业全能化发展外，以计算机和电子信息技术为推动力的金融服务电子化也成为国际金融企业发展的重要特征。

（二）国际金融企业的作用与影响

国际金融企业是国际金融市场的主要参与者，也是国际贸易、投资活动的重要推动者，在全球经济金融体系中发挥着至关重要的作用。其主要作用包括以下几个方面：

丰富国际金融市场。国际金融企业除了是各类金融市场的主要参与者外，还是市场产品的发起人、市场价格的做市商、国际标准的制定者。以伦敦外汇交易市场为例，活跃其中的 600 多家交易机构绝大多数为国际金融企业，它们的市场交易行为扩大了国际外汇市场的交易规模，并为全球外汇交易提供了参考价格。

促进国际贸易的发展。国际金融企业诞生之初便以便利国际贸易为目的。这些机构通过为进出口贸易企业提供直接融资或间接融资、便利的跨境收付业务及其他综合性服务来促进国际贸易发展。

提升国际投资水平。国际金融企业在海外设立分支机构的过程即是直接投资的过程，很多国际金融企业还通过对跨国公司的股权参与间接加入国际投资活动。此外，国际金融企业利用其投融资工具和信息及网络优势，支持众多跨国公司的海外投资和运营，有力地推动了国际投资的深化和发展。

推动金融领域的交流合作。国际金融企业在将分支机构和产品服务推广至其他国家的同时，也将先进的金融理念和产品技术带到了东道国，有利于推动东道国金融市场和金融机构的发展和完善。在我国对国有大型商业银行进行股份制改革的过程中，就曾引入了高盛集团（Goldman Sachs）、瑞银集团（United Bank of Switzerland，UBS）等国际知名金融企业作为战略投资者。

（三）国际金融企业发展的新趋势

综合经营的跨国金融集团增多。2008 年国际金融危机爆发之前，为应对日趋激烈的金融市场竞争，国际金融企业集团的跨国并购重组以及金融业务自由化和多样化成为了全球金融体系的重要特征。不过，国际金融危机之后，各国对金融机构规模过度扩张及混业经营的策略进行了反思，对现行金融监管体制进行了改革。例如，2010 年，美国通过了《多德—弗兰克华尔街改革与消费者保护法案》，对商业银行从事自营交易进行了限制，并对"大而不能倒"金融企业设置了更严格的监管标准，以防范系统性风险。

新兴市场经济体特别是中国的特大型商业银行在世界崛起。近年来，欧美银行业因国际金融危机冲击及金融监管趋严等因素，出现了一定程度的发展停滞，而新兴市场经济体则因为其较好的经济环境、不断提高的风险管控能力，呈现出资产质量稳定、经营状况良好、海外扩展势头迅猛的态势。其中，中国的大型商业银行表现得尤为突出。在《银行家》杂志 2013 年按照一级核心资本排名的全球银行业榜单中，全球前十大银行中就有 4 家中资银行上榜，中国工商银行更是超越了摩根大通（JP Morgan）和美国银行（Bank of America）而排名全球第一。

国际金融企业业务界限趋于模糊。随着国际金融企业规模增大、业务种类增加，传统的银行、证券、保险之间的界限开始变得模糊。尤其影子银行体系出现以后，投资银行、货币市场基金、对冲基金等多种非银行金融机构都能提供类银行业务的流动性和信用支持。

新型国际金融企业迅速崛起。以互联网为代表的现代信息科技，特别是以移动支付、社交网络、搜索引擎和云计算等为基础而发展起来的金融模式，对原有的商业银行间接融资和资本市场直接融资的传统模式构成挑战，在一定程度上成为了第三种金融融资模式，即互联网直接融资市场或互联网金融模式。这一模式以其资源配置的高效率、构建国际化经营网络的便利性和较高的信息对称性等优势，在国际金融体系和国际金融市场中快速崛起。

二、大型国际金融企业

（一）大型商业银行

跨国经营的大型商业银行是活跃在国际金融市场上最重要的金融机构。这些商业银行具有经营网络国际化、涉足业务全面化、立足全球战略和集中统一控制等多个特点。

一般来说，国际商业银行的境外经营网络可以包括代表处、分行、附属银行、联属银行和联营银行等多种形态。随着经济全球化和网络电子技术的发展，开拓国际市场、在全球范围内配置资源、实现全球战略目标成为了越来越多的大型商业银行走向国际市场的主要动机。还有一些国际商业银行发展成为"全能银行"，涉足证券、外汇、租赁和保险等领域。

从国际商业银行的分布来看，美国、欧洲和日本是传统大型商业银行的总部所在地。在此次国际金融危机的冲击下，欧美银行业发展趋于停滞甚至萎缩，亚洲等新兴市场国家和地区的跨国银行快速增长（见表7-2）。《银行家》杂志的全球银行1000强排名显示，欧洲银行占全球1000家大银行总资产的比重从2006年的58%下降至2013年的43%。在2013年全球1000家大型商业银行的排名中，亚洲银行的总资产占比达到35%，利润占比升至56%。

表7-2　　　　　　　　　**2013年全球前20家大银行**

（按照一级资本排名）

单位：亿美元

排名	名称	国别	一级资本	总资产
1	中国工商银行	中国	1606.46	24889.06
2	摩根大通银行	美国	1600.02	23591.41
3	美国银行	美国	1554.61	22120.04
4	汇丰金融集团	英国	1510.48	26925.38
5	中国建设银行	中国	1376.00	22214.35
6	花旗银行	美国	1365.32	18646.60
7	三菱UFJ金融集团	日本	1295.76	27094.02
8	富国银行	美国	1266.07	14229.68
9	中国银行	中国	1215.04	20159.96
10	中国农业银行	中国	1114.93	21056.19
11	巴黎银行	法国	992.22	25126.13
12	苏格兰皇家银行	英国	881.57	20698.66
13	法国农业信贷银行	法国	813.55	26492.77
14	西班牙国际银行	西班牙	812.60	16749.71
15	巴克莱银行	英国	801.10	23506.64

续表

排名	名称	国别	一级资本	总资产
16	三井住友金融集团	日本	789.02	17180.45
17	瑞穗金融集团	日本	749.56	20498.10
18	劳埃德银行	英国	674.35	14582.84
19	高盛集团	美国	669.77	9387.70
20	德意志银行	德国	666.00	26547.88

资料来源：英国《银行家》（*Bankers*），2013 年第 7 期。

（二）大型投资银行

国际投资银行是国际资本市场的主要金融中介。随着金融全球化的推进以及国际金融环境的改善，现代投资银行已经突破了证券发行与承销、证券交易经纪等传统业务框架，企业的国际融资、海外市场兼并收购等全球战略行为成为国际投资银行业新的竞争领域和新的利润增长点，大型投资银行国际化的程度不断加深。表 7-3 所列的是世界十大投资银行。

表 7-3　　　　　　　　　2013 年全球十大投资银行

（按收入排名）

单位：亿美元

排名	名称	国别	投行业务收入
1	摩根大通银行	美国	62.25
2	美国银行	美国	54.20
3	高盛集团	美国	49.46
4	摩根士丹利	美国	42.19
5	花旗银行	美国	38.58
6	德意志银行	德国	37.69
7	瑞士信贷银行	瑞士	36.49
8	巴克莱银行	英国	34.51
9	富国银行	美国	21.60
10	瑞银集团	瑞士	20.67

资料来源：*Global IB Strategy Review*，Dealogic，2013 年 12 月。

相对宽松的监管环境和层出不穷的金融创新给国际投资银行带来了迅速扩展的机遇和高额的利润。同时，过高的杠杆率和对批发融资以及高风险业务的过度依赖也使国际投资银行业积累了大量风险。2007 年美国次贷危机爆发以后，投资银行首当其冲。美国五大投资银行中高盛集团和摩根士丹利（Morgan Stanley）被迫转型为银行控股公司得以保存，美林证券（Merrill Lynch）、雷曼兄弟（Lehman Brothers）、贝尔斯登（Bear Stearns）三家则均以破产或被收购告终。

（三）大型保险公司

各国对外贸易、对外投资、海外援助等全球化活动增多所带来的对跨境保险的巨大需求，以及保险公司在全球范围内分散风险的内在动力，助推了保险公司的国际化进程。

近年来，大型保险公司开始不断拓展全球业务，在各国设立分支机构，通过商业存在或跨境支付等模式提供保险服务出口。目前，进入全球 500 强企业的保险公司仍以美国、欧洲和日本的保险公司为主。近年来，中国保险公司也表现出了强劲的增长势头和国际化意愿（见表 7 – 4）。

表 7 – 4 　　　　　 2013 年全球 500 强企业排名前 20 家保险公司

（按收入排名）

单位：亿美元

排名	公司名称	国别	营业收入	总资产
1	日本邮政控股公司	日本	1909	31159
2	伯克希尔—哈撒韦公司	美国	1625	4275
3	安盛	法国	1546	10043
4	安联保险集团	德国	1308	9156
5	荷兰国际集团	荷兰	1284	15319
6	意大利忠利保险公司	意大利	1138	5823
7	英国保诚集团	英国	879	5043
8	日本生命保险公司	日本	867	5869
9	保德信金融集团	美国	848	7093
10	慕尼黑再保险公司	德国	841	3406

排名	公司名称	国别	营业收入	总资产
11	英杰华集团	英国	738	5131
12	中国人寿保险（集团）公司	中国	737	3702
13	苏黎世保险集团	瑞士	704	4093
14	美国国际集团	美国	701	5487
15	大都会人寿	美国	682	8368
16	州立农业保险公司	美国	653	2060
17	日本第一生命保险	日本	636	3797
18	荷兰全球保险集团	荷兰	607	4825
19	日本明治安田生命保险公司	日本	569	3519
20	法国国家人寿保险公司	法国	559	4656

注：1. 本排名以 2013 年 3 月 31 日财务年度的营业收入排序；

　　2. 数据来源于 *CNN Fortune Global 500*。

（四）基金公司

基金公司是对国际金融市场上大量存在的各类基金管理公司的泛称。基金公司从募集方式上可分为公募基金和私募基金；从基金组织形式上则可分为公司型基金和信托型基金；从基金投资标的上还可以分为股票型、债券型、金融衍生品型等证券投资基金及商品投资基金等。

表 7－5　　　　　　　　资产净值排名靠前的大型国际基金

（按 2014 年 2 月底基金资产净值排名）

排名	基金名称	类型	国别
1	标普 500ETF	ETF 基金	美国
2	太平洋总回报基金	债券基金	美国
3	富达货币市场基金	货币市场基金	美国
4	先锋全市场指数基金	指数基金	美国
5	先锋货币市场基金	货币市场基金	美国
6	先锋机构指数基金	指数基金	美国
7	天弘增利宝货币基金	货币市场基金	中国
8	富达反向基金	股票型基金	美国

数据来源：Morningstar，Marketwatch。

1. 主权财富基金。按照国际货币基金组织的定义，主权财富基金一般是由各国政府所拥有的、具有特殊目的的投资基金或机构。该基金一般由政府建立并用于持有或管理资产，按照商业原则管理和经营，主要投资于国外金融资产，为各利益相关者创造和提供可持续的长期价值。

世界知名的主权财富基金有新加坡淡马锡控股公司、新加坡政府投资公司、挪威中央银行投资管理公司、阿联酋阿布扎比投资局及中国投资有限责任公司等。到2013年底，全球主权财富基金管理的资产总额已经达到约6.1万亿美元的空前规模。①

2. 对冲基金。对冲基金也称避险基金或套利基金。对冲基金通过在全球市场进行卖空、互换和对冲等交易活动，实现降低风险、获得盈利的目的。根据基金数据公司Eurekahedge的统计，2013年全球对冲基金资产管理规模已经突破2万亿美元。全球金融市场的开放给对冲基金提供了更为广阔的投资空间。世界著名的对冲基金有量子基金和老虎基金等，它们都曾创造过高达40%至50%的复合年度收益率。

3. 货币市场基金。国际货币市场基金主要投资于国际货币市场的短期有价证券，可分为机构类货币市场基金和零售类货币市场基金。前者的投资者主要是商业银行、保险公司、养老基金等金融机构，投资目的多为在保证安全收益的前提下调剂短期资金余缺。摩根士丹利的精选货币基金是全球最大的机构类货币市场基金之一，拥有超过1000亿美元的资产。后者则是针对散户发行的，投资于各类政府短期债券、国库券、优质公司短期债券等的基金。规模较大的管理零售类货币市场基金的公司有美国先锋集团、富达国际投资公司、嘉信理财集团等。

---

① 数据来源：主权财富基金研究组织（SWF Institute）。

（五）官方出口信用机构

官方出口信用机构是指各国政府设立的或代表政府为本国货物及服务出口、海外投资提供各类信用支持的专业机构。其业务可包括出口信贷、出口信用保险、出口信用担保等多种方式。利用官方出口信用机构推动本国产品出口和海外投资是当今世界各国的一种通行做法，目前全球已有100多个国家设立了百余家官方出口信用机构。

表 7 – 6　　　　　　主要发达国家及金砖国家官方出口信用机构

国家	名称	主要经营业务
美国	美国进出口银行	中长期出口信用险、担保、融资
日本	日本国际协力银行	出口信贷、进口信贷及投资贷款等
日本	日本贸易保险公司	出口信用险
德国	德国复兴信贷银行	出口信贷
德国	裕利安宜保险公司	出口信用保险、担保
法国	法国对外贸易保险公司	出口信用保险
英国	英国出口信用担保局	出口信用保险、担保
加拿大	加拿大出口发展公司	出口信用保险、担保、出口信贷
意大利	意大利外贸保险服务公司	出口信用保险、担保
意大利	意大利对外投资促进公司	出口信贷
中国	中国进出口银行	出口信贷、进口信贷、投资贷款等
中国	中国出口信用保险公司	出口信用保险
印度	印度出口信用担保公司	担保
印度	印度进出口银行	出口信贷及海外投资贷款
巴西	巴西出口信贷保险公司	短期、中长期出口信用险
俄罗斯	俄罗斯发展及对外经济事务银行	出口信用保险、担保、出口信贷
南非	南非信用担保保险公司	短期出口信用险
南非	南非出口信用保险公司	中长期出口信用险及投资险

各国官方出口信用机构因适应不同国情的需要而在业务结构和资金来源上各有特色。比如在业务结构方面，美国进出口银行（Export – Import Bank of the United States）兼营融资、保险和担保，

但其业务以信用保险和担保为主，较少直接提供融资；而德国复兴信贷银行（KfW Bankengruppe）和日本国际协力银行（Japan Bank for International Cooperation，JBIC）则侧重信贷业务，同时也经营担保业务。再如在资金来源方面，日本、德国政府主要采取对其官方出口信用机构债务提供最终担保、拨付充足的资本金以及建立长期稳定的低成本资金来源渠道等方式对它们进行财务支持；而美国进出口银行法定资本金仅为 10 亿美元，但每年从政府获得大量低息财政借款，以弥补其资本金的不足。中国的官方出口信用机构是中国进出口银行和中国出口信用保险公司，两家机构为我国对外贸易和海外投资的发展提供了有力的融资支持和服务保障。

（六）新型国际金融企业

互联网金融是近年来金融创新的典型特征。以互联网支付公司、投资平台公司、互助融资公司为代表的新型金融企业迅速崛起，成为活跃在当今国际金融市场上的一支重要生力军。

1. 互联网支付公司——PayPal。PayPal 隶属于美国 eBay 公司，是目前全球最大的网上支付平台之一。PayPal 账户集信用卡、借记卡、电子支票等支付方式于一身，致力于让个人和企业安全便捷地实现在线付款和收款，避免传统的邮寄支票或者汇款的方法。目前，PayPal 在全球拥有超过 2.2 亿用户，在跨国交易的电子支付领域扮演着重要角色。

2. 互助融资平台公司——Lending Club。Lending Club 是总部位于美国旧金山的一家个人对个人的借贷公司，成立于 2006 年。Lending Club 利用网络技术打造的交易平台绕过传统银行等金融机构，直接连接个人投资者和融资者，从而缩短了资金流通的环节，降低了资金融通的成本，使投资者和融资者都能得到更多实惠、更高效率。截至 2013 年 3 月，Lending Club 共发起 10 万余次贷款，贷款总额逾 15 亿美元，而每一笔交易都为其带来总交易额 4% 左右的收入。

（七）金融服务机构

在全球金融市场上，除了上述几类主要的金融企业外，还活跃着大量金融服务机构。这些企业虽然不直接参与资金融通环节，很多机构甚至不属于传统意义上的金融企业，但其为各类金融活动提供了不可或缺的辅助性服务。

1. 四大会计师事务所。四大会计师事务所包括普华永道（Price Waterhouse Coopers，PWC）、德勤（Deloitte Touche Tohmatsu，DTT）、毕马威（KPMG）和安永（Ernst & Young，EY）。这四家会计师事务所的业务遍布全世界，在业界享有较大的权威，世界很多知名企业均是它们的客户。四大会计师事务所的业务范围不仅包括传统的会计、审计和税务，还包括法律咨询、人力咨询、管理咨询、财务顾问、资产评估、工程造价等多方位的服务，在国际金融市场中扮演了重要角色。

2. 信用评级机构。信用评级机构是金融市场上重要的服务性机构，它是由专门的经济、法律、财务专家组成的，对证券发行人和证券信用进行等级评定的组织。美国的标准普尔公司（Standard & Poor's）、穆迪投资服务公司（Moody's Investors Service）和惠誉国际信用评级有限公司（Fitch Ratings）是目前国际上公认的三家最具权威性的专业信用评级机构。据国际清算银行（Bank for International Settlements，BIS）的报告显示，世界上所有参加信用评级的银行和公司中，穆迪的业务涵盖了80%的银行和78%的公司，标准普尔涵盖37%的银行和66%的公司，而惠誉公司则涵盖27%的银行和8%的公司，三者共同占据世界信用评级市场95%以上的份额。

鉴于信用评级在金融交易决策、金融产品定价以及金融监管中的重要作用，美国少数评级机构对全球市场的垄断及由此可能引起的不公平和金融资源配置的效率损失，已成为国际信用评级业最主要的问题。为了引入更多的竞争，促进评级行业的健康、透明发展，近年来，中国、欧盟、俄罗斯等国家和地区均大力支持新兴国际评级公司的成立，力图打破三大评级公司的垄断。

3. 支付和交易结算机构。环球同业银行金融电讯协会（Society for Worldwide Interbank Financial Telecommunication，SWIFT），是一个国际银行间的非营利性合作组织，是全球银行业主要的交易结算系统之一。环球同业银行金融电讯协会成立于1973年，总部设在比利时的布鲁塞尔。目前，全球大多数国家的银行都使用环球同业银行金融电讯协会系统来实现金融交易和结算，该系统为银行结算提供了安全、可靠、快捷、标准化、自动化的通讯业务，提高了金融机构的结算速度。

除环球同业银行金融电讯协会外，为美国银行提供大额资金支付和清算业务的美联储大额支付系统——Fedwire；及在超过80多个国家和地区为主要金融机构提供股票和债券结算服务的欧洲结算系统——Euroclear，均是国际上具有较大影响力的支付和交易结算机构。

第三节　国际金融市场与国际金融中心

随着国际贸易的发展和国际借贷、投资关系的扩大，各国金融市场日益对外开放，金融活动实现全球化，国际金融市场和国际金融中心逐渐形成，并在国际经济交往中发挥越来越重要的作用。国际金融市场的迅速发展与国际金融中心的不断完善，促进了资本在全球范围的流动和配置。

一、国际金融市场

国际金融市场是指资金国际借贷、货币互相买卖，以及其他国际金融业务活动的场所。国际金融市场包括短期资金市场（货币市场）、长期资金市场（资本市场）、外汇市场和黄金市场，及其衍生产品市场等。

（一）国际金融市场构成和分类

按照不同的标准，国际金融市场可以划分为不同的类型：

按期限可以分为货币市场和资本市场。货币市场是指资金借贷期限在1年以内（含1年）的交易市场，或称短期资金市场。资本市场是长期资本融通的场所，通常指1年以上的中长期资本借贷和证券交易的市场。

按交易方式可以分为现货市场和期货市场。现货市场是指对与期货、期权和互换等衍生工具市场相对的市场的一个统称。现货市场交易的货币、债券或股票是衍生工具的标的资产。期货市场是交易双方达成协议或成交后，不立即交割，而是在未来的一定时间内进行交割的场所。

按交易标的可以分为票据市场、证券市场、外汇市场、大宗商品市场、衍生金融工具市场等。

（二）国际金融市场的发展和变迁

1. 早期国际金融市场的兴起。19世纪以前，国际金融市场是随国际贸易的发展而产生和发展起来的。市场交易主要集中于国际结算、货币兑换、票据贴现等，外汇市场是最早的国际金融市场。

第一次世界大战以前，英国经济实力居世界首位，最先建立了现代银行制度，成为最大的资本输出国，对外贸易和国际清算业务快速增长。伦敦因此而成为世界上最大的国际金融市场。

2. 国际金融市场的发展情况。第二次世界大战之后，美国取代英国成为工业生产和世界贸易大国，美元成为主要结算和储备货币，从而使纽约国际金融市场迅速崛起。与此同时，苏黎世、法兰克福、巴黎等也逐步成为国际金融市场。20世纪70年代，美国的国际收支持续逆差，大量美元流向境外金融市场，形成了以伦敦为中心的欧洲美元市场，也为国际金融中心的扩散创造了条件。

20世纪80年代，在国际资本和产业技术转移的浪潮中，一些新兴工业国家成为国际投资的热点。主要发达国家金融改革浪潮的示范效应，推动了新兴市场国家的金融自由化和国际化，加速了发展中国家国际金融市场的形成。

3. 国际金融市场的发展趋势。20 世纪 90 年代以来，国际金融市场发展呈现出两大新趋势，即金融全球化和融资证券化。金融全球化促使资金在全世界范围内重新配置，一方面使欧美等传统金融中心保持一定活力；另一方面也给予发展中国家，特别是新兴市场经济体的金融市场以更多的发展空间。国际融资证券化改变了依靠金融中介间接筹措资金的方式，增加了利用债券市场和股票市场直接融资的渠道。

二、国际金融中心

国际金融中心是指聚集了大量金融机构和相关服务产业，吸引国际资本，集中开展各类借贷、证券、外汇、金融衍生产品、保险等金融业务，对全球或地区经济具有较大影响力的金融市场。

（一）主要国际金融中心

根据 2013 年 9 月最新发布的"新华—道琼斯国际金融中心发展指数"，世界排名前 5 位的国际金融中心分别为纽约、伦敦、香港、东京和新加坡。

1. 纽约。纽约是世界最主要的国际金融中心之一。第一次世界大战以后，纽约在国际金融市场中的地位也越来越重要。第二次世界大战之后，随着以美元为中心的国际货币制度的建立，纽约的国际金融中心地位随之提升，并逐步成为世界最大的国际金融中心。

纽约作为国际金融中心的主要优势在于：一是金融创新能力，在国际金融市场上，绝大部分的资产工具、金融衍生品以及交易方式都是美国创造出来的。二是金融业的盈利能力，在此次国际金融危机爆发前，世界按资本额排名前 10 位的金融机构有 6 家总部设在纽约，其并购业务、股权业务和债务融资业务收入都处于全球领先地位。三是市场竞争优势，与其他国际金融中心相比，纽约在金融证券和保险市场均拥有绝对优势。

2. 伦敦。伦敦是历史最为悠久的国际金融中心之一，这与英国在 19 世纪的世界强国和海上霸主地位密不可分。英国在 19 世纪 30 年代完成工业革命后，成为当时世界上经济实力最强大的国家，英镑也被确认为主要国际储备货币，伦敦随即成为世界各地资金集散中心。为了应对来自纽约和东京的挑战，20 世纪 80 年代，伦敦实施了以推动金融自由化为核心的一系列爆炸式的金融变革，来捍卫其国际金融中心地位。

目前，伦敦的金融市场相当发达且具有多样性，在世界上最具影响力的是货币市场。例如，已经被确立为国际金融市场中大多数浮动利率贷款基准利率的伦敦银行间同业拆放利率，在企业成本核算和金融产品定价等方面拥有十分重要的地位。

3. 香港。香港金融业之所以能够蓬勃发展，有其独特的优势。第二次世界大战以后，香港经济快速发展，金融市场不断完善。凭借自由的金融制度、健全完善的法律体系、高效的金融制度、显著的全球和亚洲区位优势、较低的税率以及成熟的转口贸易和加工工业，香港吸引了许多具有世界影响力的金融机构，并在此基础上建立和发展了包括货币市场、资本市场、外汇市场和黄金市场在内的多层次金融市场。

目前，香港已逐渐发展为重要的人民币离岸中心。从 2004 年香港人民币业务开展，到 2007 年内地银行业金融机构开始在香港发行人民币债券，再到 2009 年跨境贸易人民币结算在香港试点推出，经过十年的发展，香港离岸人民币市场发展逐渐成熟，香港已成为全球最大的离岸人民币资金集散地、人民币贸易结算中心和离岸人民币债券中心。

4. 东京。东京是国际金融中心的后起之秀。20 世纪 60 年代，日本通过推动工业化，成为了世界重要的制造中心。20 世纪 80 年代，日本通过一系列金融自由化改革，为东京成为国际金融中心创造了良好的条件。日本政府还开辟了规模巨大的离岸金融市场，奠定了东京国际金融中心的地位。1991 年，随着日本经济泡沫破裂，东京的国际金融中心地位随之下降。

5. 新加坡。1965 年，新加坡独立后，政府给予金融服务业重点倾斜和支持，通过实施一系列优惠政策、完善各种金融制度来积极吸引外资等措施，确立了"金融立国"政策和金融市场国际化的战略。同时，创立了亚洲美元市场，并以此为基础加快亚洲美元市场的发展，从而奠定了新加坡的国际金融市场地位。

（二）其他金融中心

除上述主要国际金融中心以外，还有一些金融市场在本地区或特定领域具有较大影响。

1. 法兰克福。1949 年，法兰克福落选了联邦德国首都，但成为德意志联邦银行、联邦统计署以及四十多家银行的所在地。金融机构集聚为其成为国际金融中心奠定了基础。同时，随着德国经济的恢复和德国马克地位的提升，法兰克福开始重点关注金融重建的工作，其国际影响力也随之增加。1993 年，法兰克福成为欧洲中央银行的所在地。

2. 芝加哥。芝加哥是美国第二大金融中心。从美国金融领域整体布局来看，纽约是传统的商业、证券及投资银行中心，而芝加哥是金融衍生产品中心。2007 年芝加哥商品交易所和芝加哥期货交易所正式合并，形成芝加哥交易所集团。2008 年该集团又收购了纽约商业交易所和纽约商品交易所，芝加哥全球金融衍生产品中心的地位更加巩固。

3. 悉尼。悉尼是亚太地区重要的金融中心之一。约有 40 家金融机构、外资银行在此开展业务，金融服务机构超过 8 万家。2006年澳洲股票交易所和悉尼期货交易所合并后组成澳洲证券交易所，成为亚太地区最大的证券交易平台。由于时区介于美国和伦敦之间，悉尼成为联系两大市场的桥梁。此外，悉尼还是西太平洋地区仅次于东京的第二大资本市场。

4. 苏黎世。瑞士是一个成熟的市场经济国家，经济政治稳定；允许资本自由流动，没有任何限制的资本输出政策；对私人财产的保护等，使苏黎世金融市场快速发展。苏黎世的私人银行世界闻名，这些银行凭借卓越的专业技能与高信用已经赢得较高的国际声誉，私人银行现在是苏黎世竞争力的核心。苏黎世凭借信誉卓著的私人银行吸引着世界资本，通过对这些资本的合理运用巩固其国际金融中心的实力。

5. 多伦多。多伦多是北美第三大金融中心，其优势在于金融战略规划、金融产品开发、风险管理和金融系统设计、培训和开发等。银行业、证券业、保险业是多伦多金融业最为重要的三个部门。由于注重严格而又审慎的金融监管，多伦多的金融体系比较稳健，受美国次贷危机和国际金融危机的冲击相对较小。多伦多证券交易所是加拿大最大、北美第三大、世界排名第七的证券交易所。

6. 约翰内斯堡。约翰内斯堡是南非最大的城市、经济中心和金融中心。约翰内斯堡证券交易所是非洲大陆上交易量最大的证券交易市场，在该交易所上市的公司市值约占非洲上市公司总市值的75%。但约翰内斯堡构建国际金融中心起步较晚，且受制于非洲整体发展水平。

（三）主要证券市场的股票指数

1. 纽约三大股票指数。

道琼斯工业平均指数（Dow Jones Industrial Average），又称道琼斯指数，以美国埃克森石油公司、通用汽车公司和美国钢铁公司等30家大型工商企业公司股票为样本股，由美国报业集团——道琼斯公司负责编制并发布。2009年6月30日，道琼斯工业平均指数收于8447.00点；2014年6月30日，该指数收于16826.60点。

标准普尔指数（Standard and Poor's Composite Index）以美国500家上市公司为样本股，由美国最大的证券研究机构——标准普尔公司编制。2009 年 6 月 30 日，标准普尔指数收于 919.32 点；2014 年 6 月 30 日，该指数收于 1960.23 点。

纳斯达克（NASDAQ）综合指数以在纳斯达克上市的 5000 多家上市公司为样本股，是代表各工业门类的市场价值变化的"晴雨表"。纳斯达克是美国全国证券交易商协会于 1968 年着手创建的自动报价系统，目前有上市公司 5200 多家，是全球最大的证券交易市场。2009 年 6 月 30 日，纳斯达克综合指数收于 1835.04 点；2014 年 6 月 30 日，该指数收于 4408.18 点。

2. 欧洲三大股票指数。

英国富时 100 指数（FTSE 100）以在伦敦证券交易所上市且市值最大的 100 只股票为样本股，覆盖伦敦证券交易所大约 80% 的市值，是反映伦敦证券市场股票行情变化的重要指标之一。2009 年 6 月 30 日，英国富时 100 指数收于 4249.21 点；2014 年 6 月 30 日，该指数收于 6743.94 点。

德国法兰克福指数（DAX Index）以 30 家主要的德国公司为样本股，由德意志交易所集团编制。2009 年 6 月 30 日，德国法兰克福指数收于 4808.64 点；2014 年 6 月 30 日，该指数收于9833.07 点。

法国 CAC40 指数以在巴黎证券交易所上市的前 40 大上市公司为样本股，由巴黎证券交易所（PSE）编制。2009 年 6 月 30 日，法国 CAC40 指数收于 3140.44 点；2014 年 6 月 30 日，该指数收于4422.84 点。

3. 亚洲重要股票指数。

恒生指数以在香港股票市场上市的 50 家上市公司为样本股，由恒生指数有限公司编制。2009 年 6 月 30 日，恒生指数收于18378.73 点；2014 年 6 月 30 日，该指数收于 23190.72 点。

日经 225 指数（Nikkei225）以在东京证券交易所交易的 225 家上市公司为样本股，由《日本经济新闻社》编制。2009 年 6 月 30

日，日经225指数收于9958.44点；2014年6月30日，该指数收于15162.10点。

沪深300指数以300家中国A股上市公司为样本股，由沪深证券交易所自2005年4月8日起联合发布。2009年6月30日，沪深300指数收于3166.47点；2014年6月30日，该指数收于2165.12点。

第四节　国际金融机构及监管

本节主要介绍在全球、区域及次区域最具影响力和重要性的国际金融机构，以及银行业、证券业和保险业领域最重要的国际金融监管合作组织，并对分业监管与混业监管、监管竞争与监管套利、征收托宾税等前沿性的国际金融监管问题进行探讨。

一、主要国际金融机构

国际金融机构又称国际金融组织，是指从事国际金融管理和国际金融活动的超国家性质的、能够协调各国金融政策、提供短期资金缓解国际收支逆差、提供长期资金促进各国经济发展的国际组织机构。

（一）全球性国际金融机构

1. 国际货币基金组织。国际货币基金组织是政府之间的国际金融组织，1945年成立，总部设在美国首都华盛顿。截至2013年底，共有188个成员国。各成员国认缴基金份额2381.2亿特别提款权，总资产约3021.95亿特别提款权。

国际货币基金组织的宗旨是促进国际货币合作；扩大国际贸易从而促进成员国的就业、经济发展和减少贫困；稳定国际汇兑，建立开放的国际支付体系；并通过提供短期贷款，解决成员国国际收支暂不平衡时产生的外汇资金需求。它的资金来源于各成员国认缴的份额。各成员国的份额由该组织根据各国的国民收入、黄金和外汇储备、进出口贸易额以及出口的波动性等经济指标确定。成员国享有提款权，即按所缴份额的比例借用外汇。

国际货币基金组织成员国的投票权由基本投票权（每个成员国都有 250 票）及加权投票权（根据各国所缴份额确定）两部分组成。国际货币基金组织重大事项决策需要超过 85% 的投票权支持。截至 2013 年末，美国的投票权数最多，占总投票权数的比重为 16.75%；中国份额占比 3.8%，排名第六位。[①]

为更好地反映世界经济格局的变化，2010 年国际货币基金组织执行董事会通过改革方案，将约 6% 的份额转移到有活力的新兴市场和代表性不足的发展中国家。按改革方案，中国所占份额将从 3.8% 上升到 6.1%，位于美国、日本之后。然而，作为国际货币基金组织最大股东的美国拥有在重大决定上的一票否决权，美国国会迄今没有批准改革方案，导致改革未能生效。

2. 世界银行集团。世界银行集团的总部设在美国首都华盛顿，是政府之间的国际金融机构。1945 年创始之初，世界银行的主要任务是帮助那些在第二次世界大战中被破坏的国家进行重建。如今，世界银行的主要职责是帮助发展中国家消除贫困，促进经济可持续发展。

世界银行集团由 5 个国际金融机构组成，即国际复兴开发银行（International Bank for Reconstruction and Development，IBRD）、国际开发协会（International Development Association，IDA）、国际金融公司（International Finance Corporation，IFC）、多边投资担保机构（Multinational Investment Guarantee Agency，MIGA）和国际投资争端解决中心（International Center for Settlement of Investment Disputes，

---

① 第一位是美国（16.75%），第二位是日本（6.23%），第三位是德国（5.81%），法国和英国并列第四位（均为 4.29%）。

ICSID)。① 国际复兴开发银行主要向中等收入国家和信誉良好的低收入国家提供贷款。国际开发协会致力于向最贫困国家提供无息贷款和赠款。国际金融公司是专注于私营部门的全球最大的发展机构，通过投融资等方式，动员国际金融市场资金，促进发展中国家的经济增长。多边投资担保机构致力于向投资者和贷款方提供政治风险担保。国际投资争端解决中心是主要针对国际投资争端的调解和仲裁机制。截至 2013 年 6 月 30 日，世界银行成员国认缴资本 2231.8 亿美元，实缴资本 134.3 亿美元。

3. 国际清算银行。国际清算银行是致力于国际货币政策和财政政策合作的国际金融组织，成立于 1930 年，总部位于瑞士巴塞尔，还有两个办事处位于香港和墨西哥城。现有 60 个成员国。我国分别于 1996 年和 2006 年成为国际清算银行成员国和董事会成员。

国际清算银行的宗旨是促进各国中央银行之间的合作，推进国际货币与金融稳定。国际清算银行的最初目的是为了处理第一次世界大战后德国的战争赔偿支付及有关清算业务。第二次世界大战后，国际清算银行的主要职责不断发展，目前包括为各中央银行和国际金融、监管当局提供促进交流和便利决策的论坛；作为经济和货币政策研究中心；作为中央银行金融交易的主要交易对手；在国际金融交易中发挥代理人和受托人的作用。截至 2013 年 3 月底，国际清算银行所有者权益 189.9 亿特别提款权，总资产 2119.5 亿特别提款权。

(二) 区域性国际金融机构

1. 欧洲投资银行。欧洲投资银行（European Investment Bank, EIB）成立于 1958 年，总部设在卢森堡，是欧盟的政策性银行，由欧盟成员国出资合营，享有独立法人地位。其宗旨是促进欧盟政策

---

① 截至 2013 年末，国际复兴开发银行共有 188 个成员国，国际开发协会共有 108 个成员国，国际金融公司共有 184 个成员国，多边投资担保机构共有 180 个成员国，国际投资争端解决中心共有 159 个成员国。

目标的实现。欧洲投资银行可以向公共部门和私人部门提供贷款，具体投向欧盟区域发展、中小企业、环境工程、交通、能源、研发与创新，以及欧盟与140多个国家签署的合作协议。为了信贷的安全，欧洲投资银行从不对一个项目进行全额贷款，一般只提供项目投资额的30%~40%。

欧洲投资银行对内主要目标是推动欧洲一体化、欧盟的平衡发展以及各成员国的经济和社会统合。主要通过提供低息或无息贷款，为欧盟公共机构和私营企业的项目提供资金便利，以支持欧盟落后地区的发展和产业转轨，并促进欧盟交通、通讯和能源等方面的发展。欧洲投资银行对外主要目标是根据欧盟与第三国签订的发展援助或合作计划，对欧盟以外地区的项目进行投资。

截至2013年末，欧洲投资银行认缴资本总额2432.8亿欧元，总资产5130.3亿欧元。

2. 亚洲开发银行。亚洲开发银行（Asian Development Bank，ADB）是亚洲和太平洋地区的区域性多边开发机构，成立于1966年，总部设在菲律宾首都马尼拉。亚洲开发银行共有67个成员国，包括48个亚太区域内成员国和19个域外成员国。其宗旨是促进亚太地区经济和社会发展，即通过开展政策对话、提供贷款、担保、技术援助和赠款等方式支持其成员在基础设施、能源、环保、教育和卫生等领域的发展。

中国于1986年加入亚洲开发银行，截至2013年末出资占比6.5%，投票权占比5.5%，是亚洲开发银行第三大股东国。① 截至2013年末，亚洲开发银行认缴资本金1628亿美元，实缴资本82亿美元，总资产约1158.68亿美元。

3. 非洲开发银行。非洲开发银行（African Development Bank，ADB）成立于1964年，是非洲最大的地区性政府间开发金融机构。

---

① 美国出资比例15.60%，投票权占比12.78%；日本出资占比15.61%，投票权占比12.78%。

总部设在科特迪瓦的经济中心阿比让。2003 年，因科特迪瓦的政局不稳，临时搬迁至突尼斯至今。非洲开发银行的宗旨是促进非洲各成员国社会与经济可持续发展和减少贫困，在区域国家之间调动和分配投资资源，为支持本地区经济发展提供政策建议和技术援助。现有非洲国家股东 53 个，域外股东 25 个。中国 1985 年成为域外股东。截至 2013 年末，非洲开发银行总资产 209.97 亿美元，所有者权益 58.3 亿美元。

4. 泛美开发银行。泛美开发银行（Inter‐American Development Bank，IDB），又称美洲开发银行，成立于 1959 年，总部设在美国首都华盛顿，是世界上历史最久、规模最大的地区性政府间开发金融机构。泛美开发银行是美洲国家组织的专门机构，其他地区国家也可加入。非拉美国家不能使用该行资金，但可参加该行组织的项目投标。截至 2013 年末，泛美开发银行总资产 734.57 亿美元，所有者权益 235.5 亿美元，实缴股本 49.4 亿美元。

泛美开发银行的宗旨是集中各成员国的力量，对拉丁美洲国家的经济、社会发展计划提供资金和技术援助。泛美开发银行的资金来源主要包括成员国分摊、发达国家成员国提供以及在世界金融市场和有关国家发行债券。资金主要用于向拉美国家企业提供贷款，促进拉美地区的经济发展。泛美开发银行现有 48 个成员国，包括 26 个借款成员国（拉丁美洲成员国）与 22 个非借款成员国。中国于 2009 年成为泛美开发银行的第 48 个成员国。

5. 欧洲复兴开发银行。欧洲复兴开发银行（European Bank for Reconstruction and Development，EBRD）成立于 1991 年，总部设在伦敦，为欧洲区域性开发援助机构。欧盟委员会（前欧洲共同体委员会）、欧洲投资银行和 39 个国家在该行拥有股权。其宗旨是帮助和支持东欧、中欧国家向市场经济转化。其投资的主要目标是中东欧国家的私营企业，以及这些国家的基础设施建设。

（三）次区域性国际金融机构

1. 中部非洲国家发展银行。中部非洲国家发展银行（La Banque de Développement des Etats del'Afrique Centrale，BDEAC）成立于1975年，是中部非洲经济与货币共同体（CEMAC）的下属机构，具有完全法人地位与独立财务预算。成员国包括喀麦隆、中非共和国、刚果（布）、加蓬、赤道几内亚以及乍得。总部设在刚果（布）首都布拉柴维尔。中部非洲国家发展银行的宗旨是促进成员国的经济社会发展，调动资金资源支持国内及跨国项目以促进区域经济融合；促进私营部门发展，支持基础设施建设以及农业发展项目。

2. 欧亚发展银行。欧亚发展银行（Eurasian Development Bank，EDB）成立于2006年，由俄罗斯政府与哈萨克斯坦政府发起组建，总部设在哈萨克斯坦阿拉木图和俄罗斯圣彼得堡。欧亚发展银行主要支持中长期的大型项目，优先支持基础设施建设（包括交通、能源、通讯以及公众设施），高附加值产品以及节能项目，旨在推动和加强欧亚地区经济的发展合作。欧亚发展银行的成员资格向所有国家和国际组织开放，前提是要符合董事会制定的标准并支付相应股本。欧亚发展银行共有6个成员国，除了发起国，其他成员国是塔吉克斯坦、亚美尼亚、白俄罗斯、吉尔吉斯斯坦。截至2013年末，欧亚发展银行注册资本为15亿美元。

3. 北欧投资银行。北欧投资银行（Nordic Investment Bank，NIB）是1976年丹麦、挪威、瑞典、芬兰和冰岛等北欧五国成立的次区域性国际金融机构，总部设在芬兰首都赫尔辛基，2005年1月吸收波罗的海三国立陶宛、拉脱维亚和爱沙尼亚加入。北欧投资银行的主要职能是对能够改善北欧和波罗的海国家竞争力和环境的项目提供资金支持，以维持该地区的繁荣和可持续发展。截至2013年末，北欧投资银行总资产234.9亿欧元，所有者权益28.3亿欧元。

（四）正在筹建中的"金砖国家开发银行"和"亚洲基础设施投资银行"

为了应对国际金融危机的冲击，为金砖国家构筑一个共同的金融安全网，简化金砖国家相互间结算和贷款业务，2013 年 3 月第五次金砖国家领导人会议上决定建立金砖国家开发银行。2014 年 7 月 15 日，金砖国家发表《福塔莱萨宣言》宣布，金砖国家开发银行初始资本为 1000 亿美元，由 5 个创始成员平均出资，总部设在中国上海。同时考虑成立一个"金砖国家应急储备安排"的基金，旨在向陷入经济危机的国家提供经济稳定基金。储备基金为 1000 亿美元，其中中国提供 410 亿美元，俄罗斯、巴西、印度分别提供 180 亿美元，南非提供 50 亿美元。总部设在上海。初始授权资本 1000 亿美元，初始认购资本为 500 亿美元，由 5 个创始国均摊。

2014 年 11 月 15 日，在出席 G20 布里斯班峰会前夕，习近平主席同巴西、俄罗斯、印度、南非金砖国家领导人会晤，他指出金砖国家要继续致力于建设一体化大市场，金融大通道，基础设施互联互通，人文大交流，建立更加紧密经济伙伴关系。要抓紧落实建立金砖国家开发银行和应急储备安排。

中共十八届三中全会决定提出，"建立开发性金融机构，加快同周边国家和区域基础设施互联互通建设，推进丝绸之路经济带、海上丝绸之路建设，形成全方位开放新格局。"

2013 年 10 月，习近平主席、李克强总理先后出访东南亚时提出了筹建亚投行建议，得到广泛支持。2014 年 10 月 24 日，21 个首批意向创始国的财长和授权代表在北京人民大会堂签约，共同决定成立亚投行，标志着由中国倡议设立的亚洲区域新多边开发机构的筹备进入新阶段。当天，正式签署《筹建亚投行备忘录》的国家包括孟加拉国、文莱、柬埔寨、中国、印度、哈萨克斯坦、科威特、老挝、马来西亚、蒙古国、缅甸、尼泊尔、阿曼、巴基斯坦、菲律宾、卡塔尔、新加坡、斯里兰卡、泰国、乌兹别克斯坦和越南共 21

个国家。11 月 25 日，印度尼西亚财政部长代表印度尼西亚政府签署筹建亚洲基础设施投资银行备忘录，印度尼西亚成为亚投行第 22 个意向创始成员。亚投行将同域外现有多边开发银行合作，相互补充，共同支持亚洲国家基础设施建设和其他生产性领域的投资，促进亚洲地区经济发展和区域性合作。亚投行法定规模拟为 1000 亿美元，初始资本认缴为 500 亿美元。预计各成员国将在 2015 年内完成章程谈判和签署工作，使亚投行在 2015 年底投入运行。

二、国际金融监管规则制定机构

在金融全球化条件下，金融监管越来越多地依靠各国政府的协调与合作，国际性金融监管组织应运而生。

1. 国际银行业监管组织。巴塞尔银行监管委员会（Basel Committee on Banking Supervision，巴塞尔委员会）是跨国银行业监管最重要的机构，1974 年由十国集团中央银行行长倡议建立。巴塞尔委员会是国际清算银行下属的一个委员会，总部设在瑞士巴塞尔。

巴塞尔委员会制定了一系列重要的银行监管规定，其监管理念和规则不断发展完善。1988 年，《巴塞尔资本协议》（Basel I）颁布，首次提出了统一的风险加权式资本衡量标准。此后，巴塞尔委员会逐步将市场风险、信用风险等纳入衡量系统。2004 年通过《巴塞尔资协议 II》开始强调最低资本要求、外部监管和市场约束三大支柱的作用。为了应对此次国际金融危机的影响，《巴塞尔资本协议 III》于 2011 年正式出台，对各国银行监管提出了更加严格的资本标准及过渡期安排。

虽然巴塞尔委员会不是严格意义上的银行监管国际组织，但事实上，已成为银行监管国际标准的制定者。巴塞尔委员会提出的一系列规范性文件，为各国银行业的金融监管提供了重要原则。

2. 国际证券市场监管组织。国际证监会组织（International Organization of Securities Commissions，IOSCO）是证券监管领域最重

要的国际组织，成立于 1983 年。其前身为成立于 1974 年的证监会美洲协会。国际证监会组织总部设在西班牙马德里。国际证监会组织的主要目的是建立证券与期货交易的国际标准，加强全球及区域内的经验交流和信息交换，维护证券市场的公正、有效和合理发展。

根据国际证监会组织章程，同一辖区下只能有一个监管机构成为正式会员，其他监管机构可成为联系会员（无选举权和被选举权），交易所、金融机构等可成为附属会员。截至 2013 年底，国际证监会组织共有 204 个会员机构，其中包括 117 个正式会员，12 个联系会员和 75 个附属会员。中国证监会于 1995 年成为国际证监会组织的正式会员。

3. 国际保险市场监管组织。国际保险监督官协会（International Association of Insurance Supervisors，IAIS）于 1994 年在瑞士成立，是国际保险领域最有影响力的组织。国际保险监督官协会负责制定并实施保险领域监管的原则、标准，为成员及观察员交流监管和市场经验提供平台。国际保险监督官协会在制定全球保险监管标准、改善跨行业的监管、推动保险监管国际规则的执行等方面取得了明显成效，于 2011 年发布了《保险监管核心原则、标准、指引和评估方法》，成为所有区域监管者的基本指导原则。

截至 2013 年末，国际保险监督官协会有来自 140 个国家和地区性保险监管部门的 200 余名会员，以及来自保险行业、国际货币基金组织等国际组织的 130 名观察员。2000 年，中国保监会成为国际保险监督官协会的成员。

4. 金融稳定理事会。金融稳定理事会是国际公认的全球金融标准制定与执行的核心机构，也是化解金融风险、促进金融监管及相关政策制定的国际机构。其宗旨是促进和维护各国和全球体系稳定。金融稳定理事会的前身是金融稳定论坛。在亚洲金融危机及长期资本公司倒闭后，为促进国际金融稳定、改善金融市场的运作以及降低金融市场动荡的危害，1999 年，七国集团财长和央行行长发起建立了金融稳定论坛，评估影响全球金融稳定的脆弱环节，研究监督为克服金融体系脆弱性而采取的行动，改善金融稳定当局与国际监管组织的协调及信息交流。根据二十国集团伦敦峰会宣言，2009 年 4 月金融稳定论坛正式转型为金融稳定理事会，并扩员至二十国集团成员及有系统性影响的经济体和国际组织。

第五节　国际金融危机的防范与化解

本节对历史上发生的典型金融危机进行梳理和总结，着重介绍 2008 年全球金融危机演变的过程，剖析其根源以及对经济社会造成的影响，并对各国的应对措施进行阐述。

一、金融危机与国际金融危机

金融危机是指一个国家或几个国家和地区绝大部分金融指标，包括短期利率、资产价格、偿债能力以及金融机构破产等的急剧、短暂、超周期恶化。金融危机按地域分为国内金融危机、区域金融危机及世界金融危机；按性质分为银行危机、货币危机、债务危机、综合性危机。近年来，金融危机常常表现为多种类型相互转化共生，危机的爆发频率趋于上升，传染效应增强。

（一）历史上的金融危机

1637 年郁金香狂热

17 世纪 30 年代后期，郁金香成为荷兰和法国等投机者猎取的对象，出现全民买卖郁金香的狂潮，郁金香价格狂飙，价格完全背离价值。1637 年 2 月，卖方突然大量抛售，公众陷入恐慌，郁金香价格暴跌，仅一周时间均价下跌 90%。无数人瞬间倾家荡产，欧洲经济陷入衰退。

1837 年经济恐慌

1836 年，为使美国经济摆脱美国联邦银行严格的信贷控制，美国总统杰克逊将政府存款与黄金储备移出了这家实力雄厚、稳健经营的银行，转而存入各州立银行，迫使美国联邦银行破产。由于美国联邦银行拥有大量外国人存款，作为报复，英国立即停止了对美国的各种贷款，国际银行家也随之紧缩美国银根，使美国陷入了严重的"人为"货币流通量剧减的境地。1837 年，大量银行破产倒闭，最终引发经济恐慌。

1929～1933 年大萧条

20 世纪 20 年代，在分期付款和银行信贷的刺激下，美国经济进入繁荣期，但这背后却隐藏着一些较为严重的问题。资本家为追逐利润盲目扩大生产，使得生产和销售之间的矛盾日益尖锐；农业不景气，农村购买力不足，工业增长和社会财富的再分配极端不均衡；股票投机活动猖獗，股价被大幅哄抬，金融市场很不稳定。1929 年 10 月 24 日，纽约证券市场突发崩盘，股票价格暴跌，引发金融危机。危机期间，美国抽回了大量对德国的投资，引发德国经济崩溃。英国由于在德国存在大量投资，也被拖入危机。金本位制度下，个人和银行更愿意持有黄金，使得各国黄金储备减少，导致全球范围内的通货紧缩，美国国内货币政策的失误加剧了通货紧缩的困境，将金融危机推向大萧条的深渊。

1982 年拉美债务危机

20 世纪 70 年代，一些拉美国家为发展经济而大量借入外债，这些外债规模之大、增长之迅速，远远超出了这些拉美国家的承受能力和管理能力。许多国家的外债过多用于周期长、收效慢的非生产性工程上，不能及时创造偿债能力。

到 20 世纪 70 年代末 80 年代初，由于世界经济形势恶化，美欧采取紧缩政策，国际资本流动方向逆转，拉美国家借贷成本和债务负担显著增加。1982 年 8 月，墨西哥政府因为无力偿还到期的外债本息，在向国外银行请求延期遭拒后，宣布无限期关闭外汇市场的汇兑业务，暂停偿付外债等措施，从而引发市场恐慌。随后，巴西、阿根廷、委内瑞拉、智利、秘鲁等拉美国家也相继因债务问题陷入危机。

1987 年美国储贷危机

美国储贷协会原本是一种专门吸收储户存款，发放长期（15～30 年）、固定利率住房抵押贷款的金融机构，是"大萧条"以后美国政府推行"居者有其屋"政策的主要工具。但此类机构"借短贷长"的运营模式蕴含着期限错配的风险，对利率变化即为敏感。20 世纪 60 年代中期，市场利率迅速上升，储贷协会的固定利率贷款遭受损失，而货币市场基金的出现又使其廉价的资金来源大大减少。20 世纪 80 年代初，大批储贷协会出现亏损。但这时美国却开始实施储贷协会的自由化，允许协会经营风险较高的商业银行业务，包括垃圾债券。协会也放松了对房贷授信条件以及风险管理的控制，投资方向明显倾向于高风险项目。20 世纪 80 年代中期，美国房地产价格下跌，储贷协会遭受重大损失，为其提供保险的联邦储贷保险公司的保险基金也在 1987 年耗尽，储贷危机全面爆发，损失高达数百亿美元。最终美国政府通过债务重组处理了储贷协会的不良资产，提高了此类机构的资本金要求和存款保险费，并严格控制其资金运用方向。

（二）1997～1998 年亚洲金融危机

1996 年，由于经常项目逆差迅速扩大、泰国经济形势急剧恶化，使泰铢面临巨大的贬值压力。为了维持钉住汇率制度，保持泰铢稳定，泰国中央银行加大对外汇市场的干预，为国际投机资本提供了可趁之机。从 1997 年初开始，国际投机商对泰铢发起连续攻击，通过本币远期合约和股指期货合约形成钳形攻势。为了维护泰铢汇率稳定，泰国中央银行动用外汇储备进行市场干预，最后，外汇储备基本枯竭。1997 年 7 月 2 日，泰国政府被迫放弃钉住汇率制度，实行浮动汇率制度，当天泰铢对美元的汇率最低曾达到 32.6∶1，贬值幅度高达 30% 以上。

泰铢大幅度贬值，不仅给泰国经济造成重大冲击，而且迅速波及菲律宾、马来西亚、新加坡、韩国和印度尼西亚等整个东南亚地区，东南亚等国也不得不宣布本币汇率自由浮动，最终形成了震惊世界的亚洲金融危机。东南亚各国和韩国等本币汇率巨贬，股市狂跌，利率暴升。工商企业破产，大批工人失业，经济严重衰退。据国际货币基金组织统计，仅在 1997 年，亚洲金融危机给世界投资者造成的直接经济损失达 7000 亿美元，为第一次世界大战经济损失的两倍多。

二、2008～2009 年国际金融危机

（一）演变历程

第一阶段：美国次贷危机

2006 年之前，美国利率水平较低，住房市场持续繁荣，次级抵押贷款市场迅速膨胀，占住房按揭贷款的比重由 2002 年的 6% 大幅上升至 2006 年的 20%。为了追逐更多利润，投资银行将次贷进行资产证券化处理，形成金融衍生产品，比如房地产抵押贷款支持证券（MBS）和担保债务凭证（CDO）等，吸引机构投资者。为抑制经济过热，美联储连续提高利率，一方面造成购房者的还贷负担加重，次贷违约率急剧上升；另一方面促成美国住房市场降温，房屋价格下跌，引发以次贷为基础的证券资产价格大幅下降。2007 年 7 月，标普和穆迪两家信用评级机构下调抵押贷款支持债券的等级，货币市场流动性紧缩，金融机构资产遭受重创。2007 年 8 月，美国次贷危机席卷整个美国，美国第二大次级抵押贷款机构新世纪金融公司破产，贝尔斯登公司所属两家对冲基金破产，美国股市大跌。

第二阶段：美国金融风暴引发国际金融危机

金融风暴很快从抵押贷款机构、投资银行蔓延到保险公司、储

蓄机构和商业银行。2008年3月14日，美国投资银行贝尔斯登向摩根大通和纽约联储寻求紧急融资，17日，摩根大通同意收购贝尔斯登。9月7日，美国财政部宣布，向美国抵押贷款巨头——"房地美"（Freddie Mac）和"房利美"（Fannie Mae）提供资金援助，并由联邦住房金融局接管"房地美"和"房利美"。9月14日，美林证券被美国银行收购。9月15日，雷曼宣布申请破产，当天全球股市暴跌。9月16日，美联储宣布已授权纽约联邦储备银行向陷入破产边缘的美国国际集团（American International Group，AIG）提供850亿美元紧急贷款，同时获取该集团近79.9%的股份，正式接管这家全球最大的保险巨头。9月22日，美联储批准摩根士丹利和高盛证券改变投资银行性质，改为银行控股公司，以便降低筹资难度，度过资本金不足的危机。美国金融业巨头纷纷倒下，引发了全球金融市场恐慌，于是，美国次贷危机演变成国际金融危机。

据粗略估计，全球金融机构与次贷相关的损失超过2000亿美元，其中美国占据了一半，欧洲承担了四成，亚洲和加拿大承担了其余的一成。遭受损失的金融机构被迫抛售资产，又导致金融产品价格不断下跌，金融机构的资产负债表恶化，形成恶性循环。金融市场的动荡促使金融机构奉行"现金为王"的策略，惜贷情绪严重，导致市场流动性严重不足，2009年，在危机冲击下，全球经济收缩了0.4%，发达国家下滑了3.4%。美国、欧洲、英国和日本等主要发达国家陷入严重的经济衰退，印度和巴西等新兴市场国家也出现了经济放缓。

第三阶段：欧洲主权债务危机

全球金融危机和经济衰退加剧欧洲发生主权债务危机。由于长期实行高工资、高福利政策，欧洲一些国家的经济竞争力受到削弱，国家财政支出负担沉重。2009年10月20日，希腊政府宣布当年财政赤字占国内生产总值的比例将超过12%，远高于欧盟设定的3%上限。随后，全球三大评级公司相继下调希腊主权信用评级，欧洲主权债务危机率先在希腊爆发。而欧元区其他一些国家，如爱尔兰、葡萄牙、西班牙、意大利等，也存在类似问题，引起了更大的关注和担忧。投资者纷纷抛售上述五国主权债券，导致债券价格下跌而收益率大幅攀升。这些国家难以从资本市场上融资，进一步加剧了偿付能力危机，欧洲主权债务危机爆发。欧元遭到抛售，欧洲股市暴跌，德国等欧元区核心国家也受到较大影响。与此同时，三大评级机构交替调降欧元区核心国家银行业信用评级，债务风险与银行业风险交织叠加，危机深度肆虐整个欧洲。

2010 年 5 月 9 日，欧盟和国际货币基金组织联手推出总值 7500 亿欧元的救助计划，用于成立欧洲金融稳定基金（European Financial Stability Facility，EFSF），以稳定欧洲金融形势，后于 2013 年年中转为永久性的欧洲稳定机制（European Stability Mechanism，ESM）。欧洲中央银行（European Central Bank，ECB）开始购买欧元区成员国债券。另外，2011 年 10 月私人债权人也同意将所持希腊债务"自愿"减值 50%。为重回资本市场，缓解债务危机，欧元区重债国和其他成员国纷纷采取了财政紧缩措施。但由于很多国家竞争力长期低下，在有效需求萎缩、失业率上升、经济增长动力不足的情况下，紧缩政策并没有使这些国家的债务和财政状况得到根本改善。2010 年希腊财政赤字占 GDP 的比重为 11.0%，2011 年和 2012 年虽有所降低，但 2013 年又攀升至 12.7%。该国政府债务总额占 GDP 比重则从 2010 年的 148.3% 上升到 2013 年的 175.1%。整个欧元区也陷入促进经济增长和缩减财政赤字的两难处境，2010 年以来经济增长率逐年降低，2012~2013 年连续两年负增长，2014 年虽现向好迹象，但复苏进程依然艰难曲折。

（二）危机的根源

一是自由市场经济理念极端化。包括美国在内的一些主要发达国家，坚持市场原教旨主义思想，认为市场参与者总是有理性预期，偶尔出现的偏差也可以通过市场力量纠正。在这种思潮的影响下，金融管制和金融分业经营逐渐淡化，《格拉斯—斯蒂格尔法案》（*Glass - Steagall Act*）于 1999 年被废止，以致虚拟经济过度发展，金融衍生产品层出不穷。银行将贷款证券化打包销售，转移了风险，也就没有动力去监督评估借款人的风险，使得 MBS、CDO 等金融衍生品的最终风险无法识别，只能依靠评级机构评级确认，造成系统性风险的累积。

二是国际货币体系不合理。由美元主导的单极化国际货币体系存在收益与责任严重失衡的问题。美元是国际最主要的储备货币、计价货币和结算货币。但是，美国将国内政策目标作为货币政策操作的唯一准则，其溢出效应导致国际金融市场的振动。

处于国际分工体系低端的贸易盈余国在长期的出口贸易中积累了大量外汇储备，但由于缺乏投资渠道，只能通过购买美国的金融资产使手中多余的美元流回美国，从而形成了一个以贸易（实物）—金融（资本）为链条的全球大循环。而这一循环却缺乏对中心国家美国的监督机制，使得美国信用过度膨胀，直至形成严重的偿付能力危机。

三是过度消费的福利制度。从表面看欧洲主权债务危机起源于 2007 年美国次贷危机，是 2008 年国际金融危机的发酵。实际是与欧洲国家长期奉行的高福利政策以及过度消费分不开的。以希腊为例，其社会福利支出占财政支出的比重在 2000 年为 31.7%，到 2005 年上升至 37.2%，即使在主权债务出现危机后，政府为了获得民意支持率和选票，使得福利水平呈刚性攀升，2010 年高达 41.6%。这种高福利制度不仅使人滋生依赖和懒惰心理，导致长期结构性失业，而且也必须以大量的财政资源为支撑，在政府债务状况不佳的时候只会加速财政赤字的恶化。

（三）主要发达国家的反危机政策

为应对国际金融危机，主要发达国家都采取了各种救市政策。2008 年 2 月，美国政府和六大房贷商提出"救生索计划"，帮助那些因还不起房贷而将失去房屋的房主；10 月推出 7000 亿美元用于购买银行以及其他金融机构的不良资产；11 月再次投入 8000 亿美元用来解冻信贷市场。同时，美联储在 2007 年 9 月至 2008 年 12 月间将联邦基金利率由 5.25% 下调至 0～0.25%，并维持这一低利率水平至今；先后推出三轮量化宽松货币政策。除此之外，为提振经济，促进就业，美国还实施了扩大投资基础设施、推行再工业化的战略。

欧洲国家也实施了大规模的危机应对计划，主要包括欧洲中央银行下调基准利率至 0.25%，并实施了两轮 3 年期的长期再融资操作（LTRO），规模分别为 4892 亿欧元和 5295 亿欧元。由欧盟委员会、欧洲中央银行与国际货币基金组织组成的"三驾马车"出巨资救助，其中，欧盟委员会与国际货币基金组织联手斥资 7500 亿欧元。2010 年 5 月，设立欧洲金融稳定工具和欧洲稳定机制两道"防火墙"。欧洲金融稳定工具为期三年，并于 2011 年 10 月将其规模扩大至 1 万亿欧元。欧洲稳定机制为欧盟永久性救助基金，于 2012 年 10 月正式启动，能提供规模为 5000 亿欧元的贷款。2012 年 3 月，希腊实施债务置换计划，对总规模高达 2730 亿美元的主权债务进行重组。

2008～2009 年，日本出台了四个经济刺激计划，总规模超过 130 万亿日元，其中，2009 年 4 月出台的"经济危机对策"，总额高达 56.8 万亿日元，是日本历史上规模最大的经济刺激方案，仅财政支出就达 15.4 万亿日元。信贷及货币政策包括下调基准利率、稳定金融系统、提高对企业融资的支持力度，在 2008 年底，日本又重回了"零利率时代"。财税政策方面重点解决就业和企业资金不足问题，中央财政将增资政策性金融机构作为解决这些问题的途径之一。2012 年末，日本首相安倍晋三上台后加速实施经济刺激政策，即所谓的"安倍经济学"，其内容包括宽松的货币政策、积极的财政政策以及旨在刺激私人部门投资的经济增长战略。

第六节　人民币国际化

人民币国际化已成为国内外广泛关注的研究课题。近几年，人民币跨境使用正在迅速推进。人民币国际化是一个非常重要而又十分复杂的问题。此节仅对涉及人民币国际化的几个问题进行概述。

一、货币国际化的基本条件

英镑和美元先后成为国际货币体系中最主要的货币。除美元外，当今世界的主要货币还有欧元、日元、英镑。纵观历史，货币国际化要具备经济、金融方面的基本条件，也要有可供选择的历史机遇。

一是经济实力长期居于强国地位。经济实力的增强是一国货币国际化的基础。从本质上讲，一国货币国际化是其货币参与国际竞争、获取竞争优势的过程，归根结底是一国经济实力和综合国力的集中体现。主要储备货币无一不是在本国（地区）经济实力发展到一定程度的基础上而走向国际化的。

二是国际贸易占比较高。一国进出口贸易规模直接决定该国货币的国际需求量。比如，在英镑国际化初期，英国的进出口贸易额在全世界的占比接近25%。第二次世界大战后，美元代替英镑成为最主要的储备货币，当时美国的进出口贸易额在世界的占比大约为15%。德国和日本也是在其进出口贸易额全球占比达到10%左右时，开始推动本国货币的国际化进程的。

三是国际投资发展较快。近现代以来，随着科技进步、金融创新和经济全球化，国际投资成为一国经济增长中非常活跃的因素。从某种意义上讲，一国资本是否能够较为顺畅地双向自由流动——可以用资本流动规模衡量——标志着一个国家金融市场的深度、宽度和开放程度，而一个较为深化、宽化和开放的金融市场，不仅能够支撑本币"走出去",而且能够使更多的国际投资者愿意持有该国货币、愿意投资该国金融市场,使本币"流回来"。因此,国际投资发展和资本自由流动是一国货币国际化的重要前提。

四是货币币值稳定。在一定条件下,一个国家的货币币值越稳定,人们储备这种货币的愿望就越强。比如,在布雷顿森林体系,"双挂钩"制度使美元成为主要国际储备货币。德国通过较好地控制通货膨胀,保持了德国马克汇率的基本稳定,为德国马克国际化奠定了基础。

五是国际重大政治经济事件为一些后起国家的货币国际化提供了契机。比如,两次世界大战是美元取代英镑主导地位的主要驱动因素。再如,美元危机导致布雷顿森林体系解体,从而加快了德国马克和日元的国际化进程。

二、人民币国际化是中国实体经济对外高度开放的客观需要

（一）人民币国际化的定义和提出的背景

所谓人民币国际化,最简单的表述就是人民币跨境被广泛使用。较为完整的定义是,人民币在国际范围内行使货币功能,逐步成为主要的贸易计价结算货币、金融交易货币及国际储备货币。人民币国际化,有时被用于指人民币成为国际货币的过程,有时被用于指实现人民币真正国际化的目标。

中国政府对人民币国际化一直采取审慎方针,直到现在,中国政府有关文件和领导人公开讲话都未提出"人民币国际化",只是讲"推动人民币可兑换",或者是"扩大人民币的境外使用"。1993年中国政府提出,"中国外汇管理体制改革的长远目标是实现人民币可自由兑换"。尽管人民币可自由兑换并不等同于人民币国际化,但推进人民币可兑换有利于增强人民币跨境使用的便利性,为人民币国际化创造了有利条件。2008年美国出现严重金融危机,引发国际社会进一步讨论完善国际货币体系。11月,时任国家主席胡锦涛

在二十国集团峰会上提出"改善国际货币体系，稳步推进国际货币体系多元化"，引起国际社会普遍关注。2009 年 6 月后，我国开始人民币跨境贸易和投资结算的试点，扩大与人民币直接交易的外币品种，发展香港等人民币离岸中心，人民币国际化步伐明显加快，人民币国际化成为国内外广泛热议的题目。

（二）人民币国际化是中国实体经济高度对外开放的客观需要

我国正在深度参与经济全球化，对外贸易和投资迅速增长。2013 年，我国进出口总值实现 4.2 万亿美元，是 2003 年的 4.9 倍，名列世界第一。截至 2013 年末，我国有 1.53 万家境内投资者到 184 个国家和地区设立 2.54 万家对外直接投资企业，累计投资存量达到 6600 亿美元，其中 2013 年首次超过 1000 亿美元。预计 2014 年对外直接投资超过外商直接投资。我国对外贸易和投资多采用美元结算，由于人民币和不少外币不能直接交易，贸易双方要将本币兑换成美元进行结算，增加了汇兑成本。美元汇率有升有降，总体上是逐步下降。从 2005 年人民币汇率改革到 2013 年末，美元对人民币已贬值 37%。这使长期持有美元者承担了巨大汇率波动风险。不仅如此，由于长年保持对外贸易和投资双顺差，我国积累了巨额外汇储备，只能大量投资于收益较低的美国国债等资产，巨额储备资产存在因相关货币贬值而缩水的巨大风险。由于人民币不是国际货币，影响到中国与有关区域和国家发展长久稳定的、互惠互利的战略伙伴关系，不利于中国参与经济金融的全球化，损害了中国在国际市场的竞争力。因此，人民币国际化是我国实体经济高度对外开放的客观需要，是现行不合理的国际货币体系对我国形成的倒逼。

人民币国际化是我国实体经济高度对外开放的客观需要，客观上也有利于促进国际货币体系多元化。现行国际货币体系存在严重弊端，但是，改革现行国际货币体系十分艰难，可行的办法是，继续发挥美元的主导作用，稳定欧元，促进其他货币特别是人民币的国际化。将人民币改革为币值长期稳定、利率和汇率由市场形成、可以方便自由兑换的国际货币，有利于促进和完善国际货币体系，促进全球经济稳步发展。

（三）人民币国际化已具备基本条件

人民币国际化进程取决于国际市场对人民币的需求程度和我国供给一个合格的国际货币的能力。一般认为，作为一种广泛使用的国际货币应具备三个基础条件，即经济规模、货币的流动性、货币的稳定性。人民币国际化的基本条件正在形成。

1. 较强的经济金融实力。我国已成为全球第二大经济体，今后几年仍会保持着较高的经济增长速度。金融对外净债权居世界第二位。2013 年对世界经济增长的贡献率接近 30%。中国进出口总额、外汇储备已位居世界第一。对外直接投资居世界第三位。

2. 人民币可兑换的程度不断提高。1996 年底，我国实现人民币在经常项目下的可兑换。截至 2013 年末，按国际货币基金组织对资本项目分类，我国实现可兑换、基本可兑换、部分可兑换的项目已占到 85%。境内外合格机构投资者（QDII、QFII）核定数量和投资额度不断增加，加上顺利推进股票市场"沪港通"，人民币资本项目可兑换也将基本实现。

3. 人民币的稳定性逐步增强。我国财政政策和货币政策有较大的调控空间，有条件促进宏观经济的稳定发展。人民币利率市场化和汇率市场形成机制取得重大进步，人民币利率市场化基本实现，人民币汇率在合理区间按市场供求浮动已成常态。金融市场运行良好。2013 年底，我国银行业的不良贷款率仅为 1.49%，加权平均资本充足率达到 12.19%。股票市场和债券市场规模也均位居世界前列。预测 2014 年，我国经济总量将超过 61 万亿元，年末货币供应量超过 125 万亿元。再过十年，我国各项经济、金融总量将会更多增长。只要不断增加国家经济实力，提高人民币流动性和稳定性，就能使人民币国际化稳步推进。

三、人民币国际化的指导思想、基本步骤和路径

（一）指导思想

立足实际，服务实体。人民币国际化主要是为了规避跨境贸易和投资的汇率风险、降低汇兑成本、促进实体经济高度开放。因此，应根据实体经济的开放广度和深度，视国内外宏观经济形势，把握历史机遇稳妥、积极推进。

市场选择，政府推进。扩大人民币跨境使用，归根结底取决于市场主体自主选择，取决于各方对中国经济长期稳定健康发展和人民币币值坚挺、交易便利、金融市场发达的信心。同时，也应加强政府顶层设计和统筹协调，扩大双边、多边本币互换，积极培育人民币离岸中心及离岸市场。与此同时，在和有关区域和国家建立和发展经济战略伙伴关系的同时，扩大人民币与有关区域和国家的货币合作。

循序渐进，风险可控。根据内外部环境的发展变化，按照人民币国际化的目标、基本步骤和路径，主动、审慎地推进人民币的国际化。充分认识和防范人民币国际化带来的风险，加强国际收支平衡，提高重大风险的处置能力。

（二）基本步骤

人民币要成为广泛使用的主要国际储备货币，需要经历一个较长的过程。这个过程是复杂的，但也会显示出阶段性。一般来说，实体经济对外开放，首先从对外贸易开始，希望人民币成为国际结算货币；紧接着扩大对外投资，希望人民币成为国际投资货币；在这以后较长时期，人民币币值长期稳定，实行自由兑换和市场定价，中国国际地位空前提高，人民币则成为重要的国际储备货币。

第一个步骤，强化人民币的计价、结算、支付功能，扩大人民币在国际贸易中的结算比例，促使人民币成为国际结算货币。随着我国国际贸易规模的不断扩大，采用人民币进行计价结算的要求与

日俱增。当前，要完善人民币离岸清算安排，进一步发展货币互换，更好地推动跨境贸易人民币结算的发展，逐步扩大人民币在境外的存量。

第二个步骤，实现人民币基本项目可兑换，拓宽人民币的回流渠道，使人民币成为全球重要的投资货币。当人民币跨境结算和人民币对外投资达到一定规模后，境外就会形成较大规模的人民币资金池，人民币境外持有者出于保值、增值的需要，会积极寻求投资渠道。因此，要适时推进人民币资本项目可兑换，为境外人民币拓宽回流渠道，丰富境外持有者的投资选择。

第三个步骤，全面实现人民币利率和汇率市场化，实现人民币及时、方便、全面可兑换，采取一系列措施，增强全球对人民币的信心，使人民币成为主要国际储备货币，并在各国外汇储备中达到较高的比例。

（三）主要路径

人民币国际化通过市场形成、政府促进、区域合作来推进，并按照"周边化—区域化—国际化"的路径来发展。

人民币国际化自始至终都要通过扩大人民币市场供求来推进。要大力发展人民币与其他国际货币的交易范围和交易量，特别发展人民币与境外货币的直接交易。目前，人民币与其他国际货币的交易有两种方式：一种是人民币与境外货币直接交易，汇率按市场供求决定；另一种是与其他大量外币的交易，其汇率通过各方货币与美元汇率套算。今后要把人民币对外币的直接交易品种扩大到更多的重要货币。与此同时，要完善人民币与外币的交易清算机制，允许人民币依规有序流出境外，发展在中国境外的人民币经营和管理业务，特别是大力发展香港等地人民币离岸业务中心。

人民币国际化要通过区域及国家间货币合作推进。加强中国与其他"金砖国家"的货币合作，成立"金砖国家"开发银行和应急安排，作为国际金融机构的补充。建立和用好中、日、韩和东盟10

国共建的外汇储备库。创建亚洲基础建设银行。在与一些重要国家的能源和基础设施建设中扩大人民币和对方货币运用的范围。2013年9月7日，习近平主席访问哈萨克斯坦时首次提出与有关国家共同建设"丝绸之路经济带"。2013年10月3日，他访问印度尼西亚时提出共同建设"21世纪海上丝绸之路"。在实施"一带一路"发展战略中，有关国家之间将建立和发展货币合作关系，必将进一步促进人民币国际化。

人民币国际化也要发挥政府机构的作用。主要是扩大人民银行和有关国家、地区货币管理当局的双边货币互换规模，提高实际互换比例。2002年，中国人民银行已与日本、韩国、马来西亚等中央银行签署货币协议，到需要进行货币互换时，要以当时汇率向对方提供美元，目的在于稳定金融市场。此后，中国人民银行与有关国家及地区签署的货币互换，如有需要，可以将本币提供给对方，这就增加了人民币依规有限流出境外的渠道。

四、人民币国际化步伐加快

（一）跨境贸易人民币结算发展顺利

2009年7月，我国开始开展跨境贸易人民币结算试点，至今已有5年，人民币跨境贸易投资结算规模迅速扩大。2009年试点时当年结算量只有36亿元，但2014年前三个季度已达到4.8万亿元。人民币已成为我国第二大跨境支付货币，人民币跨境收支占全部外币跨境收支的比重已接近25%，货物贸易进出口人民币结算比重超过15%，与我国发生跨境人民币收付的国家达到174个。

（二）资本与金融项下人民币业务不断突破

人民币资本项目可兑换步伐加快，人民币外汇市场交易已初具规模。根据国际清算银行2013年的报告，人民币外汇市场日均交易量达到1200亿美元，位列全球第九。同时，以人民币计价的国际债券、股票、衍生品以及境外贷款仍处于起步阶段，规模较小。

亿元
50000

48200

46300

40000

30000
29400

20000
20800

10000
5061

0

2010年　2011年　2012年　2013年　2014年前三个季度

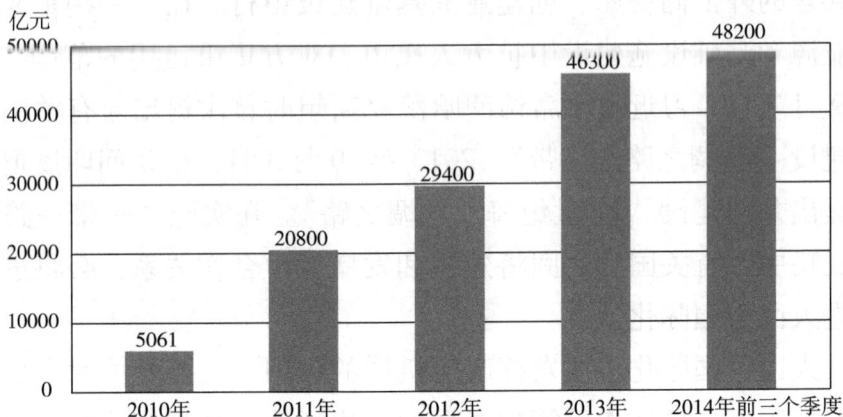

资料来源：中国人民银行。

图7-1　2010年至今中国跨境贸易人民币结算业务量统计

（三）外经贸领域人民币计价扩大

2013年1月，我国海关总署调整对外贸易统计数据的计价货币，即进出口总值、出口总值、进口总值以及贸易差额，将这四项统计指标的计价货币由单一美元改为人民币和美元双币种。自2014年1月起，海关总署以人民币为主公布海关主要统计数据系列报表。从2014年第一季度开始，商务部以人民币和美元同时公布对外直接投资、外商直接投资、工程承包等统计数据。

（四）货币互换协议规模持续扩大

货币互换协议是指互换双方可在必要时，在一定规模内，以本国货币为抵押换取等额对方货币，向两地商业银行设于另一方的分支机构提供短期流动性支持。截至2014年11月，我国已与28个境外中央银行或货币当局签署双边货币互换协议，总额度达到3万亿元。

（五）人民币离岸市场快速发展

人民币离岸业务是指在中国境外经营人民币的存放款业务及其他金融业务。在人民币没有完全可兑换前，流出境外的人民币有一个交易市场，才能够促进、保证人民币的运用。经双方货币当局协商，先后在港澳台地区、新加坡、伦敦、法兰克福、首尔、巴黎、卢森堡等地建立人民币清算安排。中国香港已成为第一个人民币离岸市场所在地，成为最主要的人民币离岸市场。2013 年，经香港银行处理的人民币贸易结算额超过 3.8 万亿元，是 2010 年的 10 倍；人民币存款余额超过 1 万亿元，贷款余额为 1156 亿元；人民币债券发行量为 1166 亿元。与此同时，新加坡、伦敦、法兰克福等人民币离岸中心或离岸市场也有了较快发展，并且已经达到了一定规模。

（六）人民币与外币直接交易扩大

在全国银行间外汇市场，人民币已与多种货币实现了直接交易，既包括美元、欧元、日元和英镑等主要货币，也包括俄罗斯卢布、马来西亚林吉特、澳大利亚元、新西兰元等。其中，人民币与马来西亚林吉特直接交易的时间是 2010 年 8 月 19 日；人民币与俄罗斯卢布的直接交易时间是 2010 年 11 月 22 日；人民币与日元的直接交易时间是 2012 年 6 月 1 日；澳大利亚元与人民币的直接交易时间是 2013 年 4 月 10 日；人民币与新西兰元的直接交易时间是 2014 年 3 月 19 日；英镑与人民币直接交易时间是 2014 年 6 月 19 日；欧元与人民币直接交易时间是 2014 年 9 月 30 日；新加坡元与人民币直接交易时间是 2014 年 10 月 28 日；韩元与人民币直接交易时间是 2014 年 12 月 1 日。

（七）人民币开始进入一些国家的外汇储备

人民币作为储备货币已获得一些国家的认可，尽管人民币尚未进入可划分币种的外汇储备统计，但是，截至 2014 年 9 月，全球已有近 40 个国家及地区中央银行或货币当局实际上已将人民币作为其一部分储备货币。2014 年 10 月 21 日，英国政府发行人民币主权债，所获人民币一部分将成为其外汇储备。人民币已成为全球第 7 位储备货币。

五、积极稳妥推进人民币国际化

（一）增强经济实力，深化改革开放

一是坚持转变经济发展方式，调整经济结构，实行科技创新，推进区域经济发展一体化和城乡经济发展一体化，实现经济发展"新常态"，争取在较长时期保持中等发展速度，全面提高我国经济实力。完善宏观金融调控机制，确保人民币币值对内、对外保持长期稳定。同时，要提高中央银行货币政策操作的独立性，完善中央银行资产负债表的管理制度，增强世界各国，特别是国外企业和人民大众对人民币的信心，为人民币国际化奠定坚实的基础。

二是推进人民币利率、汇率市场化改革，提高我国金融市场稳定性和国际竞争力。积极推进利率和汇率市场化改革，逐步放松和取消对利率和汇率的行政管制，形成由市场主体根据资金市场供求变化自主调节的利率和汇率形成机制，促进国内金融市场的发展和完善。推动我国金融市场与世界市场对接，引导国际资本参与国内资本与外汇交易，为人民币国际化提供支撑。

三是培育综合经营的跨国金融企业集团。我国现有大型金融企业，资产规模和核心资本名列世界前列，但是，与国外金融集团相比，综合经营能力较弱，难以和国外大型金融企业集团竞争。因此，要创造条件，积极组建集银行、证券、保险等多种功能于一身的大型跨国金融企业集团，扩大人民币在境外的广泛运用，促进人民币在全球更加便捷的流通，为我国跨国企业和其他国际工商企业及时、方便、有效地提供服务。

（二）建设上海国际金融中心

把上海建成国际金融中心，是国家早已制定的战略目标。1991年，邓小平同志视察上海讲话时就提出把上海建成国际金融中心。他说："上海过去是金融中心，是货币自由兑换的地方，今后也要这样搞。中国要在金融方面取得国际地位，首先要靠上海。"1992

年，党的十四大报告提出，以浦东开发开放为龙头，"尽快把上海建成国际经济、金融、贸易中心之一"。2009年国务院发布《关于推进上海加快发展现代服务业和先进制造业建设国际金融中心和国际航运中心的意见》，明确建设上海国际金融中心的指导思想、原则、目标、任务和措施，提出到2020年将上海基本建成与我国经济实力以及人民币国际地位相适应的国际金融中心。基本形成国内外投资者共同参与、国际化程度较高，交易、定价和信息功能齐备的多层次金融市场体系；基本形成以具有国际竞争力和行业影响力的金融机构为主体、各类金融机构共同发展的金融机构体系；基本形成门类齐全、结构合理、流动自由的金融人力资源体系；基本形成符合发展需要和国际惯例的税收、信用和监管等法律法规体系，以及具有国际竞争力的金融发展环境。2012年国家发展改革委发布《"十二五"时期上海国际金融中心建设规划》，明确"十二五"时期上海国际金融中心建设的指导思想、发展目标和主要指标，提出要瞄准世界一流国际金融中心，全面拓展金融服务功能，加快提升金融创新能力，不断增强上海金融市场的国际内涵和全球影响力，力争到2015年基本确立上海的全球人民币产品创新、交易、定价和清算中心地位。

近年来，上海国际金融中心建设明显加快。一是金融市场体系不断完善，金融市场规模明显提升。上海已形成包括股票市场、债券市场、货币市场、外汇市场、商品和金融期货与场外衍生品市场、黄金市场在内的较为完备的全国性金融体系，是国际上少数几个市场体系比较齐全的金融中心城市之一。2013年，上海金融市场交易总额639万亿元，比2010年增长53.5%。二是金融机构体系不断健全，金融业务创新加快。截至2014年6月末，上海金融机构总数达到1354家。2013年跨境人民币结算9148亿元，同比增长86%。三是金融对外开放取得重要进展，国际化程度稳步提高。上海已成为外资金融机构在华主要集聚地。截至2013年末，在沪各类外资金融机构总数达 435 家，总部设在上海的外资法人银行占内地总数一半以上。2011 年以来，上海在全国率先推出外资股权投资企业和合格境内有限合伙人试点。四是金融发展环境持续优化，配套服务功能明显加强。

中共十八届三中全会通过的《中共中央关于全面深化改革若干重大问题的决定》，提出设立中国上海自由贸易试验区，对外资金融机构进入和经营实行国民待遇和负面清单管理，最终形成商品、资金自由流动，必将加快上海国际金融中心建设。当前，上海自贸区的金融改革取得了积极进展。自贸区金融开放创新的制度框架基本形成，面向国际的金融市场平台建设稳步推进，一批有特色的金融创新成果得到推广，自贸区金融监管和风险防范机制不断完善。展望未来，随着中国经济和金融实力不断增强，改革不断深化，对外贸易和投资迅速上升，人民币国际化进程加快，上海国际金融中心建设步伐也会加快。

（三）维护国际收支平衡，防范和化解金融风险

一个国家，特别是一个大国，对国家的宏观经济调控有一个目标体系，其中主要是经济增长目标、物价稳定目标、社会就业目标和国际收支平衡目标。

几十年来，我国在调控前三项宏观目标方面取得了很多经验，但在促进国际收支平衡方面还面临新的挑战。十多年前，国家外汇储备还不算过多，国际收支对整个国家宏观调控影响也不是很大。现在，国家外汇储备占用人民币达到 27 万亿元，相当于中央银行资产的 81%。外汇储备占用人民币过多，必然增加宏观经济调控成本，加大资产保值风险。人民币国际化步伐加快后，国际收支平衡压力加大。为了防范和化解金融风险，今后将更加关注和妥善解决国际收支平衡问题，妥善解决国际收支平衡与其他宏观经济变量的关系。

坚持"稳出口"与"扩进口"相结合，促进贸易收支基本平

衡。加快推进资本项目可兑换，扩大对外直接投资，使国家外汇储备规模处于较为合理的水平。加强对跨境资本流动的监测和预警，切实防范跨境资金异常流动。多渠道构建促进国际收支平衡的市场化体制，避免国际收支失衡对我国宏观政策调控和金融市场安全产生不利冲击，为人民币国际化创造更加稳定的金融市场环境。

我们认为，国家对人民币国际化进程并无时间表，人民币国际化只能根据中国经济对外开放的需要和国际金融市场对人民币的需求稳步推进。我国已成为世界第二大经济体、第一大货物贸易国、第三大对外投资国和第一大外汇储备国，正在加速向现代化强国迈进。人民币国际化也是国际金融界公认的一个大趋势。我们坚信，经过一个较长时间的努力，人民币必将成为多元化国际货币体系中的一个重要的新成员。

附录

香港金融概况

香港地理位置优越，经济社会稳定，投资环境良好，是重要的国际贸易、金融、航运和通讯中心。1997 年 7 月 1 日，中国对香港恢复行使主权，香港的经济和金融发展进入了新的阶段。

一、金融机构

香港是国际性银行最集中的城市之一，全球最大的 100 家银行中有 70 家在香港开展业务。香港银行体系的特点是实行存款机构三级发牌制度，分别为持牌银行、有限制持牌银行和接受存款公司，全部统称为认可机构。截至 2013 年末，香港共有认可机构 201 家，其中持牌银行 156 家，有限制持牌银行 21 家，接受存款公司 24 家。此外，62 家海外银行在香港设立代表处。香港银行业资产总额为 16.73 万亿港元。

香港保险业高度国际化，是亚太区主要保险业中心之一。截至 2013 年末，获准在香港经营保险业务的公司共 155 家，保险中介人（包括公司和个人代理人）超过 7 万个。

二、金融市场

股票市场。近年来，随着香港经济的稳步发展和内地经济增长的推动，香港股市发展迅速。截至 2013 年末，香港股票市场共有上市公司 1643 家，总市值为 24.04 万亿港元，世界排名第六，亚洲第二。

香港设有香港交易及结算所有限公司（通称香港交易所，简称港交所），这是香港唯一经营香港股市的机构，是全球一大主要交易所集团，也是一家在香港上市的控股公司。

债券市场。香港债券市场形成于20世纪70年代，近年来取得较快的发展。近年来，香港政府在发行品种、数量、结构和市场配套设施等方面做了很多工作，推动了香港债券市场的发展。截至2013年末，香港债券市场的未偿还余额为1.4万亿港元，其中约一半为外汇基金债券。

货币市场。香港的货币市场主要为同业拆借市场。参与同业拆借的金融机构以银行为主。同业拆借利率是香港短期借贷最重要的价格指标之一。2013年6月，香港银行拆借市场平均日成交额为2129亿港元。

外汇市场。香港没有外汇管制，外汇市场发展相对完善。外汇市场是香港成交量最大、与银行业关系最密切的金融市场。由于位于有利的时区，香港与海外外汇市场紧密联系，投资者在香港可以24小时参与世界各地外汇市场的交易。

衍生产品市场。香港期货交易所（期交所）及联交所提供一系列期货及期权产品，包括指数期货、股票期货、利率期货、债券期货、黄金期货、指数期权及股票期权。

基金管理。香港是亚洲最大的基金管理中心之一。截至2012年末，香港基金管理业务合并资产总值近12.6万亿港元，同比增长近40%。香港还有1847只获证监会认可的单位信托及互惠基金。

人民币业务。香港人民币业务始于2004年，主要涵盖存款、兑换、汇款、信用卡以及支票等。自2007年起，境内外及海外机构经批准可在香港发行人民币债券（也称"点心债"）。2009年，跨境贸易人民币结算试点在香港被推出，并于2010年得到扩大，标志着香港离岸人民币业务发展的又一突破。截至2013年末，香港的人民币存款余额为8605亿元；香港市场累计发行人民币债券3104亿元；其中，境内机构1100亿元，财政部645亿元，境外机构1359亿元。

三、金融监管

香港金融管理局。香港金融管理局（Hong Kong Monetary Authority，HKMA）成立于 1993 年 4 月，由外汇基金管理局与银行业监理处合并而成。香港金融管理局的主要职能由《外汇基金条例》和《银行业条例》规定，主要包括：在联系汇率制度的架构内维持货币稳定；促进金融体系，包括银行体系的稳定与健全；协助巩固香港的国际金融中心地位，包括维持与发展香港的金融基建；管理外汇基金。

保险业监理处。保险业监理处（Office of the Commissioner of Insurance，OCI）的主要职责是，监督获授权保险公司的财政状况和运作，确保保单持有人或潜在保单持有人的利益获得保障，以及促进保险业的整体稳定。

证券及期货事务监察委员会。证券及期货事务监察委员会（Securities and Futures Commission，SFC）成立于 1989 年，是独立的法定机构，负责监管香港的证券及期货市场的运作。其主要职责包括：发放中介人牌照，监察中介人的职业操守，评估其财政稳健程度；监察交易所等各类交易平台的表现；推动法规的修订，确保证券及期货市场公正有序、兼具效率、竞争力和透明度，以保障投资者的利益。

四、货币发行与汇率制度

香港采取货币局制度，货币发行由外汇全额支持，香港由汇丰银行（The Hongkong and Shanghai Banking Corporation Limited，HSBC）、渣打银行（Standard Chartered Bank，SCB）和中国银行（香港）负责具体发钞，由香港金融管理局负责管理。

1983 年以来，香港实施与美元挂钩的联系汇率制度。联系汇率制度是货币局制度的一部分，其核心是基础货币的流量和存量必须有充足的外汇储备支持，发钞银行在发行港元钞票时，须按照 1 美元兑 7.8 港元的固定汇率向金管局提交等值美元购买无息的负债证明书，作为发钞的法定准备。

在联系汇率制下，香港也存在市场汇率，形成了两种汇率并存的局面。原则上，香港金融当局不干涉市场汇率的走势，但商业银行可以通过套利的方式维系港元与美元相对固定的汇价。

五、与内地的金融关系

根据《中华人民共和国香港特别行政区基本法》的有关规定，香港特区政府自行制定货币金融政策，保障金融企业和金融市场的经营自由，并依法管理和监督。两地金融机构互设时将继续视为外资金融机构进行审批。

近年来，内地与香港的金融关系日益加深。中国人民银行与香港金融当局保持着友好的合作关系，稳步推进境内企业和金融机构赴香港发行人民币债券，也积极支持香港机构来境内发行"熊猫债"，促进两地人民币债券市场平稳、健康发展；支持第三方利用香港办理人民币贸易结算；促进香港市场发展，稳步推进人民币跨境流动，促进境外人民币有序回流。

澳门金融概况

一、金融机构

澳门的金融机构主要包括银行、保险公司、财务公司和融资租赁公司等。截至 2013 年末，获准在澳门经营的商业银行有 29 家（包括邮政储金局），其中 11 家为本地注册，18 家为外地注册；保险公司 23 家；金融公司、融资租赁公司，及发行电子货币储值卡的信用机构各 1 家。邮政储金局是唯一可以办理存放款业务而由官方经营的非银行金融机构，属非营利性质。此外，澳门还有 11 家兑换店，6 家兑换柜台，2 家现金速递公司，2 家金融中介人公司，1 家其他金融机构代表处。

二、金融市场

澳门金融市场结构相对单一，没有银行间同业拆借市场，也没有证券市场、期货市场和贵金属市场。澳门货币市场较小，大部分场外交易都在香港进行。

三、金融监管

澳门金融管理局（Monetary and Foreign Exchange Authority of Macao, AMCM）于 1989 年成立，其前身是澳门货币暨汇兑监理署，具有近似中央银行的功能和监管澳门金融体系的权力。澳门金融管理局的主要职责为：建议及辅助澳门特别行政区行政长官制定及施行货币、金融、外汇和保险政策；根据规范货币、金融、外汇和保险活动的法规，指导、统筹及监察上述市场，确保其正常运作，并对该等市场的经营者进行监管；监察货币的内部稳定及其对外的偿还能力，以确保其可完全兑换性；行使中央储备库职能及外汇与其他对外支付工具的管理人职能；维持金融体系的稳定。

四、货币制度

澳门币（或称澳门元）是澳门的法定货币，已有 100 多年的历史。澳门币由葡萄牙大西洋银行和中国银行澳门分行代理发行，1995 年以前只由葡萄牙大西洋银行发行。

澳门币的发行有百分之百的外汇储备作支持。发钞行必须按 1.03 澳门元对 1 港元的固定汇率，向货币局支付等值港元，换取负债证明书作为发钞的法定储备。由此，货币局保证澳门币对储备货币（港元）完全兑换，由于港元钉住美元，所以澳门币也间接与美元挂钩。

澳门的货币政策由澳门金融管理局制定。货币政策的目标主要是维持澳门币与港元之间固定汇率的稳定，提高澳门币信用和可兑换性，以及确保金融体系稳定。

五、与内地的金融关系

根据《中华人民共和国澳门特别行政区基本法》的有关规定，澳门特别行政区在回归后继续保持其独立的货币发行制度和管理制度，自行制定金融方面的法律、法规，自行制定和实行货币政策。

目前，粤港澳金融合作的框架下，两地着力在人民币业务方面深化合作。截至2013年末，澳门人民币存款总额达858亿元，同比增长约10%。澳门金融管理局已获得投资内地银行间债券市场的许可；中国银行澳门分行担任澳门人民币业务的清算行。未来，随着珠江三角洲金融改革创新综合试验区建设的不断完善，两地金融合作将迎来更大发展。

台湾金融概况

一、金融机构

台湾地区金融机构种类众多。"金融监督管理委员会"（Financial Supervisory Commission，FSCEY）将其分为货币机构和其他金融机构。

（一）货币机构

商业银行。截至 2013 年末，台湾地区共有 39 家本地一般银行；28 家外资银行，10 家外资银行办事处；3 家大陆银行，1 家大陆银行办事处。

基层合作金融机构，由信用合作社、农会信用部以及渔会信用部组成。截至 2013 年末，台湾地区共有信用合作社 24 家，农会信用部 278 家，渔会信用部 25 家。

中华邮政公司储汇处。该处只能经办储蓄、汇兑等业务，不能从事贷款、保证、信托等其他一般金融机构的业务。自 1992 年开始，该局所吸收的存款可以自由转存其他行库或购买"公债"等，但是不能直接用于放款。到 2013 年末，该处共有 1322 家分支机构。

（二）其他金融机构

金融控股公司。金融控股公司是金融业实现综合经营的一种组织形式。在金控集团中，控股公司可视为集团公司，其他金融企业可视为成员企业。各成员企业虽受集团公司的控制和影响，但要承担独立的民事责任。截至 2013 年末，台湾地区共有 16 家金融控股公司。

保险公司。截至 2013 年末，台湾地区共有 28 家人寿保险公司，20 家财产保险公司，1 家存款保险公司。

证券公司。截至 2013 年末，台湾地区共有 147 家证券公司，2 家经营证券融资融券业务的证券金融公司。

票券金融公司。票券金融公司业务包括买卖"国库券"、可转让银行定期存单、银行承兑汇票、商业本票以及其他短期债务凭证，或担任商业票据的承销人或经纪人、保证人、背书人及签证人。截至 2013 年末，台湾地区共有 8 家票券金融公司。

信用卡公司。截至 2013 年末，台湾地区共有 8 家信用卡公司。

二、金融市场

台湾地区的金融市场主要包括货币市场、资本市场和外汇市场。

货币市场。台湾地区的货币市场可以分为票券市场和同业拆款市场两部分。票券市场又由"国库券"市场、商业本票市场、银行可转让定期存单、银行及商业承兑汇票市场等组成。

资本市场。台湾地区的资本市场主要由股票市场和债券市场组成。截至 2013 年末，流通工具余额为新台币 32.45 万亿元，其中股票约占 76%，债券约占 24%。

外汇市场。台湾地区的外汇市场形成于 1979 年 2 月，当时美元汇率由 5 家外汇指定银行与"中央银行"共同制定，其他外币汇率由外汇指定银行自行决定。从 1989 年 4 月起，台湾地区当局废除了长达 10 年之久的机动汇率和加权中心汇率制度，实行浮动汇率制度。

三、货币政策

台湾地区货币政策主要由"中央银行"的理事会负责。"中央银行"每年年底依据"行政院"对来年经济增长率、消费者物价增长率的预测值及其他因素，拟定新的货币增长区间。

台湾地区货币政策的最终目标为：维持物价稳定；健全金融体系；促进经济增长。"中央银行"以货币供应量（M2）为中间目标；以准备货币为操作目标。货币政策工具主要有准备金制度、贴现窗口制度、公开市场操作、金融机构转存款与选择性信用管理等。

四、金融监管

"金融监督管理委员会"成立于 2004 年，是台湾地区的金融监管机构，负责金融市场及金融服务业的发展规划、监督、管理及检查。该会隶属于"行政院"，下设四个业务局。

银行局：负责银行市场、票券市场、金融控股公司与银行机构、信用合作社、票券金融公司、信用卡公司、信托业、邮政储金汇兑等银行业务及机构的监管。

证券期货局：负责证券交易所、证券柜台买卖中心、券商、证券投资信托业、证券金融业、证券投资顾问、都市更新投资信托业；期货交易所、期货商、杠杆交易商、期货信托业和期货顾问等业务及机构的监管。

保险局：负责保险公司、保险合作社、保险代理人、保险经纪人、保险公证人等保险业务及机构的监管。

检查局：负责各类金融机构的日常检查。

五、两岸金融往来

两岸金融往来是随着两岸经贸关系的发展而产生和发展的。两岸贸易规模持续扩大，2013年，大陆对台贸易总额为1972.8亿美元，对台出口406.4亿美元，从台进口1566.4亿美元，逆差1160亿美元。台湾是大陆第七大贸易伙伴和第五大进口来源地。截至2013年末，大陆累计批准台商投资项目9万个，实际投资金额为591.3亿美元，台资占大陆累计实际吸收境外投资总额的4.2%。

两岸金融往来主要有以下四种方式。

一是直接汇款业务。随着两岸经贸关系和政治互信的加强，台湾地区当局已在部分汇款项目上（比如，与进出口相关的货款、侨汇等）允许两岸的银行进行办理直接汇款业务。据台湾方面统计，自2013年2月人民币在台业务开办以来，至2014年1月底，台湾人民币汇款金额已达到5804亿元。

二是间接汇款业务。由于台湾地区当局对两岸金融业仍存在较严格的限制，两岸银行尚无法在所有业务上（比如，对台直接投资和证券投资等）进行直接往来，而需要通过外资银行或第三地分行为中介，从事两岸间接汇款业务。

三是新台币兑换业务。为方便台胞来大陆探亲、旅游和从事投资活动，国家外汇管理局从 1987 年起批准大陆银行开办新台币不公开挂牌兑换业务。

四是对台商发放专项贷款。中国人民银行从 1989 年起开办对台商的专项贷款项目，并在信贷计划中专列。从 1994 年开始，根据金融改革的需要，中国人民银行不再安排专项贷款的发放。台商的有关信贷需求，由商业银行根据信贷原则，自主安排。

自 1990 年以来，海峡两岸关系协会（海协会）和海峡交流基金会（海基会）一直在两岸关系中扮演着重要的角色，是推动两岸"三通"的主要机制。近年来，两岸经贸关系和政治互信正不断加强，金融往来日益紧密。继两次"汪辜会谈"之后，2008～2012年，海峡两岸关系协会（海协会）与海峡交流基金会（海基会）的主要领导人陈云林、江丙坤共进行了 8 次会晤，签署了 18 项协议。2009 年两岸签署了《海峡两岸金融合作协议》和《两岸金融监管合作备忘录》，确立了两岸金融合作的基本框架。2012 年，两岸签署了旨在推动台湾地区人民币业务的《海峡两岸货币清算合作备忘录》。截至 2013 年末，台湾地区人民币存款余额已达 1826 亿元。

后　　记

本书是《领导干部金融知识读本》（简称《读本》）的第三版。

《读本》三个版本都由戴相龙同志担任主编。他确定了《读本》三个版本的章节、主要内容和写作提纲，亲自对文稿和清样进行反复审核，对《读本》各个版本，特别是第三版涉及的当前国内外金融业发展中的重大敏感热点问题进行反复斟酌和修改，为《读本》的顺利出版发行倾注了大量的心血。

《读本》第一版出版于 1997 年 11 月。时任中国人民银行行长助理兼货币政策司司长肖钢同志做了大量具体的组织工作。第一章、第二章、第三章、第四章、第五章、第六章分别由魏革军同志、欧阳卫民同志、邵伏军同志、胡哲一同志、陆南屏同志、王君同志初审。肖钢、胡哲一、时文朝、邵伏军同志对全书进行了复审，肖钢同志负责全书总纂。

《读本》第二版出版于 2001 年 9 月。时任中国人民银行副行长肖钢同志组织了整个修订工作。各章的修订和初审由以下同志负责：第一章，林铁钢；第二章，欧阳卫民；第三章，王小奕；第四章，胡哲一；第五章，韩玉亭、程宪平；第六章，刘士余；第七章，李若谷、唐旭；附录，李若谷。林铁钢同志对全书进行了总纂。

《读本》第三版将于 2014 年 12 月出版。《读本》第三版仍沿用前两版的封面设计和版式设计。因为内容的需要，将开本由前两版的 32 开本扩展为 16 开本。《读本》第三版基本上由第二版写作人员完成。第一章由中国人民银行天津分行原行长林铁钢同志负责，第二章由中国金融出版社社长魏革军同志负责，第三章由中国人民银行金融市场司司长纪志宏同志负责，第四章由中国人民银行货币政策司司长张晓慧同志负责，第五章由中国人民银行原副行长、现任中国农业银行董事长刘士余同志负责，第六章由国家外汇管理局副局长王小奕同志和资本司原司长孙鲁军同志负责，第七章由中国进出口银行行长李若谷同志和中国人民银行研究局副局长王宇同志负责。参加修订的同志还有（按姓氏笔画为序）：方文、王蕾、王彩玲、牛少锋、孙洪涛、付竞卉、李斌、李文喆、李晓炜、邢莹莹、刘伯酉、张林、张蓓、吴超、沈华明、邹澜、苟文均、周济、赵雪芳、袁鹰、贾宁、高飞、秦朗、曹媛媛、崔汉忠、缪林燕等同志。

　　对于以上这些同志的辛勤劳动，我们表示衷心的感谢。

　　《读本》三个版次的写作（修订）工作得到了中国金融出版社社长魏革军、总编辑蒋万进及责任编辑张驰和有关部门的大力支持，在此一并表示感谢。

编者
2014 年 12 月